广东省高等学校名牌专业

管理科学与工程类专业应用型本科系列规

管理运筹学简明教程

GUANLI YUNCHOUXUE JIANMING JIAOCHENG

◎ 李 军 / 编著

华南理工大学出版社
SOUTH CHINA UNIVERSITY OF TECHNOLOGY PRESS
· 广州 ·

内容简介

本书紧紧围绕运筹学的基本理论与方法，用大量的示例介绍各种经济管理运筹模型的构建、求解及应用。以问题为导向，着眼于培养学生运用运筹学原理与方法解决经济管理实际问题的能力，进而实现理论与实践的有机结合。侧重实际应用，对知识的论述强调其经济内涵与管理逻辑，弱化纯数学的论证与推演，将数学的应用保持在中等水平上，让读者将主要的时间和精力集中在分析建模与科学决策上来。在例题和思考题中加大案例的比重，使理论与实践紧密结合，为读者提供清晰的模拟实操环境。

全书共分10章，即绪论、线性规划、运输问题、整数规划、非线性规划*、动态规划、图论、存贮论*、排队论*和博弈论*。为强化学生对知识的理解与掌握，各章均附有思考题及参考答案；同时，为方便教师选用，课程学习网站（网址：http：//dept. wyu. cn/glycx）配套提供PPT及其他教学资源。

本书可作为普通高校经济管理类专业本科生、研究生（含工程硕士或专业硕士）学习“管理运筹学”的教材或参考书，亦可作为企业管理人员、工程技术人员和国家公务员培训的教材或自学参考书。

图书在版编目（CIP）数据

管理运筹学简明教程/李军编著. —广州：华南理工大学出版社，2015.8
管理科学与工程类专业应用型本科系列规划教材
ISBN 978-7-5623-4715-6

Ⅰ.①管… Ⅱ.①李… Ⅲ.①管理学-运筹学-高等学校-教材 Ⅳ.①C931.1

中国版本图书馆CIP数据核字（2015）第176397号

管理运筹学简明教程
李 军 编著

出 版 人：韩中伟
出版发行：华南理工大学出版社
（广州五山华南理工大学17号楼，邮编510640）
http://www.scutpress.com.cn E-mail：scutc13@scut.edu.cn
营销部电话：020-87113487 87111048（传真）
策划编辑：潘宜玲 胡 元
责任编辑：胡 元
印 刷 者：广州市穗彩印务有限公司
开 本：787mm×1092mm 1/16 印张：18.5 字数：505千
版 次：2015年8月第1版 2015年8月第1次印刷
定 价：36.00元

前言

随着全球经济一体化，企业的市场环境变化越来越快、越来越复杂，竞争也越来越激烈，企业要想在充满无穷变数与风险的市场上求得生存与发展，就必须能够及时地对所面临的机遇与挑战做出科学的决策。这就要求企业管理者和工程技术人员能够驾驭科学决策技术，有效地解决生产经营中所出现的各种实际问题。

目前，管理运筹学在经济管理活动中应用的广度和深度令人吃惊，其地位越来越重要，对科学决策的关键作用越来越显著。它所提供的决策方法和技术，不仅可以帮助企业解决战术层面上的问题，以降低成本或提高利润；而且可以帮助企业解决战略层面上的问题，使企业建立并保持长久的竞争优势。管理运筹学的基本理论和方法已成为广大管理人员和工程技术人员必须掌握的基础知识之一。

高等教育从精英教育转向大众教育，尤其是普通地方高校明确的应用型人才培养定位，使作为专业基础课程的管理运筹学教学面临巨大的挑战。如何从实际应用出发构建“管理运筹学”教学新体系，以适应应用型人才培养的需要，是摆在管理运筹学教育工作者面前一个新的课题。作者在吸收众家之长的基础上，结合自身积累的教学经验、教研成果和教学素材，构建了管理运筹学教学新体系，针对教学中学生普遍存在的难点问题，进行全新的论述并充实一定量的思考题，充分体现应用型人才培养的定位。

本书作为管理运筹学教学的基础性教材，没有过多追求内容体系的完整性，而是以知识点的精确论述，实现应用能力的培养，目的是空出版面以增加案例的数量和案例分析、求解的详细程度，以更好地满足读者的需要。管理运筹学需要以微积分、线性代数、概率论与数理统计等高等数学的知识为基础，本书始终把数学的应用保持在中等水平，对知识的论述强调经济内涵与管理逻辑，避免为追求所谓的精密而陷入复杂的纯数学的论证，解决学生长期以来“管理运筹学”课程难学、教材难读的问题。

全书共分10章，其中带有“*”号的第5章（非线性规划）、第8章（存贮论）、第9章（排队论）和第10章（博弈论）属“管理运筹学”的高级内容，主要面向研究生，本科生可根据具体的课时安排选用。本书在编著过程中参考了大量国内、外的图书文献，吸收了参考文献中大量的营养成分，丰富的营养成分是本书健康诞生所不可缺少的。此外，多方的关心和支持也是圆满完成本书编著工作的重要保证。在此，向提供意见和建议的专家、学者，以及所有参考文献的作者表示衷心的感谢。

由于受作者知识水平和学术视野的局限，书中难免存在一些这样或那样的缺点和不足，热诚欢迎广大读者批评指正。

作者

2015年6月

目录

1 绪 论

1.1 运筹学的内涵

运筹学是二十世纪三四十年代发展起来的一门具有多学科交叉特点的边缘学科，它主要研究人类对各种资源的运用及筹划活动，以期发挥有限资源的最大效用，从而实现系统最优化目标。对运筹学的认识通常存在两个视角，即以经济管理决策支持为目标的应用型学科管理运筹学和以纯数学系统最优化方法为目标的理论型学科数学运筹学。本书所介绍的运筹学是指前者，即管理运筹学。

运筹学至今还没有一个统一确切的定义，下面列出几种有代表性的定义，以说明运筹学的性质和特点。

1.1.1 英国运筹学会给出的定义

Operational Research is the application of the methods of science to complex problems arising in the direction and management of large systems of men, machines, materials and money in industry, business, government, and defense. The distinctive approach is to develop a scientific model of the system, incorporating measurements of factors such as chance and risk, with which to predict and compare the outcomes of alternative decisions, strategies or controls. The purpose is to help management determine its policy and actions scientifically.

中文可翻译为："运筹学是指应用科学方法，处理工业、商业、政府、国防中因指挥和管理人、机器、原料和资本大系统而产生的复杂问题。这种独特的方法要构建这些系统的科学模式、衡量概率和风险等因素，用它们来预测和比较各种不同的决策、策略或控制的结果。其目的是帮助管理阶层科学地选择他们的策略和行动。"

1.1.2 美国运筹学会给出的定义

Operations Research is concerned with scientifically deciding how to best design and operate man-machine systems, usually under conditions requiring the allocation of scarce resources.

中文可翻译为："运筹学是关于如何实现人机系统最佳设计与最佳运行的科学决策方法，这种决策通常是在要求对短缺资源进行分配的条件下进行的。"

1.1.3 《中国企业管理百科全书》给出的定义

运筹学是应用分析、试验、量化的方法，对经济管理系统中人、财、物等有限资源统筹安排，为决策者提供有依据的最优方案，以实现最有效的管理。

1.1.4 本书给出的综合性定义

综合以上种种定义，本书从直观、明了的角度，将运筹学定义为：“运筹学是通过构建、求解数学模型，规划、优化有限资源的合理利用，为科学决策提供量化依据的系统知识体系。”

运筹学把有关的运行系统首先归结成数学模型，然后用数学方法进行定量分析和比较，求得合理运用人力、财力和物力的系统运行最优方案。因为资源合理利用问题是普遍存在的问题，所以运筹学有广阔的应用领域，是系统工程学、现代管理科学中的一种基础理论与不可缺少的方法、手段和工具。

1.2 运筹学的产生与发展

任何一门学科都是为解决一些实际问题而出现并得以发展的，为了更好地理解和掌握今天的运筹学，有必要首先来了解一下运筹学产生与发展的历史。

1.2.1 运筹学的产生

运筹学思想的出现可以追溯到远古，中国古代的《孙子兵法》就是一个典型的例证。在西方，1914 年英国工程师兰彻斯特提出兰彻斯特战斗方程；1917 年丹麦工程师爱尔朗提出一些等候理论的公式；1920 年美国工程师列温逊研究了商业广告和顾客心理问题。虽然运筹学的思想和方法在很久以前已留下应用的痕迹，历代先驱所做的一些工作在今天看来也具有一定的运筹学性质，但这些零散的活动还不足以标志作为系统知识体系的一门新学科的诞生。

可以说，运筹学的产生很难有一个明确的时间界定，目前国际上比较公认的观点是运筹学产生于第二次世界大战前后。“运筹学”这个名词最早出现于 1938 年，当时波德塞（Bawdsey）雷达站的负责人洛维（Rowe）提出优化防空作战系统运行的问题，以便有效地防备德国飞机入侵，成立了由各领域的科学家组成的研究小组，并用“Operational Research”命名这种研究活动，这就是直至今日仍然将运筹学称为“OR”的历史由来。1939 年，从事此方面问题研究的科学家被召集到英国皇家空军指挥总部，成立了一个由物理学家布莱凯特（Blackett）博士领导的 11 人军事科技攻关小组；因其成员学科性质的多样性，这一最早成立的军事科技攻关小组被戏称为“布莱凯特马戏团”。又由于“布莱凯特马戏团”的活动是第一次有组织的系统的运筹学活动，所以后人将该小组的成立作为运筹学产生的标志。

此后，军事科技攻关小组的活动范围不断扩大，从最初的仅限于空军，逐步扩展到海军和陆军；研究内容也从对军事战术性问题的研究，逐步扩展到对军事战略性问题的研究。由于科学家的天赋、战争的需要以及不同学科的交互作用，这一军事科技攻关小组在提高军事运筹水平方面取得惊人的成功，使得运筹学在整个军事领域迅速传播。至 1941 年，英国皇家陆海空三军都成立了这样的科学小组。比较典型的论题包括雷达布置策略、反空袭系统控制、海军舰队的编制和对敌潜艇的探测等。军事科技攻关小组巨大成就所显示出的神奇力量，促使其他盟军纷纷效仿，建立自己的研究小组。

1.2.2 运筹学的发展

1. 运筹学在西方的发展

第二次世界大战期间，运筹学成功地解决了许多重要作战问题，显示了科学的巨大威力，为运筹学后来的发展铺平了道路。战后，美国只用短短5年时间就度过了战争的恢复期，社会经济进入了繁荣发展期。由于社会需求的变化，引导许多从事运筹小组活动的科学家将其精力转向对战时仓促建立起来的运筹优化技术进行加工整理，并探索运用它们解决社会经济问题的可能性。由于经济问题与军事问题在优化方面的相似性，使运筹学很快走向经济领域，在1950年代以后得到广泛的应用和发展，形成了规划论、存贮论、决策论、博弈论、排队论等一整套比较完备的理论体系。

1950年代运筹学理论、方法及其活动发展达到一个新的水平，运筹学开始成为一门独立的学科，其标志是大量运筹学会的创建和相应期刊的问世。美国于1952年成立了运筹学会，并出版期刊《运筹学》，世界其他国家也先后创办了运筹学会与期刊。在1956—1959年短短的3年里，先后就有法国、印度、日本等十几个国家成立了运筹学会，并有6种运筹学期刊问世。1957年在英国牛津大学召开了第一届运筹学国际会议，1959年成立了国际运筹学会联合会（International Federation of Operations Research Societies，IFORS）。此外，还有一些地区性组织，如1976年欧洲运筹研究会（EURO）成立，1985年亚太运筹研究会（APORS）成立。

计算机的普及与发展是推动运筹学迅速发展的巨大动力。没有现代计算机技术，求解复杂的运筹学模型是不可想象的。运筹学实践反过来又促进了计算机技术的发展，它不断地对计算机提出内存更大、运行速度更快的要求。可以说运筹学在过去的半个多世纪里，既得益于计算机技术的应用与发展，同时也极大地促进了计算机技术的发展。1960年代以来，运筹学得到迅速的普及和发展。运筹学可以细分为许多分支，许多高等院校把运筹学的规划理论引入本科教学课程，把规划理论以外的内容引入硕士、博士研究生的教学课程。运筹学的学科划分没有统一的标准，在理、工、商科中均可发现它的存在。

2. 运筹学在我国的发展

1950年代中期，运筹学被引入我国。最初曾根据英文OR直译为"运用学"，1957年从"运筹帷幄之中，决胜千里之外"这句古语中摘取"运筹"二字，将OR正式命名为"运筹学"，比较恰当地反映了这门学科的性质和内涵。中国第一个运筹学小组在钱学森、许国志的推动下，在1956年于中国科学院力学研究所（以下简称力学所）成立，1958年又在工作小组的基础上成立了运筹学研究室。可见，运筹学一开始就被理解为同工程有密切联系的学科。1959年，第二个运筹学组织运筹学小组在中国科学院数学研究所（以下简称数学所）成立，这是"大跃进"运动中数学家们投身于国家建设的一个产物。力学所的研究室与数学所的研究小组于1960年合并成为数学所的一个研究室，当时的主要研究方向有线性规划、运输理论、动态规划、投入产出分析、排队论、非线性规划和图论等。1960年在山东济南召开了全国应用运筹学的经验交流和推广会议，1962年又在北京召开了全国运筹学学术会议。

1963年是中国运筹学教育史上值得一提的一年，数学所的运筹学研究室为中国科技大学应用数学系的第一届毕业生（1958届）开设了较为系统的运筹学课程，这是第一次在中国的大学里开设运筹学课程。当今，运筹学课程已成为所有高校商学院、工学院乃至数理学院和计算机学院的基础课程。

1950年代后期，运筹学在中国的应用集中在运输问题上，其中一个广为流传、通俗易懂的例子就是“打麦场的选址问题”；此外，“中国邮路问题”模型也是在那个时期由山东师范大学管梅谷教授提出的。从某种意义上来讲，当时我国已在目前热门的“物流学”领域有了一些雏形性的研究。

中国运筹学早期应用的“火焰”是由华罗庚点燃的。“文革”期间，身为中国数学学会理事长和中科院院士的他，亲自率领一个被大家称为“华罗庚小分队”的小组，到农村、工厂传授基本的优化技术和统筹方法，并指导将它们应用于日常的生产和生活中。自1965年起的10年中，为宣传普及运筹学知识，华罗庚的足迹遍布全国约20个省（市），受到各界人士的欢迎，他的工作得到了毛泽东主席的肯定和表扬。华罗庚在这一时期的推广工作，播下了运筹学哲学思想的种子，极大地推动了运筹学在中国的普及和发展。直到今天，经历过那个时代的许多民众还记得“优选法”“黄金分割法”等词汇，但却不一定知道“运筹学”。

中国运筹学会于“文革”后的1980年成立，当时作为中国数学学会的一个分会。第一届运筹学会全国代表大会在山东济南召开，华罗庚被选为第一届理事长，副理事长是许国志、越民义。中国运筹学会在1982年成为国际运筹学会联合会（IFORS）的成员。1992年运筹学会第四次全国代表大会在四川成都召开；在本次大会上，中国运筹学会从中国数学学会独立出来，成为国家一级学会。这是运筹学发展史上的一个重要事件，喻示人们对运筹学认识的加深。运筹学虽以数学为基础，但却同数学有着本质的不同。

运筹学的理论固然重要，但应用才是它的灵魂。运筹学在国际上除了设理论奖外，还设有应用奖。中国的运筹学，无论是在理论研究还是在实际应用上，同国际先进水平相比都存在较大的差距。综观近二三十年的诺贝尔经济学奖，获奖内容几乎都集中在计量经济学和博弈论上，而在这些运筹学的前沿领域还未出现我国运筹学工作者的身影。

尽管与国际先进水平相比存在较大的差距，近20年来，我国运筹学工作者在生物工程、计算机科学、管理科学以及金融工程等方面也取得了一些可喜的成绩，甚至有一些已达到国际先进水平。如在生物工程方面，将最优化、图论、神经网络等运筹学的理论和方法应用于分子生物信息学中的DNA与蛋白质序列比较、生物进化分析、蛋白质结构预测等问题的研究；在计算机科学方面，运用动态规划、图论、神经网络、随机过程等进行芯片测试与排队网络的数量指标分析；在金融工程方面，将最优化及决策分析方法应用于金融风险控制，进行管理、资产评估与定价分析等；在供应链管理方面，利用随机动态规划模型，研究多重决策的最优策略；等等。

1.3 运筹学的应用特点和研究方法

1.3.1 运筹学的应用特点

运筹学主要研究人类对各种资源的运用及筹划活动，以期通过了解和发展这种运用及筹划活动的基本规律，发挥有限资源的最大效益，达到总体最优的目标。最优化目标的实现，既需要经济管理学科的知识，也需要数学、物理学、化学、计算机、工程技术，甚至是组织文化、政治、宗教、法律等学科的知识，因此，运筹学是一门新兴的交叉学科。

运筹学研究有限资源的合理利用问题，其研究对象的客观普遍性，决定了运筹学应用的广泛性，它的应用范围遍及工农业生产、经济管理、工程技术、国防安全、自然科学等各个方面和领域；此外，运筹学工作以决策支持为目标，从创建时期就表现出其理论与实践结合的鲜明特点。因此，运筹学是一门应用十分广泛的应用性学科。

1.3.2 运筹学的研究方法

运筹学的定义已经告诉我们，它与其他学科的本质区别就在于其独特的研究方法，即数学模型的方法。运筹学经过近一个世纪的发展，已逐步形成一套系统的解决和研究实际问题的方法，可概括为五个阶段：①构建问题的数学模型，将一个实际问题表示为一个运筹学问题；②分析问题最优（满意）解的性质和求解问题的难易程度，寻求合适的求解方法；③设计求解算法，并对算法的性能进行理论分析；④编程实现算法并分析模拟数值结果；⑤判断模型和解法的有效性，提出解决实际问题的方案。

这五个阶段并不是相互独立的，也绝非依次进行的。正如邦德（美国工程院院士，曾任美国军事运筹学会主席和美国运筹学会主席）在谈到他几十年建模和分析的体会时指出的那样："对于模型的开发应该是一种连续的研究、开发、分析、改进的循环过程，是一个原型化和呈螺旋状发展的过程，而不是一个单个事件。"邦德在回顾运筹学在美国军事力量的改造中所起的重要作用时还指出："对一个过程、一个系统或者一个企业的建模是一种艺术。这项艺术在于确定哪些因素与活动需要包含在模型之中，哪些是变量、常数、随机的、约束等等；在建立变量之间关系时，应做些什么假设；以及在逐步运作中，如何排除在建立初始模型时所引入的某些不切实际的假设。并且，这是一种可以学习的艺术。"

1.4 运筹学模型

运筹学的实质在于建立和使用模型。尽管模型的具体结构和形式总是与其要解决的问题相联系，但这里我们抛弃模型在外表上的差别，从更广泛的角度抽象出它们的共性。

模型在某种意义上说是客观事物的简化与抽象，是研究者经过思维抽象后用文字、图表、符号、关系式以及实体模样对客观事物的描述。不加任何假设和抽象的系统称为现实系统，作为研究对象的系统，总是要求我们求解一定的未知量并给出相应的结论，其求解过程如图1-1所示。图中左侧的虚线表示人们直接的目标，右侧的实线表示这一目标的具体实现路径。

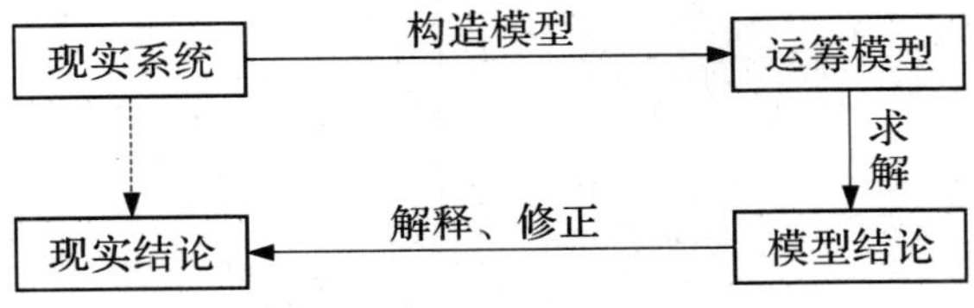

图1-1 运筹学的工作过程

模型有三种基本类型，即形象模型、模拟模型和数学模型。运筹学模型主要是指数学模型。构造模型是一种创造性劳动，成功的模型是科学和艺术的综合体，其过程是一系列简化、假设和抽象。在模型中现实系统的哪些方面可以忽略，哪些方面应该合并，可以做哪些假设以及模型应构造成什么形式等，都是该阶段需要回答的问题。在构造模型中常用的假设包括两方面的内容，一方面是离散变量的连续性假设，另一方面是非线性函数的线性假设。显然，构造模型阶段具有一定的主观性，在某种意义上说，面对同样的现实系统，不同的人会构造出完全不同的模型，而它们之间可能并无优劣之别。当然，这并非意味着根本不存在区分好坏模型的客观标准，也并非说明模型的效用与模型的建立过程无关。虽然对具体的模型可能会有许多特殊的标准，但是总的来说模型的好坏决定于其对实现系统目标的实用性。

既然运筹学模型主要是指数学模型，那么什么是数学模型呢？数学模型可以简单地描述为用字母、数字和运算符来精确反映变量之间相互关系的式子或式子组。数学模型由决策变量、约束条件和目标函数三个要素构成。决策变量即问题中所求的未知的量，约束条件是决策所面临的限制条件，目标函数则是衡量决策效益好坏的数量指标。数学模型的一般形式可表示为：

$$\{\min z = P(x_1,x_2,x_3,\cdots,x_n);f(x_1,x_2,x_3,\cdots,x_n) = b;x_1,x_2,x_3,\cdots,x_n \geqslant 0\}$$

其中 $x_1,x_2,x_3,\cdots,x_n$ 代表 n 个决策变量，$\{\min z = P(x_1,x_2,x_3,\cdots,x_n)\}$ 代表目标函数，$\{f(x_1,x_2,x_3,\cdots,x_n) = b\}$ 代表约束条件（它既可以是只有一个函数的式子，也可以是有 m 个函数的式子组），而 $\{x_1,x_2,x_3,\cdots,x_n \geqslant 0\}$ 则代表决策变量的非负约束。

思考题 1

1. 运筹学的产生与发展。
2. 运筹学的内涵。
3. 运筹学的研究方法及工作过程。
4. 数学模型及其三要素。

2 线性规划

线性规划（linear programming，LP）是运筹学的一个重要分支。自 1947 年美国数学家丹捷格（G. B. Dantzig）提出线性规划问题求解的一般方法（单纯形法）之后，线性规划在理论上日益趋向成熟，在实践上应用日益广泛和深入。特别是在电子计算机能处理成千上万个约束条件和决策变量的线性规划问题之后，线性规划的应用领域更是迅速扩大。线性规划在工业、农业、商业、交通运输、军事、经济计划和管理决策等领域都可发挥重要的作用，它已成为现代科学管理的重要手段之一。

2.1 线性规划的数学模型

线性规划总是与有限资源的合理利用问题结合在一起，这里的有限资源是一个广义的概念，它可以是劳动力、原材料、设备、资本等有形的事物，也可以是时空、技术等无形的事物；这里的合理利用通常是指以费用为代表的负向指标的最小化或以利润指标为代表的正向指标的最大化。下面通过示例说明线性规划数学模型。

例 2－1 某企业在某一计划期内规划生产甲、乙两种产品，生产需要消耗 A、B、C 三种资源。生产每件甲、乙产品对 A、B、C 三种资源的消耗量，企业 A、B、C 三种资源的拥有量，以及每件甲、乙产品所能为企业创造的利润如表 2－1 所示。试建立该问题的数学模型，以使计划期内的生产获利最大。

表 2－1 企业生产数据表

资源	单位产品资源消耗量（kg）		资源拥有量（kg）
	甲	乙	
A	10	20	160
B	30	15	300
C	60	240	1200
单位产品利润（万元）	2	3	

建立模型：

第一，明确问题的决策变量。设 x_1 和 x_2 分别代表计划期内甲、乙两种产品的产量。

第二，构建问题的约束条件。此问题的约束条件为三种资源对生产的限制，即在确定甲、乙两种产品产量时，要考虑对三种资源的消耗量不能超过其拥有量。

资源 A 的拥有量是 160kg，生产一件甲、乙产品需要资源 A 分别为 10kg 和 20kg，那么生产 x_1 件甲产品和 x_2 件乙产品消耗资源 A 的总数为 $10x_1+20x_2$，因此资源 A 的约束可用下述不等式加以表示：

$$10x_1 + 20x_2 \leqslant 160$$

同理，资源 B 和资源 C 的约束可分别用下述两个不等式加以表示：

$$30x_1 + 15x_2 \leqslant 300$$

$$60x_1 + 240x_2 \leqslant 1200$$

第三，构建问题的目标函数。该企业的目标是获得最大的利润，因此，此问题的目标函数可表示为 $\max z = 2x_1 + 3x_2$ 。

综合数学模型的三要素，该问题的数学模型可表示为：

$$\max z = 2x_1 + 3x_2$$

$$\text{s. t.} \begin{cases} 10x_1 + 20x_2 \leqslant 160 \\ 30x_1 + 15x_2 \leqslant 300 \\ 60x_1 + 240x_2 \leqslant 1200 \\ x_1, x_2 \geqslant 0 \end{cases} \tag{2-1}$$

例 2-2　某公司每天（按 8 小时计）至少有 3200 个工件需要进行质量检验，应聘质量检验岗位的人员总共有 30 人，其中具有一级质检资格的有 10 人，二级资格的有 20 人。一级检验人员每小时可检验工件 25 个，检验的准确率为 98%，每小时的工资为 30 元；二级检验人员每小时可检验工件 15 个，检验的准确率为 95%，每小时的工资为 20 元。检验人员每出现一次错检会给公司造成 10 元的经济损失。试问公司应选拔多少名一级、二级检验人员从事质检工作，才能使花费在质量控制方面的成本最小。

建立模型：

第一，明确问题的决策变量。设 x_1 和 x_2 分别代表应选拔的一级、二级检验人员数量。

第二，构建问题的约束条件。此问题的约束条件为一级、二级检验人员总数的限制和每日需要检验的工件总量的限制。于是约束条件可用下述三个不等式加以表示：

$$x_1 \leqslant 10$$

$$x_2 \leqslant 20$$

$$5x_1 + 3x_2 \geqslant 80$$

第三，构建问题的目标函数。该公司的目标是使质量控制方面的花费最小，而质量控制方面的费用包括检验人员的工资和错检所造成的损失两部分。

一级检验人员每小时的工资为 30 元，每小时错检造成的损失为 5 元，即公司每小时在每名一级检验人员身上所花费的质检成本为 35 元；同理，每名二级检验人员为 27.5 元。因此，问题的目标函数可表示为 $\min z = 280x_1 + 220x_2$ 。

综合数学模型的三要素，该问题的数学模型可表示为：

$$\min z = 280x_1 + 220x_2$$

$$\text{s. t.} \begin{cases} x_1 \leqslant 10 \\ x_2 \leqslant 20 \\ 5x_1 + 3x_2 \geqslant 80 \\ x_1, x_2 \geqslant 0 \end{cases} \tag{2-2}$$

例 2-3　某餐厅 24 小时全天候营业，为简化问题将每天 24 小时等分为六个时间段，每段 4 小时。由于各时间段顾客数量不同，所以需要的服务员数也就不同。经测算 2：00～6：00需要3人；6：00～10：00需要9人；10：00～14：00需要12人；14：00～18：00需要5人；18：00～22：00需要18人；22：00～2：00需要4人。设服务员在各时间段的开始时点上班并连续工作8小时，问该餐厅在满足服务需要的前提下至少应雇佣多少服务员。

建立模型：

第一，明确问题的决策变量。设 x_1 ，x_2 ，x_3 ，x_4 ，x_5 和 x_6 分别代表各时间段的开始时点上班的服务员数量。

第二，构建问题的约束条件。此问题的约束条件为在各个时间段实际工作的人数不能少于需要的人数。

在2：00～6：00的第一个时间段里，实际工作的人数既有22：00点上班的服务员 x_6 人，还有2：00刚刚上班的服务员 x_1 人，于是应有约束 $x_6 + x_1 \geqslant 3$ 。同理可得其他各时间段的约束，于是该示例的约束条件为：

$$x_6 + x_1 \geqslant 3\ ;\ x_1 + x_2 \geqslant 9$$

$$x_2 + x_3 \geqslant 12\ ;\ x_3 + x_4 \geqslant 5$$

$$x_4 + x_5 \geqslant 18\ ;\ x_5 + x_6 \geqslant 4$$

第三，构建问题的目标函数。雇佣的服务员总数就是在各时间段的开始时点上班的人数的总和，于是目标函数应为 $\min z = x_1 + x_2 + x_3 + x_4 + x_5 + x_6$ 。

综合数学模型的三要素，该问题的数学模型可表示为：

$$\min z = x_1 + x_2 + x_3 + x_4 + x_5 + x_6$$

$$\text{s. t.} \begin{cases} x_6 + x_1 \geqslant 3\ ,\ x_1 + x_2 \geqslant 9\ ,\ x_2 + x_3 \geqslant 12 \\ x_3 + x_4 \geqslant 5\ ,\ x_4 + x_5 \geqslant 18\ ,\ x_5 + x_6 \geqslant 4 \\ x_1\ ,\ x_2\ ,\ x_3\ ,\ x_4\ ,\ x_5\ ,\ x_6 \geqslant 0 \end{cases} \tag{2-3}$$

例2-4　假设某企业生产要求2.9m、2.1m和1.5m三种长度的圆钢各100根，而企业作为原材料采购的圆钢长度为7.4m。问应如何裁剪，才能使所消耗的原材料最少。

首先，分析各种可能的裁剪方案，见表2-2。

表2-2　各种剪裁方案数据表

裁剪方案	1.5m（根）	2.1m（根）	2.9m（根）	余料（m）
1	4	0	0	1.4
2	3	1	0	0.8
3	3	0	1	0.0
4	2	2	0	0.2
5	1	1	1	0.9
6	1	0	2	0.1
7	0	3	0	1.1
8	0	2	1	0.3

建立模型：

第一，明确问题的决策变量。设 x_1 ，x_2 ，x_3 ，x_4 ，x_5 ，x_6 ，x_7 和 x_8 分别代表表2-2中各方案被使用的次数。

第二，构建问题的约束条件。此问题的约束条件为最终所得各种长度的备料均不能少于100根，即

$$4x_1 + 3x_2 + 3x_3 + 2x_4 + x_5 + x_6 \geqslant 100$$

$$x_2 + 2x_4 + x_5 + 3x_7 + 2x_8 \geqslant 100$$

$$x_3 + x_5 + 2x_6 + x_8 \geqslant 100$$

第三，构建问题的目标函数。所消耗的原材料总数最少，而所消耗的原材料总数就是各方案被使用次数之和，即 $\min z = x_1 + x_2 + x_3 + x_4 + x_5 + x_6 + x_7 + x_8$ 。

综合数学模型的三要素，该问题的数学模型可表示为：

$$\min z = x_1 + x_2 + x_3 + x_4 + x_5 + x_6 + x_7 + x_8$$

$$\text{s. t.} \begin{cases} 4x_1 + 3x_2 + 3x_3 + 2x_4 + x_5 + x_6 \geqslant 100 \\ x_2 + 2x_4 + x_5 + 3x_7 + 2x_8 \geqslant 100 \\ x_3 + x_5 + 2x_6 + x_8 \geqslant 100 \\ x_1, x_2, x_3, x_4, x_5, x_6, x_7, x_8 \geqslant 0 \end{cases} \tag{2-4}$$

上述四个示例，虽然表面上有的目标函数求极大值、有的求极小值，决策变量的个数、约束条件的个数以及约束条件不等号方向各不相同，但它们却具有三个共同特征：

(1) 决策变量是一组（ n 个）非负的连续变量；

(2) 约束条件可以用关于决策变量的一组（ m 个）线性等式或线性不等式加以表示；

(3) 目标函数是关于决策变量的一个线性函数。

正是由于上述模型的约束条件和目标函数都是关于决策变量的线性函数，人们把这类运筹学模型称为线性规划数学模型（即线性规划数学模型因其约束条件和目标函数是关于决策变量的线性函数而得名）。线性规划数学模型的一般形式可表示为：

$$\max(\min)\ z = c_1x_1 + c_2x_2 + \cdots + c_nx_n$$

$$\text{s. t.} \begin{cases} a_{11}x_1 + a_{12}x_2 + \cdots + a_{1n}x_n \leqslant (=, \geqslant) b_1 \\ a_{21}x_1 + a_{22}x_2 + \cdots + a_{2n}x_n \leqslant (=, \geqslant) b_2 \\ \vdots \quad \vdots \quad \vdots \quad \vdots \quad \vdots \\ a_{m1}x_1 + a_{m2}x_2 + \cdots + a_{mn}x_n \leqslant (=, \geqslant) b_m \\ x_1, x_2, \cdots, x_n \geqslant 0 \end{cases} \tag{2-5}$$

通常人们将目标函数中决策变量的系数 c_j 称为价值系数，而将约束条件中的系数 a_{ij} 称为技术系数，b_i 则称为资源系数。线性规划数学模型的一般形式也可以用矩阵向量的简单形式表达为：

$$\max(\min)\ z = \boldsymbol{CX}$$

$$\text{s. t.} \begin{cases} \boldsymbol{AX} \leqslant (=, \geqslant) \boldsymbol{b} \\ \boldsymbol{X} \geqslant \boldsymbol{0} \end{cases}$$

这里，$\boldsymbol{A}$ 是 $m \times n$ 阶技术系数矩阵；$\boldsymbol{b}$ 是 $m \times 1$ 阶资源系数矩阵（列向量）；$\boldsymbol{C}$ 是 $1 \times n$ 阶价值系数矩阵（行向量）；$\boldsymbol{X}$ 是 $n \times 1$ 阶决策变量矩阵（列向量）。

2.2 线性规划的求解

2.1 节列举了四个把实际问题构造成线性规划数学模型的例子，初步解决了模型的构

造问题。如何求解数学模型以获得问题的最优解自然成为本节关注的焦点。

2.2.1 线性规划的图解法

从简单到复杂、从具体到抽象是人类认识客观事物的一般过程，首先讨论简单、直观的图解法正是尊重人类认识规律的具体体现。图解法顾名思义，就是通过绘图来求解线性规划。数学上可以存在 n 维欧式空间，但人的大脑思维仅限于三维空间（立体空间）。因为绘制一个三维空间的立体图并非易事，因此，实践中仅限于绘制二维空间的平面图。

试想一下，在机械制图中人们是如何绘制一个零部件的加工图纸的呢？人们并不是直接在三维空间中绘制零部件的立体图（图 2－1），而是绘制零部件的主视图、左视图和俯视图，即绘制零部件在三个方向上的二维投影图（图 2－2）。

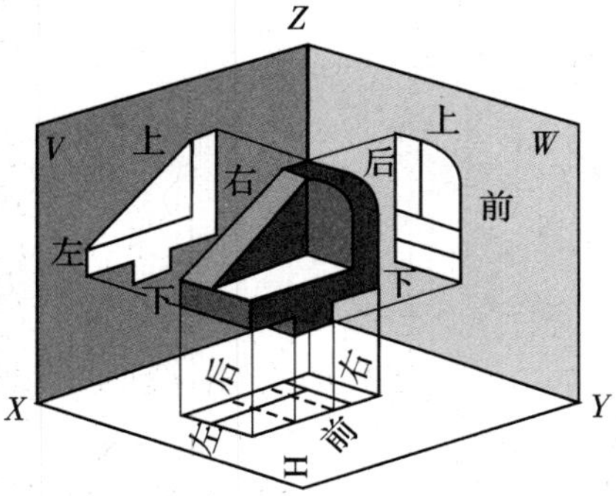

图 2－1　零部件在三维空间的展示图与投影图

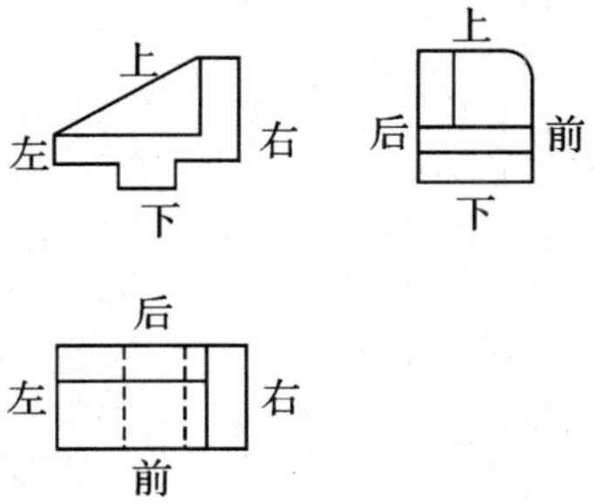

图 2－2　零部件的机械加工三视图

由于二维空间的平面图只有纵横两个坐标轴，而每个坐标轴又只能反映一个决策变量，所以图解法只能解决包含两个决策变量的线性规划问题。虽然在实际问题中，只有两个决策变量的小问题是很少见的，但图解法能揭示线性规划问题解的一些基本概念，并为解决大规模线性规划问题提供理论性的指导。在介绍图解法的具体步骤之前，先来明确一些有关线性规划问题解的概念。

解：决策变量的任何一组取值都构成线性规划问题的一个解；可行解：能够满足全部约束条件（包括资源约束和非负约束）的解称为可行解；非可行解：至少存在一个约束条件不能得到满足的解称为非可行解；可行域：所有可行解所构成的集合称为可行域；最优解：使目标函数达到所追求极值的可行解称为最优解；最优值：最优解所对应的目标函数值称为最优值。

例 2－5　用图解法求解模型（2－6）所示的线性规划问题

$$\max z = 2x_1 + 3x_2$$

$$\text{s.t.}\begin{cases} x_1 + 2x_2 \leqslant 8 & ① \\ 4x_1 \leqslant 16 & ② \\ 4x_2 \leqslant 12 & ③ \\ x_1, x_2 \geqslant 0 \end{cases} \tag{2-6}$$

解

第一步，构造平面直角坐标系（由于决策变量非负，所以只取第一象限）。

第二步，按自然顺序将各个约束条件在坐标系中绘制出来，以确定模型全部可行解的范围，即可行域（可行域之外的点就是非可行解）。等式约束体现出来的是一条直线，而不等式约束体现出来的是以其对应的等式直线为边界的半平面。因此，在绘制不等式约束时，先绘制其对应的等式直线，然后再判断其不等号方向并用箭头方向代表所选定的半平面。

约束条件 $x_1+2x_2\leqslant 8$ 的可行解位于直线 $x_1+2x_2=8$ 的左下方。直线 $x_1+2x_2=8$ 可先通过两个方便点绘制出来，如在两个坐标轴上的截距点（8，0）和（0，4）。直线上的箭头表明了满足条件的区域。同理，约束条件 $4x_1\leqslant 16$ 和 $4x_2\leqslant 12$ 也可以用直线表示出来。图 2－3 中的阴影部分即为例 2－5 的可行域。显然，在这个区域内的每一个点（有无穷多个）都是一个可行解。我们的目标是确定使目标函数 $z=2x_1+3x_2$ 达到最大值的最优解。

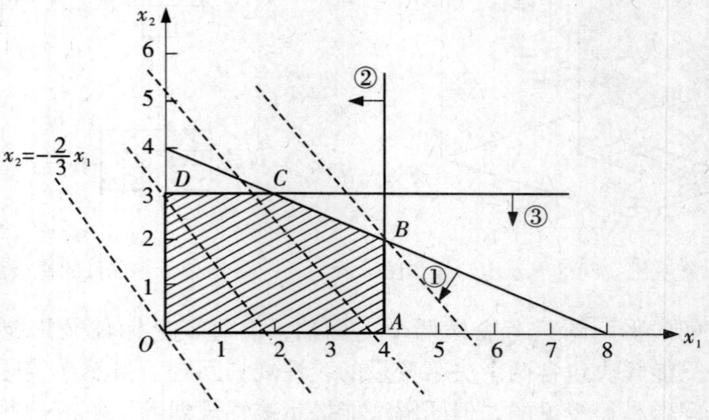

图 2－3　例 2－5 图解示意图

第三步，把目标函数值 z 作为一个参数，将目标函数 $z=2x_1+3x_2$ 表示为斜截式 $x_2=-\frac{2}{3}x_1+\frac{z}{3}$。从目标函数的斜截式方程可以看出，随着目标函数值 z 的增加，目标函数线的斜率保持不变，而在纵轴（x_2 轴）上的截距随之增加。

任意选取一个 z 值，这里不妨令 $z=0$，于是有 $x_2=-\frac{2}{3}x_1$，它是一条通过坐标原点的直线；而随着目标函数值 z 的增加，目标函数线形成一族向纵轴正方向移动的平行线，如图 2－3 虚线所示。

第四步，为寻求最优解，使目标函数直线向右上方移动以使目标函数值增加。然而，这样的移动是受到一定限制的，那就是必须保持直线与可行域至少有一个公共点。

显然，可行域的顶点 B 就是目标函数直线脱离可行域前经过的最后一点，即 $B(4,2)$ 就是最优解点，其最优值 $z=2\times 4+3\times 2=14$。

例 2－6 用图解法求解模型（2－7）所示的线性规划问题

$$\min z = 40x_1 + 36x_2$$

$$\text{s. t.}\begin{cases}5x_1 + 3x_2 \geqslant 45 & ①\\ x_1 \leqslant 8 & ②\\ x_2 \leqslant 10 & ③\\ x_1, x_2 \geqslant 0\end{cases} \tag{2-7}$$

解 构造平面直角坐标系并将每一约束条件反映出来，见图 2－4。

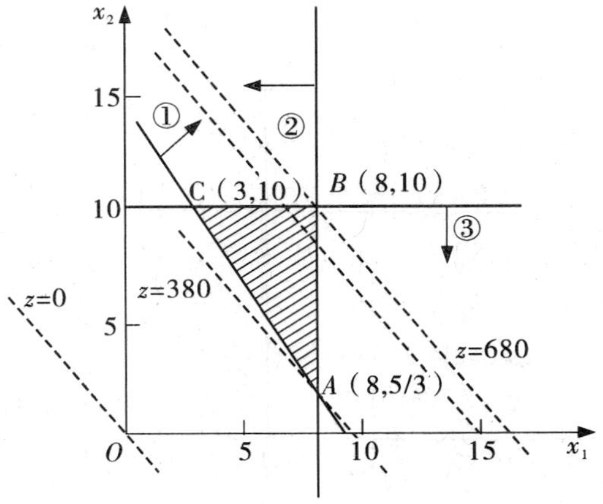

图 2－4 例 2－6 图解示意图

约束条件 $5x_1 + 3x_2 \geqslant 45$ 要求问题的任何一个可行解都应位于直线 $5x_1 + 3x_2 = 45$ 的右上方，而约束条件 $x_1 \leqslant 8$ 和 $x_2 \leqslant 10$ 的可行域分别位于其直线的左侧和下方，于是可得如图 2－4 阴影部分所示的可行域。

为寻求最优解，可以选取一个方便的 z 值，这里不妨假设 $z = 0$。由于可行域在目标函数线的右上方，虽然向右上方平移会使目标函数值增加（不是问题所追求的），但也只能被迫向右上方平移。当目标函数线平移至 A 点时 z 值达到可行解中的最小（见图 2－4），即此线性规划问题的最优解为 $\boldsymbol{X}^* = (8, 5/3)$，其最优值 $z^* = 380$。

结论 1 线性规划问题如果存在最优解，其最优解一定在可行域的边缘上，绝对不会出现在可行域的内部。

例 2－5 和例 2－6 所展现的目标函数线离开或接触可行域的极端状态均为可行域的某个顶点（例 2－5 为 B 点，例 2－6 为 A 点），称为唯一最优解。可以设想一下，如果目标函数线离开或接触可行域的极端状态不是可行域的边缘上的某个顶点，而是可行域的边缘上的某条边，那么该边上的所有点不就都是最优解了吗？由于任意一条线段都有无穷多个点，所以此情形称为无穷多最优解，见模型（2－8）和图 2－5。

$$\max z = 2x_1 + 4x_2$$

$$\text{s. t.}\begin{cases}x_1 + 2x_2 \leqslant 8 & ①\\ 4x_1 \leqslant 16 & ②\\ 4x_2 \leqslant 12 & ③\\ x_1, x_2 \geqslant 0\end{cases} \tag{2-8}$$

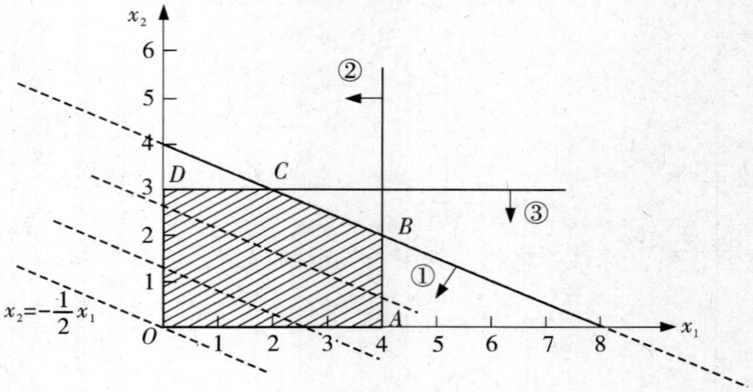

图 2-5　无穷多最优解示意图

将模型（2-6）的目标函数变为 $z=2x_1+4x_2$，而约束条件保持不变，便形成了模型（2-8）。此时，以 z 为参数的目标函数直线族与约束条件 $x_1+2x_2=8$ 所示的可行域的边界平行。当 z 由小变大时最终将与线段 BC 重合（见图 2-5），线段 BC 上任意一点都使 z 取得相同的最大值，此时线性规划问题有无穷多最优解。

结论 2　线性规划问题如果存在最优解，其最优解一定能在可行域的一个或两个顶点上得到。即一定能在可行域的顶点上得到，唯一最优解在一个顶点上得到，无穷多最优解在两个顶点上得到。

结论 1、结论 2 给出了线性规划问题存在最优解时有关最优解的性质，是否线性规划问题都一定存在最优解呢？

答案分两种情况，对于实际问题而言，线性规划问题一定存在最优解，这意味着面对任何问题总会有解决问题的途径，即车到山前必有路。假设解决某一实际问题却出现了无最优解的状况，如果不是求解有误，那一定是在构建模型阶段出了问题。可能是遗漏掉必要的约束条件，也可能是约束条件提得太苛刻或出现了相互矛盾的约束。这时，只要回过头来改正模型构建中的失误，这一问题就会得到解决。

对于理论模型而言，线性规划问题就未必一定存在最优解了，见图 2-6 和图 2-7。图 2-6 所示的线性规划问题其目标函数值可以无限地增加，称为无界解。图 2-7 所示的线性规划问题可行域根本不存在，称为无可行解。

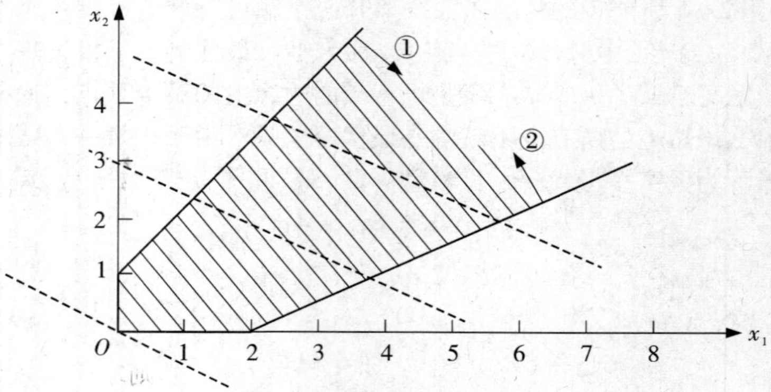

图 2-6　无界解示意图

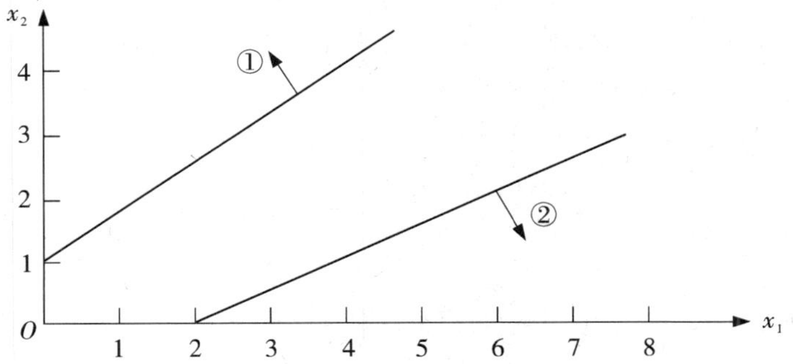

图 2-7　无可行解示意图

结论 3　线性规划问题的解可能有四种情况，即唯一最优解、无穷多最优解、无界解和无可行解。

2.2.2　线性规划的单纯形法

图解法虽然直观简便，但当变量数多于两个时，它就无能为力了。下面介绍一种求解线性规划的通用算法——单纯形法。

线性规划模型有各种不同的形式，即目标函数可以求极大值也可以求极小值；约束条件可以是等式也可以是不等式，不等式又可以是"≤"或"≥"；决策变量一般是非负的，但在理论模型中可能会允许在区间（$-\infty$，$+\infty$）内取值。为适应这种通用的单纯形法，首先定义与之相适应的线性规划标准形式。线性规划标准形式是用单纯形法求解线性规划的基础，在求解之前将不同形式的线性规划模型转化为统一的标准形式是十分必要的。

1．线性规划的标准形式

线性规划的标准形式应符合四项条件：①所有的决策变量非负；②所有的约束条件均为严格等式；③目标函数最小化；④所有约束条件的右端项（资源系数）非负。符合这四项条件的线性规划标准形式可表述成模型（2-9）的简单形式：

$$\min z = CX$$
$$\text{s. t.} \begin{cases} AX = b \\ X \geqslant 0 \\ b \geqslant 0 \end{cases} \tag{2-9}$$

将线性规划问题转化成标准形式，即逐步实现标准形式定义的四项条件的过程，包括如下四个方面的转化处理。

（1）无约束变量与负值变量的处理

在某些情况下，变量的取值可能并无正、负的限制。如一投资者拥有资本 100 万元，若投资需要，他还可以贷款。用 x 代表其投资的数量，那么投资约束可表示为 $x + s = 100$。这里 s 的正、负取决于它代表的是存款（正）还是贷款（负）。

因为线性规划的标准形式总是要求变量是非负的，一个无约束的变量可以用两个非负变量的差来表示，即令 $s = y - z$；这里 y，z 非负，而 s 的正负则取决于 y 与 z 相对数值的大小。用 y、z 替代 s 后，投资约束可表示为 $x + y - z = 100$，则此时的三个变量 x，y，z 就均为非负。

若此投资问题的投资被限制在100万元以上，即不存在资本剩余，一定要求贷款，那么投资约束表达式 $x + s = 100$ 中的 s 取值就只能为负，一个负值变量可以用其相反变量来表示，即令 $s = -y$；这里 y 非负。用 y 替代 s 后，投资约束可表示为 $x - y = 100$，此时两个变量 x，y 均为非负。此转换结果相当于直接定义非负的 y 为贷款额，那么实际投资应为自有资本加上银行贷款，即 $x = 100 + y$，也就是 $x - y = 100$。

（2）非等式约束条件的处理

对不等式约束条件可以通过引入一个代表不等式两边差的新变量来实现，这一新的变量称为松弛变量。例如，$x_1 + 2x_2 \leqslant 8$ 可转换为 $x_1 + 2x_2 + x_3 = 8$；而 $5x_1 + 3x_2 \geqslant 45$ 可转换为 $5x_1 + 3x_2 - x_4 = 45$。这里加上的 x_3 和减去的 x_4 就是我们所说的松弛变量（有些文献也将减去的松弛变量称为剩余变量）。

（3）目标函数最大化的处理

将目标函数在最大化和最小化之间转换十分简单，只需将目标函数中的价值系数乘以“-1”即可完成。例如 $\max z = 2x_1 - 3x_2$，可以转换为 $\min w = -2x_1 + 3x_2$，这里的两个目标值 z 和 w 一定是绝对值相等且符号相反的两个数值。

（4）右端项为负数约束条件的处理

对约束条件右端项为负数的处理，只需在方程（或不等式）两端同时乘以“-1”，即可将约束条件右端项转换为非负。例如，$x_1 - 2x_2 - x_3 = -8$ 可转换为 $-x_1 + 2x_2 + x_3 = 8$。

例 2－7 将模型（2－10）所代表的线性规划模型转换成标准形式

$$\max z = x_1 - 2x_2 + 3x_3$$
$$\text{s.t.}\begin{cases} x_1 + x_2 + x_3 \leqslant 7 \\ x_1 - x_2 + x_3 \geqslant 2 \\ 3x_1 - x_2 - 2x_3 = -5 \\ x_1 \geqslant 0,\ x_2 \geqslant 0,\ x_3 \text{ 无约束} \end{cases} \tag{2-10}$$

（1）令 $x_3 = x_4 - x_5$ 并代入模型，这里 $x_4, x_5 \geqslant 0$。

（2）第三个约束条件方程两边同乘以“-1”。经过（1）、（2）两个步骤，模型（2－10）转化为模型（2－11）。

$$\max z = x_1 - 2x_2 + 3x_4 - 3x_5$$
$$\text{s.t.}\begin{cases} x_1 + x_2 + x_4 - x_5 \leqslant 7 \\ x_1 - x_2 + x_4 - x_5 \geqslant 2 \\ -3x_1 + x_2 + 2x_4 - 2x_5 = 5 \\ x_1 \geqslant 0,\ x_2 \geqslant 0,\ x_4 \geqslant 0,\ x_5 \geqslant 0 \end{cases} \tag{2-11}$$

（3）第一和第二个约束条件各引入一个松弛变量 x_6 和 x_7（剩余变量），由于松弛变量表示的是剩余的资源，而剩余的资源并不产生价值，所以它们并不会对目标函数有所贡献，即它们在目标函数中的价值系数为“0”。

（4）目标函数乘以“-1”，从而实现目标函数极小化。再经过（3）、（4）两个步骤，模型（2－11）转化为标准形式的模型（2－12）。

$$\min z = -x_1 + 2x_2 - 3x_4 + 3x_5$$

$$\text{s. t.} \begin{cases} x_1 + x_2 + x_4 - x_5 + x_6 = 7 \\ x_1 - x_2 + x_4 - x_5 - x_7 = 2 \\ -3x_1 + x_2 + 2x_4 - 2x_5 = 5 \\ x_1, x_2, x_4, x_5, x_6, x_7 \geqslant 0 \end{cases} \tag{2-12}$$

2. 单纯形原理

例 2-8 用单纯形法求解模型（2-13）（模型（2-6）的标准形式）

$$\min w = -2x_1 - 3x_2 + 0x_3 + 0x_4 + 0x_5$$

$$\text{s. t.} \begin{cases} x_1 + 2x_2 + x_3 = 8 \\ 4x_1 + x_4 = 16 \\ 4x_2 + x_5 = 12 \\ x_1, x_2, x_3, x_4, x_5 \geqslant 0 \end{cases} \tag{2-13}$$

首先分析约束条件（资源约束），三个约束方程（相互独立）只能求解三个变量。因为此模型中存在五个变量，为了求解约束方程只能在五个变量中选取三个继续作为变量，而把其他两个作为参数。继续选作变量的变量称为基变量，而作为参数的变量称为非基变量。令所有非基变量都为“0”，即可求得关于基变量的唯一一组解，称为基解。满足非负条件的基解称为基可行解。因为基解是求解资源约束方程组而得到的，所以自然会满足资源约束方程组，再加上满足非负约束，也就满足了所有约束条件，即同时为可行解，进而称为基可行解。

线性规划几种解的概念之间的关系可用图 2-8 加以表示。由于基变量的个数一定与约束方程（资源约束）的个数相等，因此规定每一个方程选择一个基变量。为方便起见，我们为基变量的选择设定两个条件：

（1）该变量只出现在这一个方程中；

（2）在这个方程中的系数为“1”。

按照这样的基变量选取规则，模型（2-13）的三个基变量应分别选择 x_3，x_4 和 x_5；而 x_1 和 x_2 就是非基变量。

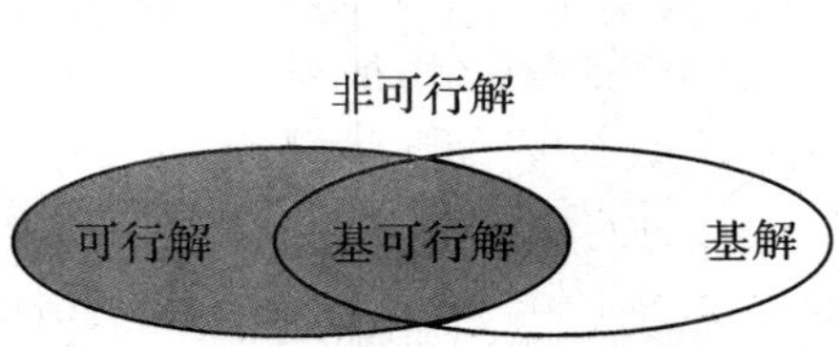

图 2-8 线性规划解集关系示意图

由美国数学家 G. B. Dantzig 发明的单纯形法是一种求解线性规划问题的循环算法，这一循环的实质是从可行域中的某一基可行解开始，转换到另一个基可行解，并且使目标函数趋优的过程。为什么仅仅搜索基可行解即可完成寻优工作呢？

为回答此问题，本书不加证明地引入这样一个命题：线性规划问题的基可行解与其可行域的顶点一一对应。而在前面介绍的线性规划图解法中，我们已经得到这样一个结论：若线性规划问题存在最优解，最优解一定能在可行域的顶点上得到。因此，我们自然得到递进的结论：若线性规划问题存在最优解，最优解一定能在基可行解中得到。

有了这一递进的结论，单纯形法的基本步骤就可以概括为：

（1）寻找一个基可行解并将其作为初始的基可行解；

（2）判别该基可行解是否是最优解，如果是最优解求解过程结束，如果不是最优解就转换到另一个能使目标函数值变优（减小）的基可行解；

（3）将新的基可行解作为新的起点，重复第（2）步，直至求得最优解或能够判断问题无最优解（无可行解或无界解）。

解 第一步，在例 2－8 中，寻找一个基可行解并将其作为初始的基可行解。

选取 x_3，x_4 和 x_5 三个变量为基变量（即 x_1 和 x_2 是非基变量）。令非基变量 $x_1 = x_2 = 0$，代入模型（2－13）的约束方程，可直接得到初始基可行解 $\boldsymbol{X}^{(0)} = (0,0,8,16,12)^{\mathrm{T}}$。将该初始基可行解代入模型（2－13）的目标函数，即可求得与之相应的目标函数值为 $w^{(0)} = 0$。

第二步，检验初始基可行解 $\boldsymbol{X}^{(0)} = (0,0,8,16,12)^{\mathrm{T}}$ 的最优性。

校核是否能找到另一个基可行解使目标函数值变小，如果存在另一个基可行解能使目标函数值变小，说明目前的解一定不是最优解，以新的基可行解代替原基可行解；如果这样的基可行解不存在，说明目前的解就是最优解。

在一个基可行解中，基变量可视为正值，而非基变量总是为“0”，因此，使非基变量变为基变量，相当于把非基变量的值从“0”提高到某一正数。为使计算简便，每次只检验一个非基变量发生变化对目标函数值的影响（即假设其他非基变量保持不变）。由于对一个特定的模型而言，其基变量的个数（约束方程的个数）是一定的；因此有一个非基变量变为基变量（称为**入基变量**），就一定要有一个基变量变为非基变量（称为**出基变量**）。只有一个基变量不同的两个基可行解称为**相邻的基可行解**。

为了得到相邻的基可行解，单纯形法使某一非基变量（入基变量）入基，替换掉原来的某一基变量（出基变量），从而保持基变量数量不变。问题是如何选择一个合适的入基变量和一个合适的出基变量，以使在这两个变量之间的交换能给目标函数一个最大的下降量。

当然，入基变量应在能降低目标函数值的非基变量中选择。选择可以通过使非基变量的值增加一个单位（即由“0”变为“1”），检验目标函数值的最终变化来完成。为说明这一过程，考虑将非基变量 x_1 的值从“0”增加到“1”，因为我们只对相邻的基可行解感兴趣，所以非基变量 x_2 的取值保持不变，仍为“0”。将 $x_1 = 1$，$x_2 = 0$ 代入模型（2－13），可得一个可行解 $\boldsymbol{X} = (1,0,7,12,12)^{\mathrm{T}}$（并非基解），其对应的目标函数值为 $w = -2 \times 1 - 3 \times 0 = -2$，因此，随着 x_1 增加一个单位，目标函数值的净增量 $\Delta w = -2$。我们将决策变量 x_j 单位增量使目标函数产生的增量，称为决策变量 x_j 的**检验数**，用 σ_j 来表示；即此时决策变量 x_1 的检验数 $\sigma_1 = -2$。

根据检验数的定义不难理解，将目标函数表示为非基变量的函数（实现这一点并不难，只需将目标函数中系数不为“0”的基变量用非基变量表示，再代入目标函数消去基变量即可），此函数非基变量 x_j 的系数即为其检验数 σ_j，而基变量的检验数恒为“0”（函数中不含有基变量，相当于基变量系数为零）。

将目标函数表示为非基变量的函数 $\min w = -2x_1 - 3x_2 + 0x_3 + 0x_4 + 0x_5$，按上述结论很容易得到 $\sigma_1 = -2, \sigma_2 = -3, \sigma_3 = \sigma_4 = \sigma_5 = 0$ 的结果。因非基变量的检验数 σ_1，σ_2 均

小于零，说明目标函数可以通过增加 x_1 或 x_2 而得到减少，所以初始基可行解不是最优解。

$\sigma_1=-2$ 表明 x_1 增加“1”个单位，目标函数减少“2”个单位；而 $\sigma_2=-3$ 表明 x_2 增加“1”个单位，目标函数减少“3”个单位。由于非基变量 x_2 增加使目标函数产生较大的递减速度，所以选取 x_2 为入基变量，即选择负检验数中绝对值最大的非基变量作为入基变量。

自然，我们应尽可能地增加 x_2 的值，以使目标函数得到最大程度的减少。对于模型（2－13），显然 x_2 的取值不能无限增加，因为 x_2 的增加会引起 x_3 和 x_5 的减少，而 x_3 和 x_5 又必须保持非负。对于模型（2－13）的第一个约束，当 x_2 的取值超过 4（由 8/2 得到）时，x_3 将减小为负值；对于第二个约束，x_2 的增加并未引起 x_4 的减少，所以 x_4 并不限制 x_2 的增加幅度；而对于第三个约束，当 x_2 的取值超过 3（由 12/4 得到）时，x_5 将减小为负值。为了使所有变量均保持非负，x_2 的最大增量为 $\min\left(\frac{8}{2},-,\frac{12}{4}\right)=3$（这里“－”代表 x_4 不限制 x_2 的增加），称为“**最小比率**”规则。当 x_2 增至 3 时，x_5 将率先减少为“0”成为出基变量。在模型（2－13）的第三个约束中，非基变量 x_2 将替代 x_5 而成为新的基变量。初等变换过程中，我们将出基变量所在的行称为**主行**，主行中入基变量的系数称为**主元素**。

进行如下两步初等变换：①模型（2－13）的第三个约束（主行）除以“4”（主元素），即主行除以主元素，将主元素变为“1”，以使该约束新的基变量 x_2 的系数变为“1”；②将模型（2－13）非主行中的 x_2（入基变量）消去，以使新的基变量 x_2 只出现在主行中。经过①、②两步，即可获得模型（2－14）所示的新的基可行解。

$$\min w=-2x_1+0x_2+0x_3+0x_4+\frac{3}{4}x_5-9$$

$$\text{s.t.}\begin{cases} x_1+x_3-\frac{1}{2}x_5=2 \\ 4x_1+x_4=16 \\ x_2+\frac{1}{4}x_5=3 \\ x_1,x_2,x_3,x_4,x_5\geqslant 0 \end{cases} \qquad (2-14)$$

新的基可行解 $\boldsymbol{X}^{(1)}=(0,3,2,16,0)^{\mathrm{T}}$，新的目标值 $w^{(1)}=-9$。将目标函数表示成非基变量的函数，由于该函数各变量的系数（非基变量检验数）仍存在负值，所以新的基可行解仍不是最优解。再次用上述方法确定入基变量和出基变量，由于只存在一个 σ_1 为负检验数，即选取 x_1 为入基变量；利用“最小比率”规则 $\min\left(\frac{2}{1},\frac{16}{4},-\right)=2$，即选取 x_3 为出基变量。在保持其他基变量（x_2，x_4）的系数向量为单位向量的前提下，将入基变量的系数向量变为单位向量，可得如模型（2－15）所示的另一个新的基可行解 $\boldsymbol{X}^{(2)}$。

$$\min w=0x_1+0x_2+2x_3+0x_4-\frac{1}{4}x_5-13$$

$$\text{s.t.}\begin{cases} x_1+x_3-\frac{1}{2}x_5=2 \\ -4x_3+x_4+2x_5=8 \\ x_2+\frac{1}{4}x_5=3 \\ x_1,x_2,x_3,x_4,x_5\geqslant 0 \end{cases} \qquad (2-15)$$

新的基可行解 $X^{(2)}=(2,3,0,8,0)^{\mathrm{T}}$，新的目标值 $w^{(2)}=-13$。根据各变量的检验数（在目标函数中的系数）可知，$X^{(2)}$ 仍不是最优解。选取 x_5 为入基变量，x_4 为出基变量；对入基变量进行适当的变换，可得如模型（2-16）所示的另一个新的基可行解 $X^{(3)}$。

$$\min w = 0x_1+0x_2+\frac{3}{2}x_3+\frac{1}{8}x_4+0x_5-14$$

$$\text{s. t.}\begin{cases} x_1 + \frac{1}{4}x_4 = 4 \\ -2x_3+\frac{1}{2}x_4+x_5 = 4 \\ x_2+\frac{1}{2}x_3-\frac{1}{8}x_4 = 2 \\ x_1,x_2,x_3,x_4,x_5 \geqslant 0 \end{cases} \tag{2-16}$$

新的基可行解 $X^{(3)}=(4,2,0,0,4)^{\mathrm{T}}$，新的目标值 $w^{(3)}=-14$。根据各变量的检验数均为非负可知，$X^{(3)}$ 就是最优解，此最优解与模型（2-6）图解法所得的最优解在 x_1，x_2 二维空间上是完全一致的。

基变量的检验数一定为“0”；目标函数求极小值时，当所有非基变量的检验数都大于等于“0”时，线性规划得到最优解；目标函数求极大值时，当所有非基变量的检验数都小于等于“0”时，线性规划得到最优解。

3．单纯形表

我们已研究了求解线性规划问题的单纯形法的基本原理。单纯形法是从某一基可行解出发，连续地寻找相邻的基可行解，直到达到最优的迭代（初等变换）过程。单纯形法的各个步骤可以通过表格形式加以表示，由于表格形式相当于将迭代过程进行标准化，所以表格形式的应用使单纯形法更有效、更方便。下面仍然以例2-8为例，讨论单纯形表的使用。

$$\min w = -2x_1-3x_2+0x_3+0x_4+0x_5$$

$$\text{s. t.}\begin{cases} x_1+2x_2+x_3 = 8 \\ 4x_1+x_4 = 16 \\ 4x_2+x_5 = 12 \\ x_1,x_2,x_3,x_4,x_5 \geqslant 0 \end{cases} \tag{2-17}$$

构造初始单纯形表，反映初始基可行解 $X^{(0)}=(0,0,8,16,12)^{\mathrm{T}}$、目标函数 $w^{(0)}=0$，见表2-3（对应模型（2-17），即模型（2-13））。

表2-3　例2-8初始单纯形表

c_j		-2	-3	0	0	0	$\boldsymbol{b}$
C_B	X_B	x_1	x_2	x_3	x_4	x_5	
0	x_3	1	2	1	0	0	8
0	x_4	4	0	0	1	0	16
0	x_5	0	[4]	0	0	1	12
σ_j		-2	-3	0	0	0	$w=0$

c_j 表示目标函数中变量 x_j 的系数，即价值系数；$\boldsymbol{C_B}$ 表示基变量的价值系数行向量；$\boldsymbol{X_B}$ 表示基变量所构成的列向量；$\boldsymbol{b}$ 表示资源系数列向量（常数项）；σ_j 表示变量 x_j 的检验数，这里有 $\sigma_j = c_j - \boldsymbol{C_B P_j}$（此式中的 $\boldsymbol{C_B P_j}$ 为相应两列同行对应元素的乘积之和），即

$$\sigma_1 = -2 - (0 \times 1 + 0 \times 4 + 0 \times 0) = -2$$

$$\sigma_2 = -3 - (0 \times 2 + 0 \times 0 + 0 \times 4) = -3$$

而目标值 $w = \boldsymbol{C_B b}$（两列对应元素的乘积之和），即 $w = 0 \times 8 + 0 \times 16 + 0 \times 12 = 0$。

表 2－3 的检验数行有负值，所以现行的基可行解不是最优解。在负检验数中取绝对值最大者 $\max\{|-2|, |-3|\} = 3$，即 x_2 被选为入基变量。应用“最小比率”规则确定出基变量，由于 $\min\{\frac{8}{2}, -, \frac{12}{4}\} = 3$，最小比率是“3”，发生在第三行，此行称为主行，主行所对应的原基变量 x_5 就是出基变量。主行中（第三行）入基变量 x_2 的系数“4”称为主元素，主元素用括号做一标记，如表 2－3 中第三行第二列的“[4]”。

然后进行两步初等变换：①主行除以主元素，使主元素变为“1”；②将与主元素同列的其他元素变为“0”。此例的初等变换为：①将表 2－3 的第三行除以“4”，得到如表 2－4 所示的第三行；②将表 2－4 的第三行乘以“－2”，加到表 2－3 的第一行，得到如表 2－4 的第一行，即表 2－3 的第一行减去表 2－4 主行（第三行）的 2 倍，得到表 2－4 的第一行。因为在表 2－3 中，与主元素“4”同列的第二行元素本身就是“0”，所以表 2－4 的第二行，直接照抄表 2－3 的第二行。表 2－4 直接对应模型（2－14）。

表 2－4　例 2－8 经过一次迭代后的单纯形表

c_j		-2	-3	0	0	0	$\boldsymbol{b}$
$\boldsymbol{C_B}$	$\boldsymbol{X_B}$	x_1	x_2	x_3	x_4	x_5	
0	x_3	[1]	0	1	0	$-1/2$	2
0	x_4	4	0	0	1	0	16
-3	x_2	0	1	0	0	$1/4$	3
σ_j		-2	0	0	0	$3/4$	$w = -9$

因为 $\sigma_1 = -2 < 0$，表 2－4 所给出的基可行解 $\boldsymbol{X}^{(1)} = (0, 3, 2, 16, 0)^{\mathrm{T}}$ 仍不是最优解。确定 x_1 为入基变量，x_3 为出基变量。再次通过上述初等变换可得表 2－5 所示的新的单纯形表，表 2－5 直接对应模型（2－15）。

表 2－5　例 2－8 经过二次迭代后的单纯形表

c_j		-2	-3	0	0	0	$\boldsymbol{b}$
$\boldsymbol{C_B}$	$\boldsymbol{X_B}$	x_1	x_2	x_3	x_4	x_5	
-2	x_1	1	0	1	0	$-1/2$	2
0	x_4	0	0	-4	1	[2]	8
-3	x_2	0	1	0	0	$1/4$	3
σ_j		0	0	2	0	$-1/4$	$w = -13$

由于表 2－5 对应的基可行解 $\boldsymbol{X}^{(2)}=(2,3,0,8,0)^{\mathrm{T}}$ 仍然不是最优解，所以需继续进行迭代，直到得到如表 2－6 所示的最终单纯形表，表 2－6 直接对应模型（2－16）。

表 2－6　例 2－8 经过三次迭代后的单纯形表

c_j		-2	-3	0	0	0	$\boldsymbol{b}$
$\boldsymbol{C_B}$	$\boldsymbol{X_B}$	x_1	x_2	x_3	x_4	x_5	
-2	x_1	1	0	0	1/4	0	4
0	x_5	0	0	-2	1/2	1	4
-3	x_2	0	1	1/2	$-1/8$	0	2
σ_j		0	0	3/2	1/8	0	$w=-14$

表 2－6 中所有变量的检验数均为非负，这表明不能进一步改善（减小）目标函数值了。因此，表 2－6 所给出的基可行解 $\boldsymbol{X}^{(3)}=(4,2,0,0,4)^{\mathrm{T}}$ 就是最优解，$w^{(3)}=-14$ 是线性规划的最优值。

综上所述，单纯形表求解线性规划的一般步骤可概括为：

（1）写出问题的标准形式；

（2）以单位矩阵为初始基（每一方程按条件选取一个基变量），建立初始单纯形表；

（3）使用"内积规则"计算各变量的检验数；

（4）如果所有的检验数均为非负，那么现行的基可行解为最优解；否则，选择负检验数中绝对值最大的非基变量作为入基变量，并应用"最小比率"规则确定出基变量；

（5）作初等变换得到新的基可行解；

（6）回到第（3）步。

第（3）步到第（6）步称为单纯形法的迭代（循环的初等变换），每次迭代都给出新表和改善后的基可行解。单纯形法的效率取决于其在达到最优解之前所经历的迭代次数，迭代次数在单纯形法计算中是一个重要的因素。

4．单纯形法的进一步讨论

（1）无穷多最优解的判别

例 2－9　用单纯形法求解模型（2－18）（模型（2－8）的标准形式）。

$$\min w=-2x_1-4x_2+0x_3+0x_4+0x_5$$

$$\text{s.t.}\begin{cases} x_1+2x_2+x_3=8 \\ 4x_1+x_4=16 \\ 4x_2+x_5=12 \\ x_1,x_2,x_3,x_4,x_5\geqslant 0 \end{cases} \qquad (2-18)$$

通过前面的图解法已知，此线性规划问题有无穷多最优解。在图解法中，线性规划问题有无穷多最优解，可通过目标函数线最终离开可行域的一条边而不是一个顶点来反映；那么在单纯形法中，线性规划问题有无穷多最优解的标志是什么呢？

表 2－7　例 2－9 单纯形表

c_j		-2	-4	0	0	0	b
C_B	X_B	x_1	x_2	x_3	x_4	x_5	
0	x_3	1	2	1	0	0	8
0	x_4	4	0	0	1	0	16
0	x_5	0	[4]	0	0	1	12
σ_j		-2	-4	0	0	0	$w=0$
0	x_3	[1]	0	1	0	-1/2	2
0	x_4	4	0	0	1	0	16
-4	x_2	0	1	0	0	1/4	3
σ_j		-2	0	0	0	1	$w=-12$
-2	x_1	1	0	1	0	-1/2	2
0	x_4	0	0	-4	1	2	8
-4	x_2	0	1	0	0	1/4	3
σ_j		0	0	2	0	(0)	$w=-16$

在最终的单纯形表中，由于所有变量的检验数均为非负，所以此时线性规划已经达到最优解，最优解 $X^*=(2,3,0,8,0)^{\mathrm{T}}$，最优值 $w^*=-16$。将例 2－9 的最终单纯形表（表 2－7）与例 2－8 的最终单纯形表（表 2－6）对比可以发现，表 2－6 中两个非基变量的检验数都大于“0”；而表 2－7 中有一个非基变量 x_5 的检验数为“（0）”。恰恰是这个“（0）”说明此题有无穷多最优解。根据检验数的内涵，变量的检验数是其单位增量能使目标函数产生的增量。非基变量 x_5 的检验数为“0”，说明 x_5 增加（入基）不会导致目标值的增加（可以保持不变），既然目前的目标值是最优值，那么 x_5 增加（入基）后没有改变的目标值就仍然是最优值，其相应的解仍然是最优解。既然已经存在两个最优解（可行域两个相邻的顶点），那么这两个最优解的线性组合（这两个顶点连线上的所有点）也一定是最优解（它们的目标函数值相等），所以线性规划问题有无穷多最优解。当线性规划达到最优解时，即所有非基变量的检验数都大于等于“0”，此时若存在（至少 1 个）非基变量的检验数等于“0”，则此线性规划问题有无穷多最优解。

（2）无界解的判别

例 2－10　用单纯形法求解模型（2－19）。

$$\max z = x_1 + 2x_2 + 3x_3$$
$$\text{s.t.}\begin{cases}2x_1 + x_2 - 2x_3 \leqslant 10\\ 3x_1 - x_2 - 4x_3 \leqslant 12\\ x_1, x_2, x_3 \geqslant 0\end{cases} \tag{2-19}$$

解　首先转化为模型（2－20）所示的标准形式。

$$\min w = -x_1 - 2x_2 - 3x_3$$
$$\text{s.t.}\begin{cases}2x_1 + x_2 - 2x_3 + x_4 = 10\\ 3x_1 - x_2 - 4x_3 + x_5 = 12\\ x_1, x_2, x_3, x_4, x_5 \geqslant 0\end{cases} \tag{2-20}$$

构造单纯形表并进行迭代运算。

表 2-8 例 2-10 初始单纯形表

c_j		-1	-2	-3	0	0	**b**
C_B	X_B	x_1	x_2	x_3	x_4	x_5	
0	x_4	2	1	(-2)	1	0	10
0	x_5	3	-1	(-4)	0	1	12
σ_j		-1	-2	(-3)	0	0	$w=0$

由表 2-8 可知 $X^{(0)}=(0,0,0,10,12)^{\mathrm{T}}$，$w^{(0)}=0$。选取 x_3 为入基变量，由于入基变量 x_3 的系数都为负值，因此“最小比率”规则失效（只比正值不比负值或零；因为只有正值时，入基变量的增加才能引起相应约束方程原基变量的减小，该方程的原基变量才有出基的可能）。入基变量 x_3 的系数都为负值，说明 x_3 的增加不仅不会引起原基变量 x_4 和 x_5 的减小，而且导致它们随之增加，即原有基变量 x_4 和 x_5 并不对入基变量 x_3 的增加幅度有任何限制。由于 x_3 增加 1 个单位，目标函数减小 3 个单位（$\sigma_3=-3$），x_3 可以无限增加，目标函数自然也就可以无限减小，即线性规划问题有无界解。

线性规划在利用单纯形迭代过程中，出现只有入基变量而无出基变量时，此线性规划问题无界解。由于目前的讨论还仅限于问题本身具有一个初始的基可行解，所以不会出现无可行解的情况，无可行解的情况将在讨论完人工变量后再加以讨论。

(3) 人工变量的引入及处理

以上所有的线性规划问题在转化为标准形式后，每一个约束方程刚好都存在（只出现在一个方程中且系数为“1”）基变量。设想一下，如果并非每一个约束方程都存在基变量（无初始基），那么初始单纯形表就无法形成，也就谈不上用单纯形法求解了。在许多实际问题中，这种无初始基的情况经常出现。当模型本身无初始基时，人工变量是构造可行基并获得初始基可行解的有效方法。

例 2-11 用单纯形法求解模型（2-21）。

$$\min w=-3x_1+x_2+x_3$$

$$\text{s.t.}\begin{cases}x_1-2x_2+x_3\leqslant 11\\ -4x_1+x_2+2x_3\geqslant 3\\ 2x_1-x_3=-1\\ x_1,x_2,x_3\geqslant 0\end{cases}\tag{2-21}$$

首先把模型（2-21）转化为模型（2-22）的标准形式。

$$\min w=-3x_1+x_2+x_3+0x_4+0x_5$$

$$\text{s.t.}\begin{cases}x_1-2x_2+x_3+x_4=11\\ -4x_1+x_2+2x_3-x_5=3\\ -2x_1+x_3=1\\ x_1,x_2,x_3,x_4,x_5\geqslant 0\end{cases}\tag{2-22}$$

在模型（2-22）中，第一个约束条件可以由 x_4 充当基变量，而第二个约束条件和第三个约束条件都没有基变量。对每一个没有基变量的约束引入一个新的变量作为基变量，由于该变量是在约束条件已为等式的情况下仅仅为了充当基变量而人为引入的，与前面在不等式中引入的松弛变量有着本质的区别，为了把它们与原问题的决策变量和松弛变量加以区别，称为**人工变量**。为保持原模型中各等式的平衡，人工变量的取值必须为“0”；即若在某个解中存在人工变量的取值不为“0”，那么该解就一定不是原模型的可行解。从理论上讲，虽然加入人工变量后的模型已经不再是原有的模型，但是一旦所有的人工变量都为“0”，那么新旧模型就没有任何差别。我们正是利用这一性质，通过求解新的模型实现对原模型的求解。

在第二个约束条件和第三个约束条件中分别引入人工变量 x_6 和 x_7 充当基变量，模型（2－22）转化为人造模型（2－23）。

$$\min w = -3x_1 + x_2 + x_3 + 0x_4 + 0x_5$$

$$\text{s.t.}\begin{cases} x_1 - 2x_2 + x_3 + x_4 = 11 \\ -4x_1 + x_2 + 2x_3 - x_5 + x_6 = 3 \\ -2x_1 + x_3 + x_7 = 1 \\ x_1, x_2, x_3, x_4, x_5, x_6, x_7 \geqslant 0 \end{cases} \tag{2-23}$$

这一人造系统的一个基可行解为 $\boldsymbol{X}^{(0)} = (0,0,0,11,0,3,1)^{\mathrm{T}}$，但此解并非原始系统的可行解，因为在此解中人工变量的取值并不为“0”。为了驱使人工变量的取值减小为“0”，可以采用两种处理方法，即“大 M 法”和“二阶段法”。

首先介绍“大 M 法”。大 M 法在目标函数里给人工变量赋予一个充分大的惩罚因子（系数）“M”（任意大的正数）。由于人工变量大于“0”（基变量），那么“M”倍的人工变量就是一个相当大的数值，对目标函数的极小值就会造成一个严重的破坏，所以引入“M”可以实现尽快地用非人工变量把人工变量从基中替换出来，从而驱使人工变量的取值减小为“0”。引入惩罚因子“M”，模型（2－23）转化为模型（2－24）。

$$\min w = -3x_1 + x_2 + x_3 + 0x_4 + 0x_5 + Mx_6 + Mx_7$$

$$\text{s.t.}\begin{cases} x_1 - 2x_2 + x_3 + x_4 = 11 \\ -4x_1 + x_2 + 2x_3 - x_5 + x_6 = 3 \\ -2x_1 + x_3 + x_7 = 1 \\ x_1, x_2, x_3, x_4, x_5, x_6, x_7 \geqslant 0 \end{cases} \tag{2-24}$$

表 2－9　模型（2－24）初始单纯形表

c_j		-3	1	1	0	0	M	M	$\boldsymbol{b}$
$\boldsymbol{C_B}$	$\boldsymbol{X_B}$	x_1	x_2	x_3	x_4	x_5	x_6	x_7	
0	x_4	1	-2	1	1	0	0	0	11
M	x_6	-4	1	2	0	-1	1	0	3
M	x_7	-2	0	[1]	0	0	0	1	1
σ_j		$-3+6M$	$1-M$	$1-3M$	0	M	0	0	$w=4M$

表 2-10 模型（2-24）单纯形表

	c_j	-3	1	1	0	0	M	M	
C_B	X_B	x_1	x_2	x_3	x_4	x_5	x_6	x_7	**b**
0	x_4	1	-2	1	1	0	0	0	11
M	x_6	-4	1	2	0	-1	1	0	3
M	x_7	-2	0	[1]	0	0	0	1	1
	σ_j	$-3+6M$	$1-M$	$1-3M$	0	M	0	0	$w=4M$
0	x_4	3	-2	0	1	0	0	-1	10
M	x_6	0	[1]	0	0	-1	1	-2	1
1	x_3	-2	0	1	0	0	0	1	1
	σ_j	-1	$1-M$	0	0	M	0	$-1+3M$	$w=M+1$
0	x_4	[3]	0	0	1	-2	2	-5	12
1	x_2	0	1	0	0	-1	1	-2	1
1	x_3	-2	0	1	0	0	0	1	1
	σ_j	-1	0	0	0	1	$M-1$	$M+1$	$w=2$
-3	x_1	1	0	0	1/3	-2/3	2/3	-5/3	4
1	x_2	0	1	0	0	-1	1	-2	1
1	x_3	0	0	1	2/3	-4/3	4/3	-7/3	9
	σ_j	0	0	0	1/3	1/3	$M-1/3$	$M-2/3$	$w=-2$

表 2-9 给出了以 x_4，x_6，x_7 为基变量的初始单纯形表，表 2-10 给出了利用单纯形法求解模型（2-24）的整个过程。表 2-10 的第二步，人工变量 x_6，x_7 都已经成为非基变量，即已经得到原始模型的一个可行解。由于此时 x_1 的检验数 $\sigma_1=-1$，所以此解只是原始模型的一个基可行解而非最优解。继续迭代一步，得到原始模型的最优解 $\boldsymbol{X}^{(*)}=(4,1,9,0,0)^{\mathrm{T}}$，最优值 $w^*=-2$。

手工计算"大 M 法"不会出现任何问题，但对于电算来说"大 M 法"确实可能带来相当大的麻烦，为避免"大 M 法"可能带来的麻烦，便出现了二阶段法。二阶段法顾名思义，是把 LP 问题的求解分为两个阶段来进行。第一阶段在原约束条件下，先求解一个目标函数只包含人工变量的人造模型（人工变量的价值系数取为"1"，而其他变量的系数取为"0"）。按此操作，模型（2-23）转化为模型（2-25）。表 2-11 给出了第一阶段的单纯形表。

$$\min w = x_6 + x_7$$

$$\text{s. t.}\begin{cases} x_1 - 2x_2 + x_3 + x_4 = 11 \\ -4x_1 + x_2 + 2x_3 - x_5 + x_6 = 3 \\ -2x_1 + x_3 + x_7 = 1 \\ x_1, x_2, x_3, x_4, x_5, x_6, x_7 \geqslant 0 \end{cases} \tag{2-25}$$

表 2-11 第一阶段单纯形表

c_j		0	0	0	0	0	1	1	$\boldsymbol{b}$
C_B	X_B	x_1	x_2	x_3	x_4	x_5	x_6	x_7	
0	x_4	1	-2	1	1	0	0	0	11
1	x_6	-4	1	2	0	-1	1	0	3
1	x_7	-2	0	[1]	0	0	0	1	1
σ_j		6	-1	-3	0	1	0	0	$w=4$
0	x_4	3	-2	0	1	0	0	-1	10
1	x_6	0	[1]	0	0	-1	1	-2	1
1	x_3	-2	0	1	0	0	0	1	1
σ_j		0	-1	0	0	1	0	3	$w=1$
0	x_4	3	0	0	1	-2	2	-5	12
1	x_2	0	1	0	0	-1	1	-2	1
1	x_3	-2	0	1	0	0	0	1	1
σ_j		0	0	0	0	0	1	1	$w=0$

表 2-12 第二阶段单纯形表

c_j		-3	1	1	0	0	$\boldsymbol{b}$
C_B	X_B	x_1	x_2	x_3	x_4	x_5	
0	x_4	[3]	0	0	1	-2	12
1	x_2	0	1	0	0	-1	1
1	x_3	-2	0	1	0	0	1
σ_j		-1	0	0	0	1	$w=2$
-3	x_1	1	0	0	1/3	-2/3	4
1	x_2	0	1	0	0	-1	1
1	x_3	0	0	1	2/3	-4/3	9
σ_j		0	0	0	1/3	1/3	$w=-2$

在第一阶段所得到的最终单纯形表中，所有人工变量 x_6，x_7 都已经成为非基变量，目标函数的极小值 $w^*=0$，即已经得到原始模型（2-22）的一个基可行解。第二阶段就是从第一阶段所得到的基可行解出发（作为初始的基可行解），利用单纯形法继续求解原始模型，即在第一阶段所得到的最终单纯形表中将目标函数（价值系数）更换为原始模型的目标函数（价值系数），并将人工变量 x_6，x_7 去掉。

表 2-12 给出了第二阶段单纯形表。经过第二阶段的迭代，得到原始模型的最优解 $\boldsymbol{X}^{(*)}=(4,1,9,0,0)^{\mathrm{T}}$，最优值 $w^*=-2$，这与“大 M 法”所给出的结果完全一致。

（4）无可行解的判别

如果不需要引入人工变量就可直接得到模型的初始基可行解，说明模型已经存在可行解，所以只有在需要引入人工变量的情况下模型才可能会出现无可行解的结果。

例 2-12 用单纯形法求解模型（2-26）。

$$\min w = x_1 + 2x_2 + x_3$$

$$\text{s.t.}\begin{cases} 2x_1 + x_2 + x_3 + x_4 = 10 \\ 2x_1 + x_2 - x_3 - x_5 = 12 \\ x_1, x_2, x_3, x_4, x_5 \geqslant 0 \end{cases} \quad (2-26)$$

加入人工变量构造初始基，把模型（2-26）转化为模型（2-27）。

$$\min w = x_1 + 2x_2 + x_3 + Mx_6$$

$$\text{s.t.}\begin{cases} 2x_1 + x_2 + x_3 + x_4 = 10 \\ 2x_1 + x_2 - x_3 - x_5 + x_6 = 12 \\ x_1, x_2, x_3, x_4, x_5, x_6 \geqslant 0 \end{cases} \quad (2-27)$$

表 2-13 例 2-12 单纯形表

c_j		1	2	1	0	0	M	b
C_B	X_B	x_1	x_2	x_3	x_4	x_5	x_6	
0	x_4	[2]	1	1	1	0	0	10
M	x_6	2	1	−1	0	−1	1	12
σ_j		$1-2M$	$2-M$	$1+M$	0	M	0	$w=12M$
1	x_1	1	1/2	1/2	1/2	0	0	5
M	x_6	0	0	−2	−1	−1	1	2
σ_j		0	3/2	$M+1/2$	$M-1/2$	M	0	$w=2M+5$

求解过程见表 2-13。在表 2-13 所示的最终单纯形表中，虽然所有变量的检验数均为非负，但是人工变量 x_6 仍然为基变量（人工变量 $x_6=2$，不为“0”），这说明模型（2-26）的第二个约束恒不成立（人工变量恒不为“0”）；所以模型（2-26）无可行解。利用“大 M 法”求解线性规划，当所有变量的检验数均为非负时，如果仍然存在人工变量不为“0”（基变量），则此线性规划问题无可行解。

例 2-13 用二阶段单纯形法求解模型（2-26）。

解 加入人工变量，构造第一阶段模型（2-28）。

$$\min w = x_6$$

$$\text{s.t.}\begin{cases} 2x_1 + x_2 + x_3 + x_4 = 10 \\ 2x_1 + x_2 - x_3 - x_5 + x_6 = 12 \\ x_1, x_2, x_3, x_4, x_5, x_6 \geqslant 0 \end{cases} \quad (2-28)$$

构造第一阶段的单纯形表，见表 2-14。在表 2-14 所示的最终单纯形表中，虽然所有变量的检验数均为非负，但是人工变量 x_6 仍然为基变量（人工变量 $x_6=2$，不为“0”），这说明模型（2-26）的第二个约束恒不成立（人工变量恒不为“0”）；所以模型

(2-26) 无可行解。利用二阶段法求解线性规划，当第一阶段的最优值大于“0”时（即存在人工变量不为“0”），此线性规划问题无可行解。

表 2-14　例 2-13 第一阶段单纯形表

c_j		0	0	0	0	0	1	b
C_B	X_B	x_1	x_2	x_3	x_4	x_5	x_6	
0	x_4	[2]	1	1	1	0	0	10
1	x_6	2	1	-1	0	-1	1	12
σ_j		-2	-1	1	0	-1	0	$w=12$
0	x_1	1	1/2	1/2	1/2	0	0	5
1	x_6	0	0	-2	-1	-1	1	2
σ_j		0	0	2	1	1	0	$w=2$

在问题中引入人工变量只是为了构造基变量，所以对本身存在基变量的约束绝对不要引入人工变量。一旦人工变量被其他变量所代替，那么它在单纯形表中绝对没有再次入基的可能；即人工变量一旦出基也就完成了使命，没有继续保留的价值。

本书将目标函数极小值定义为标准形式，如果定义的是目标函数的极大值，由于极大值与极小值只是决策变量的价值系数相差一个负号“-”，所以决策变量的检验数也将差一个负号“-”。此时，最优判断条件变为“所有变量的检验数均为非正（小于等于“0”）”；入基变量选择的条件变为“正检验数中数值最大的检验数所对应的决策变量”。

☆2.3　线性规划的对偶理论

内涵一致，但从相反角度提出的一对问题互为对偶（dual）问题。例如，我们可以问当四边形的周长一定时，什么形状的面积最大？答案当然是正方形；我们也可以这样来问，四边形的面积一定时，什么形状的周长最短？答案同样是正方形。对偶现象相当普遍，它广泛地存在于数学、物理学、经济学等诸多领域。

每一个线性规划问题都有和它相伴随的另一个问题，一个问题称为原问题，另一个则称为其对偶问题。原问题与对偶问题有着非常密切的关系，以至于可以根据一个问题的最优解，得出另一个问题最优解的全部信息。

2.3.1　对偶问题的提出

对偶理论是以对偶问题为基础的，研究对偶理论，首先必须讨论对偶问题的提出。对偶问题可以从不同的角度提出，本书仅限于从经济学角度提出对偶问题。

例 2-14　构造例 2-1 的对偶问题。

我们已构造了例 2-1 追求最大利润的数学模型（见模型（2-1）），现在让我们从另外一个侧面来反映该问题。倘若企业有意放弃甲、乙两种产品的生产，而将其所拥有的资源转让出去。假设恰好有一厂商要购买该企业的 A、B、C 三种资源，那么对 A、B、C 三种资源的报价问题将成为双方关注的焦点。设 y_1，y_2 和 y_3 分别代表厂商对 A、B、C 三种资源的报价，那么站在厂商的立场上，该问题的数学模型又将是什么样子的呢？

首先分析一下厂商购买所付出的代价 $w = 160y_1 + 300y_2 + 1200y_3$。自然，作为买方厂商当然是希望价格压得越低越好，因此厂商追求的应是付出代价的最小值，即

$$\min w = 160y_1 + 300y_2 + 1200y_3$$

然而，价格能否无限地压低呢？答案当然是否定的，因为最低报价必须以卖方能够接受为前提，否则报价再低也是没有意义的。落实到这一问题上就是必须保证企业让出资源的收益不低于自己生产创造的利润，即

$$\text{s. t.}\begin{cases}10y_1+30y_2+\ 60y_3 \geqslant 2\\ 20y_1+15y_2+240y_3 \geqslant 3\\ y_1\ ,\ y_2\ ,\ y_3 \geqslant 0\end{cases}$$

有了决策变量、目标函数、约束条件数学模型的三个要素，至此我们得到了一个站在厂商的立场上建立起来的完整的线性规划数学模型。将该数学模型同站在企业立场上所建立的数学模型加以对比，可以发现它们的参数是一一对应的。也就是说，建立后一个模型并不需要在前一个模型的基础上增加任何补充信息。进一步说明，后一个线性规划问题是前一个线性规划问题从相反角度所做的阐述。如果前者称为线性规划的**原问题**，那么后者就称为其**对偶问题**。

从对偶问题的提出可知，对偶决策变量 y_i 代表对第 i 种资源的估价；这种估价不是资源的市场价格，而是根据资源在企业中的贡献而给出的一种价值判断，它与企业自身利用资源的能力密切相关。企业自身利用资源的能力越强，厂商让企业让出资源的代价就越大。为了将该价格与市场价格相区别，称其为**影子价格**（shadow price）。

表 2－15　对偶关系表

原问题		对偶问题	
目标函数 max		目标函数 min	
约束条件	m 个	m 个	决策变量
约束条件	$\leqslant$	$\geqslant 0$	决策变量
约束条件	$\geqslant$	$\leqslant 0$	决策变量
约束条件	$=$	无约束	决策变量
决策变量	n 个	n 个	约束条件
决策变量	$\geqslant 0$	$\geqslant$	约束条件
决策变量	$\leqslant 0$	$\leqslant$	约束条件
决策变量	无约束	$=$	约束条件
约束条件右端项 $\boldsymbol{b}$		目标函数价值系数 $\boldsymbol{b}^{\mathrm{T}}$	
目标函数价值系数 $\boldsymbol{C}$		约束条件右端项 $\boldsymbol{C}^{\mathrm{T}}$	
约束条件系数矩阵 $\boldsymbol{A}$		约束条件系数矩阵 $\boldsymbol{A}^{\mathrm{T}}$	

由以上对偶问题的提出，我们可以概括出原问题与对偶问题的简单对应关系：①原问题与对偶问题的目标函数互为极大值与极小值（即若原问题求极大值，则对偶问题求极小

值；若原问题求极小值，则对偶问题求极大值）。②原问题约束条件的数目等于对偶问题决策变量的数目，原问题决策变量的数目等于对偶问题约束条件的数目。③原问题的资源系数成为对偶问题的价值系数，原问题的价值系数成为对偶问题的资源系数。④原问题的技术系数矩阵与对偶问题的技术系数矩阵互为转置矩阵。抛开具体的经济问题，从数学模型的角度原问题与对偶问题的对应关系见表2－15。

2.3.2 对偶单纯形法

1. 对偶单纯形法的原理

利用单纯形法求解线性规划进行迭代时，在 $\boldsymbol{b}$ 列得到的是原问题（min）的一个基可行解，而在检验数行得到的是对偶问题的一个基解（该基解一般并非是可行解，即存在负的检验数）。在保持 $\boldsymbol{b}$ 列是原问题的基可行解的前提下，通过迭代使检验数行逐步成为对偶问题的基可行解（检验数均为非负），即得到原问题与对偶问题的最优解。

设想一下买卖双方的讨价还价过程，原问题和对偶问题就相当于买卖双方达成交易协议。此时，买卖双方达成各自的目标，实现了最优化。如果把单纯形法的优化过程（原问题可行而对偶问题不可行），看成是卖方报价、买方判断是否接受的讨价还价过程（卖方可行而买方不可行），那么，对偶单纯形法的优化过程（原问题不可行而对偶问题可行），则可以看成是买方先报价、卖方判断是否接受的讨价还价过程（买方可行而卖方不可行）。

如果我们将“对偶问题”看成“原问题”，那么“原问题”便成了“对偶问题”；因此我们也可以这样来考虑，在保持检验数行是对偶问题的基可行解的前提下，通过迭代逐步使 $\boldsymbol{b}$ 列成为原问题的基可行解，这样自然也可以得到问题的最优解。这种在对偶可行基的基础上进行的单纯形法，即为**对偶单纯形法**。其优点是原问题的初始解不要求是基可行解，可以从非可行的基解开始迭代，从而省去引入人工变量的麻烦。当然，对偶单纯形法的应用也是有前提条件的，这一前提条件就是对偶问题的解是基可行解，也就是说原问题（min）所有变量的检验数必须非负。可以说应用对偶单纯形法的前提条件十分苛刻，所以直接应用对偶单纯形法求解线性规划问题并不多见。对偶单纯形法重要的作用是为接下来将要介绍的灵敏度分析提供工具。

2. 对偶单纯形法的基本步骤

用对偶单纯形法求解线性规划可概括为如下五个基本步骤：

（1）根据线性规划问题（min）列出初始单纯形表，要求检验数非负，而对资源系数列向量 $\boldsymbol{b}$ 无非负的要求。若 $\boldsymbol{b}$ 非负，则已得到最优解；若 $\boldsymbol{b}$ 列还存在负分量，转入下一步。

（2）选择出基变量。在 $\boldsymbol{b}$ 列的负分量中选取绝对值最大的分量 $\min\{b_i \mid b_i < 0\}$，该分量所在的行称为主行，主行所对应的基变量即为出基变量。

（3）选择入基变量。若主行中所有的元素均为非负，则问题无可行解；若主行中存在负元素，计算 $\theta = \min\{\frac{\sigma_j}{-a_{ij}} \mid a_{ij} < 0\}$（这里的 a_{ij} 为主行中的元素），最小比值发生的列所对应的变量即为入基变量。

（4）迭代运算。同单纯形法一样，对偶单纯形法的迭代过程也是以主元素为轴所进行的旋转运算。

(5) 重复 (1) ~ (4) 步，直到问题得到解决。

例 2－15 用对偶单纯形法求解模型 (2－29) 的线性规划问题。

$$\min w = x_1 + 4x_2 + 3x_4$$

$$\text{s. t.}\begin{cases} x_1 + 2x_2 - x_3 + x_4 \geqslant 3 \\ -2x_1 - x_2 + 4x_3 + x_4 \geqslant 2 \\ x_1, x_2, x_3, x_4 \geqslant 0 \end{cases} \tag{2-29}$$

解 引入松弛变量 (剩余变量)，约束条件转换成如下的标准形式：

$$\text{s. t.}\begin{cases} x_1 + 2x_2 - x_3 + x_4 - x_5 \qquad = 3 \\ -2x_1 - x_2 + 4x_3 + x_4 \qquad - x_6 = 2 \\ x_1, x_2, x_3, x_4, x_5, x_6 \geqslant 0 \end{cases}$$

将第一、第二约束条件方程两端同乘以 "－1"，取 x_5 和 x_6 为基变量，可得表 2－16 所示的初始单纯形表，完成第 (1) 步。表 2－16 给出了原问题一个非可行的基解 $X^{(0)} = (0,0,0,0,-3,-2)^{\mathrm{T}}$，转入第 (2) 步。

表 2－16 例 2－15 初始单纯形表

c_j		1	4	0	3	0	0	$\boldsymbol{b}$
$\boldsymbol{C_B}$	$\boldsymbol{X_B}$	x_1	x_2	x_3	x_4	x_5	x_6	
0	x_5	[－1]	－2	1	－1	1	0	－3
0	x_6	2	1	－4	－1	0	1	－2
σ_j		1	4	0	3	0	0	$w=0$

确定出基变量：$\min\{-3, -2\} = -3$，所以第一行为主行，x_5 为出基变量，转入第 (3) 步。

确定入基变量：$\theta = \min\left\{\frac{1}{-(-1)}, \frac{4}{-(-2)}, -, \frac{3}{-(-1)}, -, -\right\} = 1$，最小比值发生的第一列，故 x_1 为入基变量，转入第 (4) 步。

迭代过程：①主行除以主元素 "－1"，目的是将主元素转换为 "1"。②主行乘以 "2" 加入第二行，目的是将同主元素同列的元素变为 "0"。迭代结果见表 2－17。

表 2－17 例 2－15 经过一步迭代的单纯形表

c_j		1	4	0	3	0	0	$\boldsymbol{b}$
$\boldsymbol{C_B}$	$\boldsymbol{X_B}$	x_1	x_2	x_3	x_4	x_5	x_6	
1	x_1	1	2	－1	1	－1	0	3
0	x_6	0	－3	[－2]	－3	2	1	－8
σ_j		0	2	1	2	1	0	$w=3$

因 $\boldsymbol{b}$ 列仍然存在负分量，所以需要继续迭代。同前可知，x_6 为出基变量，x_3 为入基变量，迭代结果见表 2－18。表 2－18 的 $\boldsymbol{b}$ 列已经不存在负分量，故表 2－18 给出了此问题的最优解 $\boldsymbol{X}^* = (7,0,4,0,0,0)^{\mathrm{T}}$，最优值 $z^* = 7$。

表 2-18 例 2-15 经过一步迭代的单纯形表、

c_j		1	4	0	3	0	0	b
C_B	X_B	x_1	x_2	x_3	x_4	x_5	x_6	
1	x_1	1	7/2	0	5/2	-2	-1/2	7
0	x_3	0	3/2	1	3/2	-1	-1/2	4
σ_j		0	1/2	0	1/2	2	1/2	$w=7$

3. 对偶单纯形法中无可行解的识别

在对偶单纯形法中，总是存在着对偶问题的可行解，因此对于能用对偶单纯形法求解的线性规划来说，其解不存在无界的可能，即只能是有最优解或无可行解这两种情况中的一种。对偶单纯形法无可行解的识别是通过入基变量选择失败来反映的，即当主行的所有元素均为非负时，就可得出问题无可行解的结论。

2.3.3 灵敏度分析

灵敏度分析是指对系统因环境变化显示出来的敏感程度的分析。在线性规划问题中讨论灵敏度分析，目的是描述一种能确定线性规划模型结构中元素变化对问题解的影响的分析方法。前面的讨论都假定价值系数、资源系数和技术系数向量或矩阵中的元素是常数，但实际上这些系数往往只是估计值，不可能十分准确和一成不变。这就是说，随着时间的推移或情况的改变，往往需要修改原线性规划问题中的若干参数。因此，求得线性规划的最优解，还不能说问题已得到了完全的解决。决策者还需要获得这样两方面的信息：一是当这些系数有一个或几个发生变化时，已求得的最优解会有什么变化；二是这些系数在什么范围内变化时，线性规划问题的最优解（或最优基）不变。显然，当线性规划问题中的某些量发生变化时，原来已得的结果一般会发生变化。当然，为了寻求变化后的结果可以采用单纯形法从头进行计算，然而这样做既麻烦又没有必要。在进行单纯形法迭代时，每次运算都和基 $\boldsymbol{B}$ 有关，所以可以把发生变化的量经过一定计算，直接反映进最终单纯形表并按表 2-19 处理。

表 2-19 各种情况下灵敏度分析所采取的处理方法

原问题	对偶问题	结论或处理方法
可行解	可行解	最优解
可行解	非可行解	用单纯形法求解最优解
非可行解	可行解	用对偶单纯形法求解最优解
非可行解	非可行解	引入人工变量求解最优解

1. 资源系数变化的分析

资源系数发生变化，即 $\boldsymbol{b}$ 发生变化的灵敏度分析。该类问题关键是如何将 $\boldsymbol{b}$ 的变化直接反映进原问题的最终单纯形表。单纯形法的迭代过程，其实不过就是矩阵的初等变换过程；而线性代数的知识告诉我们，对分块矩阵 $[\boldsymbol{B}\quad \boldsymbol{I}]$ 进行初等变换，当矩阵 $\boldsymbol{B}$ 变为单位

矩阵 $\boldsymbol{I}$ 时，单位矩阵 $\boldsymbol{I}$ 将变为矩阵 $\boldsymbol{B}^{-1}$。

由此可知，如果已知最终单纯形表中基可行解所对应的基"$\boldsymbol{B}$"（最终单纯形表中的基变量在初始单纯形表中的列向量所构成的矩阵），即可在最终单纯形表中找到"$\boldsymbol{B}^{-1}$"（初始单纯形表中的单位矩阵 $\boldsymbol{I}$ 在最终单纯形表中所对应的矩阵），而最终单纯形表中的每一列均可用其在初始单纯形表中的相应列左乘 $\boldsymbol{B}^{-1}$ 来得到，即 $\boldsymbol{b}'=\boldsymbol{B}^{-1}\boldsymbol{b}$。

例 2-16 已知线性规划问题（模型（2-30））用单纯形求解得到的最终单纯形表如表 2-20 所示，试问：

（1）b_2 在什么范围内变化时，最优解（在此实际上是最优基）保持不变；

（2）b_2 由 2 增加至 15，求新的最优解。

$$\min w=-5x_1-12x_2-4x_3+0x_4+Mx_5$$

$$\text{s. t.}\begin{cases}x_1+2x_2+x_3+x_4=5\\2x_1-x_2+3x_3+x_5=2\\x_1,x_2,x_3,x_4,x_5\geqslant 0\end{cases}\tag{2-30}$$

表 2-20 模型（2-30）最终单纯形表

c_j		-5	-12	-4	0	M	$\boldsymbol{b}$
$\boldsymbol{C}_B$	$\boldsymbol{X}_B$	x_1	x_2	x_3	x_4	x_5	
-12	x_2	0	1	-1/5	2/5	-1/5	8/5
-5	x_1	1	0	7/5	1/5	2/5	9/5
σ_j		0	0	3/5	29/5	$M-2/5$	$w=-141/5$

解

（1）给 b_2 一个增量 Δb_2 并利用 $\boldsymbol{b}'=\boldsymbol{B}^{-1}\boldsymbol{b}$ 将变化直接反映进最终单纯形表：

$$\boldsymbol{b}'=\begin{bmatrix}2/5 & -1/5\\1/5 & 2/5\end{bmatrix}\begin{bmatrix}5\\2+\Delta b_2\end{bmatrix}=\begin{bmatrix}\dfrac{8-\Delta b_2}{5}\\\dfrac{9+2\Delta b_2}{5}\end{bmatrix}$$

为保持最优解不变，应有 $\boldsymbol{b}'\geqslant 0$，即 $\dfrac{8-\Delta b_2}{5}\geqslant 0$，$\dfrac{9+2\Delta b_2}{5}\geqslant 0$，所以 b_2 的变化范围应在 $\left[-\dfrac{5}{2},10\right]$ 之内。

（2）将 $b_2=15$ 直接反映进最终单纯形表，得表 2-21。利用对偶单纯形法继续迭代，可得如表 2-22 所示新的最优解 $\boldsymbol{X}^*=(0,0,5,0,0)^{\mathrm{T}}$，最优值 $z^*=-20$。

$$\boldsymbol{b}'=\begin{bmatrix}2/5 & -1/5\\1/5 & 2/5\end{bmatrix}\begin{bmatrix}5\\15\end{bmatrix}=\begin{bmatrix}-1\\7\end{bmatrix}$$

表 2-21 b_2 变化后的单纯形表

c_j		-5	-12	-4	0	M	b
C_B	X_B	x_1	x_2	x_3	x_4	x_5	
-12	x_2	0	1	-1/5	2/5	-1/5	-1
-5	x_1	1	0	7/5	1/5	2/5	7
σ_j		0	0	3/5	29/5	$M-2/5$	$w=-23$

表 2-22 b_2 变化后的最终单纯形表

c_j		-5	-12	-4	0	M	b
C_B	X_B	x_1	x_2	x_3	x_4	x_5	
-4	x_3	0	-5	1	-2	1	5
-5	x_1	1	7	0	3	-1	0
σ_j		0	3	0	7	$M-1$	$w=-20$

2. 价值系数变化的分析

如果将原迭代过程继承下来，价值系数的变化只会对最终单纯形表中的检验数发生影响，而与其他量无关。因此，将变化的价值系数反映进最终单纯形表并重新对检验数行进行修正，采用单纯形法继续迭代即可得到分析的结果。

如果价值系数发生变化的变量在最终单纯形表中为非基变量，那么将变化的价值系数反映进最终单纯形表只会影响此变量自身的检验数，而与其他变量的检验数无关；如果价值系数发生变化的变量在最终单纯形表中为基变量，那么将变化的价值系数反映进最终单纯形表就可能引起整个检验数行的变化。因此，以下讨论分两种情况，分别见例 2-17 和例 2-18。

例 2-17 已知线性规划问题（模型（2-31））用单纯形法求解可得如表 2-23 所示的最终单纯形表，试问：

(1) c_3 在什么范围内变化时，最优解保持不变；

(2) c_3 由“-1”减少至“-6”，求新的最优解。

$$\min w = -2x_1 - 3x_2 - x_3 + 0x_4 + 0x_5$$

$$\text{s.t.}\begin{cases} x_1 + x_2 + x_3 + x_4 = 3 \\ x_1 + 4x_2 + 7x_3 + x_5 = 9 \\ x_1, x_2, x_3, x_4, x_5 \geqslant 0 \end{cases} \qquad (2-31)$$

表 2-23 模型（2-31）最终单纯形表

c_j		-2	-3	-1	0	0	b
C_B	X_B	x_1	x_2	x_3	x_4	x_5	
-2	x_1	1	0	-1	4/3	-1/3	1
-3	x_2	0	1	2	-1/3	1/3	2
σ_j		0	0	3	5/3	1/3	$w=-8$

解

（1）由于 x_3 在最终单纯形表中是非基变量，因此 c_3 的变化只会影响 x_3 自身的检验数 σ_3，而与其他变量的检验数无关。计算变化后的 σ_3 并令其非负，即可求得保持最优解不变 c_3 的变化范围。$\sigma_3 = c_3 - (-2,-3)\begin{pmatrix}-1\\2\end{pmatrix} = c_3 + 4 \geqslant 0$，即 $c_3 \geqslant -4$，就可保持最优解不变。

（2）将 $c_3 = -6$ 直接反映进最终单纯形表，用单纯形法继续迭代即可得到新的最优解，过程见表2－24。

表2－24　价值系数变化后的单纯形表

c_j		-2	-3	-6	0	0	
C_B	X_B	x_1	x_2	x_3	x_4	x_5	b
-2	x_1	1	0	-1	4/3	$-1/3$	1
-3	x_2	0	1	[2]	$-1/3$	1/3	2
σ_j		0	0	-2	5/3	1/3	$w=-8$
-2	x_1	1	1/2	0	7/6	$-1/6$	2
-6	x_3	0	1/2	1	$-1/6$	1/6	1
σ_j		0	1	0	4/3	2/3	$w=-10$

例2－18　对于模型（2－31）（最终单纯形表见表2－23），试问：

（1）c_1 在什么范围内变化时，最优解保持不变；

（2）c_1 由“-2”减少至“-6”，求新的最优解。

解

（1）由最终单纯形表（表2－23）可知，为保持原最优解不变，应有

$$\sigma_3 = -1 - (c_1,-3)\begin{pmatrix}-1\\2\end{pmatrix} = c_1 + 5 \geqslant 0 \to c_1 \geqslant -5$$

$$\sigma_4 = 0 - (c_1,-3)\begin{pmatrix}4/3\\-1/3\end{pmatrix} = -\frac{4}{3}c_1 - 1 \geqslant 0 \to c_1 \leqslant -\frac{3}{4}$$

$$\sigma_5 = 0 - (c_1,-3)\begin{pmatrix}-1/3\\1/3\end{pmatrix} = \frac{1}{3}c_1 + 1 \geqslant 0 \to c_1 \geqslant -3$$

即保持原最优解不变，应有 $c_1 \in [-3,-\frac{3}{4}]$。

（2）将 $c_1 = -6$ 直接反映进最终单纯形表，用单纯形法继续迭代即可得到新的最优解，过程见表2－25。新的最优解 $X^* = (3,0,0,0,6)^{\mathrm{T}}$，最优值 $z^* = -18$。

表 2-25　价值系数变化后的单纯形表

c_j		-6	-3	-1	0	0	$\boldsymbol{b}$
$\boldsymbol{C_B}$	$\boldsymbol{X_B}$	x_1	x_2	x_3	x_4	x_5	
-6	x_1	1	0	-1	4/3	-1/3	1
-3	x_2	0	1	[2]	-1/3	1/3	2
σ_j		0	0	-1	7	-1	$w=-12$
-6	x_1	1	1/2	0	7/6	-1/6	2
-1	x_3	0	1/2	1	-1/6	(1/6)	1
σ_j		0	1/2	0	41/6	-5/6	$w=-13$
-6	x_1	1	1	1	1	0	3
0	x_5	0	3	6	-1	1	6
σ_j		0	3	5	6	0	$w=-18$

3. 技术系数变化的分析

如果将原迭代过程继承下来，我们就可以通过 $\boldsymbol{B}^{-1}$ 将技术系数的变化反映进最终单纯形表。需要强调的是，如果发生变化的变量在最终单纯形表中为非基变量，那么只需在将变化反映进最终单纯形表后，重新计算该非基变量的检验数即可完成对问题的求解；如果发生变化的变量在最终单纯形表中为基变量，那么必须在将变化反映进最终单纯形表后，首先围绕该变量进行初等变换，将该基变量的列向量变为单位向量，再重新计算各个变量的检验数，才能完成对问题的求解。

例 2-19　对于模型（2-31）（最终单纯形表见表 2-23），试问：a_{23} 在什么范围内变化时，最优解保持不变。

解

$$\sigma_3 = c_3 - \boldsymbol{C_B B^{-1} P}_3 = -1-(-2,-3)\begin{pmatrix} 4/3 & -1/3 \\ -1/3 & 1/3 \end{pmatrix}\begin{pmatrix} 1 \\ a_{23} \end{pmatrix} = \frac{1}{3}a_{23} + \frac{2}{3}$$

$$\sigma_3 = \frac{1}{3}a_{23} + \frac{2}{3} \geqslant 0 \rightarrow a_{23} \geqslant -2$$

即保持原最优解不变，应有 $a_{23} \in [-2, +\infty]$。

例 2-20　对于模型（2-31）（最终单纯形表见表 2-23），试问：当 a_{11} 由 1 变为 3 时，原最优解是否发生改变？如果改变求新的最优解。

解　首先将变化反映进最终单纯形表，形成表 2-26。

$$\boldsymbol{P'}_1 = \begin{pmatrix} 4/3 & -1/3 \\ -1/3 & 1/3 \end{pmatrix}\begin{pmatrix} 3 \\ 1 \end{pmatrix} = \begin{pmatrix} 11/3 \\ -2/3 \end{pmatrix}$$

由表 2-26 可以看出，当 a_{11} 由 1 变为 3 时，原最优基并未发生改变，而最优解变为 $\boldsymbol{X}^* = (3/11, 24/11, 0, 0, 0)^{\mathrm{T}}$，最优值 $w^* = -78/11$。

表 2-26 技术系数变化后的单纯形表

c_j		-2	-3	-1	0	0	b
C_B	X_B	x_1	x_2	x_3	x_4	x_5	
-2	x_1	11/3	0	-1	4/3	-1/3	1
-3	x_2	-2/3	1	2	-1/3	1/3	2
		将基变量 x_1 的列向量转换为单位向量					
-2	x_1	1	0	-3/11	4/11	-1/11	3/11
-3	x_2	0	1	20/11	-1/11	3/11	24/11
σ_j		0	0	43/11	5/11	7/11	$w=-78/11$

例 2-21 对于模型（2-31）（最终单纯形表见表 2-23），试问：当 a_{11} 由 1 变为 0 时，原最优解是否发生改变？如果改变求新的最优解。

解 首先将变化反映进最终单纯形表，形成表 2-27。

$$P'_1=\begin{pmatrix}4/3 & -1/3\\ -1/3 & 1/3\end{pmatrix}\begin{pmatrix}0\\1\end{pmatrix}=\begin{pmatrix}-1/3\\1/3\end{pmatrix}$$

表 2-27 所示的原问题及对偶问题均不可行，故需引入人工变量。将右端项为负值的约束方程提取出来：

$$x_1+3x_3-4x_4+x_5=-3$$

方程两边同乘以“-1”并引入人工变量 x_6：

$$-x_1-3x_3+4x_4-x_5+x_6=3$$

以人工变量 x_6 为基变量，将该约束放回原位置，用前面处理人工变量的方法即可求解此问题，求解过程如表 2-28 所示。表 2-28 给出了新的最优解 $X^*=(9,0,0,3,0)^T$，新的最优值 $w^*=-18$。

表 2-27 技术系数变化后的单纯形表

c_j		-2	-3	-1	0	0	b
C_B	X_B	x_1	x_2	x_3	x_4	x_5	
-2	x_1	-1/3	0	-1	4/3	-1/3	1
-3	x_2	1/3	1	2	-1/3	1/3	2
		将基变量 x_1 的列向量转换为单位向量					
-2	x_1	1	0	3	-4	1	**-3**
-3	x_2	0	1	1	1	0	3
σ_j		0	0	8	**-5**	2	$w=-3$

表 2-28 引入人工变量后的单纯形表

c_j		-2	-3	-1	0	0	M	**b**
C_B	X_B	x_1	x_2	x_3	x_4	x_5	x_6	
M	x_6	-1	0	-3	[4]	-1	1	3
-3	x_2	0	1	1	1	0	0	3
σ_j		$M-2$	0	$3M+2$	$3-4M$	M	0	$w=3M-9$
0	x_4	-1/4	0	-3/4	1	-1/4	1/4	3/4
-3	x_2	[1/4]	1	7/4	0	1/4	-1/4	9/4
σ_j		-5/4	0	17/4	0	3/4	$M-3/4$	$w=-27/4$
0	x_4	0	1	1	1	0	0	3
-2	x_1	1	4	7	0	1	-1	9
σ_j		0	5	13	0	2	$M-2$	$w=-18$

4．增加新变量的分析

增加一个新的变量相当于在单纯形表中增加一列，只要新增变量在最终单纯形表中的检验数非负（min），原问题的最优解就不会改变，所以应首先计算新增变量的检验数。在实际问题中，增加一个新的变量相当于增加一种新的产品，分析的是在资源不变的前提下，新产品是否值得进入产品组合。

例 2-22 对于模型（2-31）（最终单纯形表见表 2-23），增加一个新的变量 x_6，已知该变量的价值系数 $c_6=-3$，技术系数向量 $\boldsymbol{P}_6=(1,1)^{\mathrm{T}}$，试问：原最优解是否改变？如果改变求新的最优解。

解 首先将新增加变量 x_6 的技术系数向量 $\boldsymbol{P}_6$ 反映进最终单纯形表：

$$\boldsymbol{P}'_6=\begin{pmatrix}4/3 & -1/3\\ -1/3 & 1/3\end{pmatrix}\begin{pmatrix}1\\1\end{pmatrix}=\begin{pmatrix}1\\0\end{pmatrix}$$

其次计算新增变量 x_6 在最终单纯形表中的检验数：

$$\sigma_6=-3-(-2,-3)\begin{pmatrix}1\\0\end{pmatrix}=-1$$

由于 x_6 在最终单纯形表中的检验数 $\sigma_6=-1$，所以原最优解发生变化，新的最优解的求解过程见表 2-29。表 2-29 给出了新的最优解 $\boldsymbol{X}^*=(0,2,0,0,0,1)^{\mathrm{T}}$，新的最优值 $w^*=-9$。由于非基变量 x_5 的检验数为“0”，所以此最优解为无穷最优解中的一个。

表 2-29 增加一个决策变量后的单纯形表

c_j		-2	-3	-1	0	0	-3	**b**
C_B	X_B	x_1	x_2	x_3	x_4	x_5	x_6	
-2	x_1	1	0	-1	4/3	-1/3	(1)	1
-3	x_2	0	1	2	-1/3	1/3	0	2
σ_j		0	0	3	5/3	1/3	-1	$w=-8$

续表 2-29

c_j		-2	-3	-1	0	0	-3	b
C_B	X_B	x_1	x_2	x_3	x_4	x_5	x_6	
-3	x_6	1	0	-1	4/3	-1/3	1	1
-3	x_2	0	1	2	-1/3	1/3	0	2
σ_j		1	0	2	3	**0**	0	$w=-9$

5. 增加新约束的分析

因增加约束条件不会使目标函数的最优值得到改善，所以若原最优解满足新增加的约束条件，那么它一定仍然是最优解；若原最优解已不能使新增加的约束条件成立，则需对问题做进一步的处理。

例 2-23 对于模型（2-31）（最终单纯形表见表 2-23），分别增加如下约束条件：

(1) $x_1+2x_2+x_3\leqslant 10$；

(2) $x_1+2x_2+x_3\leqslant 4$。

试分析其对最优解的影响。

解

(1) 将原问题的最优解 $\boldsymbol{X}^*=(1,2,0,0,0)^{\mathrm{T}}$ 代入新增加的约束条件 $x_1+2x_2+x_3\leqslant 10$，由于原最优解 $\boldsymbol{X}^*=(1,2,0,0,0)^{\mathrm{T}}$ 可以使新增约束成立，所以最优解不变。

表 2-30 增加一个约束条件后的单纯形表

c_j		-2	-3	-1	0	0	0	b
C_B	X_B	x_1	x_2	x_3	x_4	x_5	x_6	
-2	x_1	1	0	-1	4/3	-1/3	0	1
-3	x_2	0	1	2	-1/3	1/3	0	2
0	x_6	1	2	1	0	0	1	4
-2	x_1	1	0	-1	4/3	-1/3	0	1
-3	x_2	0	1	2	-1/3	1/3	0	2
0	x_6	0	0	-2	-2/3	(-1/3)	1	-1
σ_j		0	0	3	5/3	1/3	0	
-2	x_1	1	0	-1	2	0	-1	2
-3	x_2	0	1	0	-1	0	1	1
0	x_5	0	0	6	2	1	-3	3
σ_j		0	0	1	1	0	1	$w=-7$

(2) 将原问题的最优解 $\boldsymbol{X}^*=(1,2,0,0,0)^{\mathrm{T}}$ 代入新增约束 $x_1+2x_2+x_3\leqslant 4$，新增约束已不成立，所以原最优解要发生变化。

在新增约束 $x_1+2x_2+x_3\leqslant 4$ 中引入松弛变量 x_6，并让 x_6 充当基变量，将新增约束直接反映进最终单纯形表。由于在最终单纯形表中增加了一行，原来基变量的单位列向量可能遭到破坏；因此，首先需要将基变量所对应的系数列向量变为单位向量，然后再按表2-29处理，处理过程见表2-30。表2-30给出了新的最优解 $\boldsymbol{X}^*=(2,1,0,0,3,0)^{\mathrm{T}}$，新的最优值 $w^*=-7$。

思考题2

1. 试述线性规划数学模型的组成部分及其特性。

2. 某糖果厂用原料A、B、C加工成三种不同牌号的糖果甲、乙、丙。已知各种牌号糖果中A、B、C三种原料的含量要求、各种原料的单位成本、各种原料每月的限制用量、三种牌号糖果的单位加工费及售价如附表2-1所示。

附表2-1　生产数据表

	甲	乙	丙	原料成本（元）	限制用量（kg）
A	60%及以上	15%及以上		20	2000
B				15	2500
C	20%及以下	60%及以下	50%及以下	10	1200
加工费（元）	5	4	3		
售　价（元）	35	28	22		

试问：该厂每月生产这三种牌号糖果各多少千克，才能使该厂获利最大？试建立这个问题的线性规划模型。

3. 用图解法求解：

（1）例2-1所示的模型（2-1）；

（2）例2-2所示的模型（2-2）。

4. 用图解法求解下列线性规划模型

（1）$\max z=2x_1+x_2$

$$\text{s.t.}\begin{cases}4x_1+3x_2\leqslant 12\\2x_1+x_2\leqslant 8\\4x_1-x_2\leqslant 8\\x_1,x_2\geqslant 0\end{cases}$$

（2）$\max z=3x_1+2x_2$

$$\text{s.t.}\begin{cases}-x_1+2x_2\leqslant 4\\3x_1+2x_2\leqslant 14\\x_1-x_2\leqslant 3\\x_1,x_2\geqslant 0\end{cases}$$

（3）$\max z=2x_1+3x_2$

$$\text{s.t.}\begin{cases}x_1-x_2\leqslant 2\\-3x_1+x_2\leqslant 4\\x_1,x_2\geqslant 0\end{cases}$$

（4）$\max z=x_1+x_2$

$$\text{s.t.}\begin{cases}x_1-x_2\geqslant 0\\3x_1-x_2\leqslant -3\\x_1,x_2\geqslant 0\end{cases}$$

5. 考虑线性规划：$\max z = 2x_1 - x_2 + x_3 + 0x_4 + 0x_5 + 0x_6$

$$\text{s. t.}\begin{cases} -x_1 + x_2 + x_3 + x_4 = 5 \\ x_1 + x_2 + x_5 = 2 \\ 2x_1 + x_2 + x_3 + x_6 = 6 \\ x_1, x_2, x_3, x_4, x_5, x_6 \geq 0 \end{cases}$$

（1）构造初始单纯形表并给出初始基可行解。

（2）在保持 x_2 和 x_3 为“0”的情况下，给出变量 x_1 增加“1”个单位时的可行解，并指出目标函数的净增量是多少。

（3）保持 x_2 和 x_3 为“0”，对可行解来说 x_1 的最大增量是多少？

（4）以 x_1 为入基变量，给出一个新的基可行解。

6. 将线性规划模型转化为标准形式

$$\max z = 2x_1 + x_2 + 3x_3 + x_4$$

$$\text{s. t.}\begin{cases} x_1 + x_2 + 2x_3 + x_4 \leq 10 \\ 2x_1 - 3x_2 + 5x_3 - x_4 = -8 \\ x_1 + x_2 - 6x_3 + 4x_4 \geq 12 \\ x_1, x_2, x_3 \geq 0, x_4 \text{ 无约束} \end{cases}$$

7. 用单纯形法求解下述线性规划模型

$$\max w = 4x_1 + 5x_2 + x_3$$

$$\text{s. t.}\begin{cases} 3x_1 + 2x_2 + x_3 \leq 18 \\ 2x_1 + x_2 \leq 4 \\ x_1 + x_2 - x_3 = 5 \\ x_1, x_2, x_3 \geq 0 \end{cases}$$

8. 根据例 2－9 的最终单纯形表（表 2－7），给出该模型另一个属于基可行解的最优解。

9. 以下线性规划模型有无穷多最优解，试用单纯形法求解并给出其中三个最优解。

$$\min w = 3x_1 + x_2 + x_3 + x_4$$

$$\text{s. t.}\begin{cases} -2x_1 + 2x_2 + x_3 = 4 \\ 3x_1 + x_2 + x_4 = 6 \\ x_1, x_2, x_3, x_4 \geq 0 \end{cases}$$

10. 某一目标函数极小化的线性规划模型，用单纯形法求解得到如附表 2－2 所示的单纯形表，试问附表 2－2 中的 a_1，a_2，a_3，b_1，b_2，d 为何值时，

（1）附表 2－2 中的解为唯一最优解；

（2）附表 2－2 中的解为无穷多最优解中的一个；

（3）根据附表 2－2 中的解，可以判断出此模型为无界解；

（4）附表 2－2 中的解不是最优解，下一步迭代以 x_1 为入基变量，以 x_6 为出基变量。

附表 2-2　某一过程单纯形表

c_j		c_1	c_2	c_3	c_4	c_5	c_6	b
C_B	X_B	x_1	x_2	x_3	x_4	x_5	x_6	
c_3	x_3	4	a_1	1	0	a_2	0	d
c_4	x_4	-1	-5	0	1	-1	0	2
c_6	x_6	a_3	-3	0	0	-4	1	3
σ_j		b_1	b_2	0	0	3	0	w

11. 给出以下线性规划问题的对偶问题

$$\max z = x_1 + 2x_2 + 3x_3$$
$$\text{s. t.} \begin{cases} x_1 + x_2 + x_3 \leqslant 4 \\ x_1 - 2x_2 + 3x_3 \geqslant 5 \\ x_1 + 2x_2 - 3x_3 = 6 \\ x_1 \geqslant 0, x_2 \leqslant 0, x_3 \text{ 无约束} \end{cases}$$

12. 判断下列说法是否正确

（1）任何线性规划问题都存在其对偶问题；

（2）如果原问题存在可行解，则其对偶问题也一定存在可行解；

（3）当原问题为无界解时，对偶问题也为无界解；

（4）当对偶问题无可行解时，原问题一定具有无界解；

（5）若原问题有无穷多最优解，则对偶问题也一定具有无穷多最优解。

13. 用对偶单纯形法求解下述线性规划问题

（1）$\min w = 4x_1 + 12x_2 + 18x_3$

$$\begin{cases} x_1 + 3x_3 \geqslant 3 \\ 2x_2 + 2x_3 \geqslant 5 \\ x_1, x_2, x_3 \geqslant 0 \end{cases}$$

（2）$\min w = x_1 + 2x_2 + 3x_3 + 4x_4$

$$\begin{cases} x_1 + 2x_2 + 2x_3 + 3x_4 \geqslant 30 \\ 2x_1 + x_2 + 3x_3 + 2x_4 \geqslant 20 \\ x_1, x_2, x_3, x_4 \geqslant 0 \end{cases}$$

14. 一公司生产 A、B、C 三种产品，消耗劳动力和原材料两种资源。为使利润最大，建立如下以各种产品产量为决策变量的数学模型：

$$\max z = 3x_1 + x_2 + 5x_3$$
$$\begin{cases} 6x_1 + 3x_2 + 5x_3 \leqslant 45 & \text{（劳动力）} \\ 3x_1 + 4x_2 + 5x_3 \leqslant 30 & \text{（原材料）} \\ x_1, x_2, x_3 \geqslant 0 \end{cases}$$

分别以 x_4 和 x_5 为两种资源约束的松弛变量，利用单纯形法求解可得其如附表 2-3 所示的最终单纯形表，试回答下述问题：

（1）产品 A 的价值系数 c_1 在什么范围内变化，才能确保原最优解不变？

（2）若 c_1 由 3 变为 2，最优解将发生怎样的变化？

（3）如果原材料的市场价格为每单位 0.8，问是否买进原材料扩大生产？如果买进原材料，买进多少最合适？

（4）由于技术上的突破，生产单位 B 种产品对原材料的消耗由 4 个单位降低为 2 个单位，最优解将发生怎样的变化？

（5）若在原问题的基础上增加一个约束条件 $x_1+x_2+3x_3 \leqslant 20$，最优解将发生怎样的变化？

（6）若在原问题的基础上增加一个约束条件 $3x_1+x_2+2x_3 \leqslant 20$，最优解将发生怎样的变化？

附表 2－3　最终单纯形表

c_j		-3	-1	-5	0	0	b
C_B	X_B	x_1	x_2	x_3	x_4	x_5	
-3	x_1	1	$-1/3$	0	$1/3$	$-1/3$	5
-5	x_3	0	1	1	$-1/5$	$2/5$	3
σ_j		0	3	0	0	1	$w=-30$

15. 某厂在今后 4 个月内需租用仓库存放物资，已知各个月所需的仓库面积如附表 2－4 所示。租金与租借合同的长短有关，租用的时间越长，享受的优惠越大，具体数字见附表 2－5 所示。租借仓库的合同每月初都可办理，每份合同具体规定租用面积数和期限。因此，该厂可根据需要在任何一个月初办理租借合同，且每次办理时，可签一份，也可同时签若干份租用面积和租借期限不同的合同，总的目标是使所付的租借费用最小。试根据上述要求，建立一个线性规划的数学模型。

附表 2－4　每月所需仓库面积数据表

月　　份	1	2	3	4
所需面积（$\times 100\text{m}^2$）	15	10	20	12

附表 2－5　各租赁期限单位面积的租金数据表

合同租借期限	1 个月	2 个月	3 个月	4 个月
单位租金（元/100m^2）	2800	4500	6000	7300

16. 某农场有 100 公顷土地及 100 万元资金可用于发展生产。农场劳动力情况为春夏季 6000 人日，秋冬季 4500 人日，如劳动力本身过剩可外出打工，收入为春夏季 50 元/人日，秋冬季 30 元/人日。该农场种植三种作物：大豆、玉米和小麦，并饲养奶牛和生猪。种作物不需要专门投资，而饲养动物时每头奶牛投资 10000 元，每头生猪投资 1000 元。养奶牛时每头需拨出 2 公顷土地种饲草，并占用人工春夏季 6 人日，秋冬季 10 人日，年净收入（未扣除人工成本）3000 元/奶牛。养猪不占土地，需人工为每头春夏季 2 人日，秋冬季 3 人日，年净收入 900 元/生猪。农场现有牛栏允许最多养 100 头奶牛，猪舍允许最多养 1000 头生猪。三种作物每年需要的人工及收入情况如附表 2－6 所示。由于受到土地条件的限制，大豆的种植面积不能超过 20 公顷，麦子的种植面积不能超过 30 公顷。试决定该农场的经营方案，使年净收入最大。

附表 2-6　农作物生产所需人工及收益数据表

作物种类	大豆	玉米	小麦
每公顷春夏季所需人日数	100	200	100
每公顷秋冬季所需人日数	50	90	30
投资（万元/公顷）	0.15	0.06	0.10
年收入（万元/公顷）	1.2	1.5	0.9

17. 食油厂精炼硬质油和软质油两种类型的原料油，并将硬质精炼油和软质精炼油按一定比例调和成一种食油产品。硬质原料油来自硬质 1 和硬质 2 两个产地，而软质原料油来自软质 1、软质 2 和软质 3 三个产地。据预测，上半年各产地原料油的价格如附表 2-7 所示，产品油售价均为 300 元/吨。

硬质油和软质油需要由不同的生产线来精炼。硬质油生产线每月的最大处理能力为 200 吨，软质油生产线每月的最大处理能力为 250 吨。五个产地的原料油都各自备有一个贮存罐，每个贮罐的容量均为 1000 吨，每吨原料油每月的存贮费用为 5 元（每月的存贮费用按月底贮量计算），硬质油和软质油的精炼加工费均为每吨 30 元。假设产品油的销售没有任何问题，即生产出来多少即刻就可售出多少。产品油的硬度有一定的技术要求，它取决于各种原料油的硬度以及混合的比例。产品油的硬度与各种成分的硬度及所占的比例呈线性关系。根据技术要求，产品油的硬度必须介于 3 ~ 6 之间。各种原料油的硬度如附表 2-8 所示（假设精制过程既不影响原料油的硬度也不减少其质量）。假设 1 月初每种原料油都有 500 吨存贮量，且要求在 6 月底仍保持这样的贮备。试编制逐月各种原料油采购量、耗用量及库存量计划，使上半年内的利润最大。

附表 2-7　原料油的价格　（元/吨）

月份	硬质 1	硬质 2	软质 1	软质 2	软质 3
1 月	110	120	130	110	115
2 月	130	130	110	90	115
3 月	110	140	130	100	95
4 月	120	110	120	120	125
5 月	100	120	150	110	105
6 月	90	110	140	80	135

附表 2-8　各种原料油的硬度

种类	硬质 1	硬质 2	软质 1	软质 2	软质 3
硬度	8.8	6.1	2.0	4.2	5.0

18. 为适应现代科学技术的发展，提高员工的技术水平，智达印染公司拨出专款进行技能培训，通过提高技术工人的水平，提高产品质量，以获取长期的经济效益。智达印染

公司需要的技术工人分为初级、中级、高级三个层次，统计资料显示：培养出来的每个初级工每年可为公司增加产值 1 万元，每个中级工每年可为公司增加产值 4 万元，每个高级工每年可为公司增加产值 6 万元。公司计划在今后的三年中拨出 150 万元作为员工培训费，其中，第一年投资 55 万元，第二年投资 45 万元，第三年投资 50 万元。公司目前具有非技术工人 200 人，将一名非技术工人培养成一名初级工，需要 1 年的时间和 2000 元的费用；培养成一名中级工，需要 2 年的时间，每年费用均为 2000 元；培养一名高级工，需要 3 年的时间，其中第一年的费用为 2000 元，第二年的费用为 2500 元，第三年的费用为 3000 元。目前公司共有初级工 120 人，中级工 80 人，高级工 50 人。若通过提高已有技术工人的水平来增加中级工和高级工的人数，其培养时间和培养费用分别是：由初级工培养为中级工，需要 1 年时间，费用为 3000 元；由初级工直接培养为高级工需要 2 年时间，第一年费用为 2000 元，第二年费用为 4000 元；由中级工培养为高级工需要 1 年时间，费用为 5000 元。由于公司目前的培训资源有限，每年可培养的员工人数受到一定限制，每年在培的各级工均不超过 50 人。为了充分利用有限的员工培训资源以培养更多的技术工人，并为公司创造更大的经济效益，要确定直接由非技术工人中培养初、中、高级技术工人各多少人，通过提高目前技术工人的水平来增加中级工和高级工人数的初级工和中级工分别为多少，才能使三年后企业增加的产值最多。

3　运输问题

运输问题（transportation problem）一般是研究把某种商品从若干个产地运至若干个销地而使总运费最小的一类问题。然而从广义上讲，运输问题是具有一定模型特征的线性规划问题。它不仅可以用来求解商品的调运问题，还可以解决一切满足这些模型特征的非商品调运问题。运输问题是一种特殊的线性规划问题，由于其技术系数矩阵具有特殊的结构，有可能找到比一般单纯形法更简便高效的求解方法，这正是单独研究运输问题的原因所在。

3.1　运输问题的数学模型

例 3-1　某公司经营某种产品，该公司下设 A、B、C 三个生产厂，甲、乙、丙、丁四个销售点。公司每天把三个工厂生产的产品分别运往四个销售点，由于各工厂到各销售点的路程不同，所以单位产品的运费也就不同。各工厂每日的产量、各销售点每日的销量，以及从各工厂到各销售点单位产品的运价如表 3-1 所示。问该公司应如何调运产品，在满足各销售点需要的前提下，使总运费最小。

表 3-1　运价表

	甲	乙	丙	丁	产量（a_i）
A	3	11	3	10	7
B	1	9	2	8	4
C	7	4	10	5	9
销量（b_j）	3	6	5	6	

设 x_{ij} 代表从第 i 个产地到第 j 个销地的运输量（$i=1,2,3$；$j=1,2,3,4$），用 c_{ij} 代表从第 i 个产地到第 j 个销地的运价，于是可构造如下数学模型：

$$\min w = \sum_{i=1}^{3}\sum_{j=1}^{4} c_{ij}x_{ij}$$

$$\begin{cases} \sum_{j=1}^{4} x_{ij} = a_i & (i=1,2,3\text{；运出的商品总量等于其产量}) \\ \sum_{i=1}^{3} x_{ij} = b_j & (j=1,2,3,4\text{；运来的商品总量等于其销量}) \\ x_{ij} \geqslant 0 \end{cases}$$

通过该引例的数学模型，我们可以得出运输问题是一种特殊的线性规划问题的结论，其特殊性就在于技术系数矩阵是由“1”和“0”两个元素构成的。

将该引例的数学模型做一般性推广，即可得到有 m 个产地、n 个销地的运输问题的一般模型。注意：在此仅限于探讨总产量等于总销量的产销平衡运输问题，而产销不平衡运输问题将在本章的后续内容中探讨。

$$\min w = \sum_{i=1}^{m}\sum_{j=1}^{n} c_{ij}x_{ij}$$

$$\begin{cases} \sum_{j=1}^{n} x_{ij} = a_i\ (i = 1,2,\cdots,m\text{；运出的商品总量等于其产量}) \\ \sum_{i=1}^{m} x_{ij} = b_j\ (j = 1,2,\cdots,n\text{；运来的商品总量等于其销量}) \\ x_{ij} \geqslant 0 \end{cases}$$

供应约束确保从任何一个产地运出的商品等于其产量，需求约束保证运至任何一个销地的商品等于其需求。除非负约束外，运输问题约束条件的个数是产地与销地的数量和，即 $m+n$；而决策变量个数是二者的积，即 $m\times n$。由于在 $m+n$ 这个约束条件中，隐含着一个总产量等于总销量的关系式，所以相互独立的约束条件的个数是 $m+n-1$ 个。

3.2 运输问题的求解

运输问题的求解采用表上作业法，该方法是单纯形法求解运输问题的一种特定形式，其实质是单纯形法。既然表上作业法是一种特定形式的单纯形法，它自然与单纯形法有着完全相同的解题步骤，所不同的只是完成各步采用的具体形式。表上作业法的基本步骤可参照单纯形法归纳如下：

（1）在 $m\times n$ 阶产销平衡表上给出“$m+n-1$”个数字格代表基变量，其他空格为非基变量，找出初始基可行解；

（2）求各空格（非基变量）的检验数，判断当前的基可行解是否是最优解，如已得到最优解，则停止计算，否则转到下一步；

（3）确定入基变量，若 $\min\{\sigma_{ij} \downarrow \sigma_{ij} < 0\} = \sigma_{lk}$，那么选取 x_{lk} 为入基变量；

（4）确定出基变量，找出入基变量的闭合回路，在闭合回路上最大限度地增加入基变量的值，那么闭合回路上首先减少为“0”的基变量即为出基变量；

（5）在表上用闭合回路法调整运输方案；

（6）重复上述（2）、（3）、（4）、（5）步，直到得到最优解。

3.2.1 确定初始基可行解

与一般的线性规划不同，显然产销平衡的运输问题不但一定存在可行解，而且还一定具有最优解。确定初始基可行解的方法很多，本书介绍两种比较简单又能给出较好初始方案的最小元素法和伏格尔法。

1. 最小元素法（the least cost rule）

最小元素法的基本思想是就近供应，即从单位运价表中最小的运价开始确定产销关系，依此类推，一直到给出基本方案为止。下面就用例 3－1 说明最小元素法的应用。

第一步，从表 3－1 中找出最小运价“1”，这表示先将 B 生产的产品供应给甲。由于

B每天生产4个单位产品，甲每天需求3个单位产品，即B每天生产的产品除满足甲的全部需求外，还可多余1个单位产品。在（B，甲）的交叉格处填上“3”，形成表3-2；将运价表的甲列运价划去得表3-3，划去甲列表明甲的需求已经得到满足。

表3-2 最小元素法确定初始方案表

	甲	乙	丙	丁	产量（a_i）
A					7
B	**3**				4
C					9
销量（b_j）	3	6	5	6	

表3-3 运价表

	甲	乙	丙	丁	产量（a_i）
A	3	11	3	10	7
B	1	9	**2**	8	4
C	7	4	10	5	9
销量（b_j）	3	6	5	6	

第二步，在表3-3的未被划掉的元素中再找出最小运价“2”，最小运价所确定的供应关系为（B，丙），即将B余下的1个单位产品供应给丙，表3-2转换成表3-4。划去B行的运价，划去B行表明B所生产的产品已全部运出，表3-3转换成表3-5。

表3-4 最小元素法确定初始方案表

	甲	乙	丙	丁	产量（a_i）
A					7
B	**3**		1		4
C					9
销量（b_j）	3	6	5	6	

表3-5 运价表

	甲	乙	丙	丁	产量（a_i）
A	3	11	3	10	7
B	1	9	**2**	8	4
C	7	4	10	5	9
销量（b_j）	3	6	5	6	

最小元素法各步在运价表中划掉的行或列是产品被调空的行或需求得到满足的列。一般情况下，每填入一个数字相应地划掉一行或一列，这样最终将得到一个具有“$m+n-1$”个数字格（基变量）的初始基可行解，见表3－6。

表3－6 最小元素法确定的初始方案

	甲	乙	丙	丁	产量（a_i）
A			**4**	**3**	7
B	**3**		**1**		4
C		**6**		**3**	9
销量（b_j）	3	6	5	6	

然而，问题并非总是如此，有时也会出现这样的情况：在供需关系格（i,j）处填入一数字，刚好使第i个产地的产品调空，同时也使第j个销地的需求得到满足。按照前述的处理方法，此时需要在运价表上相应地划去第i行和第j列。填入一数字同时划去了一行和一列，如果不加入任何补救措施的话，那么最终必然无法得到一个具有“$m+n-1$”个数字格（基变量）的初始基可行解。为了使在产销平衡表上有“$m+n-1$”个数字格，这时需要在第i行或第j列此步操作前未被划掉的任意一个空格上填一个“0”。填“0”格虽然所反映的运输量同空格没有什么不同，但它所对应的变量却是基变量，而空格所对应的变量是非基变量。

假如例3－1各产地的产量发生了一定的变化，具体数值如表3－7所示。第一步在（B，甲）处填入“3”，划去甲列运价；第二步在（B，丙）处填入“1”，划去B行运价，此二步的结果与从前一样，见表3－8和表3－9。

表3－7 运价表

	甲	乙	丙	丁	产量（a_i）
A	3	11	3	10	4
B	1	9	2	8	4
C	7	4	10	5	12
销量（b_j）	3	6	5	6	

表3－8 最小元素法确定初始方案表

	甲	乙	丙	丁	产量（a_i）
A					4
B	**3**		1		4
C					12
销量（b_j）	3	6	5	6	

表 3-9　运价表

	甲	乙	丙	丁	产量（a_i）
A	3	11	3	10	4
B	1	9	2	8	4
C	7	4	10	5	12
销量（b_j）	3	6	5	6	

表 3-9 中剩下的最小元素为“3”，其对应产地 A 的产量是 4，销地丙的剩余需要量也是 4，在格（A，丙）中填入“4”时，需同时划去 A 行和丙列。在填入“4”之前 A 行和丙列中除了（A，丙）之外，还有（A，乙）、（A，丁）和（C，丙）三个空格未被划去，因此，可以在（A，乙）、（A，丁）和（C，丙）任选一格添加一个“0”，这里不妨选择（A，乙），结果见表 3-10 和表 3-11。注意这个“0”是不能填入（A，甲）或（B，丙）的，因为在填入“4”之前它们已经被划去了（见表 3-9）。

表 3-10　最小元素法确定初始方案表

	甲	乙	丙	丁	产量（a_i）
A		**0**	**4**		4
B	3		1		4
C					12
销量（b_j）	3	6	5	6	

表 3-11　运价表

	甲	乙	丙	丁	产量（a_i）
A	3	11	3	10	4
B	1	9	2	8	4
C	7	4	10	5	12
销量（b_j）	3	6	5	6	

2. 伏格尔法（Vogel's approximation method）

最小元素法的缺点是只考虑就近的问题，却没有考虑就近所付出的机会成本。伏格尔法通过计算每一行、每一列在没有选择最小元素（选择次小元素）时的费用增加，可给出最优或近似最优的方案，因此它是一种十分有效的方法。伏格尔法把费用增量定义为给定行或列次小元素与最小元素的差（如果存在两个或两个以上的最小元素费用增量定义为零）。最大差对应的行或列中的最小元素确定了产品的供应关系，即优先避免最大的费用增量发生。当产地或销地中的一方在数量上供应完毕或得到满足时，划去运价表中对应的行或列，重复上述步骤，即可得到一个初始的基可行解。仍以例 3－1 来说明伏格尔法。

第一步，在表 3－1 中找出每行、每列两个最小元素的差额，并填入该表的最右列和最下行，见表 3－12。

表 3－12　运价表

	甲	乙	丙	丁	两最小元素之差
A	3	11	3	10	0
B	1	9	2	8	1
C	7	4	10	5	1
两最小元素之差	2	**5**	1	3	

第二步，从行和列的差额中选出最大者，选择它所在的行或列中的最小元素的位置确定供应关系。在表 3－12 中乙列是最大差额“5”所在的列，乙列中的最小元素是“4”，从而确定了 C 与乙间的供应关系，表 3－13 反映了这一供应关系。同最小元素法一样，由于乙的需求已得到了满足，将运价表中的乙列划去。

表 3－13　伏格尔法确定初始方案表

	甲	乙	丙	丁	产量（a_i）
A					7
B					4
C		**6**			9
销量（b_j）	3	6	5	6	

第三步，对运价表中未划去的元素再分别计算出各行、各列两个最小运费的差，并填入该表的最右列和最下行，见表 3－14。重复第一、第二两步，直到给出一个初始基可行解，处理过程见表 3－15 至表 3－23。

表 3－14　运价表

	甲	乙	丙	丁	两最小元素之差
A	3	11	3	10	0
B	1	9	2	8	1
C	7	4	10	5	2
两最小元素之差	2	5	1	3	

表 3-15　伏格尔法确定初始方案表

	甲	乙	丙	丁	产量（a_i）
A					7
B					4
C		6		**3**	9
销量（b_j）	3	6	5	6	

表 3-16　运价表

	甲	乙	丙	丁	两最小元素之差
A	3	11	3	10	0
B	1	9	2	8	1
~~C~~	~~7~~	~~4~~	~~10~~	~~5~~	~~2~~
两最小元素之差	2	**5**	1	2	

在表 3-16 中两个最小元素的最大差是“2”，但并不唯一，在此应按最大差所对应的最小元素最小的原则确定供应关系，即选择 B 生产的产品运输给甲。

表 3-17　伏格尔法确定初始方案表

	甲	乙	丙	丁	产量（a_i）
A					7
B	**3**				4
C		6		3	9
销量（b_j）	3	6	5	6	

表 3-18　运价表

	甲	乙	丙	丁	两最小元素之差
A	3	11	3	10	7
B	1	9	2	8	6
~~C~~	~~7~~	~~4~~	~~10~~	~~5~~	~~2~~
两最小元素之差	2	**5**	1	2	

表 3-19 伏格尔法确定初始方案表

	甲	乙	丙	丁	产量（a_i）
A			**5**		7
B	3				4
C		6		3	9
销量（b_j）	3	6	5	6	

表 3-20 运价表

	甲	乙	丙	丁	两最小元素之差
A	3	11	3	10	
B	1	9	2	8	
C	7	4	10	5	2
两最小元素之差	2	**5**	1	2	

表 3-21 伏格尔法确定初始方案表

	甲	乙	丙	丁	产量（a_i）
A			5		7
B	3			**1**	4
C		6		3	9
销量（b_j）	3	6	5	6	

表 3-22 运价表

	甲	乙	丙	丁	两最小元素之差
A	3	11	3	10	
B	1	9	2	8	
C	7	4	10	5	2
两最小元素之差	2	**5**	1		

表 3-23 伏格尔法确定初始方案表

	甲	乙	丙	丁	产量（a_i）
A			5	**2**	7
B	3			1	4
C		6		3	9
销量（b_j）	3	6	5	6	

由以上可见，伏格尔法同最小元素法除在确定供求关系的原则上不同外，其余步骤是完全相同的。伏格尔法给出的初始解比最小元素法给出的初始解一般来讲会更接近于最优解。

3.2.2 基可行解的最优性检验

对初始基可行解的最优性检验有闭合回路法和位势法两种基本方法。闭合回路法具体、直接，并为方案调整指明了方向；而位势法具有批处理的功能，提高了计算效率。

1. 闭合回路法

判断基可行解的最优性，需计算空格（非基变量）的检验数。闭合回路法即通过闭合回路求空格检验数的方法。下面就以表 3－6 中给出的初始基可行解（最小元素法所给出的初始方案）为例，讨论闭合回路法。

从表 3－6 给定的初始方案的任一空格出发寻找闭合回路，如对于空格（A，甲）在初始方案的基础上将 A 生产的产品调运一个单位给甲，为了保持新的平衡，就要依次在（A，丙）处减少一个单位、（B，丙）处增加一个单位、（B，甲）处减少一个单位，即要寻找一条除空格（A，甲）之外其余顶点均为有数字格（基变量）组成的闭合回路。表 3－24 中用虚线画出了这个闭合回路。闭合回路顶点所在格括号内的数字是相应的单位运价，单位运价前的“＋”、“－”号表示运量的调整方向。

表 3－24 闭合回路计算检验数表

	甲	乙	丙	丁	产量（a_i）
A	（＋3）		**4**（－3）	3	7
B	（－1）**3**		**1**（＋2）		4
C		**6**		**3**	9
销量（b_j）	3	6	5	6	

对应这样的方案调整，运费会有什么变化呢？可以看出（A，甲）处增加一个单位，运费增加 3 个单位；在（A，丙）处减少一个单位，运费减少 3 个单位；在（B，丙）处增加一个单位，运费增加 2 个单位；在（B，甲）处减少一个单位，运费减少 1 个单位。增减相抵后，总的运费增加了 1 个单位。由检验数的经济含义可知，（A，甲）处单位运量调整所引起的运费增量就是（A，甲）的检验数，即 $\sigma_{11}=1$。仿照此步骤可以计算最小元素法所给出的初始方案中所有空格的检验数。表 3－25 至表 3－30 展示了各检验数的计算过程，表 3－30 给出了最终结果。可以证明，对初始方案中的每一个空格来说“闭合回路存在且唯一”。

表 3－25 闭合回路计算检验数表

	甲	乙	丙	丁	产量（a_i）
A	$\sigma_{11}=1$	（＋11）	4	**3**（－10）	7
B	3		1		4
C		**6**（－4）		**3**（＋5）	9
销量（b_j）	3	6	5	6	

表 3-26 闭合回路计算检验数表

	甲	乙	丙	丁	产量（a_i）
A	$\sigma_{11}=1$	$\sigma_{12}=2$	**4**（+3）	**3**（−10）	7
B	3	（+9）	**1**（−2）		4
C		**6**（−4）		**3**（+5）	9
销量（b_j）	3	6	5	6	

表 3-27 闭合回路计算检验数表

	甲	乙	丙	丁	产量（a_i）
A	$\sigma_{11}=1$	$\sigma_{12}=2$	**4**（+3）	**3**（−10）	7
B	3	$\sigma_{22}=1$	**1**（−2）	（+8）	4
C		6		3	9
销量（b_j）	3	6	5	6	

表 3-28 闭合回路计算检验数表

	甲	乙	丙	丁	产量（a_i）
A	$\sigma_{11}=1$	$\sigma_{12}=2$	**4**（−3）	**3**（+10）	7
B	3	$\sigma_{22}=1$	1	$\sigma_{24}=-1$	4
C		6	（+10）	**3**（−5）	9
销量（b_j）	3	6	5	6	

表 3-29 闭合回路计算检验数表

	甲	乙	丙	丁	产量（a_i）
A	$\sigma_{11}=1$	$\sigma_{12}=2$	**4**（−3）	**3**（+10）	7
B	**3**（−1）	$\sigma_{22}=1$	**1**（+2）	$\sigma_{24}=-1$	4
C	（+7）	6	$\sigma_{33}=12$	**3**（−5）	9
销量（b_j）	3	6	5	6	

表 3-30 运输方案检验数表

	甲	乙	丙	丁	产量（a_i）
A	$\sigma_{11}=1$	$\sigma_{12}=2$	**4**	**3**	7
B	**3**	$\sigma_{22}=1$	**1**	$\sigma_{24}=-1$	4
C	$\sigma_{31}=10$	**6**	$\sigma_{33}=12$	**3**	9
销量（b_j）	3	6	5	6	

如果检验数表中所有数字均大于等于零，这表明对调运方案做出任何改变都将导致运费的增加，即给定的方案是最优方案。在表3－30中，$\sigma_{24}=-1$，说明方案需要进一步改进。

2. 位势法

对于特定的调运方案的每一行 i 给出一个因子 u_i（称为行位势），每一列给出一个因子 v_j（称为列位势），使对于目前解的每一个基变量 x_{ij}，有 $c_{ij}=u_i+v_j$，这里的 u_i 和 v_j 可正、可负也可以为零。那么，任一非基变量 x_{ij} 的检验数就是 $\sigma_{ij}=c_{ij}-(u_i+v_j)$。

这一表达式完全可以通过先前所述的闭合回路法得到。在某一闭合回路上（如图3－1所示），由于基变量的运价等于其所对应的行位势与列位势之和，即

$$c_{ik}=u_i+v_k,\ c_{lk}=u_l+v_k,\ c_{lj}=u_l+v_j$$

于是

$$\sigma_{ij}=c_{ij}-c_{ik}+c_{lk}-c_{lj}=c_{ij}-(u_i+v_k)+(u_l+v_k)-(u_l+v_j)$$

所以

$$\sigma_{ij}=c_{ij}-(u_i+v_j)$$

非基变量 $x_{ij}(+c_{ij})$	$(-c_{ik})$ 基变量 x_{ik}	u_i
基变量 $x_{lj}(-c_{lj})$	$(+c_{lk})$ 基变量 x_{lk}	u_l
v_j	v_k	

图3－1　闭合回路法与位势法关系示意图

对于一个具有 m 个产地、n 个销地的运输问题，应具有 m 个行位势、n 个列位势，即具有“$m+n$”个位势。运输问题基变量的个数只有“$m+n-1$”个，所以利用基变量所对应的“$m+n-1$”个方程，求出“$m+n$”个位势，进而计算各非基变量的检验数是不现实的。通常，可以通过在这些方程中对任意一个因子假定一个任意的值（如 $u_1=0$），再求解其余的“$m+n-1$”个未知因子，这样就可求得所有空格（非基变量）的检验数。

仍以表3－6中最小元素法给出的初始基可行解为例，讨论位势法求解非基变量检验数的过程。

第一步，把方案表中基变量格填入其相应的运价并令 $u_1=0$；让每一个基变量 x_{ij} 都有 $c_{ij}=u_i+v_j$，可求得所有的位势，如表3－31所示（位势值后面的圈码代表计算顺序）。

表3－31　位势法计算表

	甲	乙	丙	丁	u_i
A			**3**	**10**	0 ①
B	**1**		**2**		−1 ⑤
C		**4**		**5**	−5 ④
v_j	2 ⑥	9 ⑦	3 ③	10 ②	

第二步，利用 $\sigma_{ij}=c_{ij}-(u_i+v_j)$ 计算各非基变量 x_{ij} 的检验数，结果与用闭合回路法计算的完全相同，见表3－30。

3.2.3 运输方案的优化

在负检验数中找出最小的检验数，该检验数所对应的变量即为入基变量。在入基变量所处的闭合回路上，赋予入基变量最大的增量，即可完成方案的优化。在入基变量有最大增量的同时，一般存在原来的某一（也可能不唯一）基变量减少为“0”，该变量即为出基变量。切记，出基变量的“0”运量要用“空格”来表示，而不能留有“0”。如果减少为“0”的基变量不唯一，可在其中任意选取一个作为出基变量，而其他的“0”必须加以保留。

在表3－30中，$\min\{\sigma_{ij} \mid \sigma_{ij} < 0\} = \sigma_{24} = -1$，故选择 x_{24} 为入基变量。在入基变量 x_{24} 所处的闭合回路上（如表3－32所示），赋予 x_{24} 最大的增量“1”，相应地有 x_{23} 出基，$x_{13} = 5$，$x_{14} = 2$（同伏格尔法的初始方案表3－23）；利用闭合回路法或位势法计算各空格（非基变量）的检验数，可得表3－33。

表3－32 运输方案优化表

	甲	乙	丙	丁	产量（a_i）
A	$\sigma_{11}=1$	$\sigma_{12}=2$	**4**	**3**	7
B	**3**	$\sigma_{22}=1$	**1**	$\sigma_{24}=-1$	4
C	$\sigma_{31}=10$	**6**	$\sigma_{33}=12$	**3**	9
销量（b_j）	3	6	5	6	

表3－33 优化方案检验数表

	甲	乙	丙	丁	产量（a_i）
A	$\sigma_{11}=1$	$\sigma_{12}=2$	**5**	**2**	7
B	**3**	$\sigma_{22}=2$	$\sigma_{23}=1$	**1**	4
C	$\sigma_{31}=9$	**6**	$\sigma_{33}=12$	**3**	9
销量（b_j）	3	6	5	6	

由于表3－33中的检验数均大于等于零，所以表3－33给出的方案就是最优方案，这个最优方案的运费是85个单位。

3.3 运输问题的拓展

运输问题是符合一类数学模型特征问题的集合，它不仅可以解决产品运输问题，也可以解决符合这类模型特征的非产品运输问题；此外，运输问题并不要求一定有产销平衡的限制。本节将对这些运输问题的拓展问题进行讨论。

3.3.1 产大于销的运输问题

总产量大于总销量的运输问题即为产大于销的运输问题。产大于销的情况是经常发生的，此时的运输问题是在满足需求的前提下，使总运费最小。在实际问题中，产大于销意味着某些产品被积压在仓库中。可以这样设想，如果把仓库也看成一个假想的销地，并令其销量刚好等于总产量与总销量的差，那么，产大于销的运输问题不就转换成产销平衡的运输问题了吗？

假想一个销地（仓库），相当于在原产销关系表上增加一列。接下来，我们关心的问题自然是这一假想列所对应的运价。由于假想的销地代表的是仓库，而我们优化的运费是产地与销地间的运输费用，并不包括厂内的运输费用，所以假想列所对应的运价应取为“0”。至此，我们已经将产大于销的运输问题转换成产销平衡的运输问题，进一步的求解可利用 3.2 节介绍的表上作业法来完成。

例 3－2　将表 3－34 所示的产大于销的运输问题转换成产销平衡的运输问题。

表 3－34　产大于销的运输问题

	甲	乙	丙	丁	产量（a_i）
A	3	11	3	10	7
B	1	9	2	8	4
C	7	4	10	5	12
销量（b_j）	3	6	5	6	

此运输问题的总产量为 23，总销量为 20，所以假设一个销地戊并令其销量刚好等于总产量与总销量的差“3”。取假想的戊列所对应的运价都为“0”，可得表 3－35 所示的产销平衡运输问题。

表 3－35　转化后的产销平衡问题

	甲	乙	丙	丁	**戊**	产量（a_i）
A	3	11	3	10	**0**	7
B	1	9	2	8	**0**	4
C	7	4	10	5	**0**	12
销量（b_j）	3	6	5	6	**3**	

3.3.2　销大于产的运输问题

总销量大于总产量的运输问题即为销大于产的运输问题。销大于产的运输问题追求的目标是在最大限度供应的前提下，使总运费最小。同产大于销的问题一样，可以这样设想，假想一个产地，并令其产量刚好等于总销量与总产量的差，那么，销大于产的运输问题不也同样可以转换成产销平衡的运输问题了吗？

假想的产地并不存在，于是各销地从假想产地所得到的运量，实际上表示的是其未满足的需求。由于假想的产地与各销地之间并不存在实际的运输，所以假想的产地行所有的运价都应该是“0”。至此，我们又将销大于产的运输问题转换成了产销平衡的运输问题。

例 3-3 将表 3-36 所示的销大于产的运输问题转换成产销平衡的运输问题。

表 3-36 销大于产的运输问题

	甲	乙	丙	丁	产量（a_i）
A	3	11	3	10	7
B	1	9	2	8	4
C	7	4	10	5	9
销量（b_j）	11	6	5	6	

此运输问题的总产量为 20，总销量为 28，所以假设一个产地 D 并令其产量刚好等于总销量与总产量的差“8”。令假想的 D 行所对应的运价都为“0”，可得表 3-37 所示的产销平衡运输问题。

表 3-37 转化后的产销平衡问题

	甲	乙	丙	丁	产量（a_i）
A	3	11	3	10	7
B	1	9	2	8	4
C	7	4	10	5	9
D	**0**	**0**	**0**	**0**	**8**
销量（b_j）	11	6	5	6	

思考题 3

1. 简述题

（1）运输问题表上作业法的基本步骤；

（2）最小元素法和伏格尔法的基本思想及基本操作；

（3）闭合回路的构成以及利用闭合回路法求检验数的基本操作；

（4）利用位势法求检验数以及利用闭合回路进行方案调整的基本操作。

2. 某玩具公司生产 A、B、C 三种玩具，每月的生产能力分别为 1000 件、2000 件和 2000 件。玩具被运至甲、乙、丙三个百货商店销售。已知各家百货商店每月对三种型号玩具的总销量都是 1500 件，由于经营环境的原因，各商店销售不同型号玩具的盈利不同，具体数据见附表 3-1。又已知丙商店要求至少供应 1000 件 C 型玩具且拒绝 A 型玩具。求能够满足上述条件而又使总盈利最大的供销分配方案。

附表 3-1 各商店销售不同型号玩具的单位盈利额 （单位：元）

	甲	乙	丙
A	5	4	2
B	16	8	9
C	12	10	11

3. 已知某厂每月最多生产甲产品 270t，先运至 A_1、A_2、A_3三个仓库，然后再分别供应 B_1、B_2、B_3、B_4、B_5五个用户。已知三个仓库的容量分别为 50t、100t 和 150t，各用户的需要量分别为 25t、105t、60t、30t 和 70t。已知从该厂经由各仓库然后供应各用户的储存和运输费用如附表 3－2 所示。试确定一个使总费用最低的调运方案。

附表 3－2　各仓库供应各用户的储存和运输费用表　　（单位：千元）

	B_1	B_2	B_3	B_4	B_5
A_1	10	15	20	20	40
A_2	20	40	15	30	30
A_3	30	35	40	55	25

4. 已知某运输问题的运价及最优调运方案如附表 3－3 所示（括号中的数据代表运输量），由于产地 A_2至销地 B_2的道路关闭，故最优调运方案将发生变化。试在原最优调运方案的基础上，寻找新的最优调运方案。

附表 3－3　运价及最优调运方案表

	B_1	B_2	B_3	B_4	B_5	a_i
A_1	10	20	5（**4**）	9（**5**）	10	9
A_2	2	10（**4**）	10	30	6	4
A_3	1（**3**）	20（**1**）	7	10（**1**）	4（**3**）	8
b_j	3	5	4	6	3	

5. 已知某运输问题的运价及最优调运方案如附表 3－4 所示，试回答下述问题：

（1）A_1到 B_2、A_3到 B_5和 A_4到 B_1的单位运价，分别在什么范围内变化时附表 3－4 中给出的最优方案不变；

（2）若 A_1到 B_2的单位运价由 1 变为 3，最优方案将发生怎样的变化；

（3）若 A_3到 B_5的单位运价由 4 变为 2，最优方案将发生怎样的变化。

附表 3－4　运价及最优调运方案表

	B_1	B_2	B_3	B_4	B_5	B_6	a_i
A_1	2（**20**）	1（**30**）	3	3	3	5	50
A_2	4	2（**20**）	2（**20**）	4	4	4	40
A_3	3（**10**）	5	4	2（**39**）	4	1（**11**）	60
A_4	4	2	2	1（**1**）	2（**30**）	2	31
b_j	30	50	20	40	30	11	

6. 已知某运输问题的产销平衡及运价如附表 3－5 所示，试求：

（1）最优运输方案；

（2）若 A_3的产量减少到 150 单位，而 B_2需要的 130 单位必须满足，新的最优方案。

附表 3-5　产销平衡及运价表

	B_1	B_2	B_3	B_4	B_5	a_i
A_1	10	20	18	12	10	100
A_2	20	10	25	30	17	200
A_3	15	16	17	10	14	200
b_j	60	130	90	150	70	

7. 已知某运输问题的产销平衡及运价表（附表 3-6）和最优方案表（附表 3-7），试分别确定运价表中的 c_{12}、c_{23} 和 c_{34} 在什么范围内变动时，最优方案（附表 3-7）保持不变。

附表 3-6　产销平衡及运价表

	B_1	B_2	B_3	B_4	a_i
A_1	9	8	13	14	18
A_2	10	10	12	14	24
A_3	8	9	11	13	6
A_4	10	7	11	12	12
b_j	6	14	35	5	

附表 3-7　最优方案表

	B_1	B_2	B_3	B_4	a_i
A_1	**4**	**14**			18
A_2			**24**		24
A_3	**2**		**4**		6
A_4			**7**	**5**	12
b_j	6	14	35	5	

8. 某产品今后四年的年度生产计划安排问题。已知前两年这种产品的生产费用为每件 10 元，后两年为每件 15 元。四年对该产品的需求分别为 300 件、700 件、900 件和 800 件，且需求必须得到满足。工厂生产该产品的能力是每年 700 件；此外，工厂可以在第二、第三两个年度里组织加班，加班期间可生产该种产品 200 件，每件生产费用比正常时间里的增加 5 元。多余的产品可以每年每件 3 元的费用储存。问如何制定生产计划，才能在保证需求的前提下使总费用最小。

9. 甲、乙两产地分别有 70t 和 55t 的货物要运输给 A、B、C 三个需求点，三个需求点的需求数量分别为 35t、40t 和 50t。货物可以由产地直接运达目的地，也可以经某地转运。已知各处之间的距离如附表 3-8、附表 3-9 所示，试确定一个最优的运输方案。

附表 3-8　甲、乙到各地距离数据表　（单位：km）

	甲	乙	A	B	C
甲	0	12	10	14	12
乙	12	0	15	12	18

附表 3-9　A、B、C 各点间距离数据表　（单位：km）

	A	B	C
A	0	14	11
B	14	0	4
C	11	4	0

10. 设有三个化肥厂供应四个地区的化肥需求，假定等量化肥在这些地区的使用效果相同。各化肥厂年产量、各地区年需要量及从各化肥厂到各地区运送单位化肥的单位运价如附表 3-10 所示，试求出总的运费最节省的化肥调拨方案。

附表 3-10　问题数据表　（单位：万吨）

		地区 1	地区 2	地区 3	地区 4	年产量
化肥厂 A		16	13	22	17	50
化肥厂 B		14	13	19	15	60
化肥厂 C		19	20	23	M	50
年需要量	最低需求	30	70	0	10	
	最高需求	50	70	30	不限	

11. 中华图书进出口总公司的主营业务之一是中文书刊对国外出口业务，由中文书刊出口部及两个分公司负责。就中文报刊而言，每年 10—12 月为下一年度报刊订阅的征订期，在此期间，为巩固老订户，发展新订户，要向国外个人、图书馆、科研机构等无偿寄发小礼品和征订宣传推广材料。中华图书进出口总公司在深圳、上海设有分公司，总公司从形成内部竞争机制，提高服务质量考虑，允许这两家分公司也部分经营中文报刊的出口业务。同时，为维护公司整体利益，避免内部恶性竞争，公司对征订期间三个部门寄发征订材料的工作做了整体安排（见附表 3-11）。日本、韩国以及中国香港地区集中了该公司的绝大部分中文报刊订户，根据订户数分布数量的不同，寄发征订材料的数量也不同，对此公司也做了安排（见附表 3-12）。一般情况下，这些材料无论由三家中哪个部门寄出，征收订户的效果大致相同。同时，无论读者向哪个部门订阅，为总公司创造的利益大致一样。但由于各部门邮途距离不同，邮寄方式及人工费用不同，导致从各部门寄往各地的费用也不同（见附表 3-13）。

由于寄发量大且每份材料的寄发费用较高，导致每年征订期日本、韩国以及中国香港地区三地读者征订费用高昂，大大加重了经营成本。为此，如何在服从公司总体安排的前提下合理规划各部门的寄发数量，从而使总费用最省就成为一项有意义且值得研究的课题。根据所学运筹学知识，试做出一个公司整体的中文报刊征订材料的邮运方案，使得公司总的邮运费最小。

附表 3－11　三个部门寄发征订材料数量表

部门	万份数
中文书刊出口部	15
深圳分公司	7
上海分公司	8
总计	30

附表 3－12　各地寄发征订材料数量表

国家或地区	份数
日本	15
韩国	5
中国香港	10
总计	30

附表 3－13　各地间寄发征订材料费用表　（元/份）

	日本	韩国	中国香港
中文书刊出口部	30.20	25.30	29.20
深圳分公司	32.50	36.20	20.80
上海分公司	19.10	29.50	23.60

12．在 A_1、A_2、A_3、A_4、A_5和 A_6六个经济区之间有砖、砂子、炉灰、块石、卵石、木材和钢材七种物资需要运输。具体的运输需求如附表 3－14 所示，各地点间的路程见附表 3－15，试确定一个最优的汽车调度方案。

附表 3－14　运输需求数据表　（单位：千米）

货物	起点	终点	车次	起点	终点	车次	起点	终点	车次
砖	A_1	A_3	11	A_1	A_5	2	A_1	A_6	6
砂子	A_2	A_1	14	A_2	A_3	3	A_2	A_6	3
炉灰	A_3	A_1	9	A_4	A_1	4			
块石	A_3	A_4	7	A_3	A_6	5			
卵石	A_4	A_2	8	A_4	A_5	3			
木材	A_5	A_2	2						
钢材	A_6	A_4	4						

附表 3-15 各地点间的路程表 (单位：km)

始点 \ 终点	A_2	A_3	A_4	A_5	A_6
A_1	2	11	9	13	15
A_2		2	10	14	10
A_3			4	5	9
A_4				4	16
A_5					6

4　整数规划

整数规划（integer programming）是在线性规划的基础上，给一些（或全部）决策变量附加只取整数的约束而得到的，所以亦称为整数线性规划。要求所有变量都取整的规划问题称为纯整数规划问题（pure integer programming）。如果仅仅是要求一部分变量取整，则称为混合整数规划问题（mixed integer programming）。根据整数规划的定义，可将整数规划的数学模型表示为：

$$\{\min w = \boldsymbol{CX};\boldsymbol{AX} = \boldsymbol{b},\boldsymbol{X} \geqslant \boldsymbol{0}\text{ 且全部（部分）为整数}\}$$

显而易见，整数规划的可行域是其相应线性规划可行域的子集。对整数规划的求解最容易想到的办法就是先求解相应的线性规划，如果线性规划的最优解满足整数约束，那么该解就是整数规划的最优解；如果线性规划的最优解不满足整数约束，是否可以通过人们熟知的“四舍五入”处理来满足决策变量的整数要求呢？答案是否定的，原因有二：其一，“四舍五入”化整后的解可能根本就不是可行解，当然更不可能是最优解；其二，“四舍五入”化整后的解虽然是可行解，但并非是整数最优解。由于“四舍五入”的处理方法在这里是行不通的，所以必须另行研究整数规划的求解问题。

4.1　分枝定界法

分枝定界法（branch and bound method）是求解整数规划常用的一种方法，具有灵活且便于用计算机求解等优点，其一般思想是利用连续的（线性规划）模型来求解非连续的（整数规划）问题。假定 x_k 是一个有取整约束的变量，而其最优连续值 x_k^* 是非整数；那么在 $[x_k^*]$（表示 x_k^* 的取整值）和 $[x_k^*]+1$ 之间不可能包含任何整数解。因此，x_k 的可行整数值必然满足 $x_k \leqslant [x_k^*]$ 或 $x_k \geqslant [x_k^*]+1$ 。把这两个条件分别增加到原线性规划的解空间上，产生两个互斥的线性规划子问题。实际上，这一过程利用整数约束条件删除不包含整数点的部分连续空间（$[x_k^*] < x_k < [x_k^*]+1$）。采用与原问题相同的目标函数，可继续求解每一个线性规划子问题。如果没有子问题具有整数最优解，需要将一个子问题再继续分枝为两个子问题，优先选择目标值最小（min）的子问题进行“分枝”；如果某一子问题具有整数最优解，那么这个整数解及其所对应的目标值将作为可能的最优解和最优值被记录下来。具有整数最优解的子问题是不需要进一步“分枝”的，因为分枝是通过增加约束条件来实现的，而增加约束不会使目标函数值变得更优。如果在“分枝”求解过程中，出现一个新的子问题有更小的整数解值，则用新的整数解值代替原有记录的整数解值。当所有的非整数解值都大于被记录下来的整数解值时，该整数最优值就是整数规划的最优值，对应的最优解就是整数规划的最优解。分枝的过程只要合适就继续下去，直到每一子问题均得到一个整数解或者明显看出不能产生一个更好的整数解为止。引进“定界”这一概念可以提高计算效率，这个概念表明，如果一个子问题的非整数最优解产生一个比

已得到的最好整数解还差的目标值，那么这个子问题就不值得进一步研究下去。换句话讲，对于一个目标函数求最小（min）的整数规划问题，一旦求出一个可行整数解，那么它的相应目标值就可以用来作为一个“上界”，以便舍去那些目标值已经超过该上界的子问题。下面通过一个示例，具体说明如何用分枝定界法求解整数规划问题。

例 4-1 求解模型（4-1）所示的整数规划问题。

$$\max z = 40x_1 + 90x_2$$

$$\begin{cases} 9x_1 + 7x_2 \leqslant 56 \\ 7x_1 + 20x_2 \leqslant 70 \\ x_1, x_2 \geqslant 0 \text{ 且取整} \end{cases} \tag{4-1}$$

去除整数约束，构造相应的线性规划 L_0 并求解（见图 4-1）。

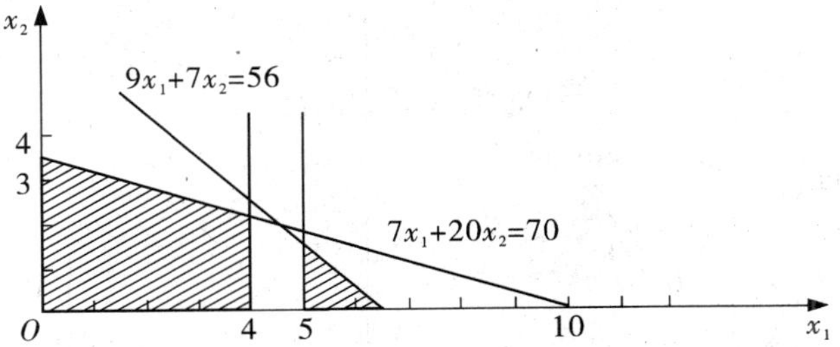

图 4-1 L_0 图解示意图

如图 4-1 所示，可求得线性规划 L_0 的最优解 $\boldsymbol{X}^{(0)} = (4.81, 1.82)^{\mathrm{T}}$，最优值 $z^{(0)} = 356$。因为 $\boldsymbol{X}^{(0)}$ 是一个非整数解，需要用分枝定界法继续求解。首先任意选择一个非整数决策变量，在此不妨假设选择 x_1。在 L_0 的最优解中 $x_1 = 4.81$，于是 $[x_1] = 4$，$[x_1] + 1 = 5$。在 L_0 的基础上，分别增加约束条件 $x_1 \leqslant 4$ 和 $x_1 \geqslant 5$，分枝形成两个子线性规划 $L_1 = [L_0, x_1 \leqslant 4]$ 和 $L_2 = [L_0, x_1 \geqslant 5]$（如图 4-1 所示的两个阴影部分）。

求解 L_1：$\boldsymbol{X}^{(1)} = (4, 2.1)^{\mathrm{T}}$，$z^{(1)} = 349$；求解 L_2：$\boldsymbol{X}^{(2)} = (5, 1.57)^{\mathrm{T}}$，$z^{(2)} = 341$。显然，至此仍然未得到整数解，由于 $z^{(1)} > z^{(2)}$，故优先选择 L_1 进行分枝。在 L_1 的最优解中 $x_2 = 2.1$，于是 $[x_2] = 2$，$[x_2] + 1 = 3$。在 L_1 的基础上，分别增加约束条件 $x_2 \leqslant 2$ 和 $x_2 \geqslant 3$，分枝形成两个子线性规划：

$$L_3 = [L_1, x_2 \leqslant 2] = [L_0, x_1 \leqslant 4, x_2 \leqslant 2]\text{；}L_4 = [L_1, x_2 \geqslant 3] = [L_0, x_1 \leqslant 4, x_2 \geqslant 3]$$

求解 L_3 和 L_4 有：$\boldsymbol{X}^{(3)} = (4, 2)^{\mathrm{T}}$，$z^{(3)} = 340$；$\boldsymbol{X}^{(4)} = (1.42, 3)^{\mathrm{T}}$，$z^{(4)} = 327$。因为 L_3 有整数最优解，故整数规划最优值的下界（max）是该整数最优值 340。利用 340 这一下界，可以舍弃 L_4；由于 L_2 的最优值 $z^{(2)} = 341$，仍然大于此下界，所以 L_2 尚需继续分枝。在 L_2 的基础上，分别增加约束条件 $x_2 \leqslant 1$ 和 $x_2 \geqslant 2$，分枝形成两个子线性规划 L_5 和 L_6：

$$L_5 = [L_2, x_2 \leqslant 1] = [L_0, x_1 \geqslant 5, x_2 \leqslant 1]\text{；}L_6 = [L_2, x_2 \geqslant 2] = [L_0, x_1 \geqslant 5, x_2 \geqslant 2]$$

求解 L_5 和 L_6 有：$\boldsymbol{X}^{(5)} = (5.44, 1)^{\mathrm{T}}$，$z^{(5)} = 308$；$L_6$ 没有可行解。由于 $z^{(5)} = 308$ 小于已知的下界 340，所以可以舍弃 L_5。至此，我们已得到整数规划的最优解 $\boldsymbol{X}^{*} = (4, 2)^{\mathrm{T}}$，最优值 $z^{*} = 340$；此例的求解过程如图 4-2 所示。

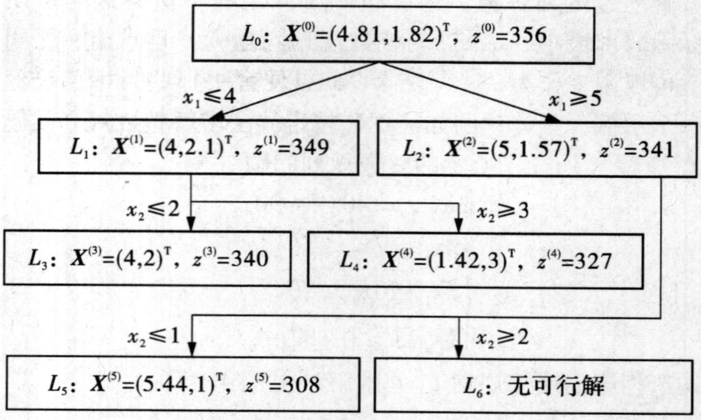

图 4－2　例 4－1 分枝定界求解示意图

例 4－2　求解模型（4－2）所示的整数规划问题

$$\min w = -2x_1 - 3x_2 - x_3$$

$$\begin{cases} x_1 + x_2 + x_3 + x_4 = 3 \\ x_1 + 4x_2 + 7x_3 + x_5 = 9 \\ x_1, x_2, x_3 \geqslant 0 \text{ 且取整数}; x_4, x_5 \geqslant 0 \end{cases} \tag{4-2}$$

用单纯形法求解相应的线性规划问题可得如表 4－1 所示的最终单纯形表，由于此线性规划的最优解满足整数约束的条件，所以该解就是原整数规划的最优解。

表 4－1　例 4－2 最终单纯形表

c_j		−2	−3	−1	0	0	$\boldsymbol{b}$
$\boldsymbol{C_B}$	$\boldsymbol{X_B}$	x_1	x_2	x_3	x_4	x_5	
−2	x_1	1	0	−1	4/3	−1/3	1
−3	x_2	0	1	3	−1/3	1/3	2
σ_j		0	0	3	5/3	1/3	$w=-8$

若将原模型中的 b_1 由 3 改换为 8，问题将发生怎样的变化呢？首先让我们将 b_1 的改变反映进最终单纯形表，见表 4－2（相当于 L_0 的最优解）。

表 4－2　改换后的最终单纯形表

c_j		−2	−3	−1	0	0	$\boldsymbol{b}$
$\boldsymbol{C_B}$	$\boldsymbol{X_B}$	x_1	x_2	x_3	x_4	x_5	
−2	x_1	1	0	−1	4/3	−1/3	23/3
−3	x_2	0	1	3	−1/3	1/3	1/3
σ_j		0	0	3	5/3	1/3	$w=-49/3$

在 L_0 的基础上，分别增加约束条件 $x_1 \leqslant 7$ 和 $x_1 \geqslant 8$，分枝形成两个子线性规划 $L_1 = [L_0, x_1 \leqslant 7]$ 和 $L_2 = [L_0, x_1 \geqslant 8]$。将 L_1 和 L_2 中新增加的约束条件 $x_1 \leqslant 7$ 和 $x_1 \geqslant 8$ 转换为 $x_1 + x_6 = 7$ 和 $-x_1 + x_6 = -8$，并分别反映进表 4-2 所示的单纯形表（如表 4-3 和表 4-4 所示），通过初等变换并利用对偶单纯形法求解，可分别求得 L_1 和 L_2 的最优解和最优值：

$$L_1: X^{(1)} = (7, 1/2, 0)^{\mathrm{T}}, w^{(1)} = -31/2; L_2: X^{(2)} = (8, 0, 0)^{\mathrm{T}}, w^{(2)} = -16$$

表 4-3 L_1 单纯形表

c_j		-2	-3	-1	0	0	0	b
C_B	X_B	x_1	x_2	x_3	x_4	x_5	x_6	
-2	x_1	1	0	-1	4/3	-1/3	0	23/3
-3	x_2	0	1	3	-1/3	1/3	0	1/3
0	x_6	1	0	0	0	0	1	7
σ_j								
-2	x_1	1	0	-1	4/3	-1/3	0	23/3
-3	x_2	0	1	3	-1/3	1/3	0	1/3
0	x_6	0	0	1	(-4/3)	1/3	1	-2/3
σ_j		0	0	6	5/3	1/3	0	
-2	x_1	1	0	0	0	0	1	7
-3	x_2	0	1	11/4	0	1/4	-1/4	1/2
0	x_4	0	0	-3/4	1	-1/4	-3/4	1/2
σ_j		0	0	29/4	0	3/4	5/4	$w = -31/2$

表 4-4 L_2 单纯形表

c_j		-2	-3	-1	0	0	0	b
C_B	X_B	x_1	x_2	x_3	x_4	x_5	x_6	
-2	x_1	1	0	-1	4/3	-1/3	0	23/3
-3	x_2	0	1	3	-1/3	1/3	0	1/3
0	x_6	-1	0	0	0	0	1	-8
σ_j								
-2	x_1	1	0	-1	4/3	-1/3	0	23/3
-3	x_2	0	1	3	-1/3	1/3	0	1/3
0	x_6	0	0	-1	4/3	(-1/3)	1	-1/3
σ_j		0	0	6	5/3	1/3	0	
-2	x_1	1	0	0	0	0	-1	8
-3	x_2	0	1	2	1	0	1	0
0	x_5	0	0	3	-4	1	-3	1
σ_j		0	0	5	3	0	1	$w = -16$

L_2 是整数最优解，所以其最优值 $w^{(2)} = -16$ 是整数规划（min）最优值的上界。利用该上界可以判断 L_1 无须继续分枝。此混合整数规划的最优解 $\boldsymbol{X}^* = (8, 0, 0)^{\mathrm{T}}$，最优值 $w^* = -16$ 。此例的求解过程见图 4－3。

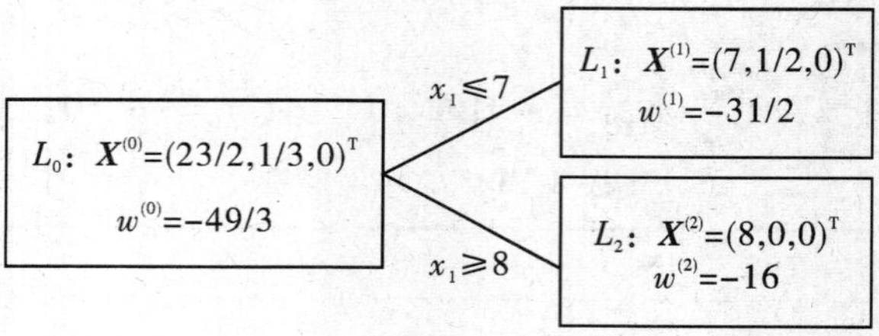

图 4－3　例 4－2 分枝定界求解示意图

4.2　0－1 型整数规划

0－1 型整数规划是整数规划的一个特例，它的决策变量 x_j 仅取 0 或 1 两个值，称为 **0－1 变量（二进制变量或逻辑变量）**。x_j 仅取 0 或 1 两个值可表示为 $\{x_j \leqslant 1, x_j \geqslant 0, x_j$ 取整$\}$；因此，0－1 型整数规划与一般线性整数规划模型形式上是一致的。0－1 型整数规划可简称为 0－1 规划，0－1 规划解决的是二选一（Yes or No）问题，而这类问题在现实管理中大量存在，所以有必要对其求解问题加以深入研究。根据数学排列组合知识可知，一个拥有 n 个决策变量的 0－1 规划，其拥有的解数为 2^n 。当 n 的取值比较小时，0－1 规划的解数也就比较少，可以通过穷举法来求解。即首先将其 2^n 个解一一列出，其次去除部分非可行解（选择并保留可行解），最后比较各可行解所对应的目标值确定最优解。然而，当 n 的取值比较大时，0－1 规划的解数 2^n 呈指数增长，增长速度惊人，继续采用穷举法求解不现实。因此，需要探讨能较好适应较多决策变量 0－1 规划的求解方法。人们将分枝定界原理引入 0－1 规划的求解，于是形成 0－1 规划求解的隐枚举法。

例 4－3　分别用穷举法和隐枚举法求解模型（4－3）所示的 0－1 规划问题。

$$\max z = 3x_1 + x_2 + 5x_3$$

$$\begin{cases} 2x_1 + 2x_2 - x_3 \leqslant 2 \\ x_1 - 4x_2 + x_3 \leqslant 4 \\ x_{1\sim3} = 0 \text{ 或 } 1 \end{cases} \tag{4-3}$$

解　(1) 穷举法

求解过程见表 4－5。

表 4－5　穷举法求解过程分析表

序号	解	可行性	目标值	最优解
1	(0，0，0)	可行	0	
2	(1，0，0)	可行	3	
3	(0，1，0)	可行	1	
4	(0，0，1)	可行	5	

续表 4－5

序号	解	可行性	目标值	最优解
5	(1,1,0)	不可行		
6	(1,0,1)	可行	**8**	**(1,0,1)**
7	(0,1,1)	可行	6	
8	(1,1,1)	不可行		

（2）隐枚举法

第一步，目标函数极小化，约束条件取“ ≥ ”的形式，形成模型（4－4）。

$$\min w = -3x_1 - x_2 - 5x_3$$

$$\begin{cases} -2x_1 - 2x_2 + x_3 \geq -2 \\ -x_1 + 4x_2 - x_3 \geq -4 \\ x_{1\sim3} = 0 \text{ 或 } 1 \end{cases} \tag{4-4}$$

第二步，目标函数系数非负化，为保持决策变量的 0－1 取值，如果目标函数中变量 x_j 的系数为负值，可令 $x'_j = 1 - x_j$；在此令 $x'_1 = 1 - x_1$，$x'_2 = 1 - x_2$，$x'_3 = 1 - x_3$，形成模型（4－5）。

$$\min w = 3x'_1 + x'_2 + 5x'_3 - 9$$

$$\begin{cases} 2x'_1 + 2x'_2 - x'_3 \geq 1 \\ x'_1 - 4x'_2 + x'_3 \geq -6 \\ x'_{1\sim3} = 0 \text{ 或 } 1 \end{cases} \tag{4-5}$$

第三步，变量按其在目标函数中的系数从小到大排列，形成模型（4－6）。

第四步，令所有的变量都为“0”，得到问题的一个“零解”，检验“零解”是否是可行解，如果是可行解，那么它一定就是最优解；如果不是可行解，转入下一步。显然，此例的第一个约束对于“零解”是不成立的，转入下一步。

第五步，按照排列顺序依次令各决策变量取“1”或“0”，将问题分成两个子问题分别检查其解是否是可行解，利用 4.1 节的分枝定界思想，直至得到最优解。

$$\min w = x'_2 + 3x'_1 + 5x'_3 - 9$$

$$\begin{cases} 2x'_2 + 2x'_1 - x'_3 \geq 1 \\ -4x'_2 + x'_1 + x'_3 \geq -6 \\ x'_{1\sim3} = 0 \text{ 或 } 1 \end{cases} \tag{4-6}$$

先令 $x'_2 = 0$ 或 1 将问题分成两个子问题；$x'_2 = 1$ 这一分枝的“下界值”是“ －8 ”，而 $x'_2 = 0$ 这一分枝的“下界值”是“ －6 ”，见图 4－4。

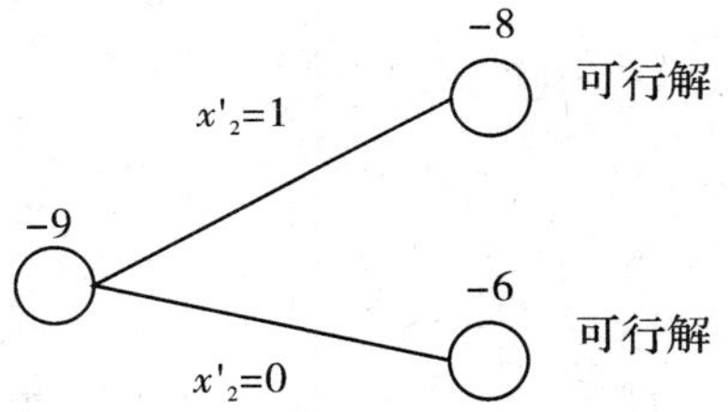

图 4－4　隐枚举法示意图

$x'_2=0$ 这一分枝的“下界值”是这样确定的，因为已知“零解”是不可行解，所以在 $x'_2=0$ 的情况下，我们优先寄希望于 $x'_1=1$ 是可行解，于是有对应 $x'_2=0$、$x'_1=1$、$x'_3=0$ 的目标值“ -6 ”。由于得到的两个子问题均有可行解，所以没有进一步分枝的必要。比较这两个可行解，较小目标函数值“ -8 ”所对应的解“ $x'_1=0$、$x'_2=1$、$x'_3=0$”就是最优解，即原 0－1 规划问题的最优解是 $\boldsymbol{X}^*=(1,0,1)^{\mathrm{T}}$，其目标值为 8 。

当发生下列三种情形之一时，应该实施剪枝：

(1) 多个分枝的子问题都是可行解时，保留目标值最小的分枝并将该目标值作为最优目标值的“上界”，将目标值较大的分枝剪去。

(2) 将分枝边界值已超过最优目标值“上界”的分枝剪去。

(3) 将无论后续决策变量取什么值都不可能存在可行解的分枝剪去。如某 0－1 规划的一个约束条件是 $3x_1+x_2-2x_3+2x_4\geqslant 4$ ，那么对 $x_1=0$ 的分枝就可以实施剪枝。

例 4－4 用隐枚举法求解模型（4－7）所示的 0－1 规划问题。

$$\max z=8x_1+2x_2-4x_3-7x_4-5x_5$$

$$\begin{cases}3x_1+3x_2+x_3+2x_4+3x_5\leqslant 4\\5x_1+3x_2-2x_3-x_4+x_5\leqslant 4\\x_{1\sim5}=0\text{ 或 }1\end{cases}\qquad(4-7)$$

经过前三步变形，形成模型（4－8）。“零解”显然不是可行解，令 $x'_2=1$ 或 0，将问题分成两个分枝，见图 4－5。

$$\min w=2x'_2+4x_3+5x_5+7x_4+8x'_1-10$$

$$\begin{cases}3x'_2-x_3-3x_5-2x_4+3x'_1\geqslant 2\\3x'_2+2x_3-x_5+x_4+5x'_1\geqslant 4\\x'_{1\sim2},\ x_{3\sim5}=0\text{ 或 }1\end{cases}\qquad(4-8)$$

由于图 4－5 的 2 号、3 号结点所反映的解均为非可行解，优先选择边界值较小的 2 号结点进行分枝。按照变量的排列顺序，纳入考虑范围的变量应为 x_3 ，令 $x_3=1$ 或 0 继续分枝，见图 4－6。图 4－6 的 4 号结点给出了一个可行解，其目标值 $w=-4$ 作为一个“上界”，剪去 5 号结点所在的分枝，因为该结点的目标边界值已大于此“上界”。因为 3 号结点的目标边界值仍然小于已知的“上界”，所以应继续对该结点进行分枝。本例题的整个分枝计算过程见图 4－7，其最优解 $\boldsymbol{X}^*=(1,0,1,0,0)^{\mathrm{T}}$，最优值 $z^*=4$ 。

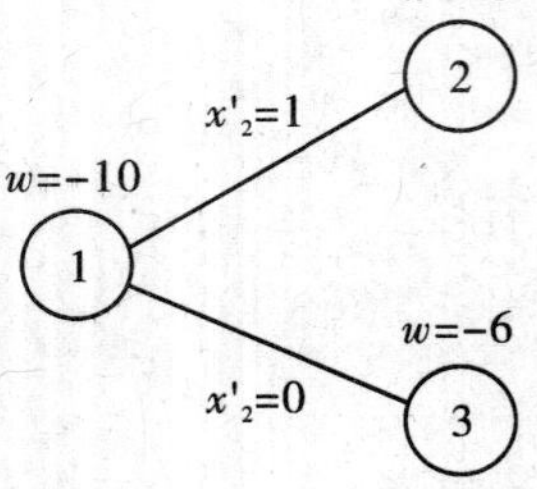

图 4－5　第一步分枝定界示意图

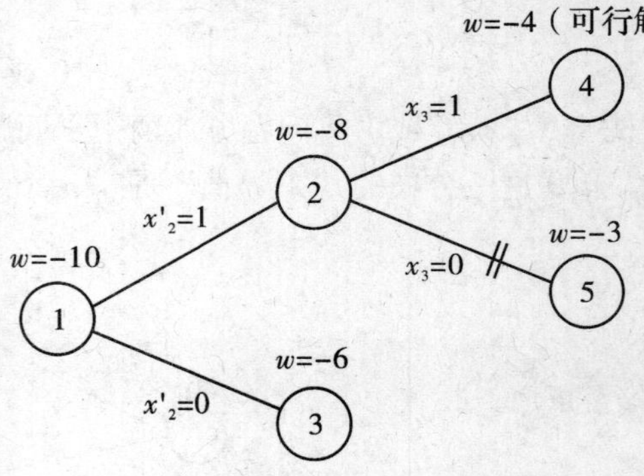

图 4－6　进一步分枝定界示意图

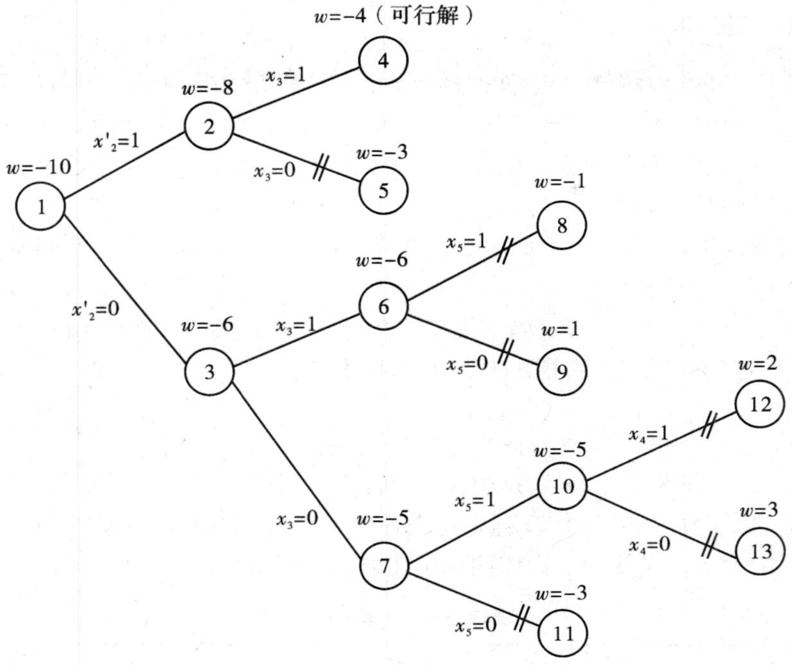

图 4－7　整个分枝定界过程示意图

4.3　指派问题

人们经常会遇到安排 n 个人去完成 n 项任务，要求一项任务由一个人完成，一个人只完成一项任务的问题。在此类问题中，由于每个人的专长不同，完成各项任务的效率也就不同，于是产生了应指派哪个人去完成哪项任务，才能使完成 n 项任务总的效率最高（所需总时间最少）的问题，这类问题称为**指派问题**或**分派问题**（assignment problem）。

4.3.1　指派问题的数学模型

对应每个指派问题都有一个已知的用来描述每个人完成各项工作所需劳动时间的效率矩阵，其元素 $c_{ij} \geqslant 0$（$i,j = 1,2,\cdots,n$）表示第 i 个人完成第 j 项工作的效率（时间）。由于第 i 个人对于第 j 项工作而言只有两种选择，即做第 j 项工作或不做第 j 项工作，于是引入 0－1 变量 x_{ij} 并假设：当 $x_{ij} = 0$ 时，表示不指派第 i 个人去完成第 j 项工作；当 $x_{ij} = 1$ 时，表示指派第 i 个人去完成第 j 项工作。于是，形成模型（4－9）所示的指派问题数学模型。

$$\min z = \sum_{i=1}^{n} \sum_{j=1}^{n} c_{ij} x_{ij}$$

$$\begin{cases} \sum_{j=1}^{n} x_{ij} = 1 & (i = 1,2,\cdots,n) \\ \sum_{i=1}^{n} x_{ij} = 1 & (j = 1,2,\cdots,n) \\ x_{ij} = 0 \text{ 或 } 1 \end{cases} \tag{4-9}$$

4.3.2 指派问题的求解

模型（4－9）的第一个约束条件说明第 i 个人只能完成一项任务，第二个约束条件说明第 j 项任务只能由一个人去完成。从模型（4－9）可以看出，指派问题既是0－1规划的特例，也是运输问题的特例。指派问题虽然可以用整数规划或运输问题的求解方法求解；然而，利用指派问题模型的特点可有更简便的求解方法。1955年库恩（Kuln）利用匈牙利数学家克尼格（Konig）的关于矩阵中独立“0”元素的定理，提出求解指派问题的一种方法，习惯上称之为匈牙利法。匈牙利法的基本原理就是“效率矩阵的任一行（或列）减去（或加上）任一常数，指派问题的最优解不会受到影响”。例如，如果效率矩阵的第一行各元素均减少“k”，那么指派问题的目标函数变为：

$$z' = \sum_{j=1}^{n}(c_{1j}-k)x_{1j} + \sum_{i=2}^{n}\sum_{j=1}^{n}c_{ij}x_{ij} = \sum_{i=1}^{n}\sum_{j=1}^{n}c_{ij}x_{ij} - k\sum_{j=1}^{n}x_{1j} = z - k$$

在相同的约束下，“z'”与“z”只相差一个常数，当然最优解不会改变。

例4－5 四人承担四项工作，各人完成各项工作所需的时间如表4－6所示，试确定最优的工作分配方案，以使四人完成四项工作的总时间最少。

表4－6 效率矩阵表 （单位：小时）

	工作 J_1	工作 J_2	工作 J_3	工作 J_4
人员 M_1	10	9	8	7
人员 M_2	3	4	5	6
人员 M_3	2	1	1	2
人员 M_4	4	3	5	6

表4－7 每行每列均有“0”元素的效率矩阵表

3	2	1	**0**
0	1	2	3
1	0	**0**	1
1	**0**	2	3

解 效率矩阵的每行减其最小元素，每列减其最小元素，目的是使效率矩阵的每行、每列至少有一个“0”元素。此例通过第一行减“7”，第二行减“3”，第三行减“1”，第四行减“3”即可实现此目的，变换后的效率矩阵如表4－7所示。

从上述效率矩阵可以得到仅与“0”元素对应的指派方案 $M_1—J_4$，$M_2—J_1$，$M_3—J_3$，$M_4—J_2$。由于此方案实现了“0”指派，而效率矩阵中的所有元素都是非负，所以它一定是最优方案。回到原效率矩阵，可求得此方案的目标值为 $z=7+3+1+3=14$。

本例只是指派问题的一种特殊情况，并非所有指派问题经此变换均能得到仅与“0”元素对应的最优指派方案，为演示此情况出现时的处理方法，请看下例。

例 4－6 求解以表 4－8 为效率矩阵的指派问题。

表 4－8 效率矩阵表 （单位：小时）

	工作 J_1	工作 J_2	工作 J_3	工作 J_4
人员 M_1	10	9	7	8
人员 M_2	5	8	7	7
人员 M_3	5	4	6	5
人员 M_4	2	3	4	5

首先，找出效率矩阵行的最小元素，并分别从每行中减去这个最小元素；其次，找出矩阵每一列的最小元素，并分别从每列中减去这个最小元素，形成每行每列均有“0”元素的效率矩阵，如表 4－9 所示。

表 4－9 每行每列均有“0”元素的效率矩阵表

3	2	0	0
0	3	2	1
1	0	2	0
0	1	2	2

至此，仍没有得到仅与“0”元素对应的最优指派方案。在这种情况下，需要创造更多的“0”元素，以实现求解问题的目的。创造更多的“0”元素是通过下列步骤实现的：

第一步，用最少的直线来覆盖矩阵中的所有“0”元素，目的是找出不在同行、不在同列（相互独立）“0”元素的个数。就此例而言，覆盖“0”元素的最少直线容易直观判别出来，但当矩阵维度 n 较大时，特别是要把计算步骤编成程序借助计算机求解时，直观的方法不可行，需要按照后续步骤来进行：

（1）从第一行开始，若该行只有一个“0”元素，就对这个“0”元素打上“（）”，划去与打“（0）”元素同列上的其他“0”元素；若该行有多个“0”元素（已划去的不计在内），放过该行转入下一行，一直到最后一行为止，结果见表 4－10。

（2）从第一列开始，若该列只有一个“0”元素，就对这个“0”元素打上“（）”，划去与打“（0）”元素同行上的其他“0”元素；若该列有多个“0”元素（已划去的不计在内），放过该列转入下一列，一直到最后一列为止，结果见表 4－11。

（3）重复（1）、（2）两步，可能出现三种情况：矩阵每行都有一个“（0）”元素，显然，按上述步骤得到的“（0）”元素都位于不同行、不同列，因此也就找到了问题的最优解；有多于两行或两列存在两个以上“0”元素，即出现“0”元素的闭合回路（见表 4－12）的情况，这时可以从闭合回路中任选一个“0”元素打上“（）”，划去“（0）”元素同行、同列上的其他“0”元素，继续实施（1）、（2）两步；矩阵中所有“0”元素或被打上“（）”或被划去，但不是每一行都有“（0）”。此例题即属这种情况（表 4－11），由于尚未找到最优解，计算往下进行。

表4-10 反映相互独立"0"元素的效率矩阵表

3	2	0	0
(0)	3	2	1
1	0	2	0
0	1	2	2

表4-11 反映相互独立"0"元素的效率矩阵表

3	2	(0)	0
(0)	3	2	1
1	(0)	2	0
0	1	2	2

表4-12 形成"0"元素闭合回路的效率矩阵表

(0)	1	0	2
1	0	5	4
0	6	0	2
8	1	3	0

(4) 对没有"(0)"元素行打"√",对打"√"行上的所有"0"元素的列打"√",再对打"√"列上的"(0)"元素所在的行打"√";重复至过程结束。

(5) 对没有打"√"的行和打了"√"的列用直线覆盖,从而得到覆盖效率矩阵所有"0"元素的最少直线数(相互独立的"0"元素的个数)。对上例进行(4)、(5)两步处理,结果见图4-8。

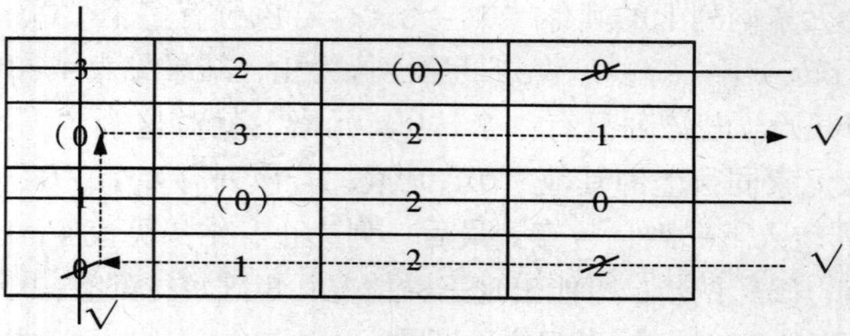

图4-8 最少直线覆盖矩阵中的所有"0"元素示意图

第二步,为了设法使每行都有一个"(0)"元素,就要继续对矩阵进行变换:从未被直线覆盖的元素中找出最小元素,未被直线覆盖的行减去这个最小元素,被直线覆盖的列加上这个最小元素。对例4-6进行第二步处理结果见表4-13。

第三步,回到第一步反复进行,直到矩阵每一行都有一个"(0)"元素,即找到最优解为止。例4-6经过第三步处理得到的最终结果见表4-14。

该结果对应的最优指派方案是：$M_1—J_3$，$M_2—J_1$，$M_3—J_4$，$M_4—J_2$，最短工作时间为 20（小时）。需要强调的是，由于在第三步处理中出现了“0”元素的闭合回路，“(0)”元素的选取存在人为因素，所以此例的最优指派方案并不唯一。

表 4－13　效率矩阵表

4	2	0	0
0	2	1	0
2	0	2	0
0	0	1	1

表 4－14　最优方案效率矩阵表

4	2	(0)	~~0~~
(0)	2	1	~~0~~
2	~~0~~	2	(0)
~~0~~	(0)	1	1

4.3.3　指派问题的拓展

指派问题是特殊的运输问题，它同运输问题一样具有不平衡的情形。下面讨论指派问题的一些特殊形式。

1. 人数与任务数不平衡

人数多于任务数，自然就提出了择优录用的问题。处理此类指派问题的方法是引入假想的任务，由于每个人完成假想的任务都是不需要时间的（假想的任务反映的是剩余人员），所以其对应的效率矩阵元素为“0”。同运输问题一样，通过引入假想的任务就可以将不平衡的指派问题转化成平衡的指派问题。

任务数多于人数可以有两种具体的处理情形：第一，只选择与人员数量相等的任务来完成，其他任务留下不管；第二，允许兼职，所有的任务都必须完成。对于第一种情况，可以引入假想的人使人数与任务数相等，由于假想的人反映的是剩余的任务，所以其对应的效率矩阵元素也为“0”。对于第二种情况，同样可以引入假想的人使人数与任务数相等，但由于此时假想的人反映的是兼做的任务，而不再是剩余的任务，所以其对应的效率矩阵元素不再是“0”。设想一下，如果已经得到一个最优指派方案，那么对于最优指派方案而言，被兼做的任务一定是由完成该项任务时间最短的人来完成。这一点并不难理解，设想一下如果不是如此，仅仅改换由时间最短的人来兼做这项任务（其他指派关系不变），总时间不就可以缩短了吗？这与最优指派方案相矛盾，命题成立。有了这样一个命题，我们就可以决定假想人所对应的效率矩阵元素是完成各项任务的最短时间。

2. 目标函数求极大值

当效率矩阵的数字是某一正向指标（如单位时间完成的工作量）时，问题就变成如何分配任务，使单位时间完成的总工作量最大。对此类问题的处理方法是先将效率矩阵的每一个元素乘以“－1”，将目标函数转化为求极小值。但这样一来，效率矩阵中的元素全成了负值，不符合匈牙利法计算的要求。这时只要利用“效率矩阵的任一行（或列）减去（或加上）任一常数对原指派问题的最优解不发生影响”这一性质，将每行（每列）加上自身行（列）中“最小的元素”，就可以使效率矩阵中全部元素变为非负，从而应用匈牙利法进行求解。

思考题4

1. 用分枝定界法求解下述整数规划问题

(1) $\max z = x_1 + x_2$

$$\begin{cases} 14x_1 + 9x_2 \leqslant 51 \\ -6x_1 + 3x_2 \leqslant 1 \\ x_1, x_2 \geqslant 0 \text{ 且取整} \end{cases}$$

(2) $\max z = 4x_1 + 3x_2$

$$\begin{cases} 3x_1 + 4x_2 \leqslant 12 \\ 4x_1 + 2x_2 \leqslant 9 \\ x_1, x_2 \geqslant 0 \text{ 且取整} \end{cases}$$

2. 用隐枚举法求解下述0-1规划问题

(1) $\max z = 2x_1 - x_2 + 5x_3 - 3x_4 + 4x_5$

$$\begin{cases} 3x_1 - 2x_2 + 7x_3 - 5x_4 + 4x_5 \leqslant 6 \\ x_1 - x_2 + 2x_3 - 4x_4 + 2x_5 \leqslant 0 \\ x_j = 0 \text{ 或 } 1 \ (j = 1,2,3,4,5) \end{cases}$$

(2) $\max z = 2x_1 + 5x_2 + 3x_3 + 4x_4$

$$\begin{cases} -4x_1 + x_2 + x_3 + x_4 \geqslant 0 \\ -2x_1 + 4x_2 + 2x_3 + 4x_4 \geqslant 4 \\ x_1 + x_2 - x_3 + x_4 \geqslant 1 \\ x_j = 0 \text{ 或 } 1 \ (j = 1,2,3,4) \end{cases}$$

(3) $\max z = 8x_1 + 2x_2 - 4x_3 - 7x_4 - 5x_5$

$$\begin{cases} 3x_1 + 3x_2 + x_3 + 2x_4 + 3x_5 \leqslant 4 \\ 5x_1 + 3x_2 - 2x_3 - x_4 + x_5 \leqslant 4 \\ x_1, x_2, x_3, x_4, x_5 = 0 \text{ 或 } 1 \end{cases}$$

(4) $\max z = 2x_1 - 4x_2 + x_3 - 3x_4$

$$\begin{cases} 2x_1 + x_2 + x_3 + 3x_4 \geqslant 4 \\ 3x_1 + 2x_2 - x_3 + x_4 \geqslant 3 \\ x_1, x_2, x_3, x_4 = 0 \text{ 或 } 1 \end{cases}$$

3. 有四项工作要甲、乙、丙、丁四个人去完成，每项工作只允许一个人去完成，每个人只完成其中一项工作。已知每个人完成各项工作的时间如附表4-1所示，问应指派哪个人去完成哪项工作才能使总的消耗时间为最少？

附表4-1 效率矩阵表

	工作1	工作2	工作3	工作4
甲	10	13	16	19
乙	14	18	17	13
丙	21	12	11	14
丁	14	16	18	12

4. 有五个人竞争四项工作，若他们完成各项工作所需的时间如附表4-2所示，问应如何分配任务才能使总的工作效率最高。

附表 4－2　效率矩阵表

	工作 1	工作 2	工作 3	工作 4
人员 1	12	10	8	9
人员 2	20	5	15	25
人员 3	10	11	10	15
人员 4	15	19	18	6
人员 5	18	16	5	20

5. 甲、乙、丙、丁四人要去完成五项工作，每项工作只由一个人来完成，其中有一人兼做一项工作。试指出每个人去完成哪项（或哪两项）工作才能使总的消耗时间为最少。已知每个人完成各项工作的时间如附表 4－3 所示。

附表 4－3　效率矩阵表

	工作 1	工作 2	工作 3	工作 4	工作 5
甲	12	15	10	18	20
乙	8	12	20	14	11
丙	18	9	16	12	15
丁	20	22	15	10	12

6. 甲、乙、丙、丁四个人面临五项工作，现要在五项工作中选择四项进行分配完成，剩余那项工作待以后处理（暂时放下不做），每个人完成各项工作所需的时间如附表 4－4 所示。问应如何分配才能使总的工作效率最高。

附表 4－4　效率矩阵表

	工作 1	工作 2	工作 3	工作 4	工作 5
甲	12	10	8	9	15
乙	20	5	15	25	8
丙	10	11	10	15	6
丁	15	19	18	6	12

7. 若效率矩阵附表 4－5 中的每个元素代表的是每个人的劳动效率，即单位时间里所完成的工作量数（积点），试确定最优（积点最多）的工作分配方案。

附表 4－5　效率矩阵表　　（单位：积点）

	工作 J_1	工作 J_2	工作 J_3	工作 J_4
人员 M_1	10	9	7	8
人员 M_2	5	8	7	7
人员 M_3	5	4	6	5
人员 M_4	2	3	4	5

8. 某公司拟在其甲、乙、丙三个目标市场建立销售部，拟议中有 7 个点 S_j ($j=1, 2, \cdots, 7$) 可供选择。经过市场调查与预测，为竞争的需要，公司确定三项原则：(1) 在甲市场的 S_1、S_2 和 S_3 三个点中至多选两个，至少选一个；(2) 在乙市场的 S_4 和 S_5 两个点中至少选一个；(3) 在丙市场的 S_6 和 S_7 两个点中至少选一个。

如选择 S_j 点，建设投资估计为 I_j 元，每年可获利润估计为 P_j 元，具体的数据如附表 4-6 所示。公司现有可用投资 500 万元，问应选择哪几个点才能在符合上述原则要求的前提下，使年利润最大？

附表 4-6　投资与利润估算表　　(单位：万元)

S_j	S_1	S_2	S_3	S_4	S_5	S_6	S_7
I_j	85	100	95	120	90	110	105
P_j	25	35	30	45	30	40	35

9. 某航空公司为满足客运量日益增长的需要，正考虑购置一批新的远程、中程及短程的喷气式客机。每架价格远程客机 670 万美元，中程客机 500 万美元，短程客机 350 万美元。该公司现有资金 12 000 万美元可用于购买飞机。据估计年净利润（扣除成本）每架远程客机 82 万元，中程客机 60 万元，短程客机 40 万元。设该公司现有熟练驾驶员可用来配备 30 架各种航程的新购飞机。维修设备能力以维修短程客机为当量，足以维修新增加 40 架新的短程客机。已知每架中程客机维修量相当于 4/3 架短程客机，每架远程客机维修量相当于 5/3 架短程客机。为获取最大利润，该公司应购买各类客机多少架？

10. 某市为方便学生，拟在新建的 7 个居民小区增设若干所学校。已知各备选校址代号及其能覆盖的居民小区编号如附表 4-7 所示，问：要覆盖所有居民小区至少应建多少所学校？对应的校址代号是哪些？

附表 4-7　校址覆盖小区情况表

备选校址	A	B	C	D	E	F
小区编号	1，5，7	1，2，5	1，3，5	2，4，5	3，6	4，6

附表 4-8　元件可靠性数据表

备用件数量	元件 1	元件 2	元件 3
0	0.5	0.6	0.7
1	0.6	0.7	0.9
2	0.7	0.9	1.0
3	0.8	1.0	1.0
4	0.9	1.0	1.0
5	1.0	1.0	1.0

11. 某电子系统由三种元件组成，为使系统正常运转，每个元件都必须工作良好。如一个或多个元件安装几个备用件将提高系统的可靠性。已知系统运转可靠性为各元件可靠性的乘积，而每一元件的可靠性则是备用件数量的函数，具体数值见附表 4－8。又三种元件的价格分别是 20 元、30 元和 40 元，重量分别是 2 千克、4 千克和 6 千克。已知全部备用件的费用预算限制为 150 元，重量限制为 20 千克，问每个元件各安装多少备件，才能使系统的可靠性最大。

12. 某电线厂生产两种规格的裸铜线和两种规格的塑包铜线，塑包铜线中的铜丝和裸铜线是完全一样的，其生产工艺过程如附图 4－1 所示。

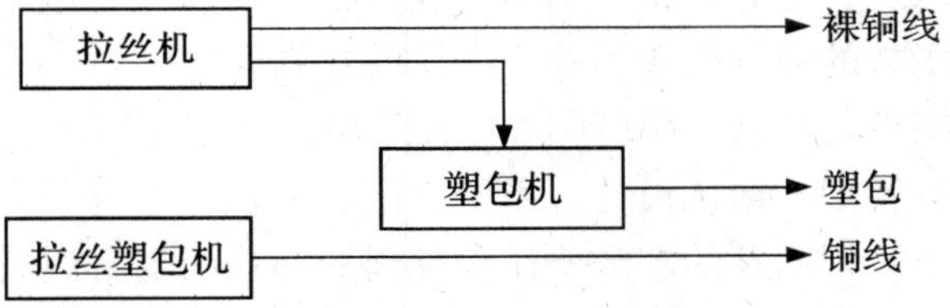

附图 4－1　生产工艺过程图

工厂现有拉丝机 5 台、塑包机 3 台，由于市场需求扩大及其设备老化，工厂拟新购或改造设备，有关方案、相应费用及生产率数据如附表 4－9 所示。又市场对各种规格电线的年需求量见附表 4－10。试构建该问题满足市场需求并使各种费用（新购及改造设备按购置费或改造费的 5% 提取折旧，老设备不提折旧）为最小的整数规划数学模型。

附表 4－9　费用及生产率数据表

	拉丝机		塑包机		拉丝塑包机
	原有	新购	原有	改造	新购
方案编号	1	2	3	4	5
投资（万元）	0	20	0	10	50
运行费用（元/小时）	5	7	8	8	12
年固定费用（万元）	3	5	8	10	14
生产效率：					
规格Ⅰ（千米/小时）	1.0	1.5	1.2	1.6	1.6
规格Ⅱ（千米/小时）	0.8	1.4	1.0	1.3	1.2
废品率（%）	2	2	3	3	3
每千米废品损失（元）	30	30	50	50	50

附表 4－10　年需求量表　　（单位：km）

裸铜线		塑包铜线	
规格Ⅰ	规格Ⅱ	规格Ⅰ	规格Ⅱ
3000	2000	14 000	10 000

*5　非线性规划

前面几章，我们论述了线性规划及其扩展问题（运输问题和整数规划），这些问题的约束条件和目标函数都是关于决策变量的线性函数。虽然大量的实际问题可以简化为线性规划及其扩展问题来求解，但是还有相当多的问题很难用线性函数来描述。目标函数或约束条件中含有非线性函数的规划问题，称为非线性规划问题。由于人们对实际问题解的精度要求越来越高，非线性规划自 1970 年代以来得到长足的发展；目前，已成为运筹学的一个重要分支，在科学管理、最优设计、系统控制等许多领域得到广泛的应用。

一般来讲，非线性规划问题的求解要比线性规划问题的求解困难得多，并且不像线性规划问题那样具有一种通用的求解方法（单纯形法）。非线性规划没有能够适用所有问题的一般求解方法，各种方法只能在其特定的范围内发挥作用。

本章在简要介绍非线性规划基本概念和一维搜索的基础上，重点介绍无约束极值问题和约束极值问题的求解方法。

5.1　非线性规划的数学模型

5.1.1　非线性规划问题

例 5－1　某商店经销 A、B 两种产品，售价分别为 20 元和 380 元。据统计，售出一件 A 产品的平均时间为 0.5 小时，而售出一件 B 产品的平均时间与其销售的数量成正比，表达式为 $1+0.2n$ 。若该商店总的营业时间为 1000 小时，试确定使其营业额最大的营业计划。

解　设 x_1 和 x_2 分别代表经销 A、B 两种产品的件数，于是有模型（5－1）：

$$\max f(x) = 20x_1 + 380x_2$$

$$\begin{cases} 0.5x_1 + x_2 + 0.2x_2^2 \leqslant 1000 \\ x_1 \geqslant 0, x_2 \geqslant 0 \end{cases} \tag{5-1}$$

例 5－2　在层次分析（analytic hierarchy process，AHP）中，为了进行多属性的综合评价，需要确定每个属性的相对权重。为此，将各属性进行两两比较可得如下判断矩阵：

$$\boldsymbol{J} = \begin{bmatrix} a_{11} & \cdots & a_{1n} \\ \vdots & \ddots & \vdots \\ a_{n1} & \cdots & a_{nn} \end{bmatrix}$$

其中，a_{ij} 是第 i 个属性与第 j 个属性的重要性之比。

现需要从判断矩阵求出各属性的权重，为使求出的权重向量 $\boldsymbol{W}$ 在最小二乘意义上能最好地反映判断矩阵的估计，由 $a_{ij} = w_i/w_j$ 可得模型（5－2）：

$$\min f(w) == \sum_{i=1}^{n}\sum_{j=1}^{n}(a_{ij}w_j - w_i)^2$$

$$\begin{cases}\sum_{i=1}^{n} w_i = 1 \\ w_i \geqslant 0\end{cases} \tag{5-2}$$

5.1.2 非线性规划的数学模型

同线性规划问题的数学模型一样，非线性规划问题的数学模型具有不同的形式。由于可以自由地实现不同形式之间的转换，我们可以用模型（5－3）的形式来描述：

$$\min f(\boldsymbol{X}),\ \boldsymbol{X}\in E^n$$

$$\begin{cases}h_i(\boldsymbol{X}) = 0 & (i=1,2,\cdots,m)\\ g_j(\boldsymbol{X}) \geqslant 0 & (j=1,2,\cdots,l)\end{cases} \tag{5-3}$$

其中，$\boldsymbol{X}=(x_1,x_2,\cdots,x_n)^{\mathrm T}$是 n 维欧氏空间 E^n 中的向量点。又因 $h_i(\boldsymbol{X})=0$ 等价于两个不等式：$h_i(\boldsymbol{X})\geqslant 0$ 和 $-h_i(\boldsymbol{X})\geqslant 0$，因此非线性规划的数学模型可用模型（5－4）来描述：

$$\begin{cases}\min f(\boldsymbol{X}),\ \boldsymbol{X}\in E^n\\ g_j(\boldsymbol{X}) \geqslant 0,\ (j=1,2,\cdots,l)\end{cases} \tag{5-4}$$

5.1.3 非线性规划问题解的图示

例 5－3 求解模型（5－5）所述的非线性规划问题

$$\begin{cases}\min f(\boldsymbol{X}) = (x_1-2)^2+(x_2-2)^2\\ h(\boldsymbol{X}) = x_1+x_2-6=0\end{cases} \tag{5-5}$$

若令目标函数 $f(\boldsymbol{X})=c$，目标函数成为一条曲线或一张曲面；通常称为**等值线**或**等值面**。此例，若设 $f(\boldsymbol{X})=2$ 和 $f(\boldsymbol{X})=4$，可得两个圆形等值线，见图 5－1。

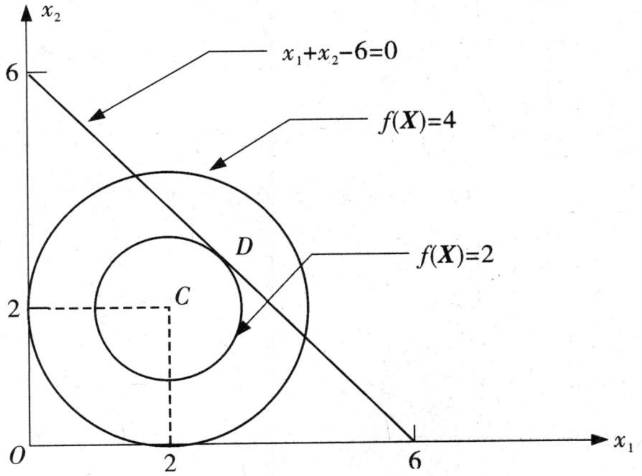

图 5－1 模型（5－5）图解示意图

由图 5－1 可见，等值线 $f(\boldsymbol{X})=2$ 和约束条件直线 $x_1+x_2=6$ 相切，切点 D 即为此问题的最优解，$\boldsymbol{X}^*=(3,3)^{\mathrm T}$，其目标函数值 $f(\boldsymbol{X}^*)=2$。

若在此例中，以新的约束条件 $h(\boldsymbol{X})=x_1+x_2-6\leqslant 0$ 代替原来的约束条件 $h(\boldsymbol{X})=$

$x_1+x_2-6=0$，则新的非线性规划的最优解变为 $\boldsymbol{X}^*=(2,2)^{\mathrm{T}}$，即图 5-1 中的 C 点（中心点），此时 $f(\boldsymbol{X})=0$。由于此最优点位于可行域的内部，故事实上约束 $h(\boldsymbol{X})=x_1+x_2-6\leqslant 0$ 并未发挥约束作用，问题相当于一个无约束极值问题。

线性规划存在最优解，最优解只能在其可行域的边缘上（特别是一定能在可行域的顶点上）得到；而非线性规划的最优解（如果存在）则可能在可行域的任意一点上得到，并非仅局限在边缘上。

5.2 极值问题

5.2.1 局部极值与全局极值

因为线性规划的目标函数和约束条件都是线性函数，所以其可行域是凸集，求得的最优解一定是整个可行域上的最优解。非线性规划则不然，局部最优解未必就一定是全局最优解。

定义 1 对于 $|\boldsymbol{X}-\boldsymbol{X}^*|<\varepsilon$，均有不等式 $f(\boldsymbol{X})\geqslant f(\boldsymbol{X}^*)$，则称 $\boldsymbol{X}^*$ 为 $f(\boldsymbol{X})$ 在 R 上的局部极小点，$f(\boldsymbol{X}^*)$ 为**局部极小值**。

定义 2 对于 $|\boldsymbol{X}-\boldsymbol{X}^*|<\varepsilon$，均有不等式 $f(\boldsymbol{X})>f(\boldsymbol{X}^*)$，则称 $\boldsymbol{X}^*$ 为 $f(\boldsymbol{X})$ 在 R 上的严格局部极小点，$f(\boldsymbol{X}^*)$ 为**严格局部极小值**。

定义 3 对于 $\boldsymbol{X}$，$\boldsymbol{X}^*\in R$，均有不等式 $f(\boldsymbol{X})\geqslant f(\boldsymbol{X}^*)$，则称 $\boldsymbol{X}^*$ 为 $f(\boldsymbol{X})$ 在 R 上的全局极小点，$f(\boldsymbol{X}^*)$ 为**全局极小值**。

定义 4 对于 $\boldsymbol{X}$，$\boldsymbol{X}^*\in R$，均有不等式 $f(\boldsymbol{X})>f(\boldsymbol{X}^*)$，则称 $\boldsymbol{X}^*$ 为 $f(\boldsymbol{X})$ 在 R 上的严格全局极小点，$f(\boldsymbol{X}^*)$ 为**严格全局极小值**。

定理 1（必要条件） 设 R 是 E^n 上的一个开集，$f(\boldsymbol{X})$ 在 R 上有一阶连续偏导数，且在点 $\boldsymbol{X}^*\in R$ 取得局部极值，则必有

$$\frac{\partial f(\boldsymbol{X}^*)}{\partial x_1}=\frac{\partial f(\boldsymbol{X}^*)}{\partial x_2}=\cdots=\frac{\partial f(\boldsymbol{X}^*)}{\partial x_n}=0\ （即\ \nabla f(\boldsymbol{X}^*)=0）$$

式中 $\nabla f(\boldsymbol{X}^*)=\left(\frac{\partial f(\boldsymbol{X}^*)}{\partial x_1},\frac{\partial f(\boldsymbol{X}^*)}{\partial x_2},\cdots,\frac{\partial f(\boldsymbol{X}^*)}{\partial x_n}\right)^{\mathrm{T}}$，称为函数 $f(\boldsymbol{X})$ 在 $\boldsymbol{X}^*$ 点处的**梯度**。

由数学分析可知，$\nabla f(\boldsymbol{X}^*)$ 的方向为 $\boldsymbol{X}^*$ 点处等值面（等值线）的法线方向，沿这一方向函数值增加最快，见图 5-2。

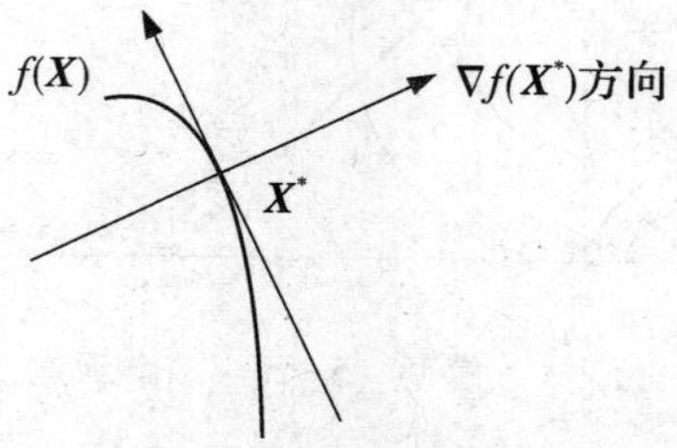

图 5-2 梯度方向示意图

满足 $\frac{\partial f(X^*)}{\partial x_1}=\frac{\partial f(X^*)}{\partial x_2}=\cdots=\frac{\partial f(X^*)}{\partial x_n}=0$（$\nabla f(X^*)=0$）的点称为**平稳点或驻点**。极值点一定是驻点，但驻点不一定是极值点。

定理 2（充分条件） 设 R 是 E^n 上的一个开集，$f(X)$ 在 R 上具有二阶连续偏导数，$X^*\in R$，若 $\nabla f(X^*)=0$ 且对任何非零向量 $Z\in E^n$，都存在

$$Z^{\mathrm{T}}H(X^*)Z>0$$

则 X^* 为 $f(X)$ 的严格局部极小点。此外，$H(X^*)$ 称为 $f(X)$ 在点 X^* 处的海赛（Hesse）矩阵。

$$H(X^*)=\begin{bmatrix}\frac{\partial^2 f(X^*)}{\partial x_1^2} & \frac{\partial^2 f(X^*)}{\partial x_1\partial x_2} & \cdots & \frac{\partial^2 f(X^*)}{\partial x_1\partial x_n}\\ \frac{\partial^2 f(X^*)}{\partial x_2\partial x_1} & \frac{\partial^2 f(X^*)}{\partial x_2^2} & \cdots & \frac{\partial^2 f(X^*)}{\partial x_2\partial x_n}\\ \vdots & \vdots & \ddots & \vdots\\ \frac{\partial^2 f(X^*)}{\partial x_n\partial x_1} & \frac{\partial^2 f(X^*)}{\partial x_n\partial x_2} & \cdots & \frac{\partial^2 f(X^*)}{\partial x_n^2}\end{bmatrix}$$

注：二次型 $Z^{\mathrm{T}}HZ$，对于任意 $Z\neq 0$，总有

（1）若 $Z^{\mathrm{T}}HZ>0$，则称二次型 $Z^{\mathrm{T}}HZ$ 和对称矩阵 H **正定**；

（2）若 $Z^{\mathrm{T}}HZ\geqslant 0$，则称二次型 $Z^{\mathrm{T}}HZ$ 和对称矩阵 H **半正定**；

（3）若 $Z^{\mathrm{T}}HZ<0$，则称二次型 $Z^{\mathrm{T}}HZ$ 和对称矩阵 H **负定**；

（4）若 $Z^{\mathrm{T}}HZ\leqslant 0$，则称二次型 $Z^{\mathrm{T}}HZ$ 和对称矩阵 H **半负定**；

（5）若二次型 $Z^{\mathrm{T}}HZ$ 不定，则称对称矩阵 H **不定**。

由线性代数知识可知：若矩阵 H 正定，则其各阶左对角方阵的行列式大于零；若矩阵 H 负定，则其各阶左对角方阵的行列式负、正交替。

现以 h_{ij} 代表矩阵 H 中的元素，上述矩阵 H 正定的条件可表示为：

$$h_{11}>0,\ \begin{vmatrix}h_{11} & h_{12}\\ h_{21} & h_{22}\end{vmatrix}>0,\ \cdots,\ \begin{vmatrix}h_{11} & \cdots & h_{1n}\\ \vdots & \ddots & \vdots\\ h_{n1} & \cdots & h_{nn}\end{vmatrix}>0$$

矩阵 H 负定的条件可表示为：

$$h_{11}<0,\ \begin{vmatrix}h_{11} & h_{12}\\ h_{21} & h_{22}\end{vmatrix}>0,\ \begin{vmatrix}h_{11} & h_{12} & h_{13}\\ h_{21} & h_{22} & h_{23}\\ h_{31} & h_{32} & h_{33}\end{vmatrix}<0,\ \cdots,(-1)^n\begin{vmatrix}h_{11} & \cdots & h_{1n}\\ \vdots & \ddots & \vdots\\ h_{n1} & \cdots & h_{nn}\end{vmatrix}>0$$

定理 2（充分条件）等价于，如果 $f(X)$ 在 X^* 点的梯度为零且海赛矩阵正定，则 X^* 为 $f(X)$ 的严格局部极小点。

5.2.2 凸函数与凹函数

定义 5 设 $f(X)$ 为定义在 E^n 中某一凸集 R 上的函数，若对于任何实数 $\alpha(0<\alpha<1)$ 以及 R 中的任意两点 $X^{(1)}$ 和 $X^{(2)}$，恒有

$$f(\alpha X^{(1)}+(1-\alpha)X^{(2)})\leqslant\alpha f(X^{(1)})+(1-\alpha)f(X^{(2)})$$

则称 $f(\boldsymbol{X})$ 为定义在 R 上的**凸函数**，见图 5-3；若上式为严格不等式，则称 $f(\boldsymbol{X})$ 为定义在 R 上的**严格凸函数**。改变不等号的方向，即可得到**凹函数**和**严格凹函数**的定义。

凸函数和凹函数的几何意义是明显的。若函数图形上任意两点的连线，处处都不在函数图形的下方，则此函数是凸函数（下凸）；若函数图形上任意两点的连线，处处都在函数图形的下方，则此函数是凹函数（下凹）。凸函数是研究非线性规划求解的基础，所以凸函数的性质就显得非常重要。

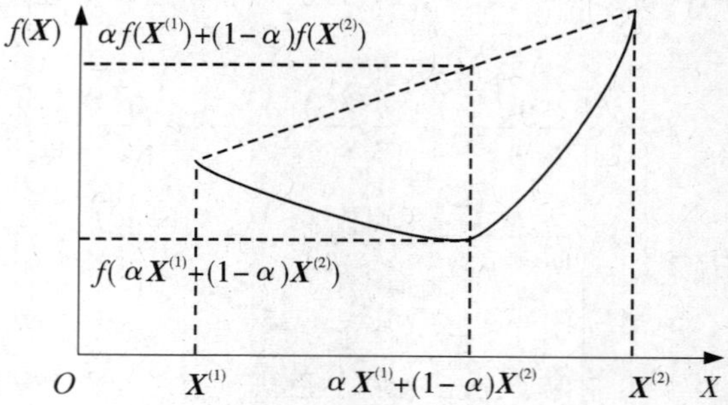

图 5-3　凸函数示意图

性质 1　设 $f(\boldsymbol{X})$ 为定义在凸集 R 上的凸函数，则对于任意实数 $a \geqslant 0$，函数 $af(\boldsymbol{X})$ 也是定义在 R 上的凸函数。

性质 2　设 $f_1(\boldsymbol{X})$ 和 $f_2(\boldsymbol{X})$ 为定义在凸集 R 上的两个凸函数，则其和 $f(\boldsymbol{X}) = f_1(\boldsymbol{X}) + f_2(\boldsymbol{X})$ 仍然是定义在 R 上的凸函数。

性质 3　设 $f(\boldsymbol{X})$ 为定义在凸集 R 上的凸函数，则对于任意实数 b，集合 $S_b = \{\boldsymbol{X} \mid \boldsymbol{X} \in R, f(\boldsymbol{X}) \leqslant b\}$ 是凸集。

性质 4　设 $f(\boldsymbol{X})$ 为定义在凸集 R 上的凸函数，则它的任一极小点就是它在 R 上的最小点（全局极小点），且它的极小点形成一个凸集。

性质 5　设 $f(\boldsymbol{X})$ 为定义在凸集 R 上的可微凸函数，若它存在点 $\boldsymbol{X}^* \in R$，使得对于所有的 $\boldsymbol{X} \in R$，有 $\nabla f(\boldsymbol{X}^*)^{\mathrm{T}}(\boldsymbol{X}-\boldsymbol{X}^*) \geqslant 0$，则 $\boldsymbol{X}^*$ 是 $f(\boldsymbol{X})$ 在 R 上的最小点（全局极小点）。

判定一个函数是否为凸函数，除了可以根据凸函数的定义进行判定外，还可以根据一阶条件和二阶条件进行判定。

一阶条件：设 R 为 E^n 上的开凸集，$f(\boldsymbol{X})$ 在 R 上具有一阶连续偏导数，则 $f(\boldsymbol{X})$ 为 R 上的凸函数的充分必要条件是，对于属于 R 任意两个不同点 $\boldsymbol{X}^{(1)}$ 和 $\boldsymbol{X}^{(2)}$，恒有

$$f(\boldsymbol{X}^{(2)}) \geqslant f(\boldsymbol{X}^{(1)}) + \nabla f(\boldsymbol{X}^{(1)})^{\mathrm{T}}(\boldsymbol{X}^{(2)} - \boldsymbol{X}^{(1)})$$

二阶条件：设 R 为 E^n 上的开凸集，$f(\boldsymbol{X})$ 在 R 上具有二阶连续偏导数，则 $f(\boldsymbol{X})$ 为 R 上的凸函数的充分必要条件是：$f(\boldsymbol{X})$ 的海赛矩阵 $\boldsymbol{H}(\boldsymbol{X})$ 在 R 上处处半正定 $(\boldsymbol{Z}^{\mathrm{T}}\boldsymbol{H}(\boldsymbol{X})\boldsymbol{Z} \geqslant 0)$。

例 5-4　试证明 $f(\boldsymbol{X}) = x_1^2 + x_2^2$ 是严格的凸函数。

(1) 定义证明：$f(\boldsymbol{X}) = f_1(x_1) + f_2(x_2)$

对 $f_1(x_1) = x_1^2$ 取任意两点 a 和 b，分别构造两点的线性组合和两点函数值的线性组合；即在 $a \neq b$ 的情况下，取 $\alpha \in (0,1)$，看下式是否成立：

$$f_1[\alpha a + (1-\alpha)b] < \alpha f_1(a) + (1-\alpha) f_1(b)$$

$$\alpha^2a^2+2\alpha(1-\alpha)ab+(1-\alpha)^2b^2<\alpha a^2+(1-\alpha)b^2$$
$$a^2(1-\alpha)\alpha+b^2(1-\alpha)\alpha-2\alpha(1-\alpha)ab>0$$
$$\alpha(1-\alpha)[a^2+b^2-2ab]>0$$
$$\alpha(1-\alpha)(a-b)^2>0$$

显然恒成立。$f_1(x_1)=x_1^2$ 为严格的凸函数，同理 $f_2(x_2)=x_2^2$ 也为严格的凸函数，所以 $f(\boldsymbol{X})=f_1(x_1)+f_2(x_2)$ 为严格的凸函数。

（2）一阶条件证明：$f(\boldsymbol{X})=x_1^2+x_2^2$

取任意两点 $\boldsymbol{X}^{(1)}=(a_1,b_1)$，$\boldsymbol{X}^{(2)}=(a_2,b_2)$，从而

$$f(\boldsymbol{X}^{(1)})=a_1^2+b_1^2,\ f(\boldsymbol{X}^{(2)})=a_2^2+b_2^2,\ \nabla f(\boldsymbol{X}^{(1)})=(2a_1,2b_1)$$

看下式是否成立：

$$f(\boldsymbol{X}^{(2)})>f(\boldsymbol{X}^{(1)})+(\boldsymbol{X}^{(2)}-\boldsymbol{X}^{(1)})\nabla f(\boldsymbol{X}^{(1)})$$
$$a_2^2+b_2^2>a_1^2+b_1^2+(2a_1,2b_1)(a_2-a_1,b_2-b_1)^{\mathrm{T}}$$
$$(a_2-a_1)^2+(b_2-b_1)^2>0$$

显然恒成立。所以 $f(\boldsymbol{X})=x_1^2+x_2^2$ 为严格的凸函数。

（3）二阶条件证明：$f(\boldsymbol{X})=x_1^2+x_2^2$

$f(\boldsymbol{X})$ 的海赛矩阵 $\boldsymbol{H}(\boldsymbol{X})=\begin{pmatrix}2&0\\0&2\end{pmatrix}$，因 $\boldsymbol{H}(\boldsymbol{X})$ 正定，故 $f(\boldsymbol{X})=x_1^2+x_2^2$ 为严格的凸函数。

5.3 凸规划

5.3.1 凸规划的定义

考虑非线性规划：$\min f(X),X\in E^n,g_j(\boldsymbol{X})\geqslant 0,(j=1,2,\cdots,l)$。假定其中 $f(\boldsymbol{X})$ 为凸函数，$g_j(\boldsymbol{X})$ 为凹函数（$-g_j(\boldsymbol{X})$ 为凸函数），这样的非线性规划称为**凸规划**。

例 5－5 判断模型（5－6）所述非线性规划是否是凸规划：

$$\min f(\boldsymbol{X})=x_1^2+x_2^2-4x_1+4$$
$$\begin{cases}g_1(\boldsymbol{X})=x_1-x_2+2\geqslant 0\\ g_2(\boldsymbol{X})=-x_1^2+x_2-1\geqslant 0\\ x_1,x_2\geqslant 0\end{cases}\tag{5-6}$$

解 $f(\boldsymbol{X})$ 的海赛矩阵 $\boldsymbol{H}_{f(\boldsymbol{X})}=\begin{bmatrix}2&0\\0&2\end{bmatrix}$ 正定，故 $f(\boldsymbol{X})$ 为严格凸函数；$g_2(\boldsymbol{X})$ 的海赛矩阵 $\boldsymbol{H}_{g_2(\boldsymbol{X})}=\begin{bmatrix}-2&0\\0&0\end{bmatrix}$ 半负定，故 $g_2(\boldsymbol{X})$ 为凹函数。由于其他约束条件均为线性函数，所以此非线性规划是凸规划。

凸规划的可行域是凸集，其局部最优解即为全局最优解；若 $f(\boldsymbol{X})$ 为严格凸函数，最优解若存在必唯一。由此可见，凸规划是一类比较简单又具有重要理论意义的非线性规划。由于线性函数既可以视为凸函数也可以视为凹函数，故线性规划也属于凸规划。

5.3.2 下降迭代算法

1. 基本思想

给定一个初始估计解 $\boldsymbol{X}^{(0)}$，然后按某种规则（即算法）找出一个比 $\boldsymbol{X}^{(0)}$ 更好的解 $\boldsymbol{X}^{(1)}$，如此递推即可得到一个解的序列 $\{\boldsymbol{X}^{(k)}\}$，若这一解的序列有极限 $\boldsymbol{X}^*$，即 $\lim\limits_{k\to\infty}(\boldsymbol{X}^{(k)}-\boldsymbol{X}^*)=0$，则称 $\boldsymbol{X}^*$ 为最优解。

2. 基本问题

由于递推步骤的有限性，一般来说很难得到一个**精确解**。当满足所要求的精度时，即可停止迭代而得到一个**近似解**。

3. 下降算法

若某种算法产生的解序列 $\{\boldsymbol{X}^{(k)}\}$ 能使目标函数 $f(\boldsymbol{X}^{(k)})$ 的值逐步减小，那么就称此算法为下降算法。“下降”的要求其实容易满足，因此下降算法又包括很多具体的算法。

若从 $\boldsymbol{X}^{(k)}$ 出发沿任何方向移动都不能使目标函数下降，则 $\boldsymbol{X}^{(k)}$ 是一个局部极小点；若从 $\boldsymbol{X}^{(k)}$ 出发至少存在一个方向能使目标函数下降，则可选定某一下降方向 $\boldsymbol{P}^{(k)}$，沿这一方向前进一步，得到下一个点 $\boldsymbol{X}^{(k+1)}$。

沿 $\boldsymbol{P}^{(k)}$ 方向前进一步相当于在射线 $\boldsymbol{X}=\boldsymbol{X}^{(k)}+\lambda\boldsymbol{P}^{(k)}$ 上选定新的点 $\boldsymbol{X}^{(k+1)}=\boldsymbol{X}^{(k)}+\lambda_k\boldsymbol{P}^{(k)}$；其中 $\boldsymbol{P}^{(k)}$ 为**搜索方向**，λ_k 为**步长**。

确定搜索方向 $\boldsymbol{P}^{(k)}$ 是关键的一步，各种算法的区别主要在于确定搜索方向 $\boldsymbol{P}^{(k)}$ 的方法不同。步长 λ_k 的选定一般都是以使目标函数在搜索方向上下降最多为依据，称为**最佳步长**。即沿射线 $\boldsymbol{X}=\boldsymbol{X}^{(k)}+\lambda\boldsymbol{P}^{(k)}$ 求目标函数 $f(\boldsymbol{X})$ 的极小值：

$$\lambda_k:\ \min f(\boldsymbol{X}^{(k)}+\lambda\boldsymbol{P}^{(k)})$$

由于确定步长是通过求以 λ 为变量的一元函数 $f(\boldsymbol{X}^{(k)}+\lambda\boldsymbol{P}^{(k)})$ 的极小点 λ_k 来实现的，故称这一过程为**一维搜索**。

一维搜索有一个重要的性质，即**在搜索方向上所得最优点的梯度和搜索方向正交**。这一性质可表达成

$$f(\boldsymbol{X}^{(k+1)})=\min_{\lambda} f(\boldsymbol{X}^{(k)}+\lambda\boldsymbol{P}^{(k)})$$

$$\boldsymbol{X}^{(k+1)}=\boldsymbol{X}^{(k)}+\lambda_k\boldsymbol{P}^{(k)}$$

则有

$$\nabla f(\boldsymbol{X}^{(k+1)})^{\mathrm{T}}\boldsymbol{P}^{(k)}=0$$

其几何意义如图 5-4 所示。

因为真正的极值点 $\boldsymbol{X}^*$ 在求解之前未知，因此只能根据相继两次迭代的结果建立终止准则。通常采用的准则有三种，所涉及的参数 ε_1，ε_2，ε_3，ε_4 和 ε_5 均是事先给定的充分小的正数。

（1）相继两次迭代的绝对误差：

$$|\boldsymbol{X}^{(k+1)}-\boldsymbol{X}^{(k)}|<\varepsilon_1,\quad |f(\boldsymbol{X}^{(k+1)})-f(\boldsymbol{X}^{(k)})|<\varepsilon_2$$

（2）相继两次迭代的相对误差：

$$\frac{|\boldsymbol{X}^{(k+1)}-\boldsymbol{X}^{(k)}|}{|\boldsymbol{X}^{(k)}|}<\varepsilon_3,\quad \frac{|f(\boldsymbol{X}^{(k+1)})-f(\boldsymbol{X}^{(k)})|}{|f(\boldsymbol{X}^{(k)})|}<\varepsilon_4$$

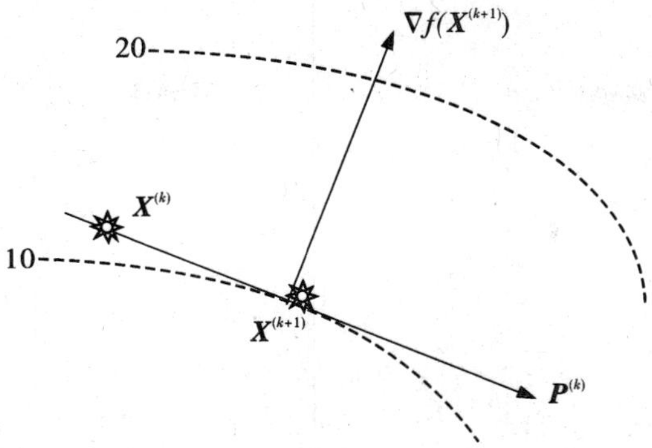

图 5－4　一维搜索正交示意图

（3）目标函数梯度的模充分小：

$$\| \nabla f(X^{(k)}) \| < \varepsilon_5$$

5.4　一维搜索

一维搜索即沿某一已知方向求目标函数的极小点，一维搜索的方法很多，本书只介绍斐波那契和黄金分割两种方法。

5.4.1　斐波那契法

一维搜索过程是建立在一个被称为斐波那契序列基础上的。斐波那契序列是具有如下递推关系的一个无穷序列：$F_0 = F_1 = 1$，$F_n = F_{n-1} + F_{n-2}$（$n = 2,3,\cdots$）；具体序列见表 5－1。

表 5－1　斐波那契序列表

n	0	1	2	3	4	5	6	7	8	…
F_n	1	1	2	3	5	8	13	21	34	…

斐波那契法成功地实现了**单峰函数**极值范围的缩减。设某一单峰函数 $f(x)$ 在 $[a,b]$ 上有一极小点 x^*，在此区间内任意取两点 a_1 和 b_1，使 $a_1 < b_1$，计算其函数值可能出现以下两种情况：

（1）$f(a_1) < f(b_1)$，如图 5－5 所示；此时极小点 x^* 必在 $[a,b_1]$ 内；

（2）$f(a_1) \geqslant f(b_1)$，如图 5－6 所示；此时极小点 x^* 必在 $[a_1,b]$ 内。

这说明只要在区间 $[a,b]$ 内任意取两点 a_1 和 b_1（$a_1 < b_1$）并计算其函数值加以比较，就可以把搜索区间 $[a,b]$ 缩减成 $[a,b_1]$ 或 $[a_1,b]$。若要继续缩小搜索区间 $[a,b_1]$ 或 $[a_1,b]$，只需在区间内再取一点算出其函数值并与 $f(a_1)$ 或 $f(b_1)$ 加以比较即可。

由此可见，计算函数的次数越多，搜索区间就缩得越小，即区间的缩短率（缩短后的区间长度与原区间长度之比）与函数的计算次数有关。现在要问：计算函数值 n 次，能把区间缩减到什么程度呢？或者换句话，计算函数值 n 次，能把原来多大的区间缩减成单位区间呢？

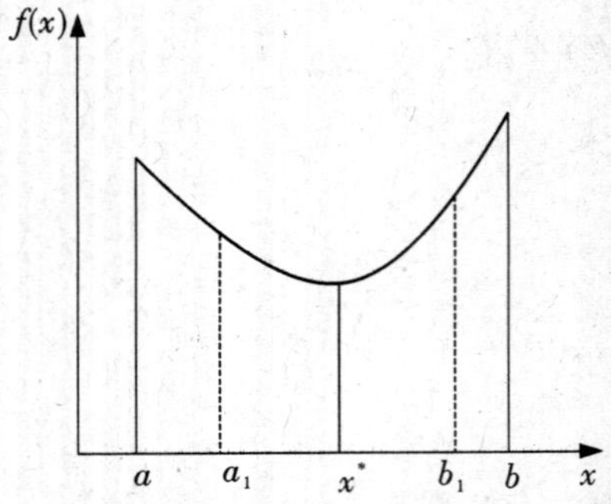

图 5－5　极值区间示意图

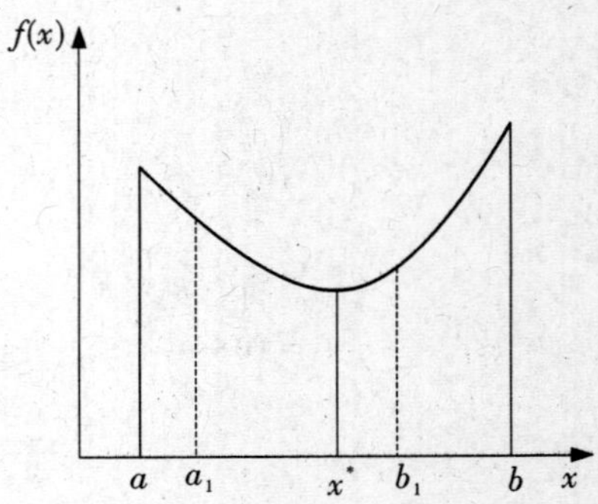

图 5－6　极值区间示意图

如果用 F_n 表示计算 n 个函数值能缩短为单位区间的最大原区间长度，因为不计算函数值或只计算 1 个函数值是无法将区间缩短的，所以显然有 $F_0 = F_1 = 1$，即只有原来的区间就是单位区间才行。实际上这里的 F_n 就是前面所说的斐波那契数。

计算 n 个函数值所能获得的最大缩短率为 $1/F_n$，即计算 n 个函数值可把原长度为 L_0 的区间缩短为：$L_0 \times \frac{1}{F_n}$。例如，计算 12 个函数值可把原长度为 L_0 的区间缩短为：$L_0 \times \frac{1}{233} \approx 0.004L_0$。若想将区间长度缩短为原长度的 $\delta(0 < \delta < 1)$ 倍，只要 n 足够大一定能使 $F_n \geqslant \frac{1}{\delta}$，这里的 δ 称为区间缩减的相对精度。

斐波那契法使用对称的搜索方式，逐步缩减搜索的区间，所采取的具体步骤可概括为四步：第一步，根据相对精度或绝对精度，确定试点个数；第二步，确定两个试点的位置 a_1，b_1（对称搜索，见图 5－7）；第三步，计算函数值 $f(a_1)$ 和 $f(b_1)$ 并比较其大小，从而缩减搜索区间；第四步，重复第二、第三两步，直到得到近似最小点。

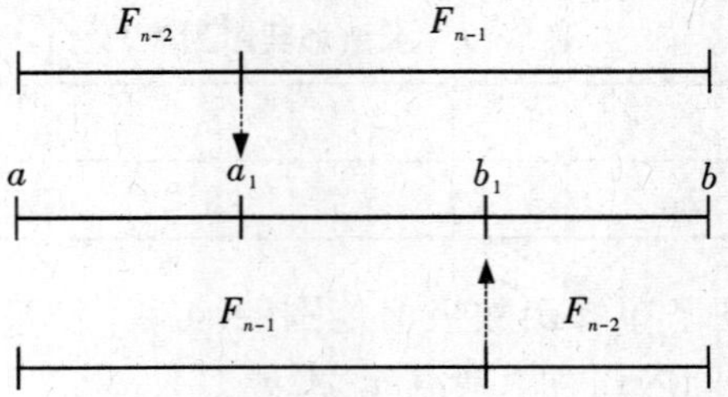

图 5－7　对称搜索示意图

例 5－6　试用斐波那契法求函数 $f(x) = 3x^2 - 12x + 10$ 的近似极小点和极小值，要求缩短后的区间不大于初始区间 [1,4] 的 5%。

解　容易证明函数 $f(x) = 3x^2 - 12x + 10$ 在区间 [1,4] 上是严格凸函数。为了进行比较，在此给出函数的精确最优解 $x^* = 2$，最优值 $f(x^*) = -2$。

已知 $\delta = 0.05$，$a = 1$，$b = 4$，由 $F_n \geqslant \frac{1}{0.05} = 20$，即 $n = 7$（见表 5－1）。

$$a_1 = b - \frac{F_6}{F_7}(b-a) = 4 - \frac{13}{21}(4-1) \approx 2.143$$

$$b_1 = a + \frac{F_6}{F_7}(b-a) = 1 + \frac{13}{21}(4-1) \approx 2.857$$

$$f(a_1) \approx -1.939\ ;\ f(b_1) \approx 0.203$$

由于$f(a_1) \approx -1.939 < f(b_1) \approx 0.203$，搜索区间可以从 $[1,4]$ 缩减为 $[1,2.857]$。从新的区间（$a=1$，$b=2.857$）开始，继续选取对称试点比较函数值，以使区间进一步缩短。由于在新的区间 $[1,2.857]$ 内，已经存在一个已知的试点 $a_1=2.143$ 及其函数值 $f(a_1) \approx -1.939$，所以仅需再计算一个试点，上述过程如图 5－8 所示。

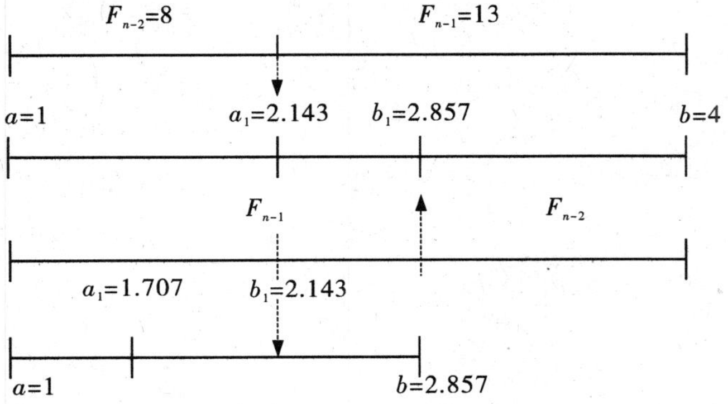

图 5－8　斐波那契法搜索示意图

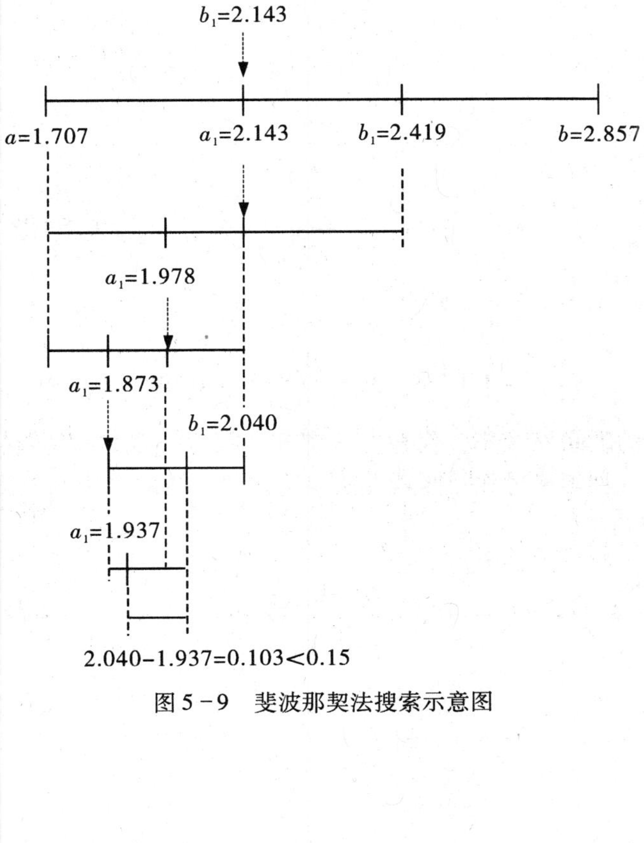

图 5－9　斐波那契法搜索示意图

新的试点 $a_1 = 1 + \frac{8}{21}(2.857 - 1) = 1.707$，将原来的试点 $a_1 = 2.143$ 视为已知的试点 b_1。由于 $f(a_1) \approx -1.742 > f(b_1) \approx -1.939$，搜索区间可以进一步从 $[1,2.857]$ 缩减为 $[1.707,2.857]$，如图 5－9 所示。再从新的区间（$a = 1.707$，$b = 2.857$）开始，继续选取对称试点比较函数值，以使区间进一步缩短，直到区间长度不大于 $(4-1)\times 0.05 = 0.15$。因此，符合精度要求的近似极小点为 $\frac{2.040 + 1.937}{2} \approx 1.989$，近似极小值为 -1.99964。

5.4.2 黄金分割法

用斐波那契法以 n 个点缩减某一区间时，区间长度的缩减率依次为 $\frac{F_{n-1}}{F_n},\frac{F_{n-2}}{F_{n-1}},\cdots,\frac{F_1}{F_2}$。现将以上数列分为奇数项 $\frac{F_{2k-1}}{F_{2k}}$ 和偶数项 $\frac{F_{2k}}{F_{2k+1}}$，可以证明这两个数列收敛于同一个极限。

设当 $k\to\infty$ 时，奇数项 $\frac{F_{2k-1}}{F_{2k}}\to\lambda$，偶数项 $\frac{F_{2k}}{F_{2k+1}}\to\mu$。由于

$$\frac{F_{2k-1}}{F_{2k}} = \frac{F_{2k-1}}{F_{2k-1} + F_{2k-2}} = \frac{1}{1 + \frac{F_{2k-2}}{F_{2k-1}}}$$

故

$$\lim_{k\to\infty}\frac{F_{2k-1}}{F_{2k}} = \frac{1}{1+\mu} = \lambda$$

同理

$$\frac{1}{1+\lambda} = \mu$$

将 $\lambda = \frac{1}{1+\mu}$ 代入 $\frac{1}{1+\lambda} = \mu$ 求解，有

$$\frac{1+\mu}{2+\mu} = \mu \to \mu^2 + \mu - 1 = 0 \to \mu = \frac{\sqrt{5}-1}{2} \approx 0.618\,033\,989$$

若将 $\mu = \frac{1}{1+\lambda}$ 代入 $\lambda = \frac{1}{1+\mu}$，则有

$$\lambda^2 + \lambda - 1 = 0 \to \lambda = \frac{\sqrt{5}-1}{2} \approx 0.618\,033\,989$$

以 0.618 不变的区间缩减率，代替斐波那契法每次不同的缩减率，就得到黄金分割法。黄金分割法是一种等速对称的搜索方法，每次试点均取在区间长度的 0.618 和 0.382 处，见图 5－10。

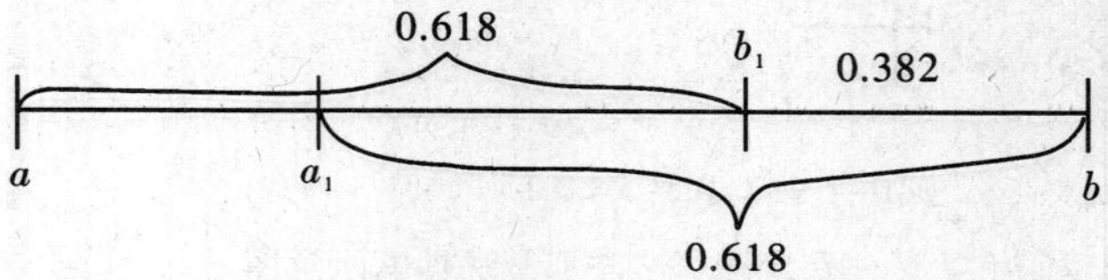

图 5－10　黄金分割法搜索示意图

例 5-7 求函数 $f(x)=3x^2-21x-1$ 在区间 $[0,20]$ 上的极小点，要求缩短后的区间长度不大于原区间长度的5%。

解 $a=0, b=20, \delta=5\%$

$$a_1=a+0.382(b-a)=0+0.382(20-0)=7.64$$

$$b_1=a+0.618(b-a)=0+0.618(20-0)=12.36$$

$$f(a_1=7.64)=9.08, f(b_1=12.36)=190.33$$

$$f(4.72)=-36.07, f(2.92)=-38.49$$

$$f(1.80)=-30.16, f(3.60)=-39.88$$

$$f(4.03)=-39.33, f(3.34)=-39.60$$

由于从一定的搜索区间出发所进行的黄金分割搜索与斐波那契搜索在原理上是完全相同的，故在此省略计算细节，只将搜索过程用图 5-11 加以展示。因此，符合精度要求的近似极小点为 $\frac{3.34+4.03}{2}=3.685$，近似极小值为 $-37.647\ 325$。

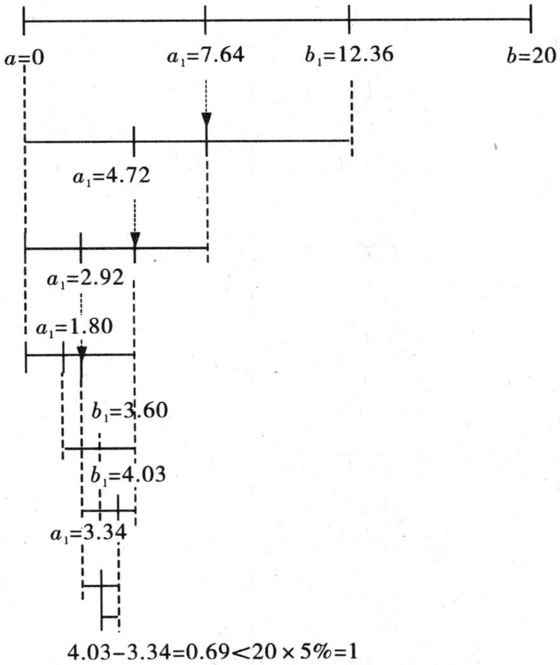

图 5-11 黄金分割法搜索过程图

5.5 无约束极值问题

求解无约束极值问题通常采用迭代法，迭代法大体分为两大类：一类要用到函数的一阶导数和（或）二阶导数，由于此种方法涉及函数的解析性质，故称为**解析法**；另一类在迭代过程中只用到函数的数值，而不要求函数的解析性质，故称为**直接法**。一般来讲，直接法的收敛速度较慢，只有变量较少时才能使用。当然，直接法也有其自身的长处，那就是它的迭代过程简单，并能处理导数难求或根本不存在的函数极值问题。

5.5.1 梯度法（最速下降法）

1. 基本原理

假设无约束极值问题的目标函数$f(\boldsymbol{X})$有一阶连续偏导数，且具有极小点$\boldsymbol{X}^*$；以$\boldsymbol{X}^{(k)}$表示极小点的第k次近似，为了求其第$k+1$次近似点$\boldsymbol{X}^{(k+1)}$，在$\boldsymbol{X}^{(k)}$点沿方向$\boldsymbol{P}^{(k)}$作射线$\boldsymbol{X}=\boldsymbol{X}^{(k)}+\lambda\boldsymbol{P}^{(k)}$，在此$\lambda$称为步长且$\lambda \geqslant 0$。现将$f(\boldsymbol{X})$在$\boldsymbol{X}^{(k)}$处作泰勒展开，有

$$f(\boldsymbol{X})=f(\boldsymbol{X}^{(k)}+\lambda\boldsymbol{P}^{(k)})=f(\boldsymbol{X}^{(k)})+\lambda\nabla f(\boldsymbol{X}^{(k)})^{\mathrm{T}}\boldsymbol{P}^{(k)}+o(\lambda)$$

其中，$o(\lambda)$是λ的高阶无穷小。对于充分小的λ，只要

$$\nabla f(\boldsymbol{X}^{(k)})^{\mathrm{T}}\boldsymbol{P}^{(k)}<0 \tag{5-7}$$

即可保证$f(\boldsymbol{X})=f(\boldsymbol{X}^{(k)}+\lambda\boldsymbol{P}^{(k)})<f(\boldsymbol{X}^{(k)})$。此时，若取

$$\boldsymbol{X}^{(k+1)}=\boldsymbol{X}^{(k)}+\lambda\boldsymbol{P}^{(k)}$$

就一定能使目标函数得到改善。

现在考查不同的方向$\boldsymbol{P}^{(k)}$。假设$\boldsymbol{P}^{(k)}$的模一定且不为零，并设$\nabla f(\boldsymbol{X}^{(k)})\neq 0$（否则$\boldsymbol{X}^{(k)}$是平稳点）。那么，使式（5-7）成立的$\boldsymbol{P}^{(k)}$有无穷多个，为了使目标函数能得到尽量大的改善，必须寻求能使$\nabla f(\boldsymbol{X}^{(k)})^{\mathrm{T}}\boldsymbol{P}^{(k)}$取最小值的$\boldsymbol{P}^{(k)}$。

由于$\nabla f(\boldsymbol{X}^{(k)})^{\mathrm{T}}\boldsymbol{P}^{(k)}=\|\nabla f(\boldsymbol{X}^{(k)})\|\cdot\|\boldsymbol{P}^{(k)}\|\cos\theta$，当$\boldsymbol{P}^{(k)}$与$\nabla f(\boldsymbol{X}^{(k)})$反向（即$\cos 180°=-1$）时，$\nabla f(\boldsymbol{X}^{(k)})^{\mathrm{T}}\boldsymbol{P}^{(k)}$取最小值。$\boldsymbol{P}^{(k)}=-\nabla f(\boldsymbol{X}^{(k)})$称为**负梯度方向**，在$\boldsymbol{X}^{(k)}$的某一小的邻域内，负梯度方向是使函数值下降最快的方向。

为了得到下一个近似点，在选定搜索方向之后，还要确定步长λ。λ的计算可以采用试算法，即首先选取一个λ值进行试算，看它是否满足不等式：

$$f(\boldsymbol{X}^{(k+1)})=f(\boldsymbol{X}^{(k)}+\lambda\boldsymbol{P}^{(k)})<f(\boldsymbol{X}^{(k)})$$

如果满足就迭代下去，否则缩小λ使不等式成立。由于采用负梯度方向，满足该不等式的λ总是存在的。

另一种方法是通过在$\boldsymbol{X}^{(k)}$负梯度方向上的一维搜索，来确定使得$f(\boldsymbol{X}^{(k+1)})=f(\boldsymbol{X}^{(k)}+\lambda\boldsymbol{P}^{(k)})$最小的$\lambda_k$，这种梯度法就是所谓的**最速下降法**。

2. 基本步骤

给定一个初始近似点$\boldsymbol{X}^{(0)}$及其精度$\varepsilon>0$，若$\|\nabla f(\boldsymbol{X}^{(0)})\|^2\leqslant\varepsilon$，则$\boldsymbol{X}^{(0)}$即为近似极小点；若$\|\nabla f(\boldsymbol{X}^{(0)})\|^2>\varepsilon$，求步长$\lambda_0$并计算$\boldsymbol{X}^{(1)}=\boldsymbol{X}^{(0)}-\lambda_0\nabla f(\boldsymbol{X}^{(0)})$。求步长可以用一维搜索法、微分法，也可以利用试算法；若求最佳步长，则只能选用前两种方法。一般地，若$\|\nabla f(\boldsymbol{X}^{(k)})\|^2\leqslant\varepsilon$，则$\boldsymbol{X}^{(k)}$即为近似极小点；否则求步长$\lambda_k$并计算$\boldsymbol{X}^{(k+1)}=\boldsymbol{X}^{(k)}-\lambda_k\nabla f(\boldsymbol{X}^{(k)})$。如此反复，直到达到要求的精度。

若$f(\boldsymbol{X})$具有二阶连续偏导，在$\boldsymbol{X}^{(k)}$处将$f(\boldsymbol{X}^{(k+1)})$作泰勒展开，即

$$f(\boldsymbol{X}^{(k)}-\lambda\nabla f(\boldsymbol{X}^{(k)}))\approx f(\boldsymbol{X}^{(k)})-\nabla f(\boldsymbol{X}^{(k)})^{\mathrm{T}}\lambda\nabla f(\boldsymbol{X}^{(k)})+\frac{1}{2}\lambda\nabla f(\boldsymbol{X}^{(k)})^{\mathrm{T}}\boldsymbol{H}(\boldsymbol{X}^{(k)})\lambda\nabla f(\boldsymbol{X}^{(k)})$$

对λ求导并令其为零，则有最佳步长$\lambda_k=\dfrac{\nabla f(\boldsymbol{X}^{(k)})^{\mathrm{T}}\nabla f(\boldsymbol{X}^{(k)})}{\nabla f(\boldsymbol{X}^{(k)})^{\mathrm{T}}\boldsymbol{H}(\boldsymbol{X}^{(k)})\nabla f(\boldsymbol{X}^{(k)})}$，可见最佳步长不仅与梯度有关，而且与海赛矩阵有关。

例 5-8 试用梯度法求$f(\boldsymbol{X})=(x_1-1)^2+(x_2-1)^2$的极小点，$\varepsilon=0.1$。

解 取初始近似点 $\boldsymbol{X}^{(0)}=(0,0)^{\mathrm{T}}$，$\nabla f\ (\boldsymbol{X}^{(0)})\ =(-2,-2)^{\mathrm{T}}$

$$\|\nabla f(\boldsymbol{X}^{(0)})\|^2=[\sqrt{(-2)^2+(-2)^2}]^2=8>\varepsilon$$

$$\boldsymbol{H}(\boldsymbol{X})=\begin{bmatrix}2&0\\0&2\end{bmatrix}$$

$$\lambda_0=\frac{\nabla f(\boldsymbol{X}^{(0)})^{\mathrm{T}}\nabla f(\boldsymbol{X}^{(0)})}{\nabla f(\boldsymbol{X}^{(0)})^{\mathrm{T}}\boldsymbol{H}(\boldsymbol{X}^{(0)})\nabla f(\boldsymbol{X}^{(0)})}=\frac{(-2,-2)\begin{pmatrix}-2\\-2\end{pmatrix}}{(-2,-2)\begin{bmatrix}2&0\\0&2\end{bmatrix}\begin{pmatrix}-2\\-2\end{pmatrix}}=\frac{8}{16}=\frac{1}{2}$$

$$\boldsymbol{X}^{(1)}=\boldsymbol{X}^{(0)}-\lambda_0\nabla f(\boldsymbol{X}^{(0)})=\begin{pmatrix}0\\0\end{pmatrix}-\frac{1}{2}\begin{pmatrix}-2\\-2\end{pmatrix}=\begin{pmatrix}1\\1\end{pmatrix}$$

$$\|\nabla f(\boldsymbol{X}^{(1)})\|^2=\left[\sqrt{(0)^2+(0)^2}\right]^2=0<\varepsilon$$

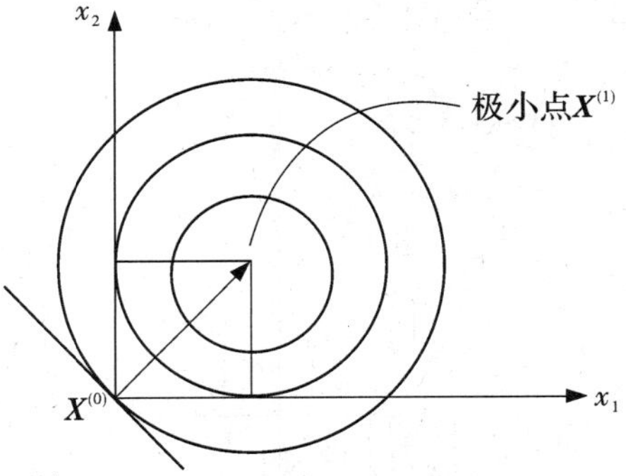

图 5－12　例 5－8 迭代过程示意图

图 5－12 展示了该例的迭代过程，即从 $\boldsymbol{X}^{(0)}=(0,0)^{\mathrm{T}}$ 经过负梯度方向一步到达极小点 $\boldsymbol{X}^{(1)}=(1,1)^{\mathrm{T}}$。其实，对于等值线为圆的问题，不管初始近似点选在哪里，负梯度方向总是直接指向圆心，一次迭代即能达到最优。

例 5－9 试用梯度法求 $f(\boldsymbol{X})=4x_1+6x_2-2x_1^2-2x_1x_2-2x_2^2$ 的极大点。

解 该二次函数的绝对最优解 $\boldsymbol{X}^*=\left(\frac{1}{3},\frac{4}{3}\right)^{\mathrm{T}}$，迭代过程见图 5－13，任何两个相邻点的梯度一定是正交的。

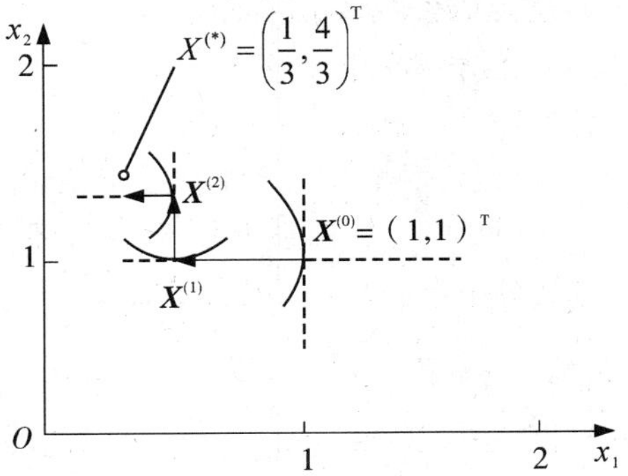

图 5－13　例 5－9 迭代过程示意图

设 $X^{(0)} = (1,1)^{T}$，因有 $\nabla f(X) = (4-4x_1-2x_2, 6-2x_1-4x_2)^{T}$，所以有 $\nabla f(X^{(0)}) = (-2,0)^{T}$。下一个迭代点 $X^{(1)}$ 是这样得到的：

由

$$X^{(1)} = X^{(0)} + \lambda \nabla f(X^{(0)}) = (1,1)^{T} + \lambda(-2,0)^{T} = (1-2\lambda,1)^{T}$$

有

$$f(X^{(1)}) = -2(1-2\lambda)^{2} + 2(1-2\lambda) + 4$$

令函数 $f(X^{(1)})$ 对 λ 的导数为零，可求得最佳步长 $\lambda_1 = \frac{1}{4}$。于是有

$$X^{(1)} = (1-2\lambda,1)^{T} = \left(\frac{1}{2},1\right)^{T}$$

同理可进行后续的各步迭代。

第二次迭代：$\nabla f(X^{(1)}) = (0,1)^{T}, \lambda_2 = \frac{1}{4}, X^{(2)} = \left(\frac{1}{2},\frac{5}{4}\right)^{T}$

第三次迭代：$\nabla f(X^{(2)}) = \left(-\frac{1}{2},0\right)^{T}, \lambda_3 = \frac{1}{4}, X^{(3)} = \left(\frac{3}{8},\frac{5}{4}\right)^{T}$

第四次迭代：$\nabla f(X^{(3)}) = \left(0,\frac{1}{4}\right)^{T}, \lambda_4 = \frac{1}{4}, X^{(4)} = \left(\frac{3}{8},\frac{21}{16}\right)^{T}$

第五次迭代：$\nabla f(X^{(4)}) = \left(-\frac{1}{8},0\right)^{T}, \lambda_5 = \frac{1}{4}, X^{(5)} = \left(\frac{11}{32},\frac{21}{16}\right)^{T}$

第六次迭代：因此步 $\nabla f(X^{(5)}) = \left(0,\frac{1}{16}\right)^{T}$，所以

$$\| \nabla f(X^{(5)}) \|^{2} = \left[\sqrt{(0)^{2} + \left(\frac{1}{16}\right)^{2}}\right]^{2} = \frac{1}{256} \approx 0.0039$$

由于 $\| \nabla f(X^{(5)}) \|^{2}$ 已经很小，所以过程可以在这一点结束。近似的极大点是 $X^{(5)} = \left(\frac{11}{32},\frac{21}{16}\right)^{T}$。

由于负梯度方向的最速下降性和正梯度方向的最速上升性，人们很容易认为梯度方向是最理想的搜索方向。必须指出，X 点处的梯度方向，仅在 X 点的一个小邻域内才具有最速的性质，而对于整个优化过程来说，则是另外一回事。由上例可以看出，当二次函数的等值线为同心椭圆时，采用梯度法其搜索路径呈直角锯齿状；最初几步函数值变化显著，但是越接近最优点，收敛的速度越不够理想。因此，梯度法经常与其他方法联合使用，在前期使用梯度法，而在接近最优点时使用其他方法。

5.5.2 牛顿法

利用必要条件 $\nabla f(X) = 0$ 来确定驻点的一个障碍是在求解联立方程时存在困难。牛顿法是解非线性联立方程的一种迭代程序，是前述梯度法的一部分。若非线性目标函数 $f(X)$ 具有二阶连续偏导，在 $X^{(k)}$ 为其极小点的某一近似，在这一点取 $f(X)$ 的二阶泰勒展开，即

$$f(X) \approx f(X^{(k)}) + \nabla f(X^{(k)})^{T}\Delta X + \frac{1}{2}\Delta X^{T} H(X^{(k)})\Delta X \qquad (5-8)$$

则其梯度为

$$\nabla f(\boldsymbol{X}) \approx \nabla f(\boldsymbol{X}^{(k)}) + \boldsymbol{H}(\boldsymbol{X}^{(k)})\Delta \boldsymbol{X}$$

这一近似函数的极小点应满足:

$$\nabla f(\boldsymbol{X}^{(k)}) + \boldsymbol{H}(\boldsymbol{X}^{(k)})\Delta \boldsymbol{X} = 0$$

从而

$$\Delta \boldsymbol{X} = \boldsymbol{X} - \boldsymbol{X}^{(k)} = -\boldsymbol{H}(\boldsymbol{X}^{(k)})^{-1}\nabla f(\boldsymbol{X}^{(k)})$$

即

$$\boldsymbol{X} = \boldsymbol{X}^{(k)} - \boldsymbol{H}(\boldsymbol{X}^{(k)})^{-1}\nabla f(\boldsymbol{X}^{(k)}) \tag{5-9}$$

如果$f(\boldsymbol{X})$是二次函数,则其海赛矩阵为常数,式(5-8)是精确的。在这种情况下,从任意一点出发,用式(5-9)只要一步即可求出$f(\boldsymbol{X})$的极小点(假设海赛矩阵正定)。如果$f(\boldsymbol{X})$不是二次函数,式(5-8)仅是一个近似表达式。此时,按式(5-9)求得的极小点,只是$f(\boldsymbol{X})$的近似极小点。在这种情况下,常按下式选取搜索方向:

$$\boldsymbol{P}^{(k)} = -\boldsymbol{H}(\boldsymbol{X}^{(k)})^{-1}\nabla f(\boldsymbol{X}^{(k)}) \tag{5-10}$$

$$\boldsymbol{X}^{(k+1)} = \boldsymbol{X}^{(k)} + \lambda_k \boldsymbol{P}^{(k)} \tag{5-11}$$

$$\lambda_k : \min f(\boldsymbol{X}^{(k)} + \lambda_k \boldsymbol{P}^{(k)}) \tag{5-12}$$

按照这种方式求函数$f(\boldsymbol{X})$极小点的方法称为**牛顿法**,式(5-10)所示的搜索方向称为**牛顿方向**。牛顿法收敛的速度很快,当$f(\boldsymbol{X})$的二阶导数及其海赛矩阵的逆矩阵便于计算时,这一方法非常有效。

例5-10 试用牛顿法求$f(\boldsymbol{X}) = 2(x_1 + x_2)^2 + 2(x_1^2 + x_2^2)$的极小值。

解

$$\nabla f(\boldsymbol{X}) = [4(x_1 + x_2) + 4x_1, 4(x_1 + x_2) + 4x_2]^{\mathrm{T}}$$

$$\boldsymbol{H}(\boldsymbol{X}) = \begin{bmatrix} 8 & 4 \\ 4 & 8 \end{bmatrix} \text{是正定矩阵}$$

取$\boldsymbol{X}^{(0)} = (5,2)^{\mathrm{T}}$,则

$$\nabla f(\boldsymbol{X}^{(0)}) = \begin{bmatrix} 48 \\ 36 \end{bmatrix}, \boldsymbol{H}(\boldsymbol{X}^{(0)}) = \begin{bmatrix} 8 & 4 \\ 4 & 8 \end{bmatrix}, \boldsymbol{H}(\boldsymbol{X}^{(0)})^{-1} = \begin{bmatrix} \frac{1}{6} & -\frac{1}{12} \\ -\frac{1}{12} & \frac{1}{6} \end{bmatrix}$$

$$\boldsymbol{X}^{(1)} = \boldsymbol{X}^{(0)} - \boldsymbol{H}(\boldsymbol{X}^{(0)})^{-1}\nabla f(\boldsymbol{X}^{(0)}) = \begin{bmatrix} 5 \\ 2 \end{bmatrix} - \begin{bmatrix} \frac{1}{6} & -\frac{1}{12} \\ -\frac{1}{12} & \frac{1}{6} \end{bmatrix}\begin{bmatrix} 48 \\ 36 \end{bmatrix} = \begin{bmatrix} 0 \\ 0 \end{bmatrix}$$

因$f(\boldsymbol{X}^{(1)}) = (0,0)^{\mathrm{T}}$,故$\boldsymbol{X}^{(1)} = (0,0)^{\mathrm{T}}$为$f(\boldsymbol{X})$的极小点,极小值是"0"。

例5-11 试用牛顿法求$f(\boldsymbol{X}) = \frac{3}{2}x_1^2 + \frac{1}{2}x_2^2 - x_1 \cdot x_2 - 2x_1$的极小值。

解

$$\nabla f(\boldsymbol{X}) = (3x_1 - x_2 - 2, x_2 - x_1)^{\mathrm{T}}$$

$$\boldsymbol{H}(\boldsymbol{X}) = \begin{bmatrix} 3 & -1 \\ -1 & 1 \end{bmatrix} \text{是正定矩阵}$$

取$\boldsymbol{X}^{(0)} = (0,0)^{\mathrm{T}}$,则

$$\nabla f(\boldsymbol{X}^{(0)}) = \begin{bmatrix} -2 \\ 0 \end{bmatrix}, \boldsymbol{H}(\boldsymbol{X}^{(0)}) = \begin{bmatrix} 3 & -1 \\ -1 & 1 \end{bmatrix}, \boldsymbol{H}(\boldsymbol{X}^{(0)})^{-1} = \begin{bmatrix} \frac{1}{2} & \frac{1}{2} \\ \frac{1}{2} & \frac{3}{2} \end{bmatrix}$$

$$X^{(1)} = X^{(0)} - H(X^{(0)})^{-1}\nabla f(X^{(0)}) = \begin{bmatrix}0\\0\end{bmatrix} - \begin{bmatrix}\frac{1}{2} & \frac{1}{2}\\ \frac{1}{2} & \frac{3}{2}\end{bmatrix}\begin{bmatrix}-2\\0\end{bmatrix} = \begin{bmatrix}1\\1\end{bmatrix}$$

因 $f(X^{(1)}) = (0,0)^T$，故 $X^{(1)} = (1,1)^T$ 为 $f(X)$ 的极小点，极小值是“-1”。

5.5.3 变尺度法

变尺度法（variable metric algorithm）是 1960 年代以来发展起来的求解无约束极值问题的一种有效方法。其主要优点是：既避免了计算二阶导数矩阵及其求逆过程，又比梯度法收敛的速度快，特别是对高维问题具有显著的优越性。变尺度法最早由 Davidon 于 1959 年提出，后经 Fletcher 和 Powell 二人改进，因此变尺度法也称为 DFP 法。

由于实际问题的目标函数往往相当复杂，计算二阶导数矩阵及其逆矩阵相当困难或根本不可能，因此，确定牛顿方向（见式（5－10））存在很大的障碍。为避免计算二阶导数矩阵 $H(X^{(k)})$ 及其逆矩阵 $H(X^{(k)})^{-1}$，设法构造另一个矩阵 $\overline{H}(X^{(k)})$ 来逼近二阶导数矩阵的逆矩阵 $H(X^{(k)})^{-1}$。为实现逼近的目的，$\overline{H}(X^{(k)})$ 的构造应遵循三条原则：

（1）每一步均能按已有的信息确定下一个搜索方向；

（2）每一步迭代均能使目标函数有所下降；

（3）近似矩阵 $\overline{H}(X^{(k)})$ 最终应收敛于解点处的海赛矩阵的逆矩阵 $H(X^*)^{-1}$。

如果 $f(X)$ 是二次函数，则其海赛矩阵为常数，式

$$f(X) \approx f(X^{(k)}) + \nabla f(X^{(k)})^T \Delta X + \frac{1}{2}\Delta X^T H(X^{(k)})\Delta X$$

是精确的，对于任意两点 $X^{(k)}$ 和 $X^{(k+1)}$，其梯度之差为：

$$\nabla f(X^{(k+1)}) - \nabla f(X^{(k)}) = H(X^{(k)})(X^{(k+1)} - X^{(k)})$$

即

$$X^{(k+1)} - X^{(k)} = H(X^{(k)})^{-1}[\nabla f(X^{(k+1)}) - \nabla f(X^{(k)})]$$

对于非二次函数，仿照二次函数的情形，要求其海赛矩阵逆阵的第 $k+1$ 次近似矩阵 $\overline{H}(X^{(k+1)})$ 应满足：

$$X^{(k+1)} - X^{(k)} = \overline{H}(X^{(k+1)})[\nabla f(X^{(k+1)}) - \nabla f(X^{(k)})] \qquad (5-13)$$

式（5－13）就是所谓的**拟牛顿条件**。若令

$$\Delta G^{(k)} = \nabla f(X^{(k+1)}) - \nabla f(X^{(k)})$$
$$\Delta X^{(k)} = X^{(k+1)} - X^{(k)}$$

则拟牛顿条件可变为

$$\Delta X^{(k)} = \overline{H}(X^{(k+1)})\Delta G^{(k)}$$

现设

$$\overline{H}(X^{(k+1)}) = \overline{H}(X^{(k)}) + \Delta\overline{H}(X^{(k)})$$

于是

$$\Delta X^{(k)} = [\overline{H}(X^{(k)}) + \Delta\overline{H}(X^{(k)})]\Delta G^{(k)}$$

或

$$\Delta\overline{H}(X^{(k)})\Delta G^{(k)} = \Delta X^{(k)} - \overline{H}(X^{(k)})\Delta G^{(k)} \qquad (5-14)$$

设想 $\Delta\overline{H}(X^{(k)})$ 的一种简单形式为

$$\Delta\overline{\boldsymbol{H}}(\boldsymbol{X}^{(k)}) = \Delta\boldsymbol{X}^{(k)}(\boldsymbol{Q}^{(k)})^{\mathrm{T}} - \overline{\boldsymbol{H}}(\boldsymbol{X}^{(k)})\Delta\boldsymbol{G}^{(k)}(\boldsymbol{W}^{(k)})^{\mathrm{T}} \tag{5-15}$$

式（5－15）中 $\boldsymbol{Q}^{(k)}$ 和 $\boldsymbol{W}^{(k)}$ 是两个待定的向量，将式（5－15）代入式（5－14）可得：

$$\Delta\boldsymbol{X}^{(k)}(\boldsymbol{Q}^{(k)})^{\mathrm{T}}\Delta\boldsymbol{G}^{(k)} - \overline{\boldsymbol{H}}(\boldsymbol{X}^{(k)})\Delta\boldsymbol{G}^{(k)}(\boldsymbol{W}^{(k)})^{\mathrm{T}}\Delta\boldsymbol{G}^{(k)} = \Delta\boldsymbol{X}^{(k)} - \overline{\boldsymbol{H}}(\boldsymbol{X}^{(k)})\Delta\boldsymbol{G}^{(k)}$$

对照等式两端，可以推断：

$$(\boldsymbol{Q}^{(k)})^{\mathrm{T}}\Delta\boldsymbol{G}^{(k)} = (\boldsymbol{W}^{(k)})^{\mathrm{T}}\Delta\boldsymbol{G}^{(k)} = 1 \tag{5-16}$$

由于 $\Delta\overline{\boldsymbol{H}}(\boldsymbol{X}^{(k)})$ 应为对称矩阵，最简单的办法就是取：

$$\begin{cases}\boldsymbol{Q}^{(k)} = \eta_k\Delta\boldsymbol{X}^{(k)} \\ \boldsymbol{W}^{(k)} = \xi_k\overline{\boldsymbol{H}}(\boldsymbol{X}^{(k)})\Delta\boldsymbol{G}^{(k)}\end{cases} \tag{5-17}$$

将式（5－17）代入式（5－16）可得：

$$\eta_k(\Delta\boldsymbol{X}^{(k)})^{\mathrm{T}}\Delta\boldsymbol{G}^{(k)} = \xi_k(\Delta\boldsymbol{G}^{(k)})^{\mathrm{T}}\overline{\boldsymbol{H}}(\boldsymbol{X}^{(k)})\Delta\boldsymbol{G}^{(k)} = 1$$

设 $(\Delta\boldsymbol{X}^{(k)})^{\mathrm{T}}\Delta\boldsymbol{G}^{(k)}$ 和 $(\Delta\boldsymbol{G}^{(k)})^{\mathrm{T}}\overline{\boldsymbol{H}}(\boldsymbol{X}^{(k)})\Delta\boldsymbol{G}^{(k)}$ 均不为“0”，则有

$$\begin{cases}\eta_k = \dfrac{1}{(\Delta\boldsymbol{X}^{(k)})^{\mathrm{T}}\Delta\boldsymbol{G}^{(k)}} = \dfrac{1}{(\Delta\boldsymbol{G}^{(k)})^{\mathrm{T}}\Delta\boldsymbol{X}^{(k)}} \\ \xi_k = \dfrac{1}{(\Delta\boldsymbol{G}^{(k)})^{\mathrm{T}}\overline{\boldsymbol{H}}(\boldsymbol{X}^{(k)})\Delta\boldsymbol{G}^{(k)}}\end{cases} \tag{5-18}$$

于是，将式（5－17）、式（5－18）代入式（5－15），可得校正矩阵：

$$\Delta\overline{\boldsymbol{H}}(\boldsymbol{X}^{(k)}) = \frac{\Delta\boldsymbol{X}^{(k)}(\Delta\boldsymbol{X}^{(k)})^{\mathrm{T}}}{(\Delta\boldsymbol{G}^{(k)})^{\mathrm{T}}\Delta\boldsymbol{X}^{(k)}} - \frac{\overline{\boldsymbol{H}}(\boldsymbol{X}^{(k)})\Delta\boldsymbol{G}^{(k)}(\Delta\boldsymbol{G}^{(k)})^{\mathrm{T}}\overline{\boldsymbol{H}}(\boldsymbol{X}^{(k)})}{(\Delta\boldsymbol{G}^{(k)})^{\mathrm{T}}\overline{\boldsymbol{H}}(\boldsymbol{X}^{(k)})\Delta\boldsymbol{G}^{(k)}}$$

从而可以得到：

$$\overline{\boldsymbol{H}}(\boldsymbol{X}^{(k+1)}) = \overline{\boldsymbol{H}}(\boldsymbol{X}^{(k)}) + \frac{\Delta\boldsymbol{X}^{(k)}(\Delta\boldsymbol{X}^{(k)})^{\mathrm{T}}}{(\Delta\boldsymbol{G}^{(k)})^{\mathrm{T}}\Delta\boldsymbol{X}^{(k)}} - \frac{\overline{\boldsymbol{H}}(\boldsymbol{X}^{(k)})\Delta\boldsymbol{G}^{(k)}(\Delta\boldsymbol{G}^{(k)})^{\mathrm{T}}\overline{\boldsymbol{H}}(\boldsymbol{X}^{(k)})}{(\Delta\boldsymbol{G}^{(k)})^{\mathrm{T}}\overline{\boldsymbol{H}}(\boldsymbol{X}^{(k)})\Delta\boldsymbol{G}^{(k)}} \tag{5-19}$$

式（5－19）称为**尺度矩阵**。在整个迭代过程中尺度矩阵是不断变化的，因此该方法称为变尺度法。通常取初始的尺度矩阵 $\overline{\boldsymbol{H}}(\boldsymbol{X}^{(0)})$ 为单位矩阵，以后的尺度矩阵按式（5－19）逐步形成。下面通过例题来展示变尺度法的计算过程。

例 5－12 试用变尺度法（DFP）求 $f(\boldsymbol{X}) = \frac{3}{2}x_1^2 + \frac{1}{2}x_2^2 - x_1x_2 - 2x_1$ 的极小值，初始搜索点 $\boldsymbol{X}^{(0)} = (-2,4)^{\mathrm{T}}$。

解

$$\overline{\boldsymbol{H}}(\boldsymbol{X}^{(0)}) = \begin{bmatrix}1 & 0 \\ 0 & 1\end{bmatrix}, \boldsymbol{X}^{(0)} = \begin{bmatrix}-2 \\ 4\end{bmatrix}$$

$$\nabla f(\boldsymbol{X}) = (3x_1 - x_2 - 2, x_2 - x_1)^{\mathrm{T}}$$

于是

$$\nabla f(\boldsymbol{X}^{(0)}) = (-12,6)^{\mathrm{T}}$$

$$\boldsymbol{P}^{(0)} = -\overline{\boldsymbol{H}}(\boldsymbol{X}^{(0)})\nabla f(\boldsymbol{X}^{(0)}) = -\begin{bmatrix}1 & 0 \\ 0 & 1\end{bmatrix}\begin{bmatrix}-12 \\ 6\end{bmatrix} = \begin{bmatrix}-12 \\ 6\end{bmatrix}$$

利用一维搜索 $\lambda_0 : \min f(\boldsymbol{X}^{(0)} + \lambda\boldsymbol{P}^{(0)})$，可得 $\lambda_0 = \frac{5}{17}$，于是

$$\boldsymbol{X}^{(1)} = \boldsymbol{X}^{(0)} + \lambda_0\boldsymbol{P}^{(0)} = \begin{bmatrix}-2 \\ 4\end{bmatrix} + \frac{5}{17}\begin{bmatrix}12 \\ -6\end{bmatrix} = (\frac{26}{17},\frac{38}{17})^{\mathrm{T}}$$

$$\nabla f(\boldsymbol{X}^{(1)}) = \left(\frac{6}{17},\frac{12}{17}\right)^{\mathrm{T}}$$

$$\Delta \boldsymbol{X}^{(0)} = \boldsymbol{X}^{(1)} - \boldsymbol{X}^{(0)} = \left(\frac{60}{17}, -\frac{30}{17}\right)^{\mathrm{T}}$$

$$\Delta \boldsymbol{G}^{(0)} = \nabla f(\boldsymbol{X}^{(1)}) - \nabla f(\boldsymbol{X}^{(0)}) = \left(\frac{210}{17}, -\frac{90}{17}\right)^{\mathrm{T}}$$

利用式（5－19），有

$$\begin{aligned}\overline{\boldsymbol{H}}(\boldsymbol{X}^{(1)}) &= \overline{\boldsymbol{H}}(\boldsymbol{X}^{(0)}) + \frac{\Delta\boldsymbol{X}^{(0)}(\Delta\boldsymbol{X}^{(0)})^{\mathrm{T}}}{(\Delta\boldsymbol{G}^{(0)})^{\mathrm{T}}\Delta\boldsymbol{X}^{(0)}} - \frac{\overline{\boldsymbol{H}}(\boldsymbol{X}^{(0)})\Delta\boldsymbol{G}^{(0)}(\Delta\boldsymbol{G}^{(0)})^{\mathrm{T}}\overline{\boldsymbol{H}}(\boldsymbol{X}^{(0)})}{(\Delta\boldsymbol{G}^{(0)})^{\mathrm{T}}\overline{\boldsymbol{H}}(\boldsymbol{X}^{(0)})\Delta\boldsymbol{G}^{(0)}} \\ &= \begin{bmatrix}1 & 0\\ 0 & 1\end{bmatrix} + \frac{1}{17}\begin{bmatrix}4 & -2\\ -2 & 1\end{bmatrix} - \frac{1}{58}\begin{bmatrix}49 & -21\\ -21 & 9\end{bmatrix} \\ &= \frac{1}{986}\begin{bmatrix}385 & 241\\ 241 & 891\end{bmatrix}\end{aligned}$$

$$\boldsymbol{P}^{(1)} = -\overline{\boldsymbol{H}}(\boldsymbol{X}^{(1)})\nabla f(\boldsymbol{X}^{(1)}) = -\frac{1}{986}\begin{bmatrix}385 & 241\\ 241 & 891\end{bmatrix}\begin{bmatrix}\frac{6}{17}\\ \frac{12}{17}\end{bmatrix} = -\begin{bmatrix}\frac{9}{29}\\ \frac{21}{29}\end{bmatrix}$$

再利用一维搜索 $\lambda_1: \min f(\boldsymbol{X}^{(1)} + \lambda\boldsymbol{P}^{(1)})$，可得 $\lambda_1 = \frac{29}{17}$，于是

$$\boldsymbol{X}^{(2)} = \boldsymbol{X}^{(1)} + \lambda_1\boldsymbol{P}^{(1)} = \begin{bmatrix}\frac{26}{17}\\ \frac{38}{17}\end{bmatrix} + \frac{29}{17}\begin{bmatrix}-\frac{9}{29}\\ -\frac{21}{29}\end{bmatrix} = \begin{bmatrix}1\\ 1\end{bmatrix}$$

$$\nabla f(\boldsymbol{X}^{(2)}) = (0,0)^{\mathrm{T}}$$

于是 $\boldsymbol{X}^{(2)} = (1,1)^{\mathrm{T}}$，即为极小点，函数 $f(\boldsymbol{X})$ 的极小值为 -1。

在以上的讨论中，第一个尺度矩阵 $\overline{\boldsymbol{H}}(\boldsymbol{X}^{(0)})$ 为单位矩阵（对称正定阵），以后的尺度矩阵 $\overline{\boldsymbol{H}}(\boldsymbol{X}^{(k)})$ 由式（5－19）逐步形成。可以证明，如此构造的尺度矩阵均为对称正定阵，进而可以确保搜索方向 $\boldsymbol{P}^{(k)}$ 为下降方向。

5.6 约束极值问题

大多数的工程最优化问题，其变量的取值是受到一定限制的，这种限制是通过约束条件来实现的。带有约束条件的极值问题称为**约束极值问题**（也称为规划问题）。求解约束极值问题要比求解无约束极值问题困难得多。对极小化问题来说，除了要使目标函数每次迭代都有所下降外，还必须时刻注意解的可行性（某些算法除外），这就给优化工作带来许多困难。为了简化优化工作，通常采用如下解题思路：

（1）将约束极值问题转化为无约束极值问题；

（2）将非线性规划问题转化为线性规划问题；

（3）将复杂的问题分解为若干简单问题。

5.6.1 最优性条件

现考虑一般形式的非线性规划数学模型，即

$$\min f(\boldsymbol{X}), \boldsymbol{X} \in E^n$$

$$\begin{cases} h_i(\boldsymbol{X}) = 0 & (i = 1,2,\cdots,m) \\ g_j(\boldsymbol{X}) \geqslant 0 & (j = 1,2,\cdots,l) \end{cases}$$

假设$f(\boldsymbol{X})$、$h_i(\boldsymbol{X})$ 和 $g_j(\boldsymbol{X})$ 均具有一阶连续偏导数,$\boldsymbol{X}^{(0)}$ 是非线性规划的一个可行解。现考虑某一不等式约束 $g_j(\boldsymbol{X}) \geqslant 0$,$\boldsymbol{X}^{(0)}$ 满足该不等式有两种可能:①$g_j(\boldsymbol{X}^{(0)}) > 0$,此时$\boldsymbol{X}^{(0)}$ 不在由该约束形成的可行域边界上,因此该约束对 $\boldsymbol{X}^{(0)}$ 的微小变动不起限制作用,从而称该约束为**无效约束**;②$g_j(\boldsymbol{X}^{(0)}) = 0$,此时 $\boldsymbol{X}^{(0)}$ 处在由该约束形成的可行域边界上,因此该约束对 $\boldsymbol{X}^{(0)}$ 的微小变动会起某种限制作用，从而称该约束为**有效约束**。显而易见，所有等式约束都是有效约束。

$\boldsymbol{X}^{(0)}$是非线性规划的一个可行解，对于此点的某一方向 $\boldsymbol{D}$，若存在实数 $\lambda_0 > 0$，使任意 $\lambda \in [0, \lambda_0]$ 均有 $\boldsymbol{X}^{(0)} + \lambda \boldsymbol{D} \in R$，就称方向 $\boldsymbol{D}$ 是 $\boldsymbol{X}^{(0)}$点的一个**可行方向**，此处 R 代表非线性规划的可行域。

若 $\boldsymbol{D}$ 是 $\boldsymbol{X}^{(0)}$点的任一可行方向，则对该点所有有效约束 $g_j(\boldsymbol{X}) \geqslant 0$，均有

$$\nabla g_j(\boldsymbol{X}^{(0)})^{\mathrm{T}} \boldsymbol{D} \geqslant 0, j \in J \tag{5-20}$$

其中, J 代表在 $\boldsymbol{X}^{(0)}$点所有有效约束下标的集合，如图 5-14 所示。

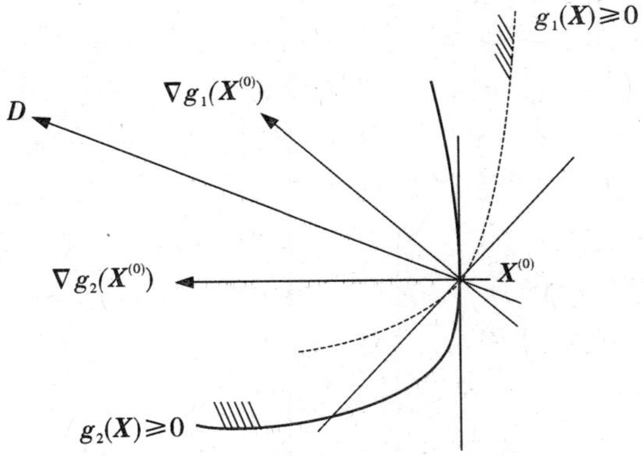

图 5-14　可行方向与有效约束梯度关系图

另一方面，由泰勒展开式

$$g_j(\boldsymbol{X}^{(0)} + \lambda \boldsymbol{D}) = g_j(\boldsymbol{X}^{(0)}) + \lambda \nabla g_j(\boldsymbol{X}^{(0)})^{\mathrm{T}} \boldsymbol{D} + o(\lambda)$$

可知对所有有效约束，当 $\lambda > 0$ 足够小时，只要

$$\nabla g_j(\boldsymbol{X}^{(0)})^{\mathrm{T}} \boldsymbol{D} > 0, \ j \in J \tag{5-21}$$

就有

$$g_j(\boldsymbol{X}^{(0)} + \lambda \boldsymbol{D}) \geqslant 0, \ j \in J$$

此外，对 $\boldsymbol{X}^{(0)}$ 点所有的无效约束来讲，由于约束函数的连续性，当 $\lambda > 0$ 足够小时，式 (5-21) 依然成立。从而，只要方向 $\boldsymbol{D}$ 满足式 (5-21)，即可保证 $\boldsymbol{D}$ 是 $\boldsymbol{X}^{(0)}$点的可行方向。

非线性规划的某一可行点 $\boldsymbol{X}^{(0)}$，对该点的任一方向来说，若存在实数 $\lambda_0 > 0$，使任意

$\lambda \in [0, \lambda_0]$，均有 $f(\boldsymbol{X}^{(0)}+\lambda\boldsymbol{D}) < f(\boldsymbol{X}^{(0)})$，就称方向 $\boldsymbol{D}$ 是 $\boldsymbol{X}^{(0)}$ 点的一个**下降方向**。

将目标函数 $f(\boldsymbol{X})$ 在 $\boldsymbol{X}^{(0)}$ 处作一阶泰勒展开，若方向 $\boldsymbol{D}$ 满足

$$\nabla f(\boldsymbol{X}^{(0)})^{\mathrm{T}}\boldsymbol{D} < 0 \tag{5-22}$$

则 $\boldsymbol{D}$ 必是 $\boldsymbol{X}^{(0)}$ 点的一个下降方向。

如果方向 $\boldsymbol{D}$ 既是 $\boldsymbol{X}^{(0)}$ 点的一个可行方向，又是一个下降方向，就称 $\boldsymbol{D}$ 是 $\boldsymbol{X}^{(0)}$ 点的一个**可行下降方向**。显然，如果某点存在可行下降方向，那么该点就不会是极小点；另一方面，如果某点是极小点，则该点不存在可行下降方向。

定理 3 设 $\boldsymbol{X}^*$ 是非线性规划的一个局部极小点，目标函数 $f(\boldsymbol{X})$ 在 $\boldsymbol{X}^*$ 处可微，并且

$g_j(\boldsymbol{X})$ 在 $\boldsymbol{X}^*$ 处可微，当 $j \in J$ 时

$g_j(\boldsymbol{X})$ 在 $\boldsymbol{X}^*$ 处连续，当 $j \notin J$ 时

（此处 J 代表在 $\boldsymbol{X}^*$ 处有效约束的下标集合）则在 $\boldsymbol{X}^*$ 点不存在可行下降方向，从而不存在向量 $\boldsymbol{D}$ 同时满足

$$\begin{cases}\nabla f(\boldsymbol{X}^*)^{\mathrm{T}}\boldsymbol{D} < 0 \\ \nabla g_j(\boldsymbol{X}^*)^{\mathrm{T}}\boldsymbol{D} < 0, \ j \in J\end{cases} \tag{5-23}$$

事实上，若在 $\boldsymbol{X}^*$ 点存在向量 $\boldsymbol{D}$ 满足式（5－23），则从 $\boldsymbol{X}^*$ 点出发沿方向 $\boldsymbol{D}$ 搜索可找到比 $\boldsymbol{X}^*$ 点更好的点，这与 $\boldsymbol{X}^*$ 点是一个局部极小点的假设相矛盾；所以，这个定理显然成立。

式（5－23）的几何意义是十分明显的，即 $\boldsymbol{X}^*$ 点处满足该条件的方向 $\boldsymbol{D}$ 与 $\boldsymbol{X}^*$ 点目标函数负梯度方向的夹角为锐角，与 $\boldsymbol{X}^*$ 点所有有效约束梯度方向的夹角也为锐角。

假设 $\boldsymbol{X}^*$ 是非线性规划的极小点，该点可能处于可行域的内部，也可能处于可行域的边缘上。若为前者，该规划问题实质是一个无约束极值问题，$\boldsymbol{X}^*$ 必满足 $\nabla f(\boldsymbol{X}^*)=0$；若为后者，情况就复杂得多，接下来我们就对这一复杂情况进行分析。

不失一般性，设 $\boldsymbol{X}^*$ 位于第一个约束所形成的可行域的边缘上，即第一个约束是 $\boldsymbol{X}^*$ 点处的有效约束，$g_1(\boldsymbol{X}^*)=0$。若 $\boldsymbol{X}^*$ 是极小点，则 $\nabla g_1(\boldsymbol{X}^*)$ 必与 $-\nabla f(\boldsymbol{X}^*)$ 在同一直线上，且方向相反（这里假定 $\nabla g_1(\boldsymbol{X}^*)$ 和 $f(\boldsymbol{X}^*)$ 皆不为“0”）；否则，在 $\boldsymbol{X}^*$ 点处就一定存在可行下降方向，如图 5－15 所示。图 5－15 中的 $\boldsymbol{X}^*$ 点是满足上述条件的极小点，角度 β 表示非极小点 $\boldsymbol{X}$ 处的可行下降方向的范围。既然 $\nabla g_1(\boldsymbol{X}^*)$ 与 $-\nabla f(\boldsymbol{X}^*)$ 在同一直线上，且方向相反，则必存在一个实数 $\gamma_1>0$，使 $\nabla f(\boldsymbol{X}^*)-\gamma_1\nabla g_1(\boldsymbol{X}^*)=0$。

若 $\boldsymbol{X}^*$ 点处在两个有效约束边缘上，比如 $g_1(\boldsymbol{X}^*)=0$ 和 $g_2(\boldsymbol{X}^*)=0$，在这种情况下，$\nabla f(\boldsymbol{X}^*)$ 必处于 $\nabla g_1(\boldsymbol{X}^*)$ 和 $\nabla g_2(\boldsymbol{X}^*)$ 的夹角之内；如若不然，$\boldsymbol{X}^*$ 点必存在可行下降方向，这与 $\boldsymbol{X}^*$ 是极小点相矛盾，如图 5－16 所示。

由此可见，如果 $\boldsymbol{X}^*$ 是极小点，且 $\boldsymbol{X}^*$ 点的有效约束的梯度 $\nabla g_1(\boldsymbol{X}^*)$ 和 $\nabla g_2(\boldsymbol{X}^*)$ 线性独立，则可将 $\nabla f(\boldsymbol{X}^*)$ 表示为 $\nabla g_1(\boldsymbol{X}^*)$ 和 $\nabla g_2(\boldsymbol{X}^*)$ 的非负线性组合。也就是说，存在实数 $\gamma_1>0$ 和 $\gamma_2>0$，使

$$\nabla f(\boldsymbol{X}^*)-\gamma_1\nabla g_1(\boldsymbol{X}^*)-\gamma_2\nabla g_2(\boldsymbol{X}^*)=0$$

如此类推，可以得到：

$$\nabla f(\boldsymbol{X}^*)-\sum_{j\in J}\gamma_j\nabla g_j(\boldsymbol{X}^*)=0 \tag{5-24}$$

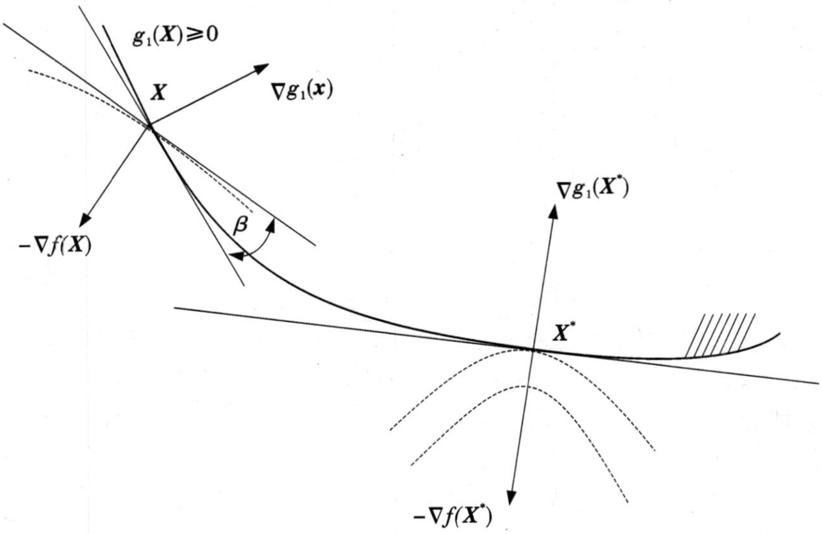

图 5－15　极小点或存在可行下降方向示意图

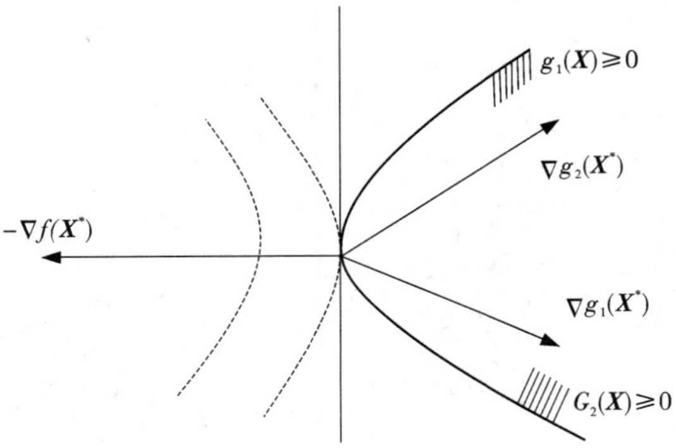

图 5－16　梯度夹角关系示意图

为使所有无效约束也同上述有效约束一样包含在式（5－24）中，增加约束条件 $\{\gamma_j g_j(X^*)=0;\gamma_j\geqslant 0\}$，当 $g_j(X^*)=0$ 时 $\gamma_j>0$，当 $g_j(X^*)\neq 0$ 时 $\gamma_j=0$。如此即可得到式(5－25)所示的库恩－塔克条件(Kuhn-Tucker,简称K-T条件,满足这一条件的点称为K-T点)。设 X^* 是非线性规划 $\{\min f(X),g_j(X)\geqslant 0,j=1,2,\cdots,n\}$ 的极小点,且 X^* 点各有效约束的梯度线性独立,则存在向量 $\boldsymbol{\Gamma}^*=(\gamma_1^*,\gamma_2^*,\cdots,\gamma_n^*)$，使下述条件成立：

$$\begin{cases}\nabla f(X^*)-\sum_{j=1}^{n}\gamma_j^*\nabla g_j(X^*)=\mathbf{0}\\ \gamma_j^* g_j(X^*)=0\quad (j=1,2,\cdots,n)\\ \gamma_j^*\geqslant 0\quad (j=1,2,\cdots,n)\end{cases}\tag{5-25}$$

由于等式约束总是有效约束，所以一般形式的非线性规划的库恩-塔克条件可表达为：设 X^* 是非线性规划

$$\{\min f(X);h_i(X)=0,i=1,2,\cdots,m;g_j(X)\geqslant 0,j=1,2,\cdots,n\}$$

的极小点，且 X^* 点的所有有效约束的梯度 $\nabla h_i(X^*)$（$i=1, 2, \cdots, m$）和 $\nabla g_j(X^*)$（$j\in J$）线性独立，则存在向量 $\boldsymbol{\lambda}^* = (\lambda_1^*, \lambda_2^*, \cdots, \lambda_m^*)$ 和 $\boldsymbol{\Gamma}^* = (\gamma_1^*, \gamma_2^*, \cdots, \gamma_n^*)$，使下述条件成立：

$$\begin{cases}\nabla f(X^*) - \sum_{i=1}^{m}\lambda_i^* \nabla h_i(X^*) - \sum_{j=1}^{n}\gamma_j^* \nabla g_j(X^*) = 0 \\ \gamma_j^* g_j(X^*) = 0 \quad (j=1,2,\cdots,n) \\ \gamma_j^* \geqslant 0 \quad (j=1,2,\cdots,n)\end{cases} \tag{5-26}$$

式（5－26）中的 λ_i^* 和 γ_j^* 称为**广义拉格朗日乘子**（lagrange multipliers）。

库恩-塔克条件是非线性规划领域中最重要的理论成果之一，是确定某点为极值点的必要条件；但一般来讲它并不是充分条件，因此满足这一条件的点并非一定就是极值点。对于凸规划，库恩-塔克条件是极值点存在的充分必要条件。

例 5－13 求解下述非线性规划问题

$$\min f(X) = 3x_1^2 + x_2^2 + 2x_1x_2 + 6x_1 + 2x_2$$
$$\text{s.t.} \quad 2x_1 - x_2 = 4$$

解

$$H(X) = \begin{bmatrix}\frac{\partial^2 f}{\partial x_1^2} & \frac{\partial^2 f}{\partial x_1 \partial x_2} \\ \frac{\partial^2 f}{\partial x_2 \partial x_1} & \frac{\partial^2 f}{\partial x_2^2}\end{bmatrix} = \begin{bmatrix}6 & 2 \\ 2 & 2\end{bmatrix}$$

由于 $H(X)$ 是正定矩阵，所以 $f(X)$ 是严格的凸函数，又由于约束条件 $2x_1 - x_2 = 4$ 是线性函数，所以此非线性规划是凸规划，即此时库恩-塔克条件是极值点存在的充分必要条件。

$$\nabla f(X) = (6x_1 + 2x_2 + 6, 2x_2 + 2x_1 + 2)^{\mathrm{T}}; \ \nabla h(X) = (2, -1)^{\mathrm{T}}$$

引入拉格朗日乘子 λ_1^*，设 K-T 点为 $X^* = (x_1^*, x_2^*)^{\mathrm{T}}$，则该问题的 K-T 条件为：

$$\begin{bmatrix}6x_1^* + 2x_2^* + 6 \\ 2x_2^* + 2x_1^* + 2\end{bmatrix} - \lambda_1^* \begin{bmatrix}2 \\ -1\end{bmatrix} = 0$$

即

$$6x_1^* + 2x_2^* + 6 - 2\lambda_1^* = 0, \ 2x_1^* + 2x_2^* + 2 + \lambda_1^* = 0$$

求解此二式与约束条件 $2x_1 - x_2 = 4$ 所形成的联立方程组可得：

$$x_1^* = \frac{7}{11}, \ x_2^* = -\frac{30}{11}, \ \lambda_1^* = \frac{24}{11}$$

所以有最优解 $X^* = \left(\frac{7}{11}, -\frac{30}{11}\right)$，最优值 $f(X^*) = 3.55$。

例 5－14 求解下述非线性规划问题

$$\max f(x) = (x-4)^2$$
$$\begin{cases}g_1(x) = x - 1 \geqslant 0 \\ g_2(x) = 6 - x \geqslant 0\end{cases}$$

解 设 K-T 点为 x^*，目标函数极小化 $\min f(x) = -(x-4)^2$，各函数的梯度分别为 $\nabla f(x) = -2(x-4)$，$\nabla g_1(x) = 1$，$\nabla g_2(x) = -1$。对两个约束条件分别引入拉格朗日乘子 γ_1^* 和 γ_2^*，则有如下 K-T 条件：

$$\begin{cases}-2(x^*-4)-\gamma_1^*+\gamma_2^*=0\\ \gamma_1^*(x^*-1)=0\\ \gamma_2^*(6-x^*)=0\\ \gamma_1^*,\gamma_2^*\geqslant 0\end{cases}$$

为求解该方程组，需要考虑四种情况：① $\gamma_1^*,\gamma_2^*>0$ 时，无解；② $\gamma_1^*>0,\gamma_2^*=0$ 时，$x^*=1,f(x^*)=9$；③ $\gamma_1^*=0,\gamma_2^*>0$ 时，$x^*=6,f(x^*)=4$；④ $\gamma_1^*=0,\gamma_2^*=0$ 时，$x^*=4,f(x^*)=0$。对应第②、③、④三种情况，得到三个K-T点，其中 $x^*=1$ 和 $x^*=6$ 是极大值点，而 $x^*=4$ 是极小值点。参照图5－17，容易得到此题的最优解 $x^*=1$，最优值 $f(x^*)=9$。

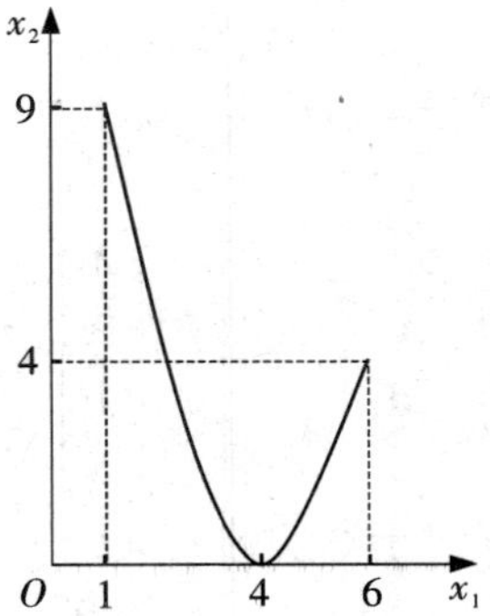

图5－17　例5－14 函数曲线示意图

5.6.2　二次规划

若某非线性规划的目标函数为二次函数，约束条件为线性函数，则称此规划为二次规划。二次规划是非线性规划中较为简单的一种，许多方面的问题都可以抽象为二次规划，且它和线性规划有着非常直接的关系。二次规划的数学模型可用模型（5－27）来表示。

$$\begin{cases}\max f(\boldsymbol{X})=\boldsymbol{CX}+\boldsymbol{X}^{\mathrm{T}}\boldsymbol{DX}\\ \boldsymbol{AX}\leqslant \boldsymbol{b}\\ \boldsymbol{X}\geqslant \boldsymbol{0},\boldsymbol{b}\geqslant \boldsymbol{0}\end{cases}\tag{5-27}$$

模型（5－27）中 $\boldsymbol{X}^{\mathrm{T}}\boldsymbol{DX}$ 是一个二次型，$\boldsymbol{D}$ 为对称矩阵。如果问题极大化，假设 $\boldsymbol{D}$ 为负定；如果问题极小化，假设 $\boldsymbol{D}$ 为正定。约束条件的线性假设，确保二次规划有一个凸的解空间。二次规划属于凸规划，其局部极值即为全局极值，同时库恩-塔克条件是极值点存在的充分必要条件。二次规划的数学模型可作如下变形：

$$\begin{cases}\max f(\boldsymbol{X})=\boldsymbol{CX}+\boldsymbol{X}^{\mathrm{T}}\boldsymbol{DX}\\ G(\boldsymbol{X})=\begin{bmatrix}\boldsymbol{A}\\ -\boldsymbol{I}\end{bmatrix}\boldsymbol{X}-\begin{bmatrix}\boldsymbol{b}\\ \boldsymbol{0}\end{bmatrix}\leqslant 0\end{cases}$$

设 $\boldsymbol{\lambda}=(\lambda_1,\lambda_2,\cdots,\lambda_m)^{\mathrm{T}}$ 和 $\boldsymbol{\Gamma}=(\gamma_1,\gamma_2,\cdots,\gamma_n)^{\mathrm{T}}$ 分别是对应两组约束条件 $\boldsymbol{AX}-\boldsymbol{b}\leqslant\boldsymbol{0}$ 和 $-\boldsymbol{X}\leqslant\boldsymbol{0}$ 的广义拉格朗日乘子，应用K-T条件可得：

$$\boldsymbol{\lambda}\geqslant\boldsymbol{0},\ \boldsymbol{\Gamma}\geqslant\boldsymbol{0}$$

$$\nabla f(\boldsymbol{X})-(\boldsymbol{\lambda}^{\mathrm{T}},\boldsymbol{\Gamma}^{\mathrm{T}})\nabla G(\boldsymbol{X})=\boldsymbol{0}$$

$$\lambda_i\left(b_i-\sum_{j=1}^{n}a_{ij}x_j\right)=0\quad(i=1,2,\cdots,m)$$

$$\gamma_j x_j = 0 \quad (j=1,2,\cdots,n)$$

$$\boldsymbol{AX} \leqslant \boldsymbol{b}, \quad -\boldsymbol{X} \leqslant \boldsymbol{0}$$

则

$$\nabla f(\boldsymbol{X}) = \boldsymbol{C} + 2\boldsymbol{X}^{\mathrm{T}}\boldsymbol{D}$$

$$\nabla G(\boldsymbol{X}) = \begin{bmatrix} \boldsymbol{A} \\ -\boldsymbol{I} \end{bmatrix}$$

设 $\boldsymbol{S} = \boldsymbol{b} - \boldsymbol{AX} \geqslant \boldsymbol{0}$（约束条件的松弛变量），以上条件可简写成

$$-2\boldsymbol{X}^{\mathrm{T}}\boldsymbol{D} + \boldsymbol{\lambda}^{\mathrm{T}}\boldsymbol{A} - \boldsymbol{\Gamma}^{\mathrm{T}} = \boldsymbol{C}$$

$$\boldsymbol{AX} + \boldsymbol{S} = \boldsymbol{b}$$

$$\lambda_i s_i = \gamma_j x_j = 0 \quad (\text{对于一切的 } i \text{ 和 } j)$$

$$\boldsymbol{\lambda}, \boldsymbol{\Gamma}, \boldsymbol{X}, \boldsymbol{S} \geqslant \boldsymbol{0}$$

因 $\boldsymbol{D}^{\mathrm{T}} = \boldsymbol{D}$，将第一个方程组转置可得 $-2\boldsymbol{DX} + \boldsymbol{A}^{\mathrm{T}}\boldsymbol{\lambda} - \boldsymbol{\Gamma} = \boldsymbol{C}^{\mathrm{T}}$，于是上面的充分必要条件合并成

$$\begin{bmatrix} -2\boldsymbol{D} & \boldsymbol{A}^{\mathrm{T}} & -\boldsymbol{I} & \boldsymbol{0} \\ \boldsymbol{A} & \boldsymbol{0} & \boldsymbol{0} & \boldsymbol{I} \end{bmatrix} \begin{bmatrix} \boldsymbol{X} \\ \boldsymbol{\lambda} \\ \boldsymbol{\Gamma} \\ \boldsymbol{S} \end{bmatrix} = \begin{bmatrix} \boldsymbol{C}^{\mathrm{T}} \\ \boldsymbol{b} \end{bmatrix} \tag{5-28}$$

$$\lambda_i s_i = \gamma_j x_j = 0 \, (\text{对于一切的 } i \text{ 和 } j)\text{；} \boldsymbol{\lambda}, \boldsymbol{\Gamma}, \boldsymbol{X}, \boldsymbol{S} \geqslant 0$$

模型中除了 $\lambda_i s_i = \gamma_j x_j = 0$ 这个条件外，其余方程都是关于 $\boldsymbol{X}$，$\boldsymbol{\lambda}$，$\boldsymbol{\Gamma}$ 和 $\boldsymbol{S}$ 的线性函数。因此，问题等价于求解一组满足附加条件 $\lambda_i s_i = \gamma_j x_j = 0$ 的线性方程组。因为 $f(\boldsymbol{X})$ 是严格的凹函数且具有一个凸的解空间，所以上述方程组的解若存在一定唯一，而这唯一解一定就是最优解。

例 5－15　求解二次规划问题

$$\max f(\boldsymbol{X}) = 4x_1 + 6x_2 - 2x_1^2 - 2x_1x_2 - 2x_2^2$$

$$\begin{cases} x_1 + 2x_2 \leqslant 2 \\ x_1, x_2 \geqslant 0 \end{cases}$$

这一问题可以用矩阵形式表示为：

$$\max f(\boldsymbol{X}) = (4,6)\begin{bmatrix} x_1 \\ x_2 \end{bmatrix} + (x_1, x_2)\begin{bmatrix} -2 & -1 \\ -1 & -2 \end{bmatrix}\begin{bmatrix} x_1 \\ x_2 \end{bmatrix}$$

$$\begin{cases} (1,2)\begin{bmatrix} x_1 \\ x_2 \end{bmatrix} \leqslant 2 \\ x_1, x_2 \geqslant 0 \end{cases}$$

这就形成了式（5－28）需要的全部信息，即

$$\begin{bmatrix} 4 & 2 & 1 & -1 & 0 & 0 \\ 2 & 4 & 2 & 0 & -1 & 0 \\ 1 & 2 & 0 & 0 & 0 & 1 \end{bmatrix} \begin{bmatrix} x_1 \\ x_2 \\ \lambda_1 \\ \gamma_1 \\ \gamma_2 \\ s_1 \end{bmatrix} = \begin{bmatrix} 4 \\ 6 \\ 2 \end{bmatrix}$$

引入人工变量 R_1 和 R_2，得到第一阶段的初始单纯形表，见表 5－2。

表 5－2 初始单纯形表

c_j		0	0	0	0	0	0	−1	−1	b
C_B	X_B	x_1	x_2	λ_1	γ_1	γ_2	s_1	R_1	R_2	
−1	R_1	4	2	1	−1	0	0	1	0	4
−1	R_2	2	4	2	0	−1	0	0	1	6
0	s_1	1	2	0	0	0	1	0	0	2
σ_j		6	6	3	−1	−1	0	0	0	−10

第一次迭代：$\gamma_1=0$，可以让 x_1 入基，按最小比值确定 R_1 出基，见表 5－3。

表 5－3 第一次迭代单纯形表

c_j		0	0	0	0	0	0	−1	−1	b
C_B	X_B	x_1	x_2	λ_1	γ_1	γ_2	s_1	R_1	R_2	
0	x_1	1	1/2	1/4	−1/4	0	0	1/4	0	1
−1	R_2	0	3	3/2	1/2	−1	0	−1/2	1	4
0	s_1	0	3/2	−1/4	1/4	0	1	−1/4	0	1
σ_j		0	3	3/2	1/2	−1	0	−3/2	0	−4

第二次迭代：$\gamma_2=0$，可以让 x_2 入基，按最小比值确定 s_1 出基，见表 5－4。

表 5－4 第二次迭代单纯形表

c_j		0	0	0	0	0	0	−1	−1	b
C_B	X_B	x_1	x_2	λ_1	γ_1	γ_2	s_1	R_1	R_2	
0	x_1	1	0	1/3	−1/3	0	−1/3	1/3	0	2/3
−1	R_2	0	0	2	0	−1	−2	0	1	2
0	x_2	0	1	−1	1/6	0	2/3	−1/6	0	2/3
σ_j		0	0	2	0	−1	−2	−1	0	−2

第三次迭代：$s_1=0$，可以让 λ_1 入基，按最小比值确定 R_2 出基，见表 5－5。

表 5－5 第三次迭代单纯形表

c_j		0	0	0	0	0	0	−1	−1	b
C_B	X_B	x_1	x_2	λ_1	γ_1	γ_2	s_1	R_1	R_2	
0	x_1	1	0	0	−1/3	1/6	0	1/3	−1/6	1/3
0	x_1	0	0	1	0	−1/2	−1	0	1/2	1
0	x_2	0	1	0	1/6	−1/12	1/2	−1/6	1/12	5/6
σ_j		0	0	0	0	0	0	−1	−1	0

表 5－5 给出了第一阶段的最优解，由于 $R_1 = R_2 = 0$，所以此解对于原二次规划不仅是可行的而且是最优的，即最优解 $\boldsymbol{X}^* = \left(\frac{1}{3}, \frac{5}{6}\right)^{\mathrm{T}}$，最优值 $f(\boldsymbol{X}^*) = 4.17$。

5.6.3 可行方向法

设 $\boldsymbol{X}^{(k)}$ 是非线性规划 $\{\min f(\boldsymbol{X});\ g_j(X) \geqslant 0,\ j=1, 2, \cdots, n\}$ 的一个可行解，但不是极小点。为了求解出它的极小点或近似极小点，应在 $\boldsymbol{X}^{(k)}$ 点的可行下降方向中选取某一方向 $\boldsymbol{D}^{(k)}$ 并确定步长 λ_k，使 $\boldsymbol{X}^{(k+1)} = \boldsymbol{X}^{(k)} + \lambda_k \boldsymbol{D}^{(k)} \in R$（$R$ 代表可行域），且 $f(\boldsymbol{X}^{(k+1)}) < f(\boldsymbol{X}^{(k)})$。若此时已满足精度要求，迭代结束，$\boldsymbol{X}^{(k+1)}$ 就是所求的极小点；否则，从 $\boldsymbol{X}^{(k+1)}$ 出发继续迭代，直到满足精度要求为止。此种方法称为**可行方向法**，其特点是“迭代所采用的搜索方向为可行方向，所产生的迭代点序列 $\{\boldsymbol{X}^{(k)}\}$ 始终在可行域的内部，目标函数单调下降”。由此可见，许多方法可归入可行方向法这一类别；但人们通常所讲的可行方向法，一般指的是 Zoutendijk 在 1960 年提出的算法及其变形，下面介绍 Zoutendijk 的可行方向法。

设 $\boldsymbol{X}^{(k)}$ 点的有效约束集非空，为求 $\boldsymbol{X}^{(k)}$ 点的可行下降方向，可由下述不等式组来确定向量 $\boldsymbol{D}$：

$$\begin{cases} \nabla f(\boldsymbol{X}^{(k)})^{\mathrm{T}} \boldsymbol{D} < 0 \\ \nabla g_j(\boldsymbol{X}^{(k)})^{\mathrm{T}} \boldsymbol{D} > 0 \quad （对于所有的 j \in J） \end{cases}$$

这等价于由下面的不等式组来求向量 $\boldsymbol{D}$ 和实数 η：

$$\begin{cases} \nabla f(\boldsymbol{X}^{(k)})^{\mathrm{T}} \boldsymbol{D} \leqslant \eta \\ -\nabla g_j(\boldsymbol{X}^{(k)})^{\mathrm{T}} \boldsymbol{D} \leqslant \eta \quad （对于所有的 j \in J） \\ \eta < 0 \end{cases}$$

现使 $\nabla f(\boldsymbol{X}^{(k)})^{\mathrm{T}} \boldsymbol{D}$ 和 $-\nabla g_j(\boldsymbol{X}^{(k)})^{\mathrm{T}} \boldsymbol{D}$（对于所有的 $j \in J$）的最大值 η 极小化（同时必须限制向量 $\boldsymbol{D}$ 的模），即可将上述选取搜索方向的工作转化为求解下述线性规划问题：

$$\begin{cases} \min \eta \\ \nabla f(\boldsymbol{X}^{(k)})^{\mathrm{T}} \boldsymbol{D} \leqslant \eta \\ -\nabla g_j(\boldsymbol{X}^{(k)})^{\mathrm{T}} \boldsymbol{D} \leqslant \eta \quad （对于所有的 j \in J） \\ -1 \leqslant d_i \leqslant 1 \quad (i = 1, 2, \cdots, n) \end{cases} \tag{5-29}$$

式中 $d_i\ (i = 1, 2, \cdots, n)$ 是向量 $\boldsymbol{D}$ 的各个分量。式（5－29）中加入最后一个约束条件，为的是使该线性规划问题有**有限最优解**。此外，由于我们的目的在于寻找搜索向量 $\boldsymbol{D}$，所以只要知道 $\boldsymbol{D}$ 的各分量的相对大小即可。

现将式（5－29）所示的线性规划的最优解记为 $(\boldsymbol{D}^{(k)}, \eta_k)^{\mathrm{T}}$，如果求得的 $\eta_k = 0$，说明在 $\boldsymbol{X}^{(k)}$ 点处不存在可行下降方向，在 $\nabla g_j(\boldsymbol{X}^{(k)})$（对于所有的 $j \in J$）线性独立的条件下，$\boldsymbol{X}^{(k)}$ 点即为一个 K-T 点；如果求得的 $\eta_k < 0$，则得到可行下降方向 $\boldsymbol{D}^{(k)}$，这就是 $\boldsymbol{X}^{(k)}$ 点处所要的搜索方向。下面通过例题说明利用可行方向法求解非线性规划的一般步骤。

例 5－16 用可行方向法求解

$$\begin{cases} \min f(\boldsymbol{X}) = x_1^2 + x_2^2 - 4x_1 - 4x_2 + 8 \\ g_1(\boldsymbol{X}) = 4 - x_1 - 2x_2 \geqslant 0 \end{cases}$$

解 取初始点 $X^{(0)}=(0,\ 0)^{\mathrm T}$，于是

$$f(X^{(0)})=8$$

由于

$$\nabla f(X)=\begin{bmatrix}2x_1-4\\2x_2-4\end{bmatrix}$$

于是

$$\nabla f(X^{(0)})=\begin{bmatrix}-4\\-4\end{bmatrix}$$

由于 $g_1(X^{(0)})=4>0$，故约束 $g_1(X)=4-x_1-2x_2\geqslant 0$ 不是初始点 $X^{(0)}$ 的有效约束。

取 $D^{(0)}=-\nabla f\ (X^{(0)})\ =(4,4)^{\mathrm T}$，从而

$$X^{(1)}=X^{(0)}+\lambda D^{(0)}=\begin{bmatrix}0\\0\end{bmatrix}+\lambda\begin{bmatrix}4\\4\end{bmatrix}=\begin{bmatrix}4\lambda\\4\lambda\end{bmatrix}$$

$$g_1(X^{(1)})=4-4\lambda-8\lambda=4-12\lambda$$

令 $g_1(X^{(1)})=4-12\lambda=0$，可得 $\lambda_1=\dfrac{1}{3}$。又

$$f(X^{(1)})=32\lambda^2-32\lambda+8$$

令 $\dfrac{\mathrm{d}f(X^{(1)})}{\mathrm{d}\lambda}=64\lambda-32=0$，$\lambda_2=\dfrac{1}{2}$；取 $\lambda=\min\{\lambda_1,\lambda_2\}=\min\{\dfrac{1}{3},\dfrac{1}{2}\}=\dfrac{1}{3}$，于是

$$X^{(1)}=\left(\frac{4}{3},\frac{4}{3}\right)^{\mathrm T},f(X^{(1)})=\frac{8}{9},\nabla f(X^{(1)})=\left(-\frac{4}{3},-\frac{4}{3}\right)^{\mathrm T}$$

$$g_1(X^{(1)})=0,\ \nabla g_1(X^{(1)})=(-1,\ -2)^{\mathrm T}$$

构造线性规划：

$$\begin{cases}\min\ \eta\\ -\dfrac{4}{3}d_1-\dfrac{4}{3}d_2\leqslant\eta\\ d_1+2d_2\leqslant\eta\\ d_1,d_2\in[-1,1]\end{cases}$$

为便于求解，令 $y_1=d_1+1$，$y_2=d_2+1$，$y_3=-\eta$，于是

$$\begin{cases}\min(-y_3)\\ \dfrac{4}{3}y_1+\dfrac{4}{3}y_2-y_3\geqslant\dfrac{8}{3}\\ y_1+2y_2+y_3\leqslant 3\\ y_1\leqslant 2,y_2\leqslant 2;y_1,y_2,y_3\geqslant 0\end{cases}$$

用单纯形法求解，可得最优解 $Y^*=\left(2,\ \dfrac{3}{10},\ \dfrac{4}{10}\right)$，即

$$d_1=1,\ d_2=-\frac{7}{10},\eta=-\frac{4}{10}$$

所以

$$D^{(1)}=(d_1,\ d_2)^{\mathrm T}=\left(1,-\frac{7}{10}\right)^{\mathrm T}$$

$$X^{(2)} = X^{(1)} + \lambda D^{(1)} = \left(\frac{4}{3} + \lambda, \frac{4}{3} - \frac{7}{10}\lambda\right)^{\mathrm{T}}$$

$$f(X^{(2)}) = 1.49\lambda^2 - 0.4\lambda + 0.889$$

$$\frac{\mathrm{d}f(X^{(2)})}{\mathrm{d}\lambda} = 2.98\lambda - 0.4 = 0, \lambda = 0.134$$

现暂时用该步长计算 $X^{(2)}$，有 $X^{(2)} = (1.467, 1.239)^{\mathrm{T}}$。因为 $g_1(X^{(2)}) = 0.055 > 0$，说明 $X^{(2)}$ 是可行点，选取 $\lambda = 0.134$ 是可行的。继续迭代下去，可得最优解 $X^* = (1.6, 1.2)^{\mathrm{T}}$，最优值 $f(X^*) = 0.8$。

5.6.4 制约函数法

制约函数法是通过加到非线性规划目标函数上某种制约函数，将约束极值问题转化为无约束极值问题的一类算法。由于制约函数需要求解一系列无约束极值问题，故也称为序列无约束极小化技术（sequential unconstrained minimization technique，SUMT）。常用的制约函数有两种基本类型，一类为**惩罚函数**（也称为**外点法**），另一类为**障碍函数**（也称为**内点法**）。

1. 外点法

考虑非线性规划 $\{\min f(X); g_i(X) \geqslant 0, i = 1,2,\cdots,m\}$，为求其最优解，构造一个函数 $\psi(t) = \begin{cases} 0 & t \geqslant 0 \\ +\infty & t < 0 \end{cases}$，现把 $g_i(X)$ 当作所构造函数的自变量 t 来看待。显然，当 $X \in R$（R 代表可行域）时，$\psi(g_i(X)) = 0 (i = 1,2,\cdots,m)$；当 $X \notin R$ 时，$\psi(g_i(X)) = +\infty$。再构造一个函数 $\varphi(X) = f(X) + \sum_{i=1}^{m} \psi(g_i(X))$，求解 $\min\varphi(X)$。假设该问题有最优解 X^*，则 $\psi(g_i(X^*)) = 0 (i = 1,2,\cdots,m)$，即最优解一定是可行解。因此，$X^*$ 不仅是 $\varphi(X)$ 的极小解，同时也是原函数 $f(X)$ 的极小解。这样一来，就把约束极值问题转化成无约束极值问题。

用上述方法构造的函数 $\psi(t)$ 在 $t = 0$ 处不连续，更不存在导数。为此，将 $\psi(t)$ 修改为：

$$\psi(t) = \begin{cases} 0 & t \geqslant 0 \\ t^2 & t < 0 \end{cases}$$

修改后的 $\psi(t)$ 在 $t = 0$ 处连续且导数为“0”，而 $\psi(t)$ 及其导数 $\psi'(t)$ 对任何 t 都连续。当 $X \in R$ 时，仍有 $\sum_{i=1}^{m} \psi(g_i(X)) = 0$；当 $X \notin R$ 时，$0 < \sum_{i=1}^{m} \psi(g_i(X)) < +\infty$。取一个充分大的正数 M，将 $\varphi(X)$ 修改为：

$$P(X,M) = f(X) + M\sum_{i=1}^{m} \psi(g_i(X)) \tag{5-30}$$

或

$$P(X,M) = f(X) + M\sum_{i=1}^{m} [\min(0, g_i(X))]$$

从而可使 $\min P(X,M)$ 的解 $X(M)$ 为原问题的极小解或近似极小解。若 $X(M) \in R$，则 $X(M)$ 必定是原问题的极小解。事实上，对于所有的 $X(M) \in R$，都有

$$f(\boldsymbol{X})+M\sum_{i=1}^{m}\psi(g_i(\boldsymbol{X}))=P(\boldsymbol{X},M)\geqslant P(\boldsymbol{X}(M),M)=f(\boldsymbol{X}(M))$$

即当 $\boldsymbol{X}\in R$ 时，有 $f(\boldsymbol{X})\geqslant f(\boldsymbol{X}(M))$。

式（5－30）中的函数 $P(\boldsymbol{X},M)$ 称为**惩罚函数**，第二项 $M\sum_{i=1}^{m}\psi(g_i(\boldsymbol{X}))$ 称为**惩罚项**，M 称为**惩罚因子**。若对于某一惩罚因子 M_1，如果 $\boldsymbol{X}(M_1)\notin R$，就加大惩罚因子的值。随着惩罚因子 M 数值的增加，惩罚函数中的惩罚项所起的作用随之增大，$\min P(\boldsymbol{X},M)$ 的解 $\boldsymbol{X}(M)$ 与约束集 R 的“距离”也就越来越近。当序列“$0<M_1<M_2<\cdots<M_k\cdots$”趋于无穷时，点列 $\{\boldsymbol{X}(M_k)\}$ 就从可行域 R 的外部趋于原问题的极小点 $\boldsymbol{X}_{\min}$，这里假设点列 $\{\boldsymbol{X}(M_k)\}$ 收敛。下面通过例题来展示外点法求解非线性规划的基本步骤。

例 5－17 求解非线性规划

$$\begin{cases}\min f(\boldsymbol{X})=x_1+x_2\\ g_1(\boldsymbol{X})=-x_1^2+x_2\geqslant 0\\ g_2(\boldsymbol{X})=x_1\geqslant 0\end{cases}$$

解 构造惩罚函数

$$P(\boldsymbol{X},M)=x_1+x_2+M\{[\min(0,(-x_1^2+x_2))]^2+[\min(0,x_1)]^2\}$$

$$\frac{\partial P}{\partial x_1}=1+2M[\min(0,(-x_1^2+x_2)(-2x_1))]+2M[\min(0,x_1)]$$

$$\frac{\partial P}{\partial x_2}=1+2M[\min(0,(-x_1^2+x_2))]$$

对于不满足约束条件的点 $\boldsymbol{X}=(x_1,x_2)^{\mathrm{T}}$，可以有 $-x_1^2+x_2<0$ 或 $x_1<0$。

令 $\frac{\partial P}{\partial x_1}=\frac{\partial P}{\partial x_2}=0$，得 $\min P(\boldsymbol{X},M)$ 的解为

$$\boldsymbol{X}(M)=\left[\frac{-1}{2(1+M)},\frac{1}{4(1+M)^2}-\frac{1}{2M}\right]^{\mathrm{T}}$$

取 $M=1,2,3,4$，可得如下结果：

$$M=1,\ \boldsymbol{X}=\left(-\frac{1}{4},-\frac{7}{16}\right)^{\mathrm{T}};\quad M=2,\ \boldsymbol{X}=\left(-\frac{1}{6},-\frac{2}{9}\right)^{\mathrm{T}};$$

$$M=3,\ \boldsymbol{X}=\left(-\frac{1}{8},-\frac{29}{192}\right)^{\mathrm{T}};\quad M=4,\ \boldsymbol{X}=\left(-\frac{1}{10},-\frac{23}{200}\right)^{\mathrm{T}}$$

从此结果可知 $\boldsymbol{X}(M)$ 从 R 的外部逐步逼近 R 的边界，当 M 趋于无穷时，$\boldsymbol{X}(M)$ 趋于原问题的极小解 $\boldsymbol{X}_{\min}=(0,0)^{\mathrm{T}}$，见图 5－18。

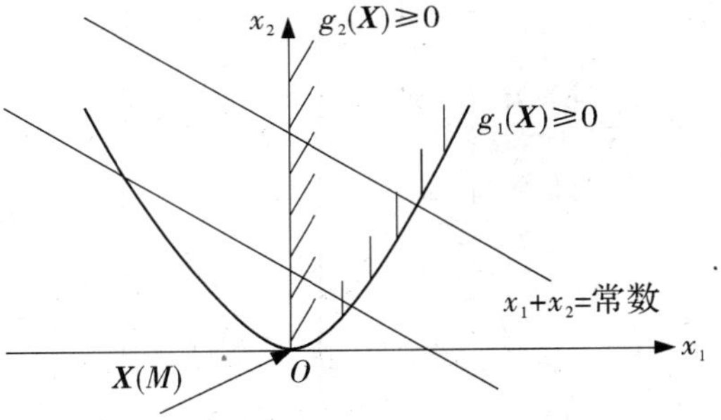

图 5－18 例 5－17 图解示意图

2. 内点法

外点法的最大特点是其初始点可以任意选择（不要求是可行点），这虽然给计算带来了很大的方便，但是如果目标函数 $f(\boldsymbol{X})$ 在可行域外比较复杂，甚至根本没有定义，外点法就无法使用。内点法与外点法不同，它要求迭代过程始终建立在可行的基础之上，即在可行域的内部选取一个初始点，并在可行域的边界上设置一道“屏障”，当迭代过程靠近可行域的边界时，新的目标函数值迅速增大，从而使迭代点始终保持在可行域的内部。

仿照外点法，通过函数叠加的办法改造原有目标函数，使改造后的目标函数（称为**障碍函数**）具有这样的性质：在可行域 R 的内部与边界面较远的点上，障碍函数与原目标函数应尽可能地接近；而在接近边界面的点上，障碍函数取相当大的数值。可以想象，满足这种要求的障碍函数，其极小值自然不会在可行域 R 的边界上达到。这就是说，用障碍函数来代替（近似）原目标函数，并在可行域 R 的内部使其极小化。虽然可行域 R 是一个闭集，但因极小点不在闭集的边界上，因而障碍函数实际上已使约束极值问题转化为无约束极值问题。

根据上述分析，一个约束非线性规划问题，可以转化为下述一系列无约束非线性规划问题：

$$\min_{X \in R_0} \overline{P}(\boldsymbol{X}, r_k)\ ,\ k = 1,2,3,\cdots \tag{5-31}$$

其中

$$\overline{P}(\boldsymbol{X}, r_k) = f(\boldsymbol{X}) + r_k \sum_{i=1}^{m} \frac{1}{g_i(\boldsymbol{X})}\ ,\ r_k > 0 \tag{5-32}$$

或

$$\overline{P}(\boldsymbol{X}, r_k) = f(\boldsymbol{X}) - r_k \sum_{i=1}^{m} \lg(g_i(\boldsymbol{X}))\ ,\ r_k > 0 \tag{5-33}$$

$$R_0 = \{\boldsymbol{X} \mid g_i(\boldsymbol{X}) > 0; i = 1,2,\cdots,m\}$$

式（5-32）和式（5-33）右端第二项称为**障碍项**，r_k 称为**障碍因子**。从障碍项的构成不难看出，在可行域 R 的边缘上，至少有一个 $g_i(\boldsymbol{X}) = 0$，从而有 $\overline{P}(\boldsymbol{X}, r_k)$ 为无穷大。如果从可行域内部的某一点 $\boldsymbol{X}^{(0)}$ 出发，按无约束极小化方法对式（5-31）进行迭代（注意：在进行一维搜索时要适当控制步长，以免迭代跨越 R_0 的边界），则随着 r_k 的逐步减小（$r_1 > r_2 > \cdots > r_k > \cdots > 0$），障碍项所起到的作用也越来越小，因而所求出的 $\min_{X \in R_0} \overline{P}(\boldsymbol{X}, r_k)$ 的解 $\boldsymbol{X}(r_k)$ 也逐步逼近原问题的极小解 $\boldsymbol{X}_{\min}$。若原问题的极小解在可行域的边界上，则随着 r_k 的逐步减小（障碍作用越来越小），所求出的障碍函数极小解不断靠近边界，直到满足某一特定的精度要求。

例 5-18 试用内点法求解

$$\begin{cases} \min f(\boldsymbol{X}) = \dfrac{1}{3}(x_1 + 1)^3 + x_2 \\ g_1(\boldsymbol{X}) = x_1 - 1 \geqslant 0 \\ g_2(\boldsymbol{X}) = x_2 \geqslant 0 \end{cases}$$

解 构造障碍函数

$$\overline{P}(\boldsymbol{X}, r) = \frac{1}{3}(x_1 + 1)^3 + x_2 + \frac{r}{x_1 - 1} + \frac{r}{x_2}$$

$$\frac{\partial \overline{P}}{\partial x_1} = (x_1+1)^2 - \frac{r}{(x_1-1)^2} = 0,\ \frac{\partial \overline{P}}{\partial x_2} = 1 - \frac{r}{x_2^2} = 0$$

求解方程组，可得：

$$x_1(r) = \sqrt{1+\sqrt{r}},\ x_2(r) = \sqrt{r}$$

如此得最优解：

$$\boldsymbol{X}_{\min} = \lim_{r\to 0}(\sqrt{1+\sqrt{r}}, \sqrt{r})^{\mathrm{T}} = (1,0)^{\mathrm{T}}$$

此例可以通过上述解析法进行求解，但并非所有问题都能适用于解析法；如果问题不便用解析法，我们只能采用迭代法来进行求解。

例 5－19 试用内点法求解

$$\begin{cases}\min f(\boldsymbol{X}) = x_1 + x_2 \\ g_1(\boldsymbol{X}) = -x_1^2 + x_2 \geqslant 0 \\ g_2(\boldsymbol{X}) = x_1 \geqslant 0\end{cases}$$

解 采用自然对数构造障碍函数

$$\overline{P}(\boldsymbol{X}, r) = x_1 + x_2 - r\ln(-x_1^2 + x_2) - r\ln(x_1)$$

各步迭代结果列于表 5－6 并绘制于图 5－19 中。

表 5－6 迭代结果汇总表

	r_k	$x_1(r_k)$	$x_2(r_k)$
$k=1$	1.000	0.500	0.125
$k=2$	0.500	0.309	0.595
$k=3$	0.250	0.183	0.283
$k=4$	0.100	0.085	0.107
$k=5$	0.001	0.000	0.000

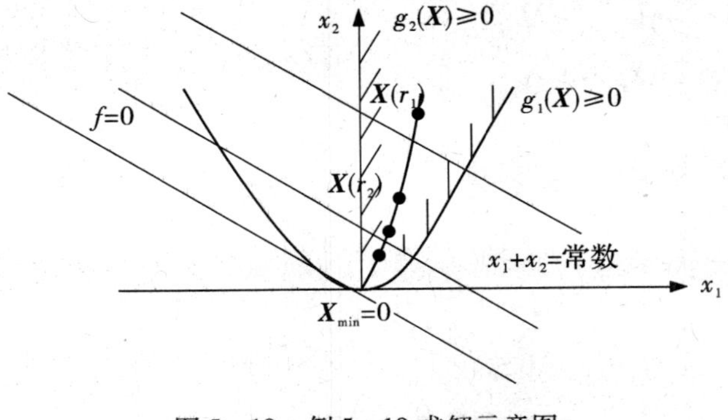

图 5－19 例 5－19 求解示意图

内点法必须从某一内点出发才能开始其迭代过程；如果不能找到某个内点作为初始点，迭代过程就无法开始。求初始内点本身也是一个迭代的过程，这一迭代过程可概括如下：

（1）任取一点 $\boldsymbol{X}^{(0)}$ ，令

$$S_0 = \{i \mid g_i(\boldsymbol{X}^{(0)}) \leqslant 0; i = 1,2,\cdots,m\}$$

$$T_0 = \{i \mid g_i(\boldsymbol{X}^{(0)}) > 0; i = 1,2,\cdots,m\}$$

如果 S_0 为空集，则 $\boldsymbol{X}^{(0)}$ 为初始内点；如果 S_0 为非空，则以 S_0 中的约束函数为虚拟的目标函数，并以 T_0 中的约束函数为障碍项，构成一个无约束极值问题，对这一问题进行极小化，可得一个新的点 $\boldsymbol{X}^{(1)}$ 。然后检验 $\boldsymbol{X}^{(1)}$，若仍然不是内点，减小障碍因子 r 继续迭代，直到求得一个内点 $\boldsymbol{X}^{(k)}$ 为止。

（2）指定下标集 S_k 及 T_k ，即

$$S_k = \{i \mid g_i(\boldsymbol{X}^{(k)}) \leqslant 0; i = 1,2,\cdots,m\}$$

$$T_k = \{i \mid g_i(\boldsymbol{X}^{(k)}) > 0; i = 1,2,\cdots,m\}$$

（3）构造函数

$$\overline{P}(\boldsymbol{X},r_k) = -\sum_{i\in S_k} g_i(\boldsymbol{X}) + r_k \sum_{i\in T_k} \frac{1}{g_i(\boldsymbol{X})}, r_k > 0$$

以 $\boldsymbol{X}^{(k)}$ 为初始点，在保持对集合 $\overline{R}_k = \{\boldsymbol{X} \mid g_i(\boldsymbol{X}) > 0, i \in T_k\}$ 可行的情况下，极小化 $\overline{P}(\boldsymbol{X},r_k)$ 。即在 $\boldsymbol{X} \in \overline{R}_k$ 的情况下，求 $\min\overline{P}(\boldsymbol{X},r_k)$ 。作为极小化 $\overline{P}(\boldsymbol{X},r_k)$ 的结果，我们可以得到一个新的内点 $\boldsymbol{X}^{(k+1)}$，即 $\boldsymbol{X}^{(k+1)} \in \overline{R}_k$ 。

令 $0 < r_{k+1} < r_k$（如取 $r_{k+1} = \frac{1}{10}r_k$），重复上述迭代过程，直到得到一个满足收敛准则的内点。判断内点的收敛性通常采用如下准则：

$$r_k \sum_{i=1}^{m} \frac{1}{g_i(\boldsymbol{X}^{(k)})} \leqslant \varepsilon \quad 或 \quad \left| r_k \sum_{i=1}^{m} \lg(g_i(\boldsymbol{X}^{(k)})) \right| \leqslant \varepsilon$$

如果满足准则，内点 $\boldsymbol{X}^{(k)}$ 为原问题的极小解或近似极小解。

思考题 5

1. 判断函数的凸凹性

(1) $f(\boldsymbol{X}) = (4 - x)^3$, $x \leqslant 4$;

(2) $f(\boldsymbol{X}) = x_1^2 + 2x_1x_2 + 3x_2^2$;

(3) $f(\boldsymbol{X}) = x_1x_2$

2. 判断非线性规划是否为凸规划

（1） $\max f(\boldsymbol{X}) = x_1 + 2x_2$

$x_1^2 + x_2^2 \leqslant 9$; $x_2 \geqslant 0$

（2） $\max f(\boldsymbol{X}) = x_1^2 + x_2^2 - 2x_1 + x_1x_2 + 1$

$$\begin{cases} g_1(\boldsymbol{X}) = 3x_1 + 5x_2 - 4 \geqslant 0 \\ g_2(\boldsymbol{X}) = 3x_1^2 + x_2^2 - 12x_1x_2 - 8x_2 + 10 \geqslant 0 \\ x_1, x_2 \geqslant 0 \end{cases}$$

3. 用斐波那契法求函数 $f(\boldsymbol{X}) = -3x^2 + 21.6x + 1$ 在区间 [0,25] 上的极大点，要求缩短后的区间长度不大于原区间长度的 8%。

4. 用黄金分割法求函数 $f(\boldsymbol{X}) = x^4 - 15x^3 + 72x^2 - 135x$ 的极小值，初始的搜索区间为

$x \in [1,15]$，要求 $|f(x_n)-f(x_{n-1})| \leqslant 0.5$ 。

5. 试计算下述函数的梯度和海赛矩阵

(1) $f(\boldsymbol{X}) = x_1^2 + x_2^2 + x_3^2$ ；　　(2) $f(\boldsymbol{X}) = \ln(x_1^2 + x_1x_2 + x_2^2)$

(3) $f(\boldsymbol{X}) = 3x_1x_2^2 + 4e^{x_1x_2}$ ；　　(4) $f(\boldsymbol{X}) = x_1^{x_2} + \ln(x_1x_2)$

6. 试用梯度法（最速下降法）求函数 $f(\boldsymbol{X}) = 4x_1 + 6x_2 - 2x_1^2 - 2x_1x_2 - 2x_2^2$ 的极大点，初始点 $\boldsymbol{X}^{(0)} = (1,1)^{\mathrm{T}}$，允许误差 $\varepsilon = 0.02$ 。

7. 试用梯度法求函数 $f(\boldsymbol{X}) = 36 - 9(x_1-6)^2 - 4(x_2-6)^2$ 的极大点。要求迭代两步，并且每次迭代都使目标函数值的增加率约为 10%（注：为满足此要求，可取步长 $\lambda_k = \dfrac{1}{10} \times \dfrac{|f(\boldsymbol{X}^{(k)})|}{\nabla f(\boldsymbol{X}^{(k)})^{\mathrm{T}} \nabla f(\boldsymbol{X}^{(k)})}$ ），初始点 $\boldsymbol{X}^{(0)} = (7,9)^{\mathrm{T}}$。

8. 用牛顿法求解 $\max f(\boldsymbol{X}) = \dfrac{1}{x_1^2 + x_2^2 + 2}$ ，初始点 $\boldsymbol{X}^{(0)} = (4,0)^{\mathrm{T}}$，分别用最佳步长和固定步长 $\lambda = 1.0$ 进行计算。

9. 用变尺度法求解 $\min f(\boldsymbol{X}) = (x_1-2)^2 + (x_1-2x_2)^2$ ，初始点 $\boldsymbol{X}^{(0)} = (0,3)^{\mathrm{T}}$，要求近似极小点梯度的模不大于 0.5 。

10. 试写出下述非线性规划问题的 K-T 条件并根据这些条件求解。

(1) $\max f(\boldsymbol{X}) = \ln(x_1 + x_2)$

$$\begin{cases} x_1 + 2x_2 \leqslant 5 \\ x_1 \geqslant 0 \\ x_2 \geqslant 0 \end{cases}$$

(2) $\min f(\boldsymbol{X}) = x_1^2 + x_2^2 + x_3^2$

$$\begin{cases} 5 - 2x_1 - x_2 \geqslant 0 \\ 2 - x_1 - x_3 \geqslant 0 \\ x_1 - 1 \geqslant 0 \\ x_2 - 2 \geqslant 0 \\ x_3 \geqslant 0 \end{cases}$$

11. 试用 K-T 条件求解下述非线性规划问题

(1) $\min f(\boldsymbol{X}) = x_1$

$$\begin{cases} (1-x_1)^3 - x_2 \geqslant 0 \\ x_1 \geqslant 0 \\ x_2 \geqslant 0 \end{cases}$$

(2) $\min f(\boldsymbol{X}) = (x_1-3)^2 + (x_2-3)^2$

$$\begin{cases} 4 - x_1 - x_2 \geqslant 0 \\ x_1 \geqslant 0,\ x_2 \geqslant 0 \end{cases}$$

12. 求解二次规划

$$\max f(\boldsymbol{X}) = 5x_1 + x_2 - (x_1 - x_2)^2$$

$$\begin{cases} x_1 + x_2 \leqslant 2 \\ x_1, x_2 \geqslant 0 \end{cases}$$

13. 二次规划

$$\max f(\boldsymbol{X}) = 4x_1 - x_1^2 + 8x_2 - x_2^2$$
$$\begin{cases} x_1 + x_2 \leqslant 2 \\ x_1, x_2 \geqslant 0 \end{cases}$$

(1) 用 K-T 条件求解；

(2) 写出等价的线性规划问题并求解。

14. 试用可行方向法求解非线性规划，初始点 $\boldsymbol{X}^{(0)} = (0, 0)^{\mathrm{T}}$，迭代两步。

$$\begin{cases} \min f(\boldsymbol{X}) = x_1^2 + x_2^2 - 4x_1 - 4x_2 + 8 \\ x_1 + 2x_2 - 4 \leqslant 0 \end{cases}$$

15. 试用可行方向法求解非线性规划，初始点 $\boldsymbol{X}^{(0)} = (0, 0.75)^{\mathrm{T}}$，迭代两步。

$$\begin{cases} \min f(\boldsymbol{X}) = 2x_1^2 + 2x_2^2 - 2x_1x_2 - 4x_1 - 6x_2 \\ x_1 + 5x_2 \leqslant 5 \\ 2x_1 - x_2 \leqslant 0 \\ x_1, x_2 \geqslant 0 \end{cases}$$

16. 用内点法求解下述非线性规划问题

(1) $$\begin{cases} \min f(\boldsymbol{X}) = (x_1 - 2)^4 + (x_1 - 2x_2)^2 \\ x_1^2 - x_2 \leqslant 0 \end{cases}$$

(2) $$\begin{cases} \min f(\boldsymbol{X}) = x_1^2 - 6x_1 + 2x_2 + 9 \\ x_1 \geqslant 3, x_2 \geqslant 3 \end{cases}$$

(3) $$\begin{cases} \min f(\boldsymbol{X}) = \dfrac{(x_1 + 1)^3}{3} + x_2 \\ x_1 \geqslant 1, x_2 \geqslant 0 \end{cases}$$

17. 用外点法求解下述非线性规划问题

(1) $$\begin{cases} \min f(\boldsymbol{X}) = (x_1 - 2)^4 + (x_1 - 2x_2)^2 \\ x_1^2 - x_2 \leqslant 0 \end{cases}$$

(2) $$\begin{cases} \max f(\boldsymbol{X}) = -x_1^2 + 4x_1 - x_2^2 + 9x_2 - 2x_3^2 + 10x_3 - \dfrac{1}{2}x_2x_3 \\ 4x_1 + 2x_2 + x_3 \leqslant 10 \\ 2x_1 + 4x_2 + x_3 \leqslant 20 \\ x_1 \geqslant 1, x_2 \geqslant 0, x_3 \geqslant 0 \end{cases}$$

18. 悍马发动机制造公司向用户交付产品，按合同规定，其交货时间和数量是：第一季度末交付 40 台，第二季度末交付 60 台，第三季度末交付 80 台。公司的最大生产能力为每季度 100 台，每季度的生产费用（万元）是 $f(x) = 50x + 0.2x^2$（x 为本季度生产发动机的台数）。若公司生产的产品不能在当季交付，可延移到下个季度交付，但公司需要消耗一定数量的存贮费，假设每台发动机每季的存贮费为 400 元。试问该公司每季应生产多少台发动机，才能在满足交货合同的前提下，使公司所消耗的费用最小。假设第一季度开始时发动机无存货，要求建立数学模型并用 K-T 条件来求解。

6 动态规划

规划问题的最终目的就是确定各决策变量的取值，以使目标函数达到极值。在线性规划和非线性规划中，决策变量都是以集合的形式被一次性处理的。然而，有时我们也会面对决策变量需分期、分批处理的多阶段决策问题。多阶段决策问题的求解过程可以分解为若干个互相联系的阶段，在每一阶段分别对应着一组可供选取的决策集合，即每个阶段都需要进行一次决策的决策问题。

各个阶段的决策综合起来便构成一个决策序列，这样的决策序列称为策略。显然，由于各个阶段选取的决策不同，对应整个过程可以有一系列不同的策略。当过程采取某个具体策略时，相应可以得到一个确定的效果，采取不同的策略，就会得到不同的效果。多阶段的决策问题，就是要在所有可能采取的策略中选取一个最优的策略，以便得到最佳的效果。

动态规划（dynamic programming）是一种求解多阶段决策问题的系统技术，可以说它横跨整个规划领域（线性规划和非线性规划）。动态规划不像线性规划那样有一个标准的数学表达式和明确定义的一组规则，它必须对具体问题进行具体的分析处理。由于多阶段决策问题各阶段的划分具有明显的时序性，动态规划的“动态”二字正是由此而来。动态规划的主要创始人是美国数学家贝尔曼（Bellman）。20 世纪 40 年代末 50 年代初，当时在兰德公司（Rand Corporation）从事研究工作的贝尔曼首先提出了动态规划的概念。1957 年贝尔曼出版了他的第一部著作《动态规划》，从而奠定了动态规划的理论基础。1961 年贝尔曼出版了他的第二部著作，并于 1962 年同杜瑞佛思（Dreyfus）合作出版了第三部著作。在贝尔曼及其助手致力于发展和推广这一技术的同时，其他一些学者也对动态规划的发展做出了重要贡献，其中最值得一提的是爱尔思（Aris）和梅特顿（Mitten）。爱尔思先后于 1961 年和 1964 年出版了两部关于动态规划的著作，并于 1964 年同尼母霍思尔（Nemhauser）、威尔德（Wild）一道创建了处理分枝、循环性多阶段决策系统的一般性理论。梅特顿提出了许多对动态规划后来发展有着重要意义的基础性观点，并对明晰动态规划路径的数学性质做出了巨大贡献。

动态规划解决了线性规划和非线性规划无法处理的多阶段决策和离散变量问题，其在工程技术、经济管理等各个领域都有着广泛的应用。动态规划可以按照不同的标准进行分类，本书采用两种标准：其一，按照决策过程的演变是否确定，分为**确定动态规划**和**随机动态规划**；其二，按照决策变量的取值是否连续，分为**连续动态规划**和**离散动态规划**。

6.1 动态规划的基本理论

6.1.1 多阶段决策过程的基本概念

有这样一类活动过程，其整个过程可分为若干相互联系的阶段，每一阶段都要做出相应的决策，以使整个过程达到最佳的活动效果。任何一个阶段（stage，即决策点）都是由输入（input）、决策（decision）、状态转移律（transformation function）和输出（output）构成的，如图 6－1a 所示。其中，输入和输出也称为状态（state），输入称为输入状态，输出称为输出状态。

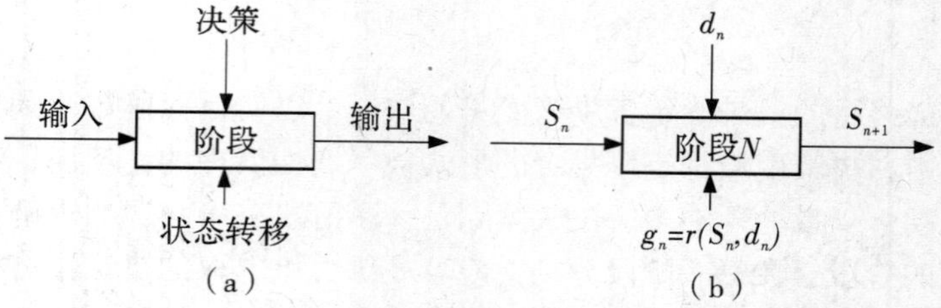

图 6－1　多阶段决策问题的阶段示意图

由于每一阶段都有一个决策，所以每一阶段都应存在一个衡量决策效益大小的指标函数，这一指标函数称为**阶段指标函数**，用 g_n 表示。显然 g_n 是状态变量 S_n 和决策变量 d_n 的函数，即 $g_n = r(S_n, d_n)$，如图 6－1b 所示。显然，输出是输入和决策的函数，即

$$S_{n+1} = f(S_n, d_n) \tag{6-1}$$

式（6－1）即为状态转移律。在由 N 个阶段构成的过程里，前一个阶段的输出即为后一个阶段的输入。

1．阶段（stage）

阶段是过程中需要做出决策的决策点。描述阶段的变量称为阶段变量，常用 k 来表示。阶段一般是根据时间和空间的自然特征来划分的，但要便于将问题的过程转化为多阶段决策的过程。对于具有 N 个阶段的决策过程，其阶段变量 $k = 1, 2, \cdots, N$。

2．状态（state）

状态表示每个阶段开始所处的自然状况或客观条件，它描述了研究问题过程的状况。状态既反映前面各阶段系列决策的结局，又是本阶段决策的一个出发点和依据；它是各阶段信息的传递点和结合点。

各阶段的状态通常用状态变量 S_k 来描述。作为状态应具有这样的性质：如果某阶段状态给定后，则该阶段以后过程的发展不受此阶段以前各阶段状态的影响。换句话说，过程的历史只能通过当前的状态来影响未来，当前的状态是以往历史的一个总结。这个性质称为**无后效性**（the future is independent of the past）或**健忘性**（the process is forgetful）。

3．决策（decision）

决策是指决策者在所面临的若干个方案中做出的选择。决策变量 d_k 表示第 k 阶段的决策。决策变量 d_k 的取值会受到状态 S_k 的某种限制，用 $D_k(S_k)$ 表示第 k 阶段状态为 S_k 时决策变量允许的取值范围，称为**允许决策集合**，因而有 $d_k(S_k) \in D_k(S_k)$。

4．状态转移律（transformation function）

状态转移律是确定由一个状态到另一状态演变过程的方程，这种演变的对应关系记为 $S_{k+1} = T_k(S_k, d_k)$。

5．策略（policy）与子策略（sub-policy）

由所有阶段决策所组成的一个决策序列称为一个策略，具有 N 个阶段的动态规划问题

的策略可表示为 $\{d_1(S_1), d_2(S_2), \cdots, d_N(S_N)\}$ 。

从某一阶段开始到过程终点为止的一个决策子序列，称为**过程子策略或子策略**。从第 k 个阶段起的一个子策略可表示为 $\{d_k(S_k), d_{k+1}(S_{k+1}), \cdots, d_N(S_N)\}$ 。

6. 指标函数

指标函数有**阶段指标函数**和**过程指标函数**之分。阶段指标函数是对应某一阶段决策的效率度量，用 $g_k = r(S_k, d_k)$ 来表示；过程指标函数是用来衡量所实现过程优劣的数量指标，是定义在全过程（策略）或后续子过程（子策略）上的一个数量函数，从第 k 个阶段起的一个子策略所对应的过程指标函数常用 $G_{k,N}$ 来表示，即

$$G_{k,N} = R(S_k, d_k, S_{k+1}, d_{k+1}, \cdots, S_N, d_N) \quad (6-2)$$

构成动态规划的过程指标函数，应具有可分性并满足递推关系，即

$$G_{k,N} = g_k \oplus G_{k+1,N} \quad (6-3)$$

这里的 $\oplus$ 表示某种运算，常见的运算关系有如下两种：

（1）过程指标函数是其所包含的各阶段指标函数的“和”，即 $G_{k,N} = \sum_{j=k}^{N} g_j$ ，于是式（6-3）可具体表达为

$$G_{k,N} = g_k + G_{k+1,N} \quad (6-4)$$

（2）过程指标函数是其所包含的各阶段指标函数的“积”，即 $G_{k,N} = \prod_{j=k}^{N} g_j$ ，于是式（6-3）可具体表达为

$$G_{k,N} = g_k \times G_{k+1,N} \quad (6-5)$$

7. 最优指标函数

从第 k 个阶段起的最优子策略所对应的过程指标函数称为最优指标函数，可用式（6-6）表示：

$$f_k(S_k) = \underset{d_{k \sim N}}{\text{opt}} \{g_k \oplus g_{k+1} \oplus \cdots \oplus g_N\} \quad (6-6)$$

其中 opt 是最优化“optimization”的缩写，可根据题意取最大（max）或最小（min）。在不同的问题中，指标函数的含义可能是不同的，它可能是距离、利润、成本、产量或某种资源量等。

6.1.2 动态规划的数学模型

动态规划的数学模型除包括式（6-6）外，还包括阶段的划分、各阶段的状态变量和决策变量的选取、允许决策集合和状态转移律的确定等。如何获得最优指标函数呢？一个 N 阶段的决策过程，具有如下一些特性：

（1）刚好有 N 个决策点；

（2）对阶段 k 而言，除了其所处的状态 S_k 和所选择的决策 d_k 外，再没有任何其他因素影响决策的最优性；

（3）阶段 k 仅影响阶段 $k+1$ 的决策，这一影响是通过 S_{k+1} 来实现的；

（4）贝尔曼最优化原理，即在最优策略的任意一阶段上，无论过去的状态和决策如何，对过去决策所形成的当前状态而言，余下的诸决策必须构成最优子策略。

根据贝尔曼最优化原理，可将式（6-6）表示为如下递推最优指标函数关系式：

$$f_k(S_k) = \underset{d_{k\sim N}}{\text{opt}}\{g_k \oplus g_{k+1} \oplus \cdots \oplus g_N\} = \underset{d_k}{\text{opt}}\{g_k + f_{k+1}(S_{k+1})\} \quad (6-7)$$

$$f_k(S_k) = \underset{d_{k\sim N}}{\text{opt}}\{g_k \oplus g_{k+1} \oplus \cdots \oplus g_N\} = \underset{d_k}{\text{opt}}\{g_k \times f_{k+1}(S_{k+1})\} \quad (6-8)$$

利用式（6-7）和式（6-8）可表示出最后一个阶段（第 N 个阶段，即 $k = N$）的最优指标函数：

$$f_N(S_N) = \underset{d_N}{\text{opt}}\{g_N + f_{N+1}(S_{N+1})\} \quad (6-9)$$

$$f_N(S_N) = \underset{d_N}{\text{opt}}\{g_N \times f_{N+1}(S_{N+1})\} \quad (6-10)$$

其中，$f_{N+1}(S_{N+1})$ 称为**边界条件**。一般情况下，第 N 阶段的输出状态 S_{N+1} 已经不再影响本过程的策略，即式（6-9）的边界条件 $f_{N+1}(S_{N+1}) = 0$，式（6-10）的边界条件 $f_{N+1}(S_{N+1}) = 1$。但当问题第 N 阶段的输出状态 S_{N+1} 对本过程的策略产生某种影响时，边界条件 $f_{N+1}(S_{N+1})$ 就要根据问题的具体情况取适当的值，这一情况将在后续例题中加以反映。

已知边界条件 $f_{N+1}(S_{N+1})$，利用式（6-9）或式（6-10）即可求得最后一个阶段的最优指标函数 $f_N(S_N)$；有了 $f_N(S_N)$，继续利用式（6-7）或式（6-8）即可求得最后两个阶段的最优指标函数 $f_{N-1}(S_{N-1})$；有了 $f_{N-1}(S_{N-1})$，进一步又可求得最后三个阶段的最优指标函数 $f_{N-2}(S_{N-2})$；如此反复递推下去，最终即可求得全过程 N 个阶段的最优指标函数 $f_1(S_1)$，从而使问题得到解决。由于上述最优指标函数的构建是按阶段的逆序从后向前进行的，所以也称为动态规划的**逆序算法**。

逆序算法具有两个显著的优点：第一，求解更容易，效率更高。动态规划方法是一种逐步改善法，它把原问题化成一系列结构相似的最优化子问题，而每个子问题的变量个数比原问题少得多，约束集合也简单得多，故较易确定最优解。第二，解的信息更丰富。非线性规划（或线性规划）的方法是对问题的整体进行一次性求解，因此只能得到全过程的解；而动态规划方法是将过程分解成多个阶段进行求解，不仅可以得到全过程的解，同时还可以得到所有子过程的解。

逆序算法在具有显著优点的同时，也存在一些明显的缺点：第一，没有一个统一的标准模型。由于实际问题不同，其动态规划模型也就各有差异，模型构建存在一定困难。第二，应用条件苛刻。由于构造动态规划模型状态变量必须满足“无后效性”条件，这一条件不仅依赖于状态转移律，还依赖于允许决策集合和指标函数的结构，不少实际问题在取其自然特征作为状态变量时并不满足这一条件，这就降低了动态规划的通用性。第三，状态变量存在“维数障碍”。最优指标函数 $f_k(S_k)$ 是状态变量的函数，当状态变量的维数增加时，最优指标函数的计算量将呈指数级增长。因此，无论是手工计算还是电算“维数障碍”都是无法完全克服的。

6.2 确定性动态规划

确定性动态规划问题即阶段的输出状态是完全由其输入状态和决策所决定的动态规划问题。确定性动态规划解决的问题可能包含经济管理的方方面面，可以是最短路线问题，可以是资源配置问题，也可以是其他的规划优化问题。

6.2.1 最短路问题

例 6-1 美国黑金石油公司（The Black Gold Petroleum Company）最近在阿拉斯加（Alaska）的北斯洛波（North Slope）发现了大的石油储量。为了大规模开发这一油田，首先必须建立相应的输运网络，使北斯洛波生产的原油能运至美国的三个装运港之一。在油田的集输站（结点 C）与装运港（结点 P_1、P_2、P_3）之间需要若干个中间站，中间站之间的联通情况如图 6-2 所示，图中线段上的数字代表两站之间的距离（单位：10km）。试确定一最佳的输运线路，使原油的输送距离最短。

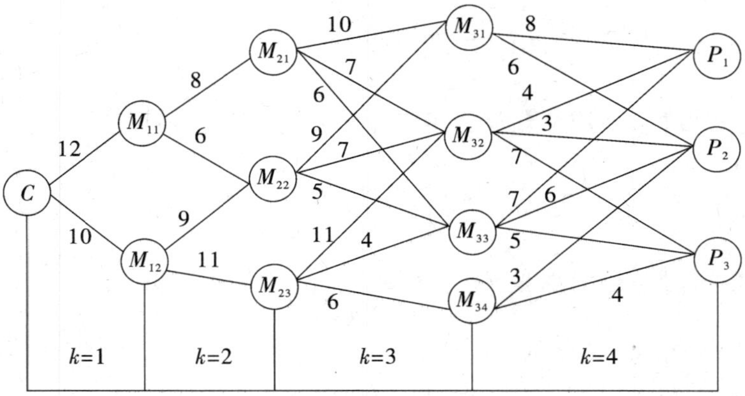

图 6-2 原油运输管网示意图

解 最短路线有一个重要性质，即如果由起点 A 经过 B 点和 C 点到达终点 D 是一条最短路线，则由 B 点经 C 点到达终点 D 一定是 B 到 D 的最短路（贝尔曼最优化原理）。此性质用反证法容易证明，因为如果不是这样，则从 B 点到 D 点有另一条距离更短的路线存在，不妨假设为 $B—P—D$，从而可知路线 $A—B—P—D$ 比原路线 $A—B—C—D$ 距离短，这与原路线 $A—B—C—D$ 是最短路线相矛盾，性质得证。

根据最短路线的这一性质，寻找最短路线的方法就是从最后阶段开始，由后向前逐步递推求出各点到终点的最短路线，最后求得由始点到终点的最短路线；即动态规划的方法是从终点逐段向始点方向寻找最短路线的一种方法。按照动态规划的方法，将此过程划分为 4 个阶段，即阶段变量 $k = 1,2,3,4$；取过程在各阶段所处的位置为状态变量 S_k，按逆序算法求解。

当 $k = 4$ 时，

由结点 M_{31} 到达目的地有两条路线可以选择，即选择 P_1 或 P_2，故

$$f_4(S_4 = M_{31}) = \min\begin{Bmatrix}8\\6\end{Bmatrix} = 6 \text{，选择 } P_2$$

由结点 M_{32} 到达目的地有 P_1、P_2 或 P_3 三条路线可以选择，故

$$f_4(S_4 = M_{32}) = \min\begin{Bmatrix}4\\3\\7\end{Bmatrix} = 3 \text{，选择 } P_2$$

由结点 M_{33} 到达目的地也有 P_1、P_2 或 P_3 三条路线可以选择，故

$$f_4(S_4 = M_{33}) = \min\begin{Bmatrix}7\\6\\5\end{Bmatrix} = 5\text{，选择 }P_3$$

由结点 M_{34} 到达目的地有 P_2 或 P_3 两条路线可以选择，故

$$f_4(S_4 = M_{34}) = \min\begin{Bmatrix}3\\4\end{Bmatrix} = 3\text{，选择 }P_2$$

当 $k = 3$ 时，

由结点 M_{21} 到达下一阶段有 M_{31}、M_{32} 或 M_{33} 三条路线可以选择，故

$$f_3(S_3 = M_{21}) = \min\begin{Bmatrix}10+6\\7+3\\6+5\end{Bmatrix} = 10\text{，选择 }M_{32}$$

由结点 M_{22} 到达下一阶段也有 M_{31}、M_{32} 或 M_{33} 三条路线可以选择，故

$$f_3(S_3 = M_{22}) = \min\begin{Bmatrix}9+6\\7+3\\5+5\end{Bmatrix} = 10\text{，选择 }M_{32}\text{ 或 }M_{33}$$

由结点 M_{23} 到达下一阶段也有 M_{32}、M_{33} 或 M_{34} 三条路线可以选择，故

$$f_3(S_3 = M_{23}) = \min\begin{Bmatrix}11+3\\4+5\\6+3\end{Bmatrix} = 9\text{，选择 }M_{33}\text{ 或 }M_{34}$$

当 $k = 2$ 时，

由结点 M_{11} 到达下一阶段有 M_{21} 或 M_{22} 两条路线可以选择，故

$$f_2(S_2 = M_{11}) = \min\begin{Bmatrix}8+10\\6+10\end{Bmatrix} = 16\text{，选择 }M_{22}$$

由结点 M_{12} 到达下一阶段也有 M_{22} 或 M_{23} 两条路线可以选择，故

$$f_2(S_2 = M_{12}) = \min\begin{Bmatrix}9+10\\11+9\end{Bmatrix} = 19\text{，选择 }M_{22}$$

当 $k = 1$ 时，

由结点 C 到达下一阶段有 M_{11} 或 M_{12} 两条路线可以选择，故

$$f_1(S_1 = C) = \min\begin{Bmatrix}12+16\\10+19\end{Bmatrix} = 28\text{，选择 }M_{11}$$

从而通过顺序（计算的反顺序）追踪可以得到两条最佳的输运线路：

$$C—M_{11}—M_{22}—M_{32}—P_2$$

$$C—M_{11}—M_{22}—M_{33}—P_3$$

将最佳的输运线路上的各段路程相加，即可求得最短的输送距离是280km。

6.2.2 资源分配问题

所谓资源分配问题，就是将一定数量的一种或若干种资源（如原材料、机器设备、资金、劳动力等）恰当地分配给若干个使用者，以使资源得到最有效的利用。设有 m 种资源，总量分别为 $b_i(i = 1,2,\ldots,m)$，用于生产 n 种产品，若用 x_{ij} 代表用于生产第 j 种产品

的第 i 种资源的数量（$j=1,2,\ldots,n$），则生产第 j 种产品的收益是其所获得的各种资源数量的函数，此函数可以表示为 $g_j=f(x_{1j},x_{2j},\cdots,x_{mj})$。由于总收益是 n 种产品收益的和，此问题可用模型来描述：

$$\begin{cases}\max z=\sum_{j=1}^{n}g_j \\ \sum_{j=1}^{n}x_{ij}=b_i \quad (i=1,2,\cdots,m) \\ x_{ij}\geqslant 0 \quad (i=1,2,\cdots,m;j=1,2,\cdots,n)\end{cases} \tag{6-11}$$

若 x_{ij} 是连续变量，当 $g_j=f(x_{1j},x_{2j},\cdots,x_{mj})$ 是线性函数时，该模型是线性规划模型；当 $g_j=f(x_{1j},x_{2j},\cdots,x_{mj})$ 是非线性函数时，该模型是非线性规划模型。若 x_{ij} 是离散变量或（和）$g_j=f(x_{1j},x_{2j},\cdots,x_{mj})$ 是离散函数时，此模型用线性规划或非线性规划来求解都是非常麻烦的。然而在此情况下，由于这类问题的特殊结构，可以将它看成一个多阶段决策问题，并利用动态规划的递推关系来求解。

设状态变量 S_k 表示分配于从第 k 个阶段至过程最终（第 N 个阶段）的资源数量，即第 k 个阶段初资源的拥有量，也就是资源总量；决策变量 x_k 表示第 k 个阶段资源的分配量。于是，有状态转移方程：$S_{k+1}=S_k-x_k$，允许决策集合：$D_k(S_k)=\{x_k \mid 0\leqslant x_k\leqslant S_k\}$，边界条件 $f_{N+1}(S_{N+1})=0$，以及最优指标函数（动态规划的逆序递推关系式）式：

$$f_k(S_k)=\max_{0\leqslant x_k\leqslant S_k}\{g_k(x_k)+f_{k+1}(S_{k+1})\} \quad (k=N,N-1,N-2,\cdots,1) \tag{6-12}$$

利用这一递推关系式，最后求得的 $f_1(S_1)$ 即为所求问题的最大总收益，下面来看一个具体的案例。

例 6-2 离散决策变量资源分配问题

某公司拟将 500 万元的资本投入所属的甲、乙、丙三个工厂进行技术改造，假设投资必须以百万元为单位，各工厂获得投资后年利润将有相应的增长，增长额如表 6-1 所示。试确定 500 万元资本的分配方案，以使公司总的年利润增长额最大。

表 6-1 投资与利润增长数据表 （单位：百万元）

投资额	1	2	3	4	5
甲	0.3	0.7	0.9	1.2	1.3
乙	0.5	1.0	1.1	1.1	1.1
丙	0.4	0.6	1.1	1.2	1.2

解 将问题按工厂分为三个阶段 $k=1,2,3$，设状态变量 S_k（$k=1,2,3$）代表从第 k 个工厂到第 3 个工厂的投资额，决策变量 x_k 代表第 k 个工厂的投资额。于是，有状态转移率 $S_{k+1}=S_k-x_k$，边界条件 $f_4(S_4)=0$，允许决策集合 $D_k(S_k)=\{x_k \mid 0\leqslant x_k\leqslant S_k\}$ 和递推关系式 $f_k(S_k)=\max_{0\leqslant x_k\leqslant S_k}\{g_k(x_k)+f_{k+1}(S_k-x_k)\}$ $(k=3,2,1)$。

当 $k=3$ 时，$f_3(S_3)=\max_{0\leqslant x_3\leqslant S_3}\{g_3(x_3)+0\}=\max_{0\leqslant x_3\leqslant S_3}\{g_3(x_3)\}$，于是有表 6-2，其中表 6-2 中 x_3^* 表示第三个阶段的最优决策。

表 6-2　$k=3$ 时投资与利润计算表　（单位：百万元）

S_3	0	1	2	3	4	5
x_3^*	0	1	2	3	4	5
$f_3(S_3)$	0	0.4	0.6	1.1	1.2	1.2

当 $k=2$ 时，$f_2(S_2)=\max\limits_{0\leqslant x_2\leqslant S_2}\{g_2(x_2)+f_3(S_2-x_2)\}$，于是有表 6-3。

表 6-3　$k=2$ 时投资与利润计算表　（单位：百万元）

S_2 \ x_2	$g_2(x_2)+f_3(s_2-x_2)$ 0	1	2	3	4	5	$f_2(S_2)$	x_2^*
0	0+0						0	0
1	0+0.4	0.5+0					0.5	1
2	0+0.6	0.5+0.4	1.0+0				1.0	2
3	0+1.1	0.5+0.6	1.0+0.4	1.1+0			1.4	2
4	0+1.2	0.5+1.1	1.0+0.6	1.1+0.4	1.1+0		1.6	1，2
5	0+1.2	0.5+1.2	1.0+1.1	1.1+0.6	1.1+0.4	1.1+0	2.1	2

当 $k=1$ 时，$f_1(S_1)=\max\limits_{0\leqslant x_1\leqslant S_1}\{g_1(x_1)+f_2(S_1-x_1)\}$，于是有表 6-4。

表 6-4　$k=1$ 时投资与利润计算表　（单位：百万元）

S_1 \ x_1	$g_1(x_1)+f_2(s_1-x_1)$ 0	1	2	3	4	5	$f_1(S_1)$	x_1^*
5	0+2.1	0.3+1.6	0.7+1.4	0.9+1.0	1.2+0.5	1.3+0	2.1	0，2

然后按计算表格的顺序反推算，可知最优分配方案有两个，年利润将增长 210 万元：

（1）甲工厂投资 200 万元，乙工厂投资 200 万元，丙工厂投资 100 万元；

（2）甲工厂没有投资，乙工厂投资 200 万元，丙工厂投资 300 万元。

例 6-3　连续决策变量资源分配问题

某种机器可在高低两种不同的负荷下进行生产，设机器在高负荷下生产的产量（件）函数为 $g_1=8x$，其中 x 为投入高负荷生产的机器数量，年度完好率 $\alpha=0.7$（年底的完好设备数等于年初完好设备数的70%）；低负荷下生产的产量（件）函数为 $g_2=5y$，其中 y 为投入低负荷生产的机器数量，年度完好率 $\beta=0.9$。假定开始生产时完好的机器数量为 1000 台，试问每年应如何安排机器在高、低负荷下的生产，才能使 5 年生产的产品总量最多？

解　设阶段 k 表示年度（$k=1,2,3,4,5$）；状态变量 S_k 为第 k 年度初拥有的完好机器数量（同时也是第 $k-1$ 年度末时的完好机器数量）。决策变量 x_k 为第 k 年度分配在高负荷下生产的机器数量，于是 S_k-x_k 为该年度分配在低负荷下生产的机器数量。这里的 S_k 和 x_k 均为连续变量，它们的非整数值可以这样理解：如 $S_k=0.6$ 就表示一台机器在第 k 年度中正常工作时间只占全部时间的60%；$x_k = 0.3$ 就表示一台机器在第 k 年度中只有30%的工作时间在高负荷下运转。状态转移方程为：

$$S_{k+1} = \alpha x_k + \beta(S_k - x_k) = 0.7x_k + 0.9(S_k - x_k) = 0.9S_k - 0.2x_k$$

允许决策集合：

$$D_k(S_k) = \{x_k \mid 0 \leqslant x_k \leqslant S_k\}$$

设阶段指标 $Q_k(S_k, x_k)$ 为第 k 年度的产量，则

$$Q_k(S_k, x_k) = 8x_k + 5(S_k - x_k) = 5S_k + 3x_k$$

过程指标是阶段指标的和，即

$$Q_{k\sim5} = \sum_{j=k}^{5} Q_j$$

令最优值函数 $f_k(S_k)$ 表示从资源量 S_k 出发，采取最优子策略所生产的产品总量，因而有逆推关系式：

$$f_k(S_k) = \max_{x_k \in D_k(S_k)} \{5S_k + 3x_k + f_{k+1}(0.9S_k - 0.2x_k)\}$$

边界条件 $f_6(S_6) = 0$。

当 $k = 5$ 时，

$$f_5(S_5) = \max_{0\leqslant x_5\leqslant S_5} \{5S_5 + 3x_5 + f_6(S_6)\} = \max_{0\leqslant x_5\leqslant S_5} \{5S_5 + 3x_5\}$$

因 $f_5(S_5)$ 是关于 x_5 的单调递增函数，故取 $x_5^* = S_5$，相应有 $f_5(S_5) = 8S_5$。

当 $k = 4$ 时，

$$\begin{aligned} f_4(S_4) &= \max_{0\leqslant x_4\leqslant S_4} \{5S_4 + 3x_4 + f_5(0.9S_4 - 0.2x_4)\} \\ &= \max_{0\leqslant x_4\leqslant S_4} \{5S_4 + 3x_4 + 8(0.9S_4 - 0.2x_4)\} \\ &= \max_{0\leqslant x_4\leqslant S_4} \{12.2S_4 + 1.4x_4\} \end{aligned}$$

因 $f_4(S_4)$ 是关于 x_4 的单调递增函数，故取 $x_4^* = S_4$，相应有 $f_4(S_4) = 13.6S_4$。依次类推，可得：

当 $k = 3$ 时，$x_3^* = S_3$，$f_3(S_3) = 17.5S_3$。

当 $k = 2$ 时，$x_2^* = 0$，$f_2(S_2) = 20.8S_2$。

当 $k = 1$ 时，$x_1^* = 0$，$f_1(S_1 = 1000) = 23.7S_1 = 23\,700$。

计算结果表明最优策略为：$x_1^* = 0$，$x_2^* = 0$，$x_3^* = S_3$，$x_4^* = S_4$，$x_5^* = S_5$；即前两年将全部设备都投入低负荷生产，后三年将全部设备都投入高负荷生产，这样可使五年的总产量最大，最大产量是23 700件。

有了上述最优策略，各阶段的状态也随之确定，即按阶段顺序计算出各年年初的完好设备数量。

$$\begin{aligned} S_1 &= 1000 \\ S_2 &= 0.9S_1 - 0.2x_1 = 0.9 \times 1000 - 0.2 \times 0 = 900 \\ S_3 &= 0.9S_2 - 0.2x_2 = 0.9 \times 900 - 0.2 \times 0 = 810 \\ S_4 &= 0.9S_3 - 0.2x_3 = 0.9 \times 810 - 0.2 \times 810 = 567 \\ S_5 &= 0.9S_4 - 0.2x_4 = 0.9 \times 567 - 0.2 \times 567 = 397 \\ S_6 &= 0.9S_5 - 0.2x_5 = 0.9 \times 397 - 0.2 \times 397 = 278 \end{aligned}$$

上面所讨论的过程始端状态 S_1 是固定的，而终端状态 S_6 是自由的，实现的目标函数是五年的总产量最高。如果在终端也附加上一定的约束条件，如规定在第五年结束时，完好的机器数量不低于 350 台（上面的例子只有 278 台），问应如何安排生产，才能在满足这一终端要求的情况下使产量最高呢?

解 阶段 k 表示年度（$k = 1,2,3,4,5$），状态变量 S_k 为第 k 年度初拥有的完好机器数量，决策变量 x_k 为第 k 年度分配高负荷下生产的机器数量，状态转移方程为:

$$S_{k+1} = \alpha x_k + \beta(S_k - x_k) = 0.7x_k + 0.9(S_k - x_k) = 0.9S_k - 0.2x_k$$

终端约束:

$$S_6 \geqslant 350$$
$$0.9S_5 - 0.2x_5 \geqslant 350$$
$$x_5 \leqslant 4.5S_5 - 1750$$

允许决策集合: $D_k(S_k) = \{x_k \mid 0 \leqslant x_k \leqslant S_k\}$ “加” 第 k 阶段的终端递推条件

对于 $k = 5$，考虑终端递推条件，有

$$D_5(S_5) = \{x_5 \mid 0 \leqslant x_5 \leqslant 4.5S_5 - 1750 \leqslant S_5\}$$
$$500 \geqslant S_5 \geqslant 389$$

同理，其他各阶段的允许决策集合可在过程指标函数的递推中产生。

设阶段指标:

$$Q_k(S_k, x_k) = 8x_k + 5(S_k - x_k) = 5S_k + 3x_k$$

过程指标:

$$Q_{k\sim 5} = \sum_{j=k}^{5} Q_j$$

最优值函数:

$$f_k(S_k) = \max_{x_k \in D_k(S_k)} \{5S_k + 3x_k + f_{k+1}(0.9S_k - 0.2x_k)\}$$

边界条件 $f_6(S_6) = 0$。

当 $k = 5$ 时，

$$f_5(S_5) = \max_{x_5 \in D_5(S_5)} \{5S_5 + 3x_5 + f_6(S_6)\} = \max_{x_5 \in D_5(S_5)} \{5S_5 + 3x_5\}$$

因 $f_5(S_5)$ 是关于 x_5 的单调递增函数，故取 $x_5^* = 4.5S_5 - 1750$，相应有

$$0 \leqslant 4.5S_5 - 1750 \leqslant S_5$$

即

$$389 \leqslant S_5 \leqslant 500$$

$$x_5^* = 4.5S_5 - 1750, f_5(S_5) = 18.5S_5 - 5250$$

当 $k = 4$ 时，

$$f_4(S_4) = \max_{x_4 \in D_4(S_4)} \{5S_4 + 3x_4 + f_5(0.9S_4 - 0.2x_4)\}$$
$$= \max_{x_4 \in D_4(S_4)} \{21.65S_4 - 0.7x_4 - 5250\}$$

由 $S_5 = 0.9S_4 - 0.2x_4 \leqslant 500$ 可得 $x_4 \geqslant 4.5S_4 - 2500$，又因 $f_4(S_4)$ 是关于 x_4 的单调递减函数，故取 $x_4^* = 4.5S_4 - 2500$，相应有

$$0 \leqslant 4.5S_4 - 2500 \leqslant S_4$$
$$556 \leqslant S_4 \leqslant 714$$
$$x_4^* = 4.5S_4 - 2500, f_4(S_4) = 18.5S_4 - 3500$$

当 $k=3$ 时，

$$f_3(S_3)=\max_{x_3\in D_3(S_3)}\{5S_3+3x_3+f_4(0.9S_3-0.2x_3)\}$$
$$=\max_{x_3\in D_3(S_3)}\{21.65S_3-0.7x_3-3500\}$$

由 $S_4=0.9S_3-0.2x_3\leqslant 714$ 可得 $x_3\geqslant 4.5S_3-3570$，又因 $f_3(S_3)$ 是关于 x_3 的单调递减函数，故取 $x_3^*=4.5S_3-3570$，相应有

$$0\leqslant 4.5S_3-3570\leqslant S_3$$
$$793\leqslant S_3\leqslant 1020$$

由于 $S_1=1000$，所以 $S_3\leqslant 1020$ 恒成立，即 $S_3\geqslant 793$。

$$x_3^*=4.5S_3-3570,\ f_3(S_3)=18.5S_3-1001$$

当 $k=2$ 时，

$$f_2(S_2)=\max_{x_2\in D_2(S_2)}\{5S_2+3x_2+f_3(0.9S_2-0.2x_2)\}$$
$$=\max_{x_2\in D_2(S_2)}\{21.65S_2-0.7x_2-1001\}$$

因 $f_2(S_2)$ 是关于 x_2 的单调递减函数，而 S_3 的取值并不对 x_2 有下界的约束，故取 $x_2^*=0$，相应有

$$x_2^*=0,\ f_2(S_2)=21.65S_2-1001$$

当 $k=1$ 时，

$$f_1(S_1)=\max_{x_1\in D_1(S_1)}\{5S_1+3x_1+f_2(0.9S_1-0.2x_1)\}$$
$$=\max_{x_1\in D_1(S_1)}\{24.485S_1-1.33x_1-1001\}$$

因 $f_1(S_1)$ 是关于 x_1 的单调递减函数，故取 $x_1^*=0$，相应有

$$x_1^*=0,\ f_1(S_1=1000)=24.485S_1-1001=23\,484$$

计算结果表明最优策略为：

（1）第 1 年将全部设备都投入低负荷生产。

$$S_1=1000,\ x_1=0,\ S_2=0.9S_1-0.2x_1=0.9\times 1000-0.2\times 0=900$$
$$Q_1(S_1,x_1)=5S_1+3x_1=5\times 1000+3\times 0=5000$$

（2）第 2 年将全部设备都投入低负荷生产。

$$S_2=900,\ x_2=0,\ S_3=0.9S_2-0.2x_2=0.9\times 900-0.2\times 0=810$$
$$Q_2(S_2,x_2)=5S_2+3x_2=5\times 900+3\times 0=4500$$

（3）第 3 年将 $x_3^*=4.5S_3-3570=4.5\times 810-3570=75$ 台完好设备投入高负荷生产，将剩余的 $S_3-x_3^*=810-75=735$ 台完好设备投入低负荷生产。

$$Q_3(S_3,x_3)=5S_3+3x_3=5\times 810+3\times 75=4275$$
$$S_4=0.9S_3-0.2x_3=0.9\times 810-0.2\times 75=714$$

（4）第 4 年将 $x_4^*=4.5S_4-2500=4.5\times 714-2500=713$ 台完好设备均投入高负荷生产，将剩余的 1 台完好设备均投入低负荷生产。

$$Q_4(S_4,x_4)=5S_4+3x_4=5\times 714+3\times 713=5709$$
$$S_5=0.9S_4-0.2x_4=0.9\times 714-0.2\times 713=500$$

（5）第 5 年将 $x_5^*=4.5S_5-1750=4.5\times 500-1750=500$，即将 $S_5=500$ 台完好设备均投入高负荷生产。

$$Q_5(S_5,x_5) = 5S_5 + 3x_5 = 5 \times 500 + 3 \times 500 = 4000$$
$$S_6 = 0.9S_5 - 0.2x_5 = 0.9 \times 500 - 0.2 \times 500 = 350$$
$$f_1(S_1 = 1000) = \sum_{j=1}^{5} Q_j(S_j,x_j) = 23\,484$$

6.2.3 存贮控制问题

由于供给与需求在时间上存在差异，需要在供给与需求之间构建存贮环节以平衡这种差异。存贮物资需要付出资本占用费和保管费等，过多的物资储备意味着浪费；而过少的储备又会影响需求，造成缺货损失。存贮控制问题就是要在平衡双方的矛盾中，寻找最佳的采购批量和存贮量，以期达到最佳的经济效果。

例 6－4 某鞋店销售一种雪地防潮鞋，以往的销售经历表明，此种鞋的销售季节是从 10 月 1 日至 3 月 31 日。下一个销售季节各月的需求预测值如表 6－5 所示。

表 6－5 下一个销售季节各月的需求预测表 （单位：千双）

月份	10	11	12	1	2	3
需求	4	2	3	4	3	2

该鞋店的此种鞋完全从外部生产商进货，进货价每千双 4 万美元。进货批量的基本单位是箱，每箱 1 千双。由于存贮空间的限制，每次进货不超过 5 箱。对应不同的订货批量，进价享受一定的数量折扣，具体数值如表 6－6 所示。

表 6－6 采购数量折扣表

进货批量	1 箱	2 箱	3 箱	4 箱	5 箱
数量折扣	0%	5%	10%	15%	20%

假设需求是按一定速度均匀发生的，订货不需时间，但订货只能在月初办理一次，每次订货的采购费（与采购数量无关）为 1000 美元。月存贮费按每月月底鞋的存量计，每箱 100 美元。由于订货不需时间，所以销售季节外的其他月份的存贮量为“0”。试确定最佳的进货方案，以使总的销售费用最小。

解

阶段：将销售季节 6 个月中的每一个月作为一个阶段，即 $k = 1,2,\cdots,6$；

状态变量：第 k 阶段的状态变量 S_k 代表第 k 个月初鞋的存量；

决策变量：决策变量 x_k 代表第 k 个月的采购批量；

状态转移律：$S_{k+1} = S_k + x_k - d_k$（$d_k$ 是第 k 个月的需求量）；

边界条件：$S_1 = S_7 = 0$，$f_7(S_7) = 0$；

阶段指标函数：$r_k(S_k,x_k)$ 代表第 k 个月所发生的全部费用，即与采购数量无关的采购费 C_k、与采购数量成正比的购置费 G_k 和存贮费 Z_k。其中：

$$C_k = \begin{cases} 0 & x_k = 0 \\ 0.1 & x_k > 0 \end{cases}；G_k = 4 \times (1 - \delta) \times x_k；Z_k = 0.01(S_k + x_k - d_k)$$

最优指标函数具有如下递推形式：

$$f_k(S_k) = \min_{x_k}\{C_k + G_k + Z_k + f_{k+1}(S_{k+1})\}$$
$$= \min_{x_k}\{C_k + G_k + 0.2(S_k + x_k - d_k) + f_{k+1}(S_k + x_k - d_k)\}$$

当 $k = 6$ 时（3 月），数据计算见表 6－7。

表 6－7　$k = 6$ 时（3 月）数据计算表　（单位：万美元）

S_6	0	1	2
x_6	2	1	0
$f_6(S_6)$	7.7	4.1	0

当 $k = 5$ 时（2、3 月），数据计算见表 6－8。

表 6－8　$k = 5$ 时（2、3 月）数据计算表　（单位：万美元）

S_5 \ x_5	0	1	2	3	4	5	x_5^*	$f_5(S_5)$
0				18.6	17.81	16.12	5	16.12
1			15.4	15.01	13.72		4	13.72
2		11.8	11.81	10.92			3	10.92
3	7.7	8.21	7.72				0	7.7
4	4.11	4.12					0	4.11
5	0.02						0	0.02

当 $k = 4$ 时（1、2、3 月），数据计算见表 6－9。

表 6－9　$k = 4$ 时（1、2、3 月）数据计算表　（单位：万美元）

S_4 \ x_4	0	1	2	3	4	5	x_4^*	$f_4(S_4)$
0					29.82	29.82	4、5	29.82
1				27.02	27.43	27.04	3	27.02
2			23.82	24.63	24.64	23.83	2	23.82
3		20.22	21.43	21.84	21.43	20.25	1	20.22
4	16.12	17.83	18.64	18.63	17.85	16.17	0	16.12
5	13.73	15.04	15.43	15.05	13.77		0	13.73
6	10.94	11.83	11.85	10.97			0	10.94

当 $k = 3$ 时（12、1、2、3 月），数据计算见表 6－10。

表 6-10　$k=3$ 时（12、1、2、3 月）数据计算表　（单位：万美元）

S_3 \ x_3	0	1	2	3	4	5	x_3^*	$f_3(S_3)$
0				40.72	40.73	39.94	5	39.94
1			37.52	37.93	37.54	36.35	5	36.35
2		33.92	34.73	34.74	33.95	32.26	5	32.26
3	29.82	31.13	31.54	31.15	29.86	29.88	0	29.82
4	27.03	29.94	27.95	27.06	27.48	27.10	0	27.03

当 $k=2$ 时（11、12、1、2、3 月），数据计算见表 6-11。

表 6-11　$k=2$ 时（11、12、1、2、3 月）数据计算表　（单位：万美元）

S_2 \ x_2	0	1	2	3	4	5	x_2^*	$f_2(S_2)$
0			47.64	47.26	45.98	45.95	5	45.95
1		40.04	40.06	43.18	43.55	43.17	1	40.04

当 $k=1$ 时（10、11、12、1、2、3 月），数据计算见表 6-12。

表 6-12　$k=1$ 时（10、11、12、1、2、3 月）数据计算表　（单位：万美元）

S_1 \ x_1	0	1	2	3	4	5	x_1^*	$f_1(S_1)$
0					59.65	56.15	5	56.15

利用状态转移律，按上述计算的逆序可推算出最优策略：10 月份采购 5 箱（5000 双），11 月份采购 1 箱（1000 双），12 月份采购 5 箱（5000 双），1 月份采购 2 箱（2000 双），2 月份采购 5 箱（5000 双），3 月份不采购；最小的销售费用为 561 500 美元。

6.2.4　用动态规划求解非线性规划问题

非线性规划问题的求解是非常困难的；然而，对于有些非线性规划问题，如果转化为用动态规划来求解就十分方便。

例 6-5　用动态规划求解

$$\max z = x_1 \cdot x_2^2 \cdot x_3$$

$$\begin{cases} x_1 + x_2 + x_3 = 36 \\ x_1, x_2, x_3 \geqslant 0 \end{cases}$$

解

阶段：将问题的变量数作为阶段，即 $k=1,2,3$；

决策变量：决策变量 x_k；

状态变量：状态变量 S_k 代表第 k 阶段的约束右端项，即从 x_k 到 x_3 占有的份额；

状态转移律：$S_{k+1} = S_k - x_k$；

边界条件：$S_1 = 36$，$f_4(S_4) = 1$；

允许决策集合：$0 \leqslant x_k \leqslant S_k$。

当 $k = 3$ 时，

$$f_3(S_3) = \max_{0 \leqslant x_3 \leqslant S_3} \{x_3 \cdot f_4(S_4)\} = \max_{0 \leqslant x_3 \leqslant S_3} \{x_3\} = S_3 \mid_{x_3^* = S_3}$$

当 $k = 2$ 时，

$$f_2(S_2) = \max_{0 \leqslant x_2 \leqslant S_2} \{x_2^2 \cdot f_3(S_3)\} = \max_{0 \leqslant x_2 \leqslant S_2} \{x_2^2(S_2 - x_2)\}$$

设 $h = x_2^2(S_2 - x_2)$，于是 $\dfrac{dh}{dx_2} = 2x_2(S_2 - x_2) - x_2^2$；令 $\dfrac{dh}{dx_2} = 2x_2(S_2 - x_2) - x_2^2 = 0$，可得 $x_2 = 0$ 或 $\dfrac{2}{3}S_2$。又因 $\dfrac{d^2h}{dx_2^2} = 2(S_2 - x_2) - 2x_2 - 2x_2 = 2S_2 - 6x_2$，$\left.\dfrac{d^2h}{dx_2^2}\right|_{x_2=0} = 2S_2 > 0$，所以 $x_2 = 0$ 是 $f_2(S_2)$ 的极小值点；$\left.\dfrac{d^2h}{dx_2^2}\right|_{x_2=\frac{2}{3}S_2} = 2S_2 - 4S_2 = -2S_2 < 0$，$x_2 = \dfrac{2}{3}S_2$ 是 $f_2(S_2)$ 的极大值点。于是

$$f_2(S_2) = \left.\frac{4}{27}S_2^3\right|_{x_2^* = \frac{2}{3}S_2}$$

当 $k = 1$ 时，

$$f_1(S_1) = \max_{0 \leqslant x_1 \leqslant S_1} \{x_1 \cdot f_2(S_2)\} = \max_{0 \leqslant x_1 \leqslant S_1} \left\{x_1 \cdot \frac{4}{27}(S_1 - x_1)^3\right\}$$

同上可得：

$$f_1(S_1 = 36) = \frac{1}{64}S_1^4 = \frac{1}{64} \times 36^4 = 26\,244 \Big|_{x_1^* = \frac{1}{4}S_1 = 9}$$

由 $S_2 = S_1 - x_1^* = 36 - 9 = 27$，有 $x_2^* = \dfrac{2}{3}S_2 = \dfrac{2}{3} \times 27 = 18$；由 $S_3 = S_2 - x_2^* = 27 - 18 = 9$，有 $x_3^* = S_3 = 9$。于是，得到最优解 $\boldsymbol{X}^* = (9, 18, 9)^{\mathrm{T}}$，最优值 $z^* = 26\,244$。

6.3 随机性动态规划

在随机动态规划模型中，由于存在某种不确定性，因此目标的优化是依据期望值来进行的。下面通过两种典型的示例，介绍随机性动态规划的求解。

6.3.1 新产品开发问题

例 6－6 某公司承担一种新产品的试制任务，合同要求 3 个月内提供一台合格的样品，否则将支付 15 万元的赔偿费。据估计，投产一台进行试制时，成功的概率是 $\dfrac{1}{3}$；投产一批的固定费用为 0.5 万元，每台的试制费为 0.8 万元；试制周期为 1 个月。试确定最佳的试制计划，使总的期望费用最小。

解 阶段：将每个试制周期（1 个月）作为一个阶段，即 $k = 1,2,3$；

决策变量：决策变量 x_k 代表第 k 阶段投产试制的台数；

状态变量：状态变量 S_k 代表第 k 阶段初是否已获得合格样品，尚无合格样品时 $S_k=1$，已获得合格样品时 $S_k=0$；

允许决策集合：$D_k(S_k)=\begin{cases}1,2,3,\cdots & S_k=1\\ 0 & S_k=0\end{cases}$

状态转移律：$P(S_{k+1}=1)=\left(\frac{2}{3}\right)^{x_k}$，$P(S_{k+1}=0)=1-\left(\frac{2}{3}\right)^{x_k}$；

边界条件：$S_1=1$，$f_4(S_4=1)=15$，$f_4(S_4=0)=0$；

阶段指标函数：

$$C_k(x_k)=\begin{cases}0.5+0.8x_k & x_k>0\\ 0 & x_k=0\end{cases}$$

最优指标函数：

$$f_k(S_k=0)=0$$

$$\begin{aligned}f_k(S_k=1)&=\min_{x_k\in D_k(S_k)}\left\{C_k(x_k)+\left(\frac{2}{3}\right)^{x_k}f_{k+1}(S_{k+1}=1)+\left[1-\left(\frac{2}{3}\right)^{x_k}\right]f_{k+1}(S_{k+1}=0)\right\}\\&=\min_{x_k\in D_k(S_k)}\left\{C_k(x_k)+\left(\frac{2}{3}\right)^{x_2}f_{k+1}(S_{k+1}=1)\right\}\end{aligned}$$

当 $k=3$ 时，$f_3(S_3=0)=0$，则

$$f_3(S_3=1)=\min_{x_3\in D_3(S_3)}\left\{C_3(x_3)+\left(\frac{2}{3}\right)^{x_3}f_4(S_4=1)\right\}$$

计算结果如表 6－13 所示。

表 6－13　第三个月决策数据表

S_3 \ x_3	0	1	2	3	4	5	6	x_3^*	$f_3(S_3)$
0								0	0
1	15	11.3	8.77	7.34	6.66	6.48	6.62	5	6.48

当 $k=2$ 时，$f_2(S_2=0)=0$，则

$$f_2(S_2=1)=\min_{x_2\in D_2(S_2)}\left\{C_2(x_2)+\left(\frac{2}{3}\right)^{x_2}f_3(S_3=1)\right\}$$

计算结果如表 6－14 所示。

表 6－14　第二、三两个月决策数据表

S_2 \ x_2	0	1	2	3	4	5	6	x_2^*	$f_2(S_2)$
0								0	0
1	6.48	5.62	4.98	4.82	4.98			3	4.82

当 $k=1$ 时，$f_1(S_1=1)=\min\limits_{x_1\in D_1(S_1)}\left\{C_1(x_1)+\left(\frac{2}{3}\right)^{x_1}f_2(S_2=1)\right\}$

计算结果如表 6 - 15 所示。

表 6 - 15　第一、二、三 3 个月决策数据表

S_1 \ x_1	0	1	2	3	4	5	6	x_1^*	$f_1(S_1)$
1	4.82	4.58	4.24	5.76				2	4.24

即该公司的最佳试制计划为：第一个月初投产试制 2 台；如果在第二个月初无合格样品出现，再投产试制 3 台；如果在第三个月初仍然无合格样品出现，再投产试制 5 台。按此最佳试制方案最小期望总费用是 4.24 万元。

6.3.2　原材料采购问题

例 6 - 7　某公司生产上需要在近 4 周内采购一批原材料，估计在未来 4 周内价格会有一定的波动。假设价格波动具有 4 种状态：50 元、60 元、70 元和 80 元，其概率分别为 0.2、0.3、0.4 和 0.1。试确定该公司的原材料最佳采购计划，以使期望采购价格最小。

解

阶段：将每一周作为一个阶段，即 $k=1,2,3,4$ 。

决策变量：决策变量 x_k 代表第 k 周是否决定采购，$x_k=1$ 代表第 k 周决定采购，$x_k=0$ 代表第 k 周决定等待。

状态变量：状态变量 S_k 代表第 k 周原材料的市场价格。

中间变量：y_k 代表第 k 周决定等待，而在以后采取最佳子策略时的采购价格期望值。

最优指标函数：是否采购决定于目前市场价格与等待价格期望值的相对大小。如果前者大于后者，应决定等待；如果前者小于后者，则应决定采购。于是

$$f_k(S_k)=\min\{S_k,y_k\}$$

边界条件：对于第 4 周，因为没有继续等待的余地，所以

$$f_4(S_4)=S_4$$

即

$$f_4(S_4=50)=50\ ,f_4(S_4=60)=60\ ,f_4(S_4=70)=70\ ,f_4(S_4=80)=80$$

$$y_k=E\left(f_{k+1}(S_{k+1})\right)=0.2f_{k+1}(50)+0.3f_{k+1}(60)+0.4f_{k+1}(70)+0.1f_{k+1}(80)$$

$$x_k=\begin{cases}1 & f_k(S_k)=S_k\\0 & f_k(S_k)=y_k\end{cases}$$

当 $k=4$ 时，只有采购一种选择，即

$f_4(S_4=50)=50\ ,f_4(S_4=60)=60\ ,f_4(S_4=70)=70\ ,f_4(S_4=80)=80$

当 $k=3$ 时，

$$y_3=0.2\times50+0.3\times60+0.4\times70+0.1\times80=64$$

于是，

$$f_3(S_3) = \min\{S_3, y_3\} = \min\{S_3, 64\} = \begin{cases} 50 & 当 S_3 = 50 \\ 60 & 当 S_3 = 60 \\ 64 & 当 S_3 = 70 \\ 64 & 当 S_3 = 80 \end{cases}$$

即第三周的最佳决策为：

$$x_3 = \begin{cases} 1 & 当 S_3 = 50, 60 \\ 0 & 当 S_3 = 70, 80 \end{cases}$$

当 $k = 2$ 时，

$$y_2 = 0.2 \times 50 + 0.3 \times 60 + 0.4 \times 64 + 0.1 \times 64 = 60$$

于是，

$$f_2(S_2) = \min\{S_2, y_2\} = \min\{S_2, 60\} = \begin{cases} 50 & 当 S_2 = 50 \\ 60 & 当 S_2 = 60 \\ 60 & 当 S_2 = 70 \\ 60 & 当 S_2 = 80 \end{cases}$$

即第二周的最佳决策为：

$$x_2 = \begin{cases} 1 & 当 S_2 = 50, 60 \\ 0 & 当 S_2 = 70, 80 \end{cases}$$

当 $k = 1$ 时，

$$y_1 = 0.2 \times 50 + 0.3 \times 60 + 0.4 \times 60 + 0.1 \times 60 = 58$$

于是，

$$f_1(S_1) = \min\{S_1, y_1\} = \min\{S_1, 58\} = \begin{cases} 50 & 当 S_1 = 50 \\ 58 & 当 S_1 = 60 \\ 58 & 当 S_1 = 70 \\ 58 & 当 S_1 = 80 \end{cases}$$

即第一周的最佳决策为：

$$x_1 = \begin{cases} 1 & 当 S_1 = 50 \\ 0 & 当 S_1 = 60, 70, 80 \end{cases}$$

由以上计算可知，最佳的采购策略为：第一周只有价格是 50 时才采购，否则就等待；第二周、第三周只要价格不超过 60 就要采购，否则继续等待；如果已经等到第四周，那么无论什么价格都只有采购，别无选择。

思考题 6

1. 试用动态规划计算附图 6 - 1 中从 A 点到 E 点的最短路线及其长度。

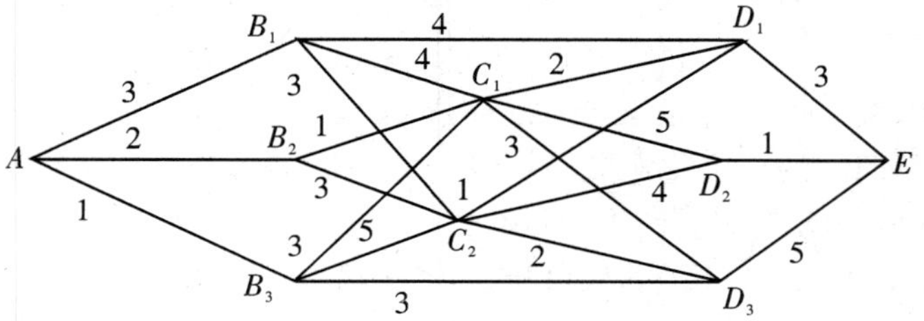

附图 6－1　各点间线路分布示意图

2. 试用动态规划基本方程描述下述规划问题

(1) $\max z = \sum_{j=1}^{n} g_j(x_j)$

$$\begin{cases} \sum_{j=1}^{n} a_j x_j \leqslant b \\ 0 \leqslant x_j \leqslant c_j \ (j = 1,2,\cdots,n) \end{cases}$$

(2) $\max z = \sum_{j=1}^{n} g_j(x_j)$

$$\begin{cases} \sum_{j=1}^{n} a_{ij} x_j \leqslant b_i \ (i = 1,2,\cdots,m) \\ 0 \leqslant x_j \leqslant c_j \ (j = 1,2,\cdots,n) \end{cases}$$

3. 试用动态规划求解下述规划问题

(1) $\max z = \prod_{i=1}^{5} x_i$

$$\begin{cases} \sum_{i=1}^{5} x_i = 10 \\ x_i \geqslant 0 \quad (i = 1,2,3,4,5) \end{cases}$$

(2) $\max z = 2x_1 - x_1^2 + x_2$

$$\begin{cases} 2x_1 + 3x_2 \leqslant 6 \\ x_1, x_2 \geqslant 0 \end{cases}$$

(3) $\max z = x_1^2 \cdot x_2 \cdot x_3^3$

$$\begin{cases} x_1 + x_2 + x_3 = 12 \\ x_i \geqslant 0 \quad (i = 1,2,3) \end{cases}$$

(4) $\max z = \prod_{i=1}^{3} x_i$

$$\begin{cases} x_1 + 2x_2 + 3x_3 \leqslant 18 \\ x_1, x_2 \geqslant 0 \end{cases}$$

(5) $\max z = 5x_1 - x_1^2 + 9x_2 - 2x_2^2$

$$\begin{cases} x_1 + x_2 \leqslant 5 \\ x_1, x_2 \geqslant 0 \end{cases}$$

(6) $\min z = 3x_1^2 + 4x_2^2 + x_3^2$

$$\begin{cases} x_1 \cdot x_2 \cdot x_3 \geqslant 9 \\ x_i \geqslant 0 \quad (i = 1,2,3) \end{cases}$$

4. 已知某指派问题的效率矩阵如附表 6－1 所示，试对此问题用动态规划求解。要求：

(1) 给出动态规划基本方程；

(2) 用逆序算法求解。

附表 6－1　效率矩阵表　　（单位：小时）

	工作 J_1	工作 J_2	工作 J_3	工作 J_4
人员 M_1	15	18	21	24
人员 M_2	19	23	22	18
人员 M_3	26	18	16	19
人员 M_4	19	21	23	17

5. 考虑一个有 m 个产地和 n 个销地的运输问题，设 a_i 为第 i（$i=1,2,\cdots,m$）个产地的产量，b_j 为第 j（$j=1,2,\cdots,n$）个销地的销量，$c_{ij}(x_{ij})$ 为从第 i 个产地到第 j 个销地 x_{ij} 单位货物的运输费用。试构建此问题的动态规划模型。

6. 某公司打算向它的三个营业区增设 6 个销售店，每个营业区至少增设 1 个。各营业区每年增加的利润与增设的销售店个数有关，具体关系如附表 6－2 所示。试规划各营业区应增设销售店的个数，以使公司总利润增加额最大。

附表 6－2　年增加的利润与增设的销售店个数关系表　（单位：万元）

增设销售店个数	营业区 A	营业区 B	营业区 C
1	100	120	150
2	160	150	165
3	190	170	175
4	200	180	190

7. 某公司购进 100 台机器，准备生产甲、乙两种产品，该种机器的使用寿命为 3 年并无残值。若生产甲产品，每台机器每年可创收 45 万元，年度机器损耗率为 65%；若生产乙产品，每台机器每年可创收 35 万元，年度机器损耗率为 35%。试问每年应如何安排甲、乙两种产品的生产，才能使三年的总收益最大。

8. 某公司拥有两种资源，第一种资源有 x 单位，第二种资源有 y 单位，计划分配给 n 个部门。把第一种资源 x_i 单位、第二种资源 y_i 单位分配给第 i 个部门，所产生的利润记为 $r_i(x_i,y_i)$。假设目前第一种资源有 3 个单位，第二种资源有 3 个单位，在 3 个部门中分配（$x=3$，$y=3$，$n=3$），利润 $r_i(x_i,y_i)$ 列于附表 6－3 中，试用动态规划的方法实现总的利润最大。

附表 6－3　资源与利润数据表　（单位：万元）

x_i \ y_i	$r_1(x_1,y_1)$				$r_2(x_2,y_2)$				$r_3(x_3,y_3)$			
	0	1	2	3	0	1	2	3	0	1	2	3
0	0	1	3	6	0	2	4	6	0	3	5	8
1	4	5	6	7	1	4	6	7	2	5	7	9
2	5	6	7	8	4	6	8	9	4	7	9	11
3	6	7	8	9	6	8	10	11	6	9	11	13

9. 某公司生产一种产品，其最大生产能力为 6 万件，估计该产品在未来四个月的销售量分别为 4 万件、3 万件、5 万件和 5 万件。生产该产品每批的固定费用为 10 万元，每件的变动费用为 10 元，存储费用为每件每月 2 元。假定第一个月月初的库存为 2 万件，第四个月月底的存货为 1 万件。试求该公司在这四个月内的最优生产计划（假设生产的基本单位为 1 万件）。

10. 某公司根据市场预测，上半年各月份的需求量见附表 6－4（月底的交货量），该公司的生产能力为每月 400 件，仓库容量为 300 件，已知每件产品的生产费用（单位变动成本）为 100 元。此外，生产的月份还需要支付 4000 元的运作费（固定成本），仓库存储费每件每月 10 元。假设新年伊始及 6 月底交货后均无存货，试问每个月各生产多少件产品，才能既满足需求又能使总费用最小。

附表 6-4 各月需求表（单位：百件）

月份	1	2	3	4	5	6
需求量	1	2	5	3	2	1

11. 某公司需要在近四周内采购一批原料，估计在未来四周内的价格可能有 60、80、90 和 100 四种状态，各状态发生的概率分别为 0.2、0.3、0.3 和 0.2。试求各周应以什么样的价格购入原料，才能使采购价格期望值最小。

12. 某公司生产三种产品，各种产品的重量和利润数据如附表 6-5 所示。现将三种产品运往市场出售，运输能力总重量为 10t，问应如何安排运输才能使总利润最大。

附表 6-5 产品重量和利润数据表

产品种类	重量（t/件）	利润（万元/件）
1	2	1.0
2	3	1.4
3	4	1.8

13. 设有一辆载重卡车，现有四种货物等待其运输。已知这四种货物的重量、体积和价值关系如附表 6-6 所示。若该卡车的最大载重为 15t，最大载容为 10m^3，在许可的条件下，每车载每一种货物的件数不限，问应如何搭配这四种货物，才能使每车装卸货物的价值最大。

附表 6-6 货物的重量、体积和价值数据表

货物种类	重量（t/件）	体积（m^3/件）	价值（千元/件）
1	2	2	3
2	3	2	4
3	4	2	5
4	5	3	6

14. 为保证某一设备的平稳运转，需要为三种不同的零件 E_1、E_2、E_3 安装备用件。若增加备用零件的数量，可提高设备运转的可靠性，但会增加费用。已知各备用零件数量与其可靠性及费用关系如附表 6-7 所示。在备用件费用额不超过 8000 元的情况下，问各种零件的备用件数量应为多少，才能使设备运转的可靠性最高。

附表 6-7 各备用零件数量与其可靠性及费用数据表

备件数量	增加的可靠性			备件的费用（千元）		
	E_1	E_2	E_3	E_1	E_2	E_3
1	0.3	0.2	0.1	1	3	2
2	0.4	0.5	0.2	2	5	3
3	0.5	0.9	0.7	3	6	4

15．某警卫团下设 12 支巡逻队负责 4 个仓库的巡逻任务，按规定对每个仓库可分别派 2～4 支队伍进行巡逻。由于所派队伍数量上的差别，各仓库一年内预期发生事故的次数如附表 6-8 所示。试应用动态规划的方法确定派往各仓库巡逻队的数量，使预期事故的总次数为最少。

附表 6-8 各仓库一年内预期发生事故数据表

队数 \ 仓库	1	2	3	4
2	18	38	14	34
3	16	36	12	31
4	12	30	11	25

16．考虑一个总期限为 $N+1$ 年的设备更新问题，已知一台新设备的价值为 C 元，其 T 年末的残值为：$S(T)=\begin{cases} N-T & N \geqslant T \\ 0 & N < T \end{cases}$，又对有 T 年役龄的该设备，其年创收益为：$P(T)=\begin{cases} N^2-T^2 & N \geqslant T \\ 0 & N < T \end{cases}$。要求：(1) 对此问题建立动态规划模型；(2) 当 $N=3$，$C=10$ 时，求解模型。

7 图 论

图论作为应用广泛的数学分支，已应用于物理学、化学、控制论、信息论、管理科学、计算机科学等各个领域。近几十年来，图论在管理科学领域的应用受到社会各界的广泛重视，逐步成为管理运筹学的核心内容之一。

7.1 引论

图论的思想可追溯到18世纪30年代，1736年瑞士数学家和物理学家莱昂哈德·欧拉（Leonhard Euler）发表的一篇关于哥尼斯堡（Königsberg）七桥问题的论文。为对图论思想的产生有一个直观的认识，以对后续的学习有所帮助，在此介绍几个在古典图论中具有重要影响的经典问题。

7.1.1 欧拉（Euler）回路问题

哥尼斯堡是东普鲁士的一座城市，第二次世界大战后划归苏联，也就是现在的加里宁格勒。Pregel 河流经此城，河中有两个小岛，两岸与两岛之间有七座桥相连，如图 7－1 所示。当时那里的一些居民热衷于这样一个问题：从一个点出发，能否通过每座桥一次且仅一次，最后回到原来的出发点？

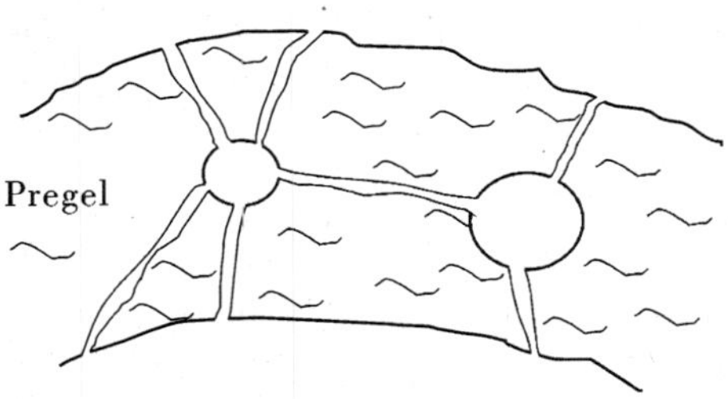

图 7－1 哥尼斯堡七桥示意图

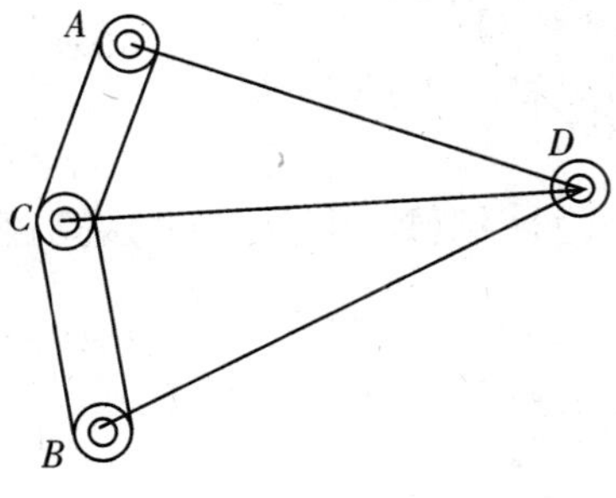

图 7－2 哥尼斯堡七桥抽象图

这个问题的提出虽出自游戏，但它的思想却有着重大意义。由于欧拉（Euler）率先解决了这一问题，故称其为 Euler 回路问题。欧拉把图 7－1 抽象为图 7－2，用 A、B、C、D 四点分别表示两岸和两岛，两点间的连线表示沟通它们的桥梁；因此，问题转化为从 A、B、C、D 中任一点出发，通过每条边一次且仅一次，最后回到原出发点，问这样的路径是否存在？于是问题变得简洁多了。

欧拉证明了这样的路径是不存在的，因为图 7－2 中的每一个点都只与奇数条线相关联，所以不可能不重复地一笔画出这个图。我们也可以这样来分析：对于开始的点，有一

“去”就必然有一“回”，一去一回构成偶数条关联边；对于中间的点，有一“来”就必然有一“去”，一来一去也构成偶数条关联边。所以，实现这样的路径要求图 7－2 中的每一个点都有偶数条关联边。显然，图 7－2 中的点不满足这样的要求，所以这样的路径不存在。

7.1.2 雷姆塞（Ramsey）问题

雷姆塞问题：任意六个人在一起，如果不存在单方认识，那么六人中要不是有三人彼此相互认识，必有三人彼此互不相识；即二者必居其一。

用图论的方法容易给 Ramsey 问题以证明。设 v_1 、v_2 、v_3 、v_4 、v_5 、v_6 分别代表这六个人。相互认识的两个人对应的顶点用实线相连，互不相识的两个人对应的顶点用虚线相连。因为两个人要么相互认识，要么相互不认识，所以任意一点与其他五个点都有一条实线或虚线相连。问题转化为在六点图中，至少存在一个由实线或虚线所构成的三角形。

任意取一个点 v_t（ $t \in \{1,2,3,4,5,6\}$ ），它与其他五个点的 5 条连线中至少有 3 条同为实线或同为虚线。不妨假设有 3 条实线，且另一端点分别为 v_i 、v_j 和 v_k ，如图 7－3 所示。如果 v_i 、v_j 和 v_k 这 3 个顶点形成的三角形一定是虚线三角形，那么问题得到证明；如果不然，那么由 v_i 、v_j 和 v_k 形成的三角形就至少有一条实线边，不妨设为 v_iv_k ，则由 v_t 、v_i 和 v_k 形成的三角形就一定是实线三角形，问题同样也得到证明。

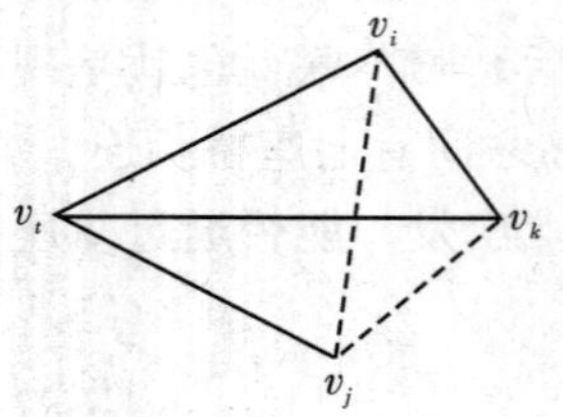

图 7－3　雷姆塞问题抽象图

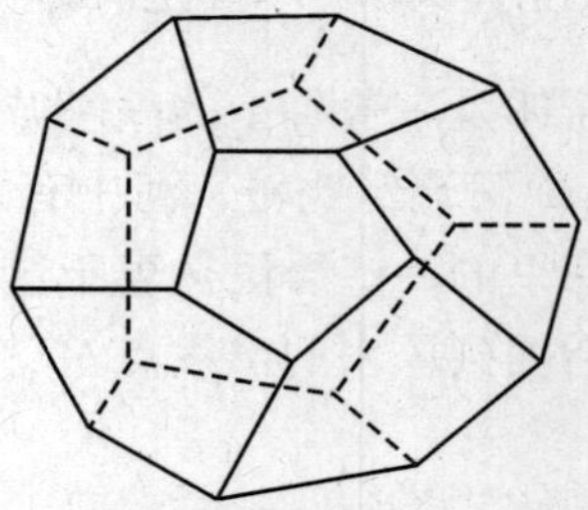

图 7－4　哈米尔顿回路问题示意图

7.1.3 哈米尔顿（Hamilton）回路问题

图 7－4 中的 20 个顶点分别代表 20 座名城。两点之间的连线表示两城市间的航线，Hamilton 回路问题要求从某一城市出发，遍历各城市一次且仅一次，最后返回原来的出发地。因哈尔米顿（Hamilton）提出了这一有趣的问题，故称为 Hamilton 回路问题。Hamilton 回路问题在管理运筹学中有着重要的意义，特别是 Hamilton 回路中总距离最短的问题，就是著名的旅行商问题（货郎担问题）。

图 7－4 所示的图形是一个每个面都是五边形的十二面体。沿着十二面体的棱到达每一个顶点时，旅行者都面临着两条路线的选择：一是向左，记为 L；另一是向右，记为 R。L^2R 表示连续向左两步后再向右一步，依此类推。

$R^5 = 1$ ，即从某一点连续向右走五步，最终将回到原出发点；$R^2 = LR^3L$ ，即从某一点连续向右走两步，与先向左走一步、再连续向右走三步、最后向左走一步等价。由此可得下述推导：

$$
\begin{aligned}
1 &= R^5 = R^2R^3 = (LR^3L)R^3 = (LR^3)^2 = (LR^2R)^2 \\
&= [L(LR^3L)R]^2 = [L^2R^2RLR]^2 = [L^2(LR^3L)RLR]^2 \\
&= [L^3R^3LRLR]^2 = L^3R^3LRLRL^3R^3LRLR
\end{aligned}
$$

等式的左侧归 1，右侧有 20 项，这说明按右侧的规律走 20 步，可回到原来的出发点。特别是由于右侧的部分项没有归 1 的可能，故从任意一点出发沿右侧的规律将遍历各点一次返回原地。

7.2 图论的基本概念

7.2.1 图的概念

在日常生活和生产中，人们会经常碰到各种各样的图，如零件加工图、公路或铁路交通图、管网图等。图表明一些研究对象和这些对象之间的相互联系，如交通图是表明一些城镇之间的相对位置及其道路沟通情况。图论中的图是上述各种图的抽象和概括，它用点表示研究对象，用边表示这些对象之间的联系。

1. 图（graph）

图是点和边的集合，记作 $G = \{V,E\}$；式中 V 是点的集合，E 是边的集合。如果 $V(G)$ 和 $E(G)$ 都是有限集合，则称 G 为**有限图**；否则称为**无限图**，本书只限于研究有限图。只有点没有边的图称为**空图**（empty graph），记为 $E(G) = \varnothing$；只有一个点的图称为**平凡图**（trivial graph）；图中顶点的个数叫作图的**阶数**（order）。

2. 有向图（digraph）

在图论的应用中，经常遇到这样的情况：问题的解决不仅需要画出描述问题的图形，而且需要指出图形中每一条边的方向；即一对顶点之间的关系是不对称的情况。例如，城市道路系统中的单行线和时序电路的状态转换都属这种情况。这种顶点关系不对称的问题，需要借助有向图加以描述。

有向图是点和弧的集合，记作 $D = \{V,A\}$；式中 V 仍然是点的集合，A 是弧（arc）的集合，而弧是两个点的有序偶对；有向图的实质就是每条边都具有一定方向性。

3. 赋权图（weighted graph）

各种管道的铺设、线路的安排等问题，不但需要反映研究对象的相互关系，而且还要求有一数量指标与这一关系相对应。这类需要反映一定数量关系的问题，用图论的方法来求解，就需借助赋权图。

设图 $G = \{V,E\}$ 的任意一条边 (v_i,v_j) 均有一个数 w_{ij} 与之对应，w_{ij} 称为边 (v_i,v_j) 的权，这样的图称为**赋权图**。

7.2.2 点边的关联

1. 端点与关联边

若有边 e 可表示为 $e = \{v_i,v_j\}$，则称 v_i 和 v_j 为 e 的两个端点，而 e 是 v_i 和 v_j 的关联边。如图 7－5 中，v_2 和 v_5 是边 e_4 的两个端点，e_4 为 v_2 和 v_5 的关联边；v_4 和 v_5 是边 e_8 的两个端点，e_8 是 v_4 和 v_5 的关联边。

2. 相邻

若 v_i 和 v_j 与同一条边相关联，则称 v_i 和 v_j 相邻；如图7-5中，v_4 和 v_5 均与 e_8 相关联，所以 v_4 和 v_5 相邻。若边 e_i 与 e_j 具有一个公共的端点，则称 e_i 与 e_j 相邻；如图7-5中，e_6 和 e_7 有一个公共的端点 v_3，e_6 和 e_7 相邻。

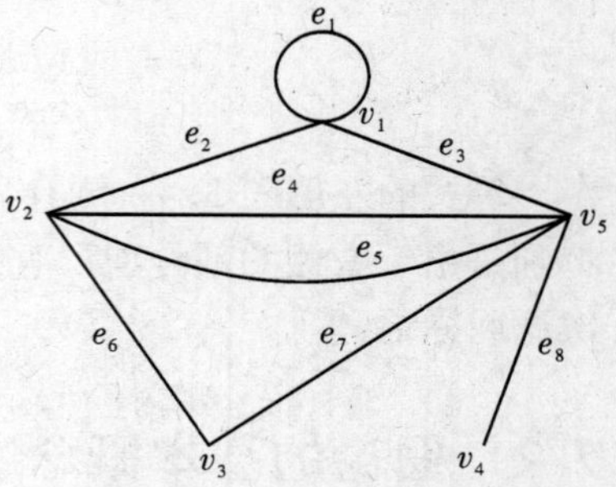

图7-5　点边的关联示意图

3. 环（loop）

若边 e_i 的两个端点相互重合，则称 e_i 为环；在图7-5中，e_1 即为一个环，有些文献也称为圈。

4. 多重边

若两点之间存在两条或两条以上的边，称为这两点之间具有多重边；在图7-5中，v_2 和 v_5 之间存在 e_4 和 e_5 两条边，所以称 v_2 和 v_5 之间具有二重边。

5. 点的度

在图 $G=\{V,E\}$ 中，与点 v_i 相关联的边的个数称为点 v_i 的度（degree），记作 $d(v_i)$；在图7-5中，$d(v_1)=4$，$d(v_2)=4$，$d(v_5)=5$，$d(v_4)=1$。度为奇数的点称为**奇点**，如 v_4 和 v_5；度为“1”的点称为**悬挂点**，如 v_4；度为偶数的点称为**偶点**，如 v_1、v_2、v_3；度为“0”的点称为**孤立点**。

7.2.3 简单图、完全图与二分图

1. 简单图（simple graph）

无环（圈）、无多重边的图称为**简单图**；如图7-6中a、b、c是简单图，而d不是简单图。

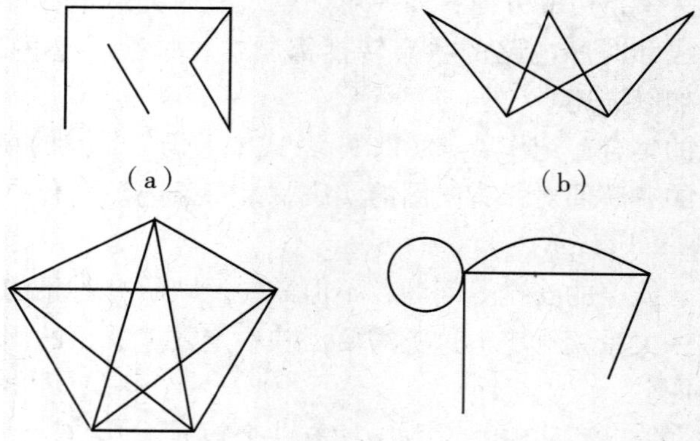

（a）　（b）　（c）　（d）

图7-6　简单图、完全图与二分图示意图

2. 完全图（complete graph）

任意一对顶点均相邻的简单图称为**完全图**；图7-6中的c是完全图，而a、b、d均不是完全图。

3. 二分图（bipartite graph）

如果图 $G=\{V,E\}$ 的点集 V 能被分成两个不相交的子集 V_1 和 V_2，使得同一子集中的

任何两点均不相邻，则称此图为**二分图**；图 7－6 中的 b 即为一个二分图。

7.2.4 连通与回路

1．链（chain）

链是一个相关联的点和边的交替序列。边不重复的链称为**简单链**。边与点均不重复的链称为**初等链**。在图 7－5 中，很容易找出如下三条链：① $\{v_4,e_8,v_5,e_4,v_2,e_5,v_5,e_4,v_2,e_2,v_1\}$；② $\{v_1,e_1,v_1,e_3,v_5,e_4,v_2,e_5,v_5,e_8,v_4\}$；③ $\{v_3,e_6,v_2,e_2,v_1,e_3,v_5,e_8,v_4\}$。其中，第二条是简单链，第三条是初等链。

2．连通（connected）

设 v_i 和 v_j 为图 G 中的两个点，若存在从 v_i 和 v_j 的链，则称点 v_i 和 v_j 是连通的。如果图 G 中的任何一对顶点均连通，则称 G 为**连通图**（connected graph），否则称为不连通图（disconnected graph）。图 7－6 中 a 是不连通图，b、c、d 均为连通图。

3．回路（circuit）

链的首尾重合便构成回路，简单链的首尾重合构成**简单回路**，初等链的首尾重合构成**初等回路**。

7.2.5 部分图与子图

1．部分图

假设图 $G_1=\{V_1,E_1\}$，$G_2=\{V_2,E_2\}$，若 $V_1=V_2$，$E_1\supset E_2$，则称图 G_2 是 G_1 的部分图；如图 7－7 中的 a 即为图 7－5 的部分图。

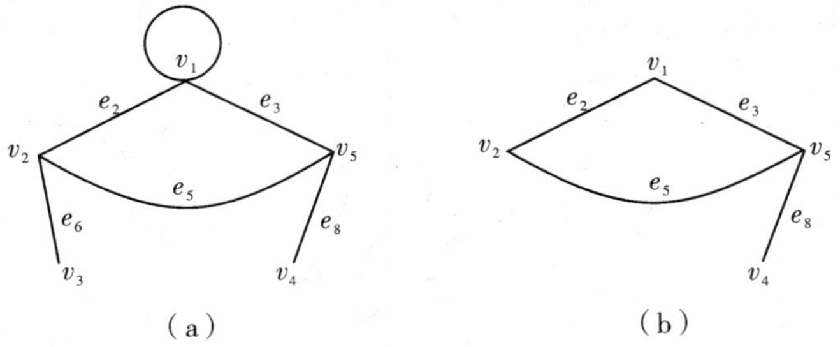

图 7－7 部分图与子图示意图

2．子图

假设图 $G_1=\{V_1,E_1\}$，$G_2=\{V_2,E_2\}$，若 $V_1\supset V_2$，$E_1\supset E_2$，则称图 G_2 是 G_1 的子图；如图 7－7 中的 b 即为图 7－5 的子图。

7.3 树图

树是图论中比较活跃的领域，在各个学科中都有广泛的应用。本节重点介绍树、部分树的概念与性质，以及最小部分树的几种算法。

7.3.1 树（tree）

1. 树的概念

树是不含有回路（圈）的连通图；图 7－8 中所示的图 a、b 和 c 均为树图。

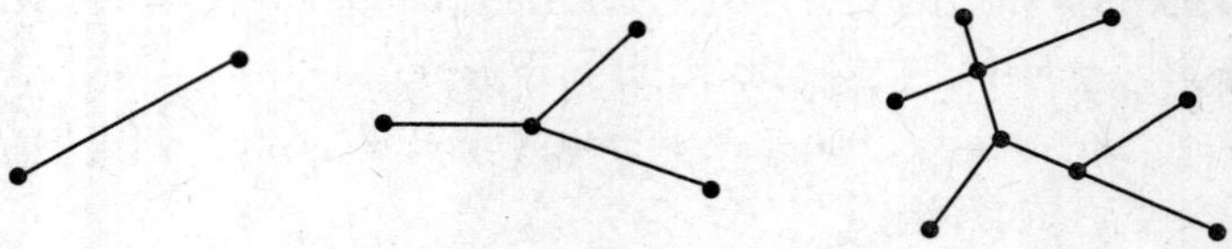

（a）　　（b）　　（c）

图 7－8　树图示意图

2. 树的性质

性质 1　树中任意两顶点间有且仅有一条链。

证明　因为树是连通的，所以树中任意两顶点之间必有链相连；如果两顶点之间有两条不同的链存在，则这两条链结合在一起便构成一个回路，即树中必将出现回路，而这与树的定义相矛盾。

性质 2　对于一定的点集而言，树是边数最少的连通图。

证明　因为树图的任意一条边都是沟通该边两个端点的唯一的一条链，所以如果在树图中去掉一条边，则该边的两个端点不再连通。

性质 3　设 T 是具有 p 个顶点的一棵树，则 T 的边数一定为 $p-1$ 。

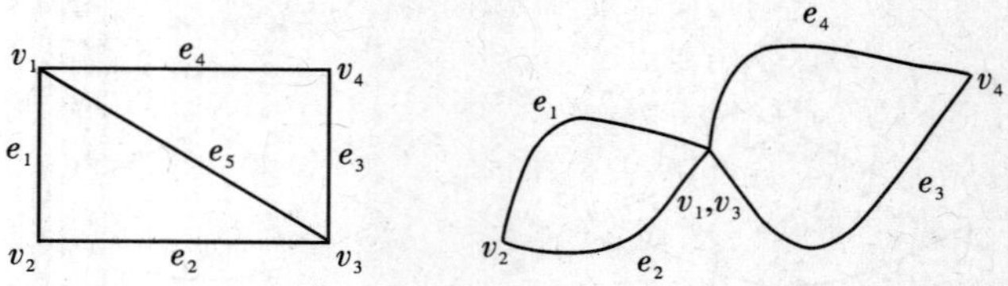

（a）　　（b）

图 7－9　图的收缩示意图

证明　在证明此性质之前，先引入收缩（contraction）的概念：若把图 G 的一条边缩短直到它的两个端点重合，则称图 G 被收缩，如图 7－9 所示。

当 $p=2$（图 7－8a）时，命题显然成立；假设当 $p=k$ 时命题成立，现在来证明 $p=k+1$ 时命题成立。因为树是没有回路的连通图，因此在树 T 中任意取一条边进行收缩，收缩的结果应形成一棵点和边数都减少 1 的树。若树 T 具有 $k+1$ 个点，则收缩树 T^* 具有 k 个点，根据归纳法的假设，T^* 具有 $k-1$ 条边；再把收缩的边还原，则树 T 具有 $k+1$ 个点、k 条边。即如果 $p=k$ 时命题成立，$p=k+1$ 时命题成立。

性质 4　任意一棵树，至少存在两个悬挂点。

证明　设树 T 具有 p 个顶点、n 条边，因为一条边要有两个端点，所以树 T 各点度之和为 $2n$ ，即

$$\sum_{v \in V(T)} d(v) = 2n$$

根据性质3，有 $n = p - 1$ ，所以

$$\sum_{v \in V(T)} d(v) = 2n = 2(p-1) = 2p - 2 \tag{7-1}$$

若树 T 中每一个点的度都大于或等于2，那么 $\sum_{v \in V(T)} d(v) \geqslant 2p$ 。显然，这与式（7－1）相矛盾，所以树 T 中每一个点的度都大于或等于2的假设不能成立。为使式（7－1）成立，必须至少有两个顶点的度数为1，即至少有两个悬挂点。

性质5 具有 $n-1$ 条边的 n 阶连通图是树图。

证明 假设命题不成立，那么此图中必有回路。任意取一个回路去掉其中的一条边，图仍然连通。如此下去，直到图中无回路为止，便得到一个具有 n 个顶点、少于 $n-1$ 条边的树图，这与性质3相矛盾，假设不成立，原命题得证。

7.3.2 部分树（spanning tree）

如果树 T 是图 G 的一个部分图，则称树 T 是图 G 的部分树。如图7－10中的b、c均为a的部分树。图 G 存在部分树的充分必要条件是 G 是连通图。

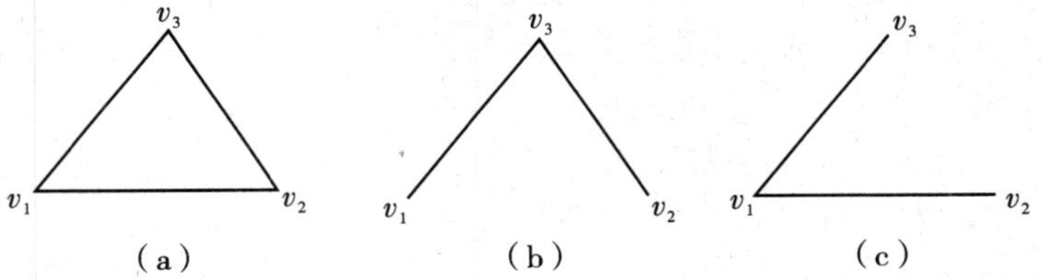

图7－10 部分树示意图

必要性是显然的；对充分性可证明如下：

设图 G 是连通的，如果不含回路，那么图 G 本身就是一个树，从而图 G 是它自身的一棵部分树。现假设图 G 含回路，从回路中任意去掉一条边，得到图 G 的一个部分图 G_1 ，如果 G_1 不含回路，那么 G_1 是图 G 的一个部分树；如果 G_1 仍含有回路，那么从 G_1 中任意选取一个回路并任意去掉一条边，得到图 G 的另一个部分图 G_2 。如此重复，最终可以得到图 G 的一个部分树 G_k 。

从图7－10可以看出，一个连通图的部分树并不唯一。上述充分性的证明过程给出了构造部分树的一种简单算法，这个算法就是在一个连通图中破掉所有的回路，剩下不含回路的连通图就是原连通图的一棵部分树。这种算法被形象地称为“破圈法”。

构造连通图 G 的部分树，也可以按照下面的算法来进行，即在图 G 中任意选取一边 e_1，找一条不与 e_1 构成回路的边 e_2 ，然后再找一条不与 e_1 、e_2 构成回路的边 e_3 。如此下去，直到这一过程不能进行下去为止，所得到的图就是连通图 G 的一棵部分树，这种算法被形象地称为“避圈法”。

7.3.3 最小部分树（minimal spanning tree）

在赋权图中，构成其部分树各边权的总和称为**部分树的权**；具有最小权的部分树，称为**最小部分树**。最小部分树在经济管理领域具有重要的应用价值，因此有必要探讨一下最小部分树的算法。

1. 破圈法

在连通图 G 中任意选取一个回路，从该回路中去掉一条权数最大的边（如果权数最大的边不唯一，则任意选取其中一条）。在余下的图中，重复这一步骤，直至得到一个不含回路的连通图（有 n 个顶点 $n-1$ 条边），该连通图便是最小部分树。

2. 避圈法

从图中任选一点 v_i，令 $v_i \in V$，其他各点均属于 $\overline{V}$；从沟通集合 V 和 $\overline{V}$ 的连线中找出最小边，使之包含在最小部分树内。不妨假设最小边为（v_i,v_j），令（v_i,v_j）$\in V$，其他各点均属于 $\overline{V}$；重复寻找从集合 V 到 $\overline{V}$ 的最小边并使之包含在最小部分树内，直到图中的所有点都包含在集合 V 中为止。

3. Kruskal 顺序生枝法

首先将图中的所有边按权从小到大的顺序排列，在确保不出现回路的前提下，将依次排列的边逐一绘出；若在增加某条边时出现了回路，则排除该边并继续寻找下一条边。

例 7－1 图 7－11 中的 S、A、B、C、D、E、T 分别代表 7 个村镇，它们之间的连线代表各村镇间的道路情况，连线旁的数字（权）代表各村镇间的距离。现要求沿道路架设电线，使上述村镇全部通上电，应如何架设使总的线路长度最短？

解 因要使上述村镇全部通上电，所以 S、A、B、C、D、E、T 各点之间必须连通；此外，图中不能存在回路，否则从回路中去掉一条边仍然连通，即含有回路的路径一定不是最短线路。故架设长度最短的线路就是从图 7－11 中寻找一棵最小部分树。

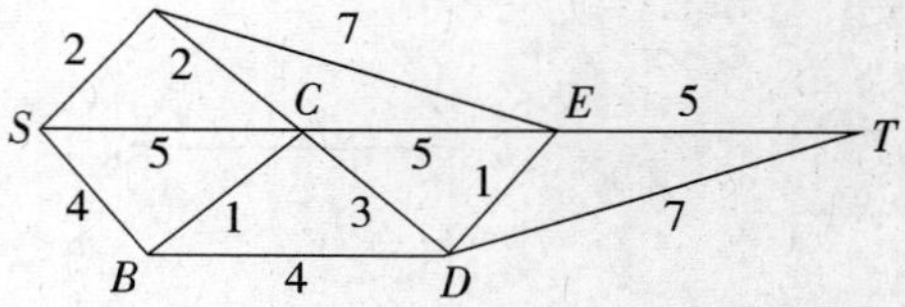

图 7－11 村镇道路联通示意图

用“破圈法”求最小部分树时，从图 7－11 中任取一回路，如 $SACBS$，去掉最大权边 SB，得到一个部分图；继续在部分图任取一回路，如 $SACS$，去掉最大权边 SC，得到另一个部分图。依此类推，最终得如图 7－12 所示的最小部分树。

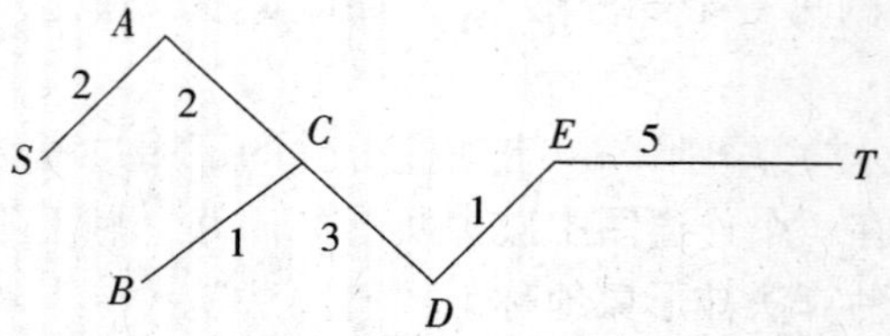

图 7－12 破圈法最小部分树示意图

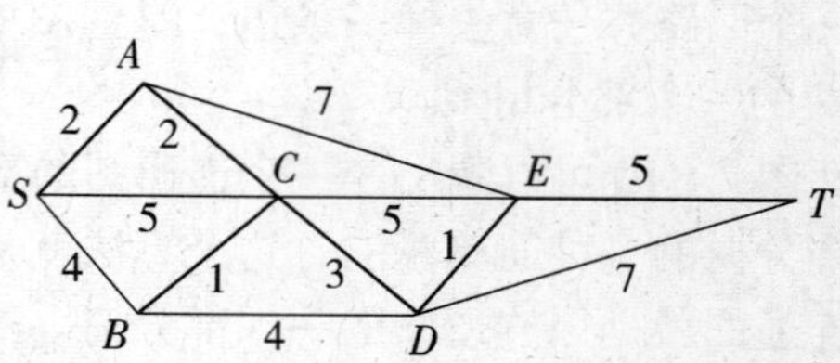

图 7－13 避圈法最小部分树示意图

用“避圈法”时，从图 7－11 中任意选取一点，不妨假设为 S 点。令 $S \in V$，其余各点均属于 $\overline{V}$，沟通集合 V 和 $\overline{V}$ 的连线有三条 SA、SB 和 SC，其中最小边为 SA，将 SA 加粗，标明它是最小部分树内的边。再令 $(S,A) \in V$，其余各点均属于 $\overline{V}$，沟通集合 V 和 $\overline{V}$ 的连线有四条 AE、AC、SB 和 SC。重复上述步骤，直到所有点连通为止，即得如图 7－13 所示的最小部分树。

例 7－2 已知五口油井，相互间的距离如表 7－1 所示，问应如何铺设输油管线，才能使输油管长度最短（为便于计量和检修，输油管只允许在井口处分支）。

表 7－1 油井相互间的距离表 （单位：km）

从＼到	W_2	W_3	W_4	W_5
W_1	1.3	2.1	0.9	0.7
W_2		0.9	1.8	1.2
W_3			2.6	1.7
W_4				0.7

解 按“破圈法”或“避圈法”求图的最小部分树，均需先绘制出原图；对于此类问题可以想象，当油井的数量较多时，先绘制出原图再求解是很不方便的。因此，选用Kruskal顺序生枝法来求解此例。

（1）将各边按距离从小到大排序，即

$$d_{15}=d_{45}=0.7\quad d_{14}=d_{23}=0.9\quad d_{25}=1.2\quad d_{12}=1.3$$
$$d_{35}=1.7\quad d_{24}=1.8\quad d_{13}=2.1\quad d_{34}=2.6$$

（2）按顺序生枝，即第一个生出的树枝是 e_{15}，第二个生出的树枝是 e_{45}；因 e_{14} 与 e_{15} 和 e_{45} 构成回路，故排除 e_{14}。继续生出树枝 e_{23}、e_{25}，至此代表油井的5个点已经连通（5个点，4条边），所以得到如图7－14所示的权为3.5的最小部分树。该最小部分树即为长度最短的输油管铺设方案。

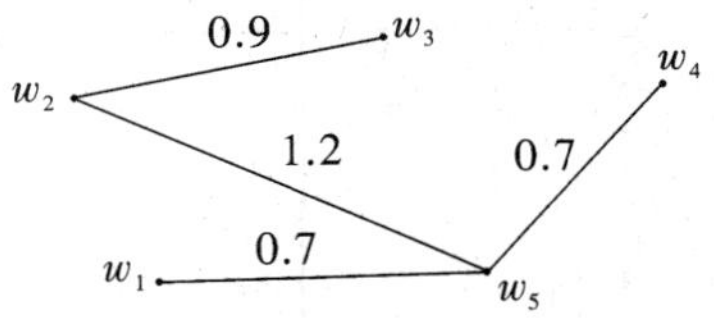

图7－14 顺序生枝法最小部分树示意图

7.4 最短路问题

最短路问题一般来说是在给定的图中寻找任意两点之间距离最短的一条路径。这里的距离只是权数的代名词，在解决实际问题时，可以是时间、费用或其他不同含义的量。下面分别介绍求解图中任意一点到其他各点最短路的Dijkstra算法和求解图中所有点之间最短路的Floyd算法。

7.4.1 Dijkstra算法

令
$$d_{ij}=\begin{cases} w_{ij} & i\text{与}j\text{相邻} \\ +\infty & i\text{与}j\text{不相邻} \\ 0 & i\text{与}j\text{相等} \end{cases}$$

若用 L_{ij} 代表从 i 点到 j 点的最短路，那么求从 s 点到 t 点的最短路的Dijkstra算法的具体步骤可概括如下：

第一步，从点 s 出发，因 $L_{ss}=0$，将"0"标注在 s 旁的小方框内，表示 s 点已标号。

第二步，从点 s 出发，找出与点 s 相邻且距离最小的点 r，将 $L_{sr}=L_{ss}+L_{sr}$ 的值标注在点 r 旁的小方框内，表明点 r 也已标号。

第三步，找出所有与已标号点相邻的未标号点，若 $L_{sp}=\min\{L_{ss}+d_{sp},L_{sr}+d_{rp}\}$，则给 p 点标号，即将 L_{sp} 的值标注在 p 旁的小方框内。

第四步，重复第三步，直到 t 点得到标号为止；此时各点小方框内的标注值就是 s 点到该点的最短路。

例 7－3 在图 7－11 中，求 S 点到其他各点的最短路。

解 第一步，从 S 点出发，对其标"0"，令 $S\in V$，其他各点均属于 $\bar{V}$。

第二步，与 S 点相邻的未标号点有 A、B、C 三个点，又因

$$\min\{0+2,0+4,0+5\}=2$$

故 A 点得到标号"2"，令 $(S,A)\in V$，其他各点均属于 $\bar{V}$。

第三步，与标号点 S 和 A 相邻的未标号点有 B、C、E 三个点，又因

$$\min\begin{Bmatrix}A:\min(2+2,2+7)=4\\S:\min(0+4,0+5)=4\end{Bmatrix}=4$$

故 B、C 两点同时得到标号"4"，令 $(S,A,B,C)\in V$，其他各点均属于 $\bar{V}$；依此类推，直到所有的点均得到标号，图 7－15 即为 S 点到各点的最短路示意图。

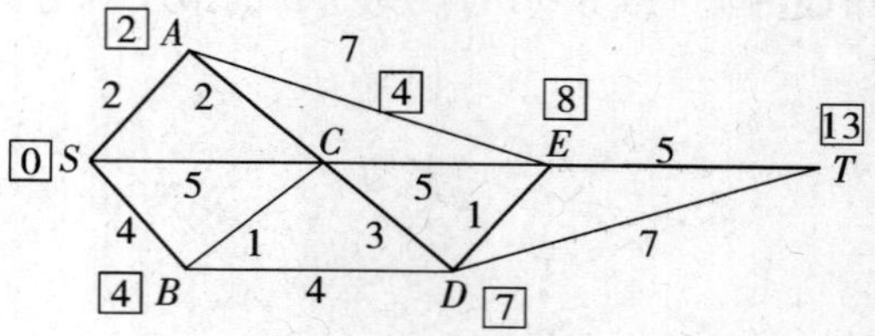

图 7－15 标号法求两点间最短路示意图

对于有向图来讲，只要在确定相邻关系时考虑方向问题即可（相邻关系是与各边同向的单向关系），其他与无向图没有什么区别。

7.4.2 Floyd 算法

Dijkstra 算法提供了从图中某一点到其他各点的最短路；但有些实际问题往往需要计算图中所有点之间的最短路，如果仍采用 Dijkstra 算法逐点来计算，过程将是繁琐的。下面介绍一种计算图中所有点之间最短路的 Floyd 算法。同前，定义 d_{ij} 为图中两点 i 和 j 之间的距离，即

$$d_{ij}=\begin{cases}w_{ij} & i\text{ 与 }j\text{ 相邻}\\+\infty & i\text{ 与 }j\text{ 不相邻}\\0 & i\text{ 与 }j\text{ 相等}\end{cases}$$

于是，可得矩阵 $\boldsymbol{D}^{(0)}=\{d_{ij}\}$，$\boldsymbol{D}^{(0)}$ 表明从 i 点到 j 点直接到达的距离。因为从 i 点到 j 点的最短路不一定是直接到达的，可能有一个、两个或更多的中间点。先考虑 i 点与 j 点之间可以（并非一定）有一个中间点的情况，i 点到 j 点的最短距离应为：

$$\min_k\{d_{ik}+d_{kj}\}\qquad(k=1,2,3,\cdots,p)$$

为此，可以构造一个新的矩阵 $\boldsymbol{D}^{(1)}$，令 $\boldsymbol{D}^{(1)}$ 中的元素 $d_{ij}^{(1)} = \min\limits_{k}\{d_{ik} + d_{kj}\}$，则矩阵 $\boldsymbol{D}^{(1)}$ 给出了网络中任意两点之间可以有一个中间点时的最短距离。

在 $\boldsymbol{D}^{(1)}$ 的基础上再构造矩阵 $\boldsymbol{D}^{(2)}$，令 $\boldsymbol{D}^{(2)}$ 中的元素 $d_{ij}^{(2)} = \min\limits_{k}\{d_{ik}^{(1)} + d_{kj}^{(1)}\}$，则矩阵 $\boldsymbol{D}^{(2)}$ 给出了网络中任意两点之间可以有三个中间点时的最短距离。

一般地，若定义 $d_{ij}^{(n)} = \min\limits_{k}\{d_{ik}^{(n-1)} + d_{kj}^{(n-1)}\}$，则矩阵 $\boldsymbol{D}^{(n)}$ 给出了网络中任意两点之间可以有 $2^n - 1$ 个中间点时的最短距离。因为中间点至多有 $p - 2$ 个，这里的 p 为图的顶点数，所以计算的次数 n 应满足 $2^n - 1 \leqslant p - 2$，于是有 $n \leqslant \dfrac{\lg(p-1)}{\lg 2}$。

如果计算过程中出现 $\boldsymbol{D}^{(m+1)} = \boldsymbol{D}^{(m)}$，计算也可以结束，矩阵 $\boldsymbol{D}^{(m)}$ 中的各元素即为各点间的最短距离。

例 7－4 在图 7－11 中，求 S、A、B、C、D、E、T 所有点之间的最短路。

解 $n \leqslant \dfrac{\lg(p-1)}{\lg 2} = \dfrac{\lg 6}{\lg 2} \approx 2.6$，即最多计算到 $\boldsymbol{D}^{(3)}$ 就可得到最优解。

$$\boldsymbol{D}^{(0)} = \begin{bmatrix} 0 & 2 & 5 & 4 & \infty & \infty & \infty \\ 2 & 0 & 2 & \infty & 7 & \infty & \infty \\ 5 & 2 & 0 & 1 & 5 & 3 & \infty \\ 4 & \infty & 1 & 0 & \infty & 4 & \infty \\ \infty & 7 & 5 & \infty & 0 & 1 & 5 \\ \infty & \infty & 3 & 4 & 1 & 0 & 7 \\ \infty & \infty & \infty & \infty & 5 & 7 & 0 \end{bmatrix} \quad \boldsymbol{D}^{(1)} = \begin{bmatrix} 0 & 2 & 4 & 4 & 9 & 8 & \infty \\ 2 & 0 & 2 & 3 & 7 & 5 & 12 \\ 4 & 2 & 0 & 1 & 4 & 3 & 10 \\ 4 & 3 & 1 & 0 & 5 & 4 & 11 \\ 9 & 7 & 4 & 5 & 0 & 1 & 5 \\ 8 & 5 & 3 & 4 & 1 & 0 & 6 \\ \infty & 12 & 10 & 11 & 5 & 6 & 0 \end{bmatrix}$$

$$\boldsymbol{D}^{(2)} = \begin{bmatrix} 0 & 2 & 4 & 4 & 8 & 7 & 14 \\ 2 & 0 & 2 & 3 & 6 & 5 & 11 \\ 4 & 2 & 0 & 1 & 4 & 3 & 9 \\ 4 & 3 & 1 & 0 & 5 & 4 & 10 \\ 8 & 6 & 4 & 5 & 0 & 1 & 5 \\ 7 & 5 & 3 & 4 & 1 & 0 & 6 \\ 14 & 11 & 9 & 10 & 5 & 6 & 0 \end{bmatrix} \quad \boldsymbol{D}^{(3)} = \begin{bmatrix} 0 & 2 & 4 & 4 & 8 & 7 & 13 \\ 2 & 0 & 2 & 3 & 6 & 5 & 11 \\ 4 & 2 & 0 & 1 & 4 & 3 & 9 \\ 4 & 3 & 1 & 0 & 5 & 4 & 10 \\ 8 & 6 & 4 & 5 & 0 & 1 & 5 \\ 7 & 5 & 3 & 4 & 1 & 0 & 6 \\ 13 & 11 & 9 & 10 & 5 & 6 & 0 \end{bmatrix}$$

7.5 最大流问题

许多系统包含有流量的问题。例如，公路系统中有车辆流，控制系统中有信息流，灌溉系统中有水流，金融系统有现金流，等等。本节就来研究一下这类与流量有关的问题。

7.5.1 基本概念与基本定理

1. 线度

从点发出的边的数目称为点的“正线度”，记为 $d^+(v_i)$；进入点的边的数目称为点的“负线度”，记为 $d^-(v_i)$。

2. 网络流图

若有向图 $G = (V, U)$ 满足下列条件，便称其为网络流图：

（1）有且仅有一个点的负线度为“0”，这个点称为**源或发点**（source）；

（2）有且仅有一个点的正线度为“0”，这个点称为**沟或收点**（sink）；

（3）每一条边均有一个非负的权数，这一非负的权数称为**边的容量**（capacity），边 e_{ij} 的容量用 c_{ij} 来表示。

3. 网络流量

所谓**网络流量**，是指定义在弧集合 U 上的一个函数 $d = f(d_{ij})$，其中 d_{ij} 为弧 (v_i, v_j) 上的流量（flow）；网络流量等于发点的总发量或收点的总收量。

4. 可行流

对所有的 i 和 j，当 d_{ij} 满足下述两个条件时，d 称为网络的**可行流**：

（1）对所有的 i 和 j，有 $d_{ij} \leqslant c_{ij}$；

（2）中间点输入与输出的量相等，即 $\sum\limits_{k} d_{ki} = \sum\limits_{j} d_{ij}$。

5. 最大流、饱和弧和零流弧

使网络流量达到最大值的可行流称为网络的**最大流**。对网络的某一可行流 $d = f(d_{ij})$ 而言，$d_{ij} = c_{ij}$ 的弧称为**饱和弧**；而 $d_{ij} = 0$ 的弧称为**零流弧**。如图 7－16 所示，(v_2, v_4)、(v_1, v_3)、(v_3, v_2) 都是饱和弧，而其他各弧均为非饱和弧；(v_3, v_4)、(v_2, v_1) 为零流弧，其他弧均为非零流弧。

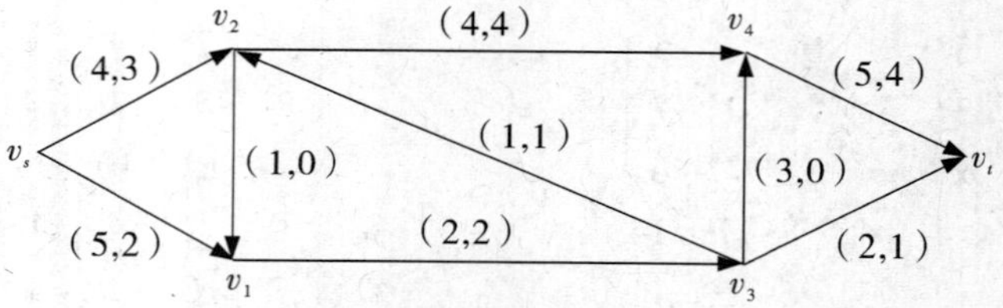

图 7－16　饱和弧、非饱和弧和零流弧示意图

6. 正向弧和负向弧

若 u 是网络从发点 v_s 到收点 v_t 的一条链（不考虑方向），定义链的方向是从发点 v_s 到收点 v_t，则链上的弧被分为两种：一种是弧的方向与链的方向一致，称为**正向弧**，正向弧的集合记为 u^+；另一种是弧的方向与链的方向相反，称为**负向弧**，负向弧的集合记为 u^-。如图 7－16 所示，对于链 $\{v_s, v_2, v_3, v_4, v_t\}$，弧 (v_3, v_2) 是负向弧，其他各弧均为正向弧。

7. 增广链

设 $d = f(d_{ij})$ 是一个可行流，u 是网络从发点 v_s 到收点 v_t 的一条链，若 u 满足下列条件，就称之为（关于可行流 d 的）一条**增广链**：

（1）u^+ 中的每一个弧均为非饱和弧；

（2）u^- 中的每一个弧均为非零流弧。

如图 7－16 所示，链 $\{v_s, v_2, v_3, v_4, v_t\}$ 是一条增广链；而链 $\{v_s, v_1, v_2, v_4, v_t\}$ 不是增广链。在增广链上，正向弧的流量都可以增加，负向弧的流量都可以减少，所以一定存在一个量 $\Delta d = \min\begin{Bmatrix} u^+ : c_{ij} - d_{ij} \\ u^- : d_{ji} \end{Bmatrix}$，使得所有正向弧的流量加上 Δd、负向弧的流量减去 Δd 仍为可行流，而这样处理的结果是网络的流量增加了 Δd。实际上，增广链提供了一种增加流量的途径，即通过寻找网络流的增广链并在增广链上使流量增加 Δd ，来实现总流量增加 Δd 。

7.5.2 寻求最大流的标号法

标号法是一个由两个基本步骤构成的循环过程。第一步是进行标号，找到一条增广链；第二步是沿着增广链增加网络的流量。标号法进行到网络中不再存在增广链为止（即网络的流量不能再增加），此时的网络流即为最大流。标号法的具体过程可概括如下：

第一步，给发点 v_s 标号"（0，+∞）"；"0"表示 v_s 是发点，"+∞"表示源泉本身没有量的限制。

第二步，选择一个已标号的点 v_i ，对于 v_i 所有相邻的未标号点 v_j ，按下列规则处理：若 $(v_i,v_j) \in U$ 且 $d_{ij} < c_{ij}$ ，令 $\delta_j = \min\{c_{ij} - d_{ij},\delta_i\}$ 并给 v_j 标号 (v_i,δ_j) ；若 $(v_j,v_i) \in U$ 且 $d_{ji} > 0$ ，令 $\delta_j = \min\{d_{ji},\delta_i\}$ 并给 v_j 标号 $(-v_i,\delta_j)$ 。

第三步，重复第二步直到收点 v_t 被标号，或不再有顶点可以被标号为止。若 v_t 得到标号，说明从发点 v_s 到收点 v_t 存在一条增广链，故转向第四步增广过程；若 v_t 未得到标号，说明从发点 v_s 到收点 v_t 已经不存在增广链，算法结束，所得的流便是最大流。

第四步，增广过程：利用反向追踪的办法，找出增广链 u 。在增广链 u 上，令

$$\delta = \min_u \begin{Bmatrix} u^+ : c_{ij} - d_{ij} \\ u^- : d_{ji} \end{Bmatrix}$$

对网络的流量进行调整，令

$$d_{ij} = \begin{Bmatrix} (i,j) \in u^+ : d_{ij} + \delta \\ (i,j) \in u^- : d_{ji} - \delta \\ (i,j) \notin u \ : d_{ij} \end{Bmatrix}$$

即在保持非增广链弧的流量不变的情况下，在增广链上正向弧的流量增加 δ ，负向弧的流量减少（反向增加）δ 。

第五步，去掉所有标号，对新的网络流重新进入标号过程。

例 7－5 用标号法求图 7－16 所示网络的最大流，弧旁的数是 (c_{ij},d_{ij}) 。

解

（1）首先给发点 v_s 标号"（0，+∞）"。

（2）与已标号点 v_s 相邻的未标号点（无须考虑方向，同方向认为构成链的正向弧，反方向认为构成链的负向弧）有"v_1"和"v_2"两点。因为弧 (v_s, v_1) 和 (v_s, v_2) 都是正向非饱和弧，所以"v_1"和"v_2"两点分别得到标号 $(v_s, l(v_1))$ 和 $(v_s, l(v_2))$，其中

$$l(v_1) = \min\{l(v_s), c_{s1} - d_{s1}\} = \min\{+\infty, 5 - 2\} = 3$$

$$l(v_2) = \min\{l(v_s), c_{s2} - d_{s2}\} = \min\{+\infty, 4 - 3\} = 1$$

（3）与已标号点 v_1 相邻的未标号点只有 v_3 ，而弧 (v_1,v_3) 是饱和弧，所以 v_1 点标号中断。

（4）与已标号点 v_1 相邻的未标号点只有 v_3 和 v_4 ，因为 (v_2,v_4) 是正向饱和弧，而 (v_3,v_2) 是负向非零流弧，所以 v_3 得到标号 $(v_2, l(v_3))$，其中

$$l(v_3) = \min\{l(v_2), d_{32}\} = \min\{1,1\} = 1$$

（5）与已标号点 v_3 相邻的未标号点只有 v_4 和 v_t，优先选择收点 v_t，v_t 得到标号（v_3，$l(v_t)$），其中

$$l(v_t) = \min\{l(v_3), c_{3t} - d_{3t}\} = \min\{1,1\} = 1$$

由于收点 v_t 得到了标号，所以已经得到一条增广链，如图 7－17 所示。

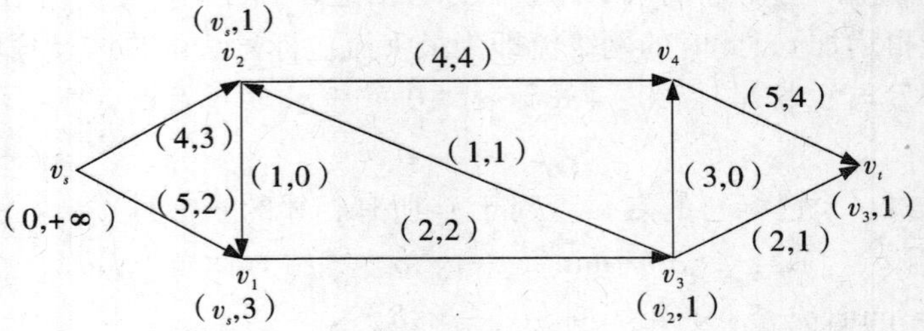

图 7－17　增广链示意图

（6）在此条增广链上，正向弧流量增加“1”，负向弧流量减少“1”。去掉所有的标号，从发点 v_s 重新进行标号，结果见图 7－18。由于在图 7－18 中已不存在增广链，所以图 7－18 中的流即为网络的最大流，最大流为 6。

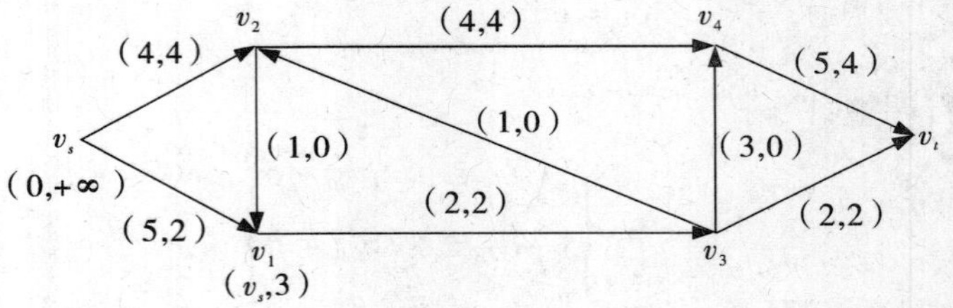

图 7－18　最大流示意图

*7.6　Euler 回路问题

按照点、边的连续交替序列，在一个图中遍历每一条边且只经历一次所构成的回路称为 Euler 回路。

例 7－6　旋转鼓问题：旋转鼓的面分成 16 等份，如图 7－19 所示。假设鼓的位置用四位二进制数 *abcd* 给出信息，用导体和绝缘体材料表示“0”和“1”两种状态，四个相邻的扇面给出一个四位二进制数。试问导体和绝缘体材料应如何排列，才能构成从 0（0000）到 15（1111）这 16 个数？

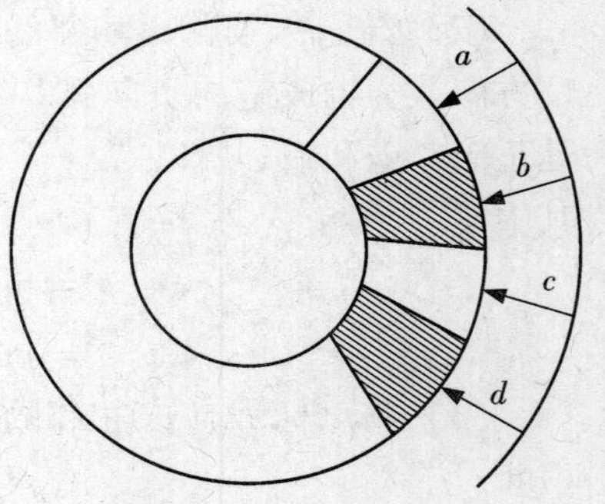

图 7－19　旋转鼓示意图

因由数 *abcd* 给出的两个相邻的四位二进制数必有其中三位相同，所以取 000 到 111 这 8 个数为 8 个顶点，且用从一个顶点 *abc* 到另一个顶点 *bcd* 的连线表示 *abcd* 这个四位二进制数，如图 7－20 所示。至此，问题转化

为求图 7-20 中的一条 Euler 回路，因图 7-20 上的 8 个顶点均为偶点，故存在 Euler 回路。

从图 7-20 可以看出，$\{e_0, e_1, e_2, e_5, e_{10}, e_4, e_9, e_3, e_6, e_{13}, e_{11}, e_7, e_{15}, e_{14}, e_{12}, e_8\}$ 便是一条 Euler 回路，对应这一回路的 16 位二进制数是 0000101001101111；即旋转鼓的面的 16 等份应按 4 份绝缘体、1 份导体、1 份绝缘体、1 份导体、2 份绝缘体、2 份导体、1 份绝缘体、4 份导体来排列。

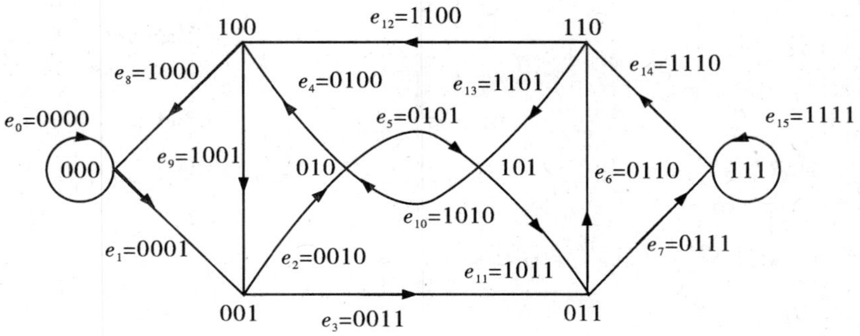

图 7-20 Euler 回路示意图

例 7-7 中国邮路问题：中国邮路问题是 Euler 回路问题的推广，它是由山东师范学院的管梅谷先生于 1962 年首先提出的，故习惯上称为中国邮路问题。问题的提出是这样的：一个邮递员从邮局出发，走遍他负责投递的每一条街道，然后再返回邮局，问应选择什么样的路线，才能使其所走的路线最短。

对于这样的问题，如果邮递员能走遍他负责投递的每一条街道，而每条街道又恰恰只走一次（Euler 回路），这当然是他最短的投递路线。然而，问题并非总是如此简单（存在 Euler 回路），通常邮递员不得不在某些路段上重复（不存在 Euler 回路），此时应如何选择重复路段，才能使其所走的路线最短呢？

我们容易得到如下两个结论：

结论 1 若网络图上的所有点均为“偶点”，则邮递员可以走遍负责投递的所有街道，每条街道只走一次完成投递任务。

结论 2 最短的投递路线具有这样的性质：对任一条边来说，若需重复也只能重复一次；对图中任一回路来说，重复边的长度不超过回路总长的一半。

请看如图 7-21 所示的中国邮路问题，以探讨上述两结论的应用。

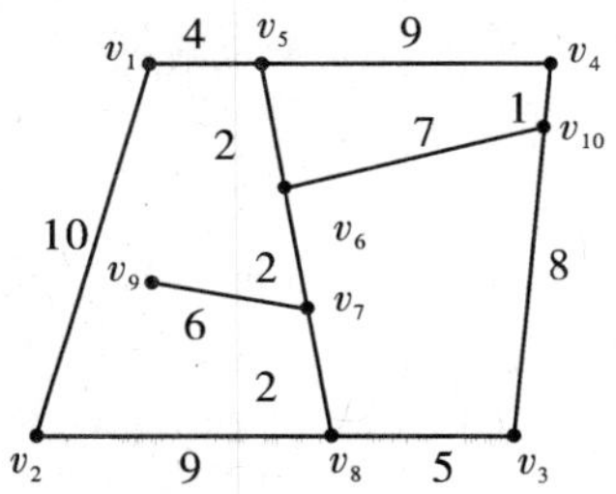

图 7-21 中国邮路问题示意图

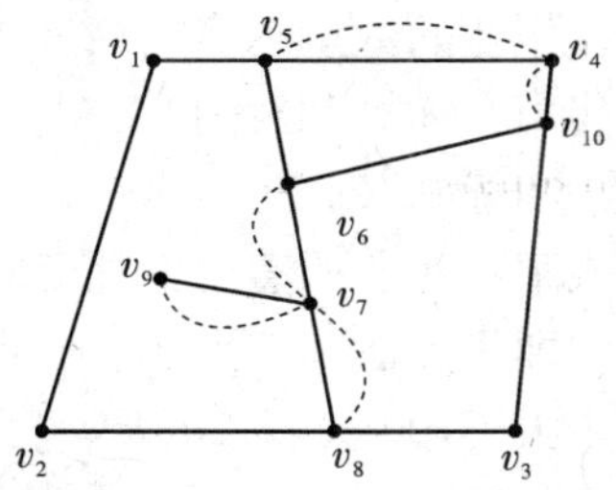

图 7-22 中国邮路问题部分重复路线示意图

首先根据结论 1，先检查图 7－21 中有无“奇点”。由于图中存在 v_5，v_6，v_7，v_8，v_9，v_{10} 六个奇点，所以邮递员必须在某些路段上重复走。如果将奇点配对相连（这是完全可以做到的，因为奇点的个数一定为偶数个），则图中的所有点均可转化为偶点，如图 7－22 所示。图中虚线即为配对奇点间的连线，它实际上是邮递员重复走的路线。

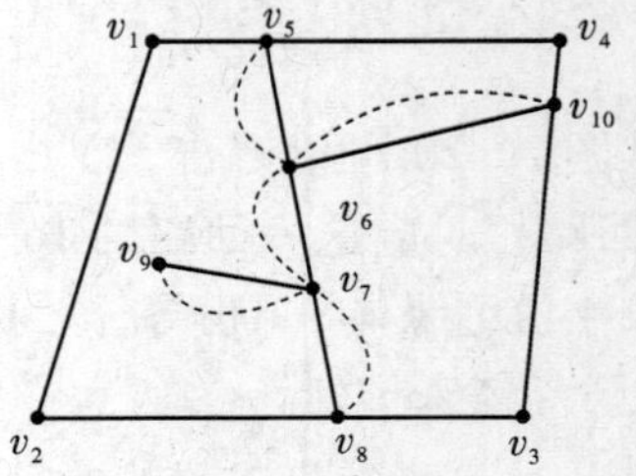

图 7－23　中国邮路问题最优重复路线示意图

利用结论 2，检查各个回路，可以发现只有在回路（v_4，v_5，v_6，v_{10}，v_4）中出现了重复路段的长大于回路全长的一半；因此，在此回路中应转向重复另一半，如图 7－23 所示。图 7－23 已满足结论 2 的最短投递路线性质，所以邮递员沿此图的边（包括虚线）所走的一个 Euler 回路即为最短的投递路线，最短路程为 84km，其中重复走的路程为 19km。

*7.7　网络计划技术

网络计划是美国 1950 年代中期兴起的一项较新的计划技术，主要由**关键线路法**（critical path method，CPM）和**计划评审技术**（program evaluation and review technique，PERT）发展而来。1956 年美国杜邦公司在制定企业不同部门的系统规划时，借助网络表示各项工作及其各项工作之间的相互关系，通过网络分析研究费用与时间的相互关系，找出网络中的关键线路，从而实现时间费用优化。由于该种方法主要是利用关键线路来实现时间费用优化，所以人们通常称其为关键线路法。1958 年美国海军将网络技术应用于“北极星”导弹研制计划，他们与杜邦公司不同，不是把注意力放在关键线路的寻找上，而是侧重于对各项工作安排的评价和审查，所以人们称其为计划评审技术。60 年代我国开始应用 CPM 和 PERT，并根据其基本原理和计划的表达方式，称它们为**网络计划技术**。

7.7.1　网络图的绘制

1. 作业或工序的划分

作业或工序是指工程中在工艺技术和组织管理上相对独立的一部分工作或活动。一项工程由若干个作业组成，作业数量的多少取决于工程的规模和对计划的精度要求：工程的规模越大，作业的数量越多；精度要求越高，作业的数量越多。作业的完成需要消耗一定的人力、物力、才力和时间。

2. 作业时间的确定

为完成某一作业所需要消耗的时间称为该作业的作业时间。作业时间的确定通常采用两种方法，即一点法和三点法。**一点法**对作业时间的估计采用单值的方法，即给出一个估计点，如 8 天、100 天、120 天等。这种方法一般在具备劳动定额数据或类似作业的统计信息时经常使用。**三点法**对作业时间的估计采用三值的方法，即给出**乐观**（a）、**最可能**（m）和**悲观**（b）三个估计点，如 $a=5$ 天，$m=8$ 天，$b=12$ 天。

显然，完成作业的时间是服从一定概率分布的，不妨假设服从正态分布，如图 7－24

所示。一般情况下，可按加权平均的方式计算作业时间，即

$$t_{ij} = \frac{a + 4m + b}{6}$$

对应的方差为：

$$\sigma^2 = \left(\frac{b - a}{6}\right)^2$$

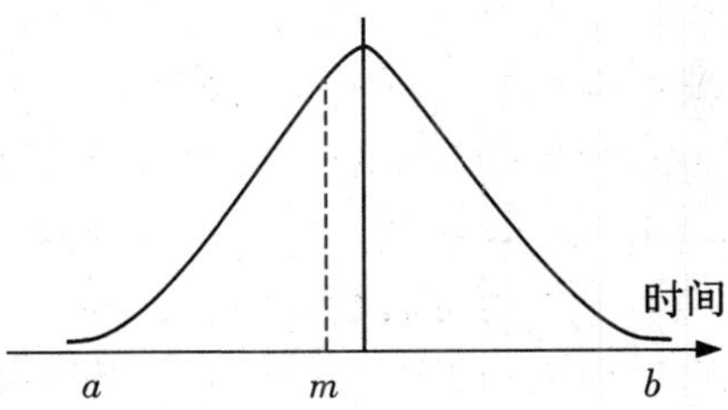

图 7－24　正态分布的作业时间示意图

3. 明确作业关系

各项作业之间存在一定的先后顺序关系，这些关系有时是在一定工程技术条件下的绝对的逻辑关系，有时是人们为了达到一定目的（如安全、高效、健康等）而人为规定的顺序关系。假如建造一座高塔，在目前的工程技术条件下，框架一定要在打桩完成后才能开始，这是一种典型的绝对逻辑关系。再比如，设备安装要在厂房吊顶完成后才能开始，这可能完全是厂方出于安全考虑所规定的顺序关系。

作业之间的先后顺序关系是通过紧前作业或紧后作业来描述的。如果作业 B 只有在作业 A 完成后才能开始，那么就称作业 A 是作业 B 的紧前作业；而作业 B 称为作业 A 的紧后作业。

完成上述三个基本步骤，即可构造出由作业、作业时间和紧前作业或紧后作业组成的作业关系明细表，如表 7－2 所示。

表 7－2　作业关系明细表

作业	A	B	C	D	E	F	G	H	I
紧前作业				A	B	C	B、D	E	B、F
作业时间	12	30	8	15	20	9	11	30	18

4. 绘制网络图

网络图是由**结点**（点）和**箭线**（弧）所构成的有向赋权图；其中结点代表作业的开始或结束，箭线代表作业。因为每条箭线对应一个箭头结点和一个箭尾结点，所以可以设想将一项作业表示成一个有序结点对。为实现这一设想，需要对结点进行编号，且编号应满足两个条件：

（1）箭头结点的编号不能小于箭尾结点的编号，以便通过编号的大小确定箭线的方向，进而通过编号的衔接反映作业之间的紧前或紧后关系。

（2）在任何一对结点之间不能存在两条或两条以上的箭线，以使结点对所表示的作业是唯一的。此外，由于一项工程应有一个明显的开工点和一个明显的完工点，所以网络图只能具有一个开始结点和一个结束结点。

为了正确反映作业之间的相互关系而又不违反上述网络图绘制原则，有时需要引入**虚作业**，虚作业在网络图中用虚箭线加以表示，见图 7－25。虚作业实质上是根本不存在的作业，所以它既不消耗资源也不消耗时间。

绘制网络图的过程是一个不断调整、完善的过程。一般来讲，一个完整网络图的绘制

需要经历如下步骤：

(1) 根据作业关系逐步增加新的作业，形成局部网络草图；

(2) 随着作业数量的增加，作业(箭线)之间的交叉也随之增加，当这种交叉达到一定程度时，对局部网络草图进行调整，形成较为规范的局部网络；

(3) 在局部网络的基础上，继续逐步增加新的作业；

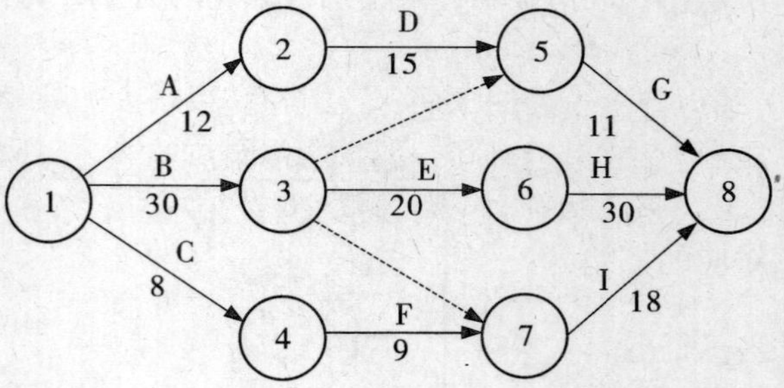

图 7-25　网络图构成示意图

(4) 重复(2)、(3)两步，直至所有的作业都找到自己合适的位置，即形成理想的系统网络。

7.7.2　网络时间的计算

网络时间包括结点时间和作业时间两个方面，结点时间包括最早时间($T_E(i)$)和最迟时间($T_L(j)$)，作业时间包括最早开始时间($T_{ES}(i,j)$)、最早结束时间($T_{EF}(i,j)$)和最迟开始时间($T_{LS}(i,j)$)、最迟结束时间($T_{LF}(i,j)$)，以及总时差($TF(i,j)$)和自由时差($FF(i,j)$)。

1. 结点的最早时间

结点的最早时间即以该结点为箭尾结点的各项作业的最早可能开始时间。假定开始结点的最早时间为“0”，即 T_E(start) $=0$，那么箭头结点的最早时间就应该等于箭尾结点的最早时间加上作业时间；当同时有多个箭线指向箭头结点时(见图 7-26)，箭头结点的最早时间按下式计算：

$$T_E(j) = \max\begin{Bmatrix} T_E(i_1) + T(i_1, j) \\ T_E(i_2) + T(i_2, j) \\ \vdots \quad\quad \vdots \\ T_E(i_k) + T(i_k, j) \end{Bmatrix}$$

结点的最早时间计算可概括为：令 T_E(start) $=0$，从左至右、加法、取极大值。

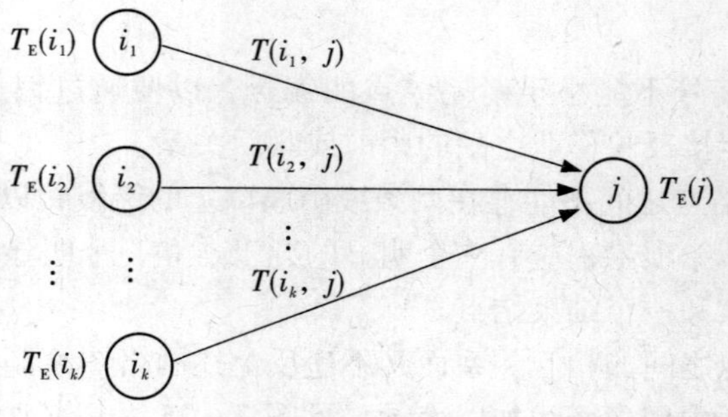

图 7-26　结点的最早时间计算示意图

2. 结点的最迟时间

结点的最迟时间即以该结点为箭头结点的各项作业的最迟必须完成的时间。为了尽量缩短整个工程的工期，一般将结束结点的最早时间（即整个工程的最早结束时间）作为结束结点的最迟时间；那么箭尾结点的最迟时间就应该等于箭头结点的最迟时间减去作业时间；当同时有多个箭线从该箭尾结点出发时（见图 7－27），该箭尾结点的最迟时间按下式计算：

$$T_L(i) = \min\begin{Bmatrix} T_L(j_1) - T(i, j_1) \\ T_L(j_2) - T(i, j_2) \\ \vdots \quad\quad \vdots \\ T_L(j_k) - T(i, j_k) \end{Bmatrix}$$

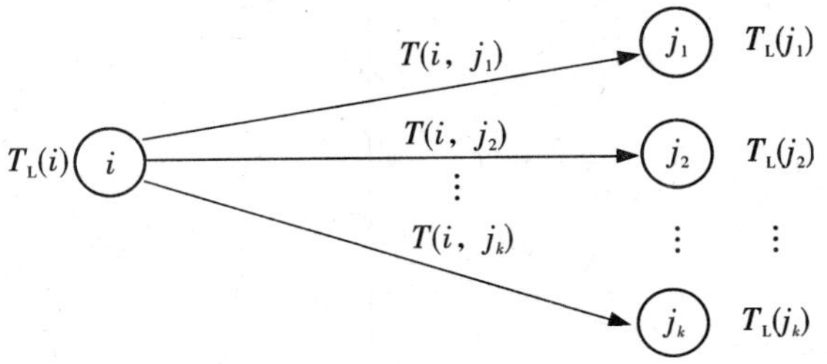

图 7－27　结点的最迟时间计算示意图

结点的最迟时间计算可概括为：令 T_L（finish）$=T_E$（finish），从右至左、减法、取极小值。

3. 作业的最早开始与最早结束时间

作业的最早开始时间就是其箭尾结点的最早时间，即 $T_{ES}(i, j) = T_E(i)$。只有最早开始才能最早结束，所以作业的最早结束时间应该是在最早开始时间的基础上加上作业时间，即 $T_{EF}(i, j) = T_{ES}(i, j) + T(i, j)$。

4. 作业的最迟结束与最迟开始时间

作业的最迟结束时间就是其箭头结点的最迟时间，即 $T_{LF}(i, j) = T_L(j)$。最迟结束是以最迟开始为计算基础的，所以作业的最迟开始时间应该是最迟结束时间减去作业时间，即

$$T_{LS}(i, j) = T_{LF}(i, j) - T(i, j)。$$

5. 作业的松弛时间

作业的松弛时间（$ST(i, j)$）表明在不影响工程总工期（紧后作业以最迟开始时间开始）的情况下，作业所具有的机动时间；即 $ST(i, j) = T_{LF}(i, j) - T_{EF}(i, j)$。

例 7－8　对图 7－25 进行结点和作业的时间计算。

解　结点时间计算的结果见图 7－28（其中方格中的数据代表最早时间，三角形中的数据代表最迟时间），作业时间计算的结果见表 7－3。

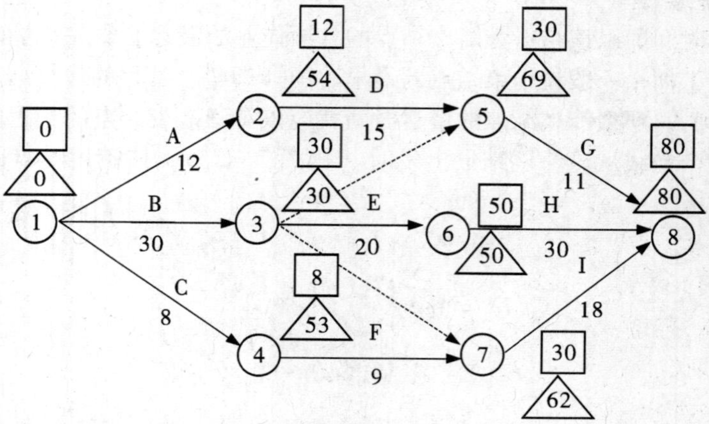

图 7-28 作业时间计算示意图

表 7-3 作业时间计算表

作业 (1)	作业时间 (2)	最早开始 (3)	最早结束 (4)	最迟结束 (5)	最迟开始 (6)	松弛时间 (7)
A	12	0	12	54	42	42
B	30	0	30	30	0	**0**
C	8	0	8	53	45	45
D	15	12	27	69	54	42
E	20	30	50	50	30	**0**
F	9	8	17	62	53	45
G	11	30	41	80	69	39
H	30	50	80	80	50	**0**
I	18	30	48	80	62	32

(4) = (3) + (2)　　(6) = (5) - (2)　　(7) = (5) - (4)

6. 确定关键线路

从网络的开始结点到网络的结束结点总时间最长的链构成网络的关键线路，如图 7-28 所示箭线 B-E-H（或用结点表示为 1-3-6-8）就是该网络的关键线路。对于某一特定网络而言，可能会同时存在多条关键线路，关键线路其实也就是松弛时间为“0”的作业所构成的从网络开始结点到结束结点的链。

7.7.3 网络的优化与控制

在 PERT 网络中，作业的时间仅仅是一个期望值，完成作业所需要的实际时间是不确定的；比如，恶劣的天气、偶然的事故、突发的疾病等都可能耽搁作业的完成。由于关键作业是没有机动时间的，因此，如果其后续关键作业不能把耽搁的时间弥补回来的话，任何一项关键作业的耽搁都将使整个工程的工期拖延。如果工期对整个工程来说非常重要，给关键作业特殊的关注就是十分自然的事；而对非关键作业的关注可适当减少，因为非关键作业在一定程度的时间耽搁并不会影响整个工程的工期。除了给关键作业特殊的关注外，有时甚至会将非关键作业上的资源（如人力、设备等）调拨出一部分来支援关键作业，这样可能在不增加工程投入的情况下，压缩工程的工期。然而，需要强调的是，关键作业与非关键作业并非总是一成不变的。非关键作业的过度耽搁，完全可能引起关键线路的改变。因此，在实际工作中，在给予关键作业特殊关注的同时，还要给予次关键作业（松弛时间较小的作业）较多的关注。

PERT 不仅仅只是建立一套行动计划，完成计划（完成前六个步骤）只是应用 PERT 的第一步；在计划执行过程中，如果出现非正常情况，PERT 必须能够针对具体情况做出适当调整，以对后续事项做出科学、合理的安排与部署。此外，到目前为止，对 PERT 的讨论还仅局限在“时间”这一问题上，没有考虑完成工程所消耗资源的优化问题。PERT 自然是一种力求工期最短的规划方法，但工程管理者同时也必然关心工程造价最低的问题；因此，PERT 网络的时间费用均衡（Time - Cost Trade - Off）是网络优化与控制的一项重要内容。

期望的作业时间是以一定的资源约束水平为基础的。一般来讲，只有增加资源消耗才能缩短作业时间，进而缩短整个工程的工期。

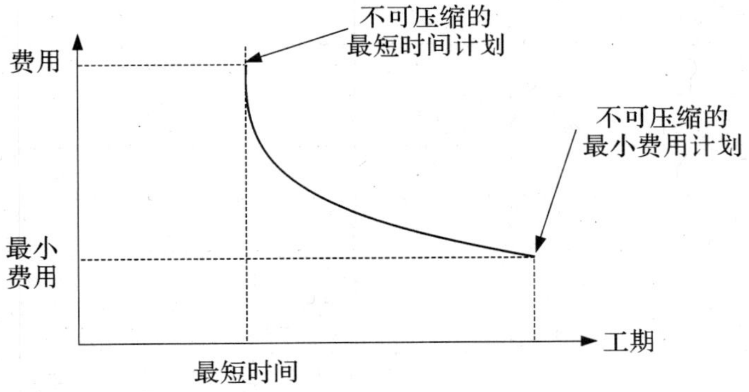

图 7 - 29　工期与费用关系示意图

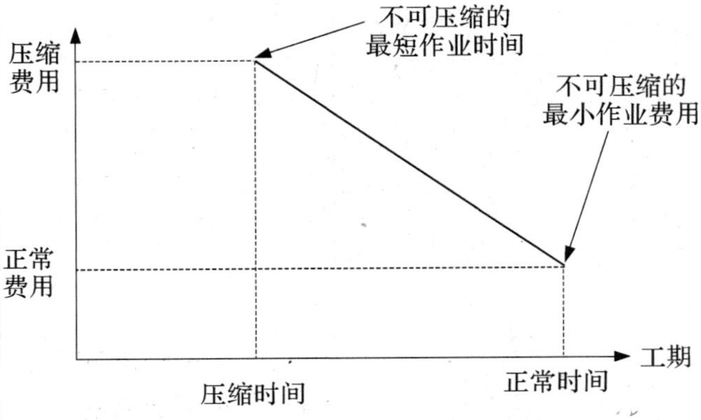

图 7 - 30　工期与费用线性关系示意图

图 7－29 描述了工期与费用之间的关系曲线，曲线上的每一个点都代表一个可能的工程计划。管理者经常会面临一种两难的境地（即为了压缩工期就不得不增加费用，而为了减少费用又不得不延长工期）；除非工期的压缩对应明确的经济回报，否则通过定量分析寻找工期与费用关系曲线的最优点（最优工程计划）是不可能的。

一个好的作业管理者，不仅要知道一项作业在各种条件下的作业时间，而且要清楚各种条件所对应的费用。为使问题得到简化，假设作业时间与费用之间具有线性关系，见图 7－30。图中的两个端点代表时间与费用在两个极端状态下的均衡，即不考虑费用的最短作业时间均衡和不考虑作业时间的最小费用均衡。

例 7－9 以建造一栋家庭住宅为例，介绍网络的费用－时间优化过程。

表 7－4 作业关系及作业时间明细表

作 业	紧前作业	作业时间（天）
(a) 地基挖掘	无	5
(b) 地基浇注	a	2
(c) 外部管路	a	6
(d) 框架结构	b	12
(e) 内部管路	d	10
(f) 电线、网线	d	9
(g) 屋顶结构	d	5
(h) 墙体	b	9
(i) 外部、内部管路贯通	c，e	1
(j) 封顶	g	2
(k) 墙面	f，i，j	3
(l) 内装修	k	9
(m) 外装修	h，g	7
(n) 庭院绿化	m	8

第一步，家庭住宅 PERT 网络基本信息，见表 7－4；

第二步，绘制家庭住宅 PERT 网络图并进行结点时间计算，见图 7－31；

第三步，作业时间计算，见表 7－5；

第四步，确定关键线路，见图 7－31 中的粗箭线；

第五步，进行网络时间－费用优化，作业时间与费用优化的基础信息见表 7－6。

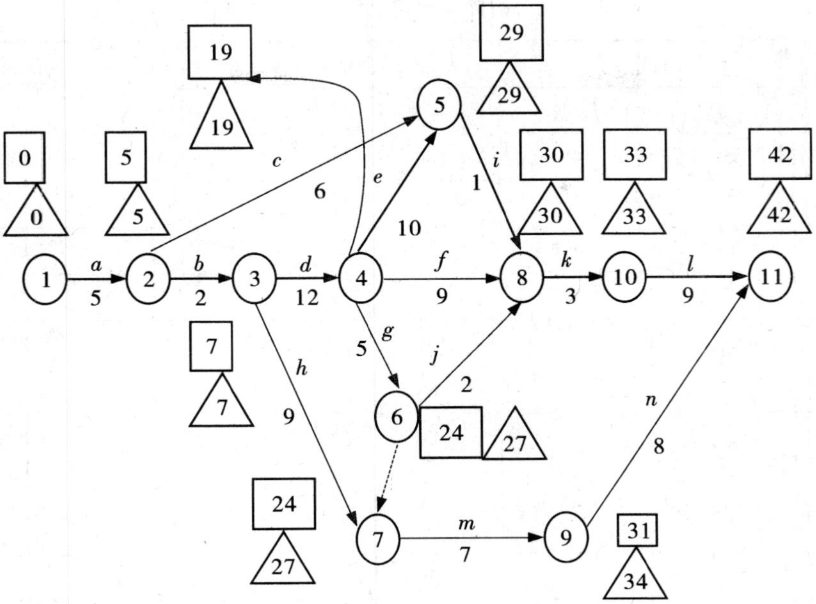

图 7－31　结点时间计算示意图

表 7－5　作业时间计算表

作　业	作业时间（天）	T_{ES}	T_{LS}	T_{EF}	T_{LF}	ST
a	5	0	0	5	5	**0**
b	2	5	5	7	7	**0**
c	6	5	23	11	29	18
d	12	7	7	19	19	**0**
e	10	19	19	29	29	**0**
f	9	19	21	28	30	2
g	5	19	22	24	27	3
h	9	7	18	16	27	11
i	1	29	29	30	30	**0**
j	2	24	28	26	30	4
k	3	30	30	33	33	**0**
l	9	33	33	42	42	**0**
m	7	24	27	31	34	3
n	8	31	34	39	42	3

表 7-6 时间与费用优化的基础信息表

作 业	作业时间（天）		直接费用（元）		每压缩一天所追加的费用（元）
	正常	压缩	正常	压缩	
a	5	4	1000	1300	300
b	2	2	500	500	
c	6	4	900	1300	200
d	12	8	2400	2800	100
e	10	7	1500	2100	200
f	9	6	1800	2250	150
g	5	3	1000	1400	200
h	9	7	1800	2150	175
i	1	1	50	50	
j	2	2	400	400	
k	3	2	300	425	125
l	9	8	1500	1725	225
m	7	5	1200	1650	225
n	8	4	2000	2100	25
合计			16 350	20 150	

表 7-6 提供了关于家庭住宅工程的各项作业在正常时间和压缩时间情况下所对应的直接费用信息。我们可以看到“地基挖掘”（作业 a）在正常计划中期望的完成时间是 5 天，相应的直接费用是 1000 元；而在压缩的计划中期望的完成时间是 4 天，相应的直接费用是 1300 元，即压缩一天的费用是 300 元。“地基浇注”（作业 b）不能被压缩。“外部管路”（作业 c）正常的期望时间是 6 天，费用是 900 元；但如果加班赶工，期望时间可缩短为 4 天，费用是 1300 元，即压缩一天的费用是 200 元。在正常计划中，总计需要直接费用（非材料费）16 350 元；而在所有可能压缩的作业都得以压缩的计划中，总计需要直接费用 20 150 元。

时间－费用均衡曲线能够帮助管理者选择合适的工程计划，假设优化的过程从正常计划开始，第一组作业时间如表 7-4 中的作业时间，该组时间已在构造原始 PERT 网络中使用（见图 7-31）。因为整个工程的工期是由所有线路中时间最长的关键线路来决定的，因此只有压缩关键线路上的关键作业才能实现对工期的压缩。

图 7-31 给出了最初的关键线路 a-b-d-e-i-k-l，在保持该线路是关键线路的前提下，任一关键作业的压缩，都会使整个工期得到等量的压缩。以原始的正常计划为出发点，在关键线路上选择压缩费用率（压缩一天所需要的费用）最低的作业进行压缩，从而形成一个具有较短工期的新计划。重复这一过程，便形成如图 7-32 所示的计划系列。

第一步，首先压缩费用率最低的关键作业 d，其费用率是每天 100 元，最大压缩时间是4天。经过这一步压缩，工期由原来的42天减少为38天，直接费用增加到16 750元，见图7－32中的计划（2）。

第二步，压缩关键作业k，作业k的费用率是每天125元，最大压缩时间是1天，压缩后工期减少为37天，直接费用增加到16 875元，见图7－32中的计划（3）。

第三步，压缩关键作业e，作业e的费用率是每天200元。虽然作业e的最大压缩时间是3天，但由于在作业e压缩2天时，另外两条线路a－b－d－f－k－l和a－b－d－g－m－n也同时成为关键线路，所以应对作业e进行部分压缩，仅压缩2天。压缩后工期减少为35天，直接费用增加到17 275元，见图7－32中的计划（4）。如果作业e被完全压缩（即压缩3天），压缩后的工期仍然是35天，而直接费用将多增加200元，达到17 475元。

进一步的压缩面临多条关键线路，要想缩短工期就必须使全部的3条关键线路同时得到压缩。实现这一目标有许多途径，通过试验的方法我们可以找到最经济的途径，即压缩作业l和部分压缩作业n。追加250元的直接费用，将作业l和作业n同时压缩1天，压缩后的工期为34天，直接费用为17 525元，见图7－32中的计划（5）。所有的3条关键线路都包含作业a，所以压缩作业a是最佳的选择。追加300元的直接费用，将作业a压缩1天，压缩后的工期为33天，直接费用为17 825元，见图7－32中的计划（6）。

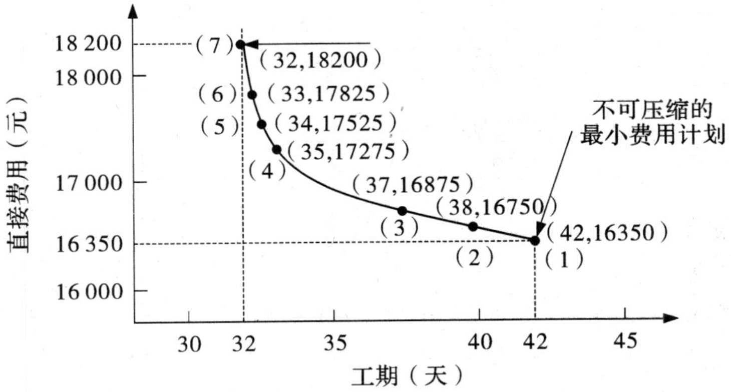

图7－32　系列压缩计划示意图

因为到目前为止，原始关键线路上只有作业e存在进一步压缩1天的余地，所以最后一步只有将作业e压缩1天才可能使整个工期缩短。为配合原始关键线路的压缩，另外两条关键线路分别部分压缩作业f和作业n各1天。追加375元的直接费用，将作业e、作业f和作业n各压缩1天，压缩后的工期为32天，直接费用为18 200元，见图7－32中的计划（7）。计划（7）的PERT网络如图7－33所示。

此时，由于关键线路a－b－d－e－i－k－l上的每一项作业均已被完全压缩，所以PERT网络不可能再做进一步的压缩。任何在关键线路a－b－d－e－i－k－l之外对作业的压缩，都只能是徒劳地增加直接费用，而对整个工程的工期没有贡献，所以计划（7）就是不可压缩的最短时间计划。上述压缩过程也可用表7－7的形式来加以表示。

PERT技术的最大优点就是它能够实现工程全周期的动态优化与控制。在工程周期的任意一个时点上，都可以根据当时的实际状况，对未来事项做出科学、合理的安排与部署。

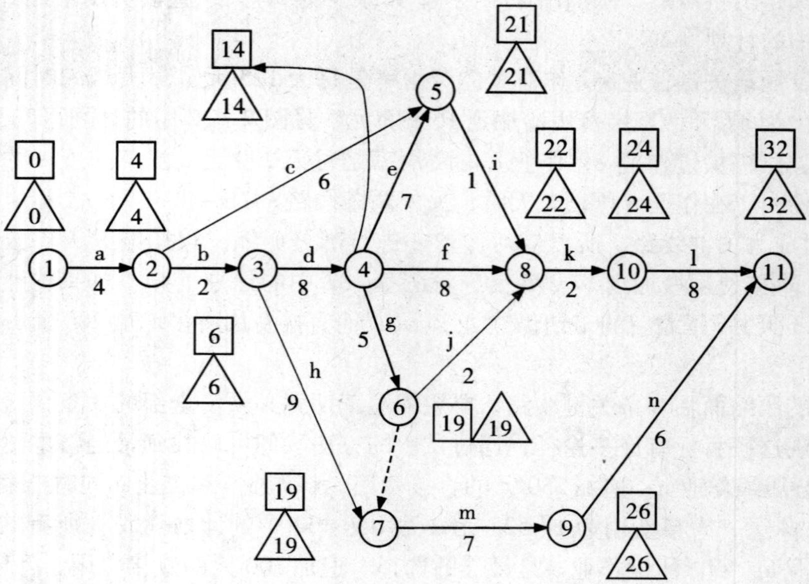

图 7－33　计划（7）的 PERT 网络示意图

表 7－7　各压缩方案时间费用表

计划	工期	总直接费用	压缩的作业	费用率	关键线路
(1)	42	16 350	无		a－b－d－e－i－k－l
(2)	38	16 750	作业 d，4 天	100	a－b－d－e－i－k－l
(3)	37	16 875	作业 k，1 天	125	a－b－d－e－i－k－l
(4)	35	17 275	作业 e，2 天	200	a－b－d－e－i－k－l a－b－d－f－k－l a－b－d－g－m－n
(5)	34	17 525	作业 l，1 天 作业 n，1 天	225 25 250	a－b－d－e－i－k－l a－b－d－f－k－l a－b－d－g－m－n
(6)	33	17 825	作业 a，1 天	300	a－b－d－e－i－k－l a－b－d－f－k－l a－b－d－g－m－n
(7)	32	18 200	作业 e，1 天 作业 f，1 天 作业 n，1 天	200 150 25 375	a－b－d－e－i－k－l a－b－d－f－k－l a－b－d－g－m－n

思考题 7

1．判断下列说法是否正确

（1）图论中的图不仅反映了研究对象之间的关系，而且是真实图形的写照，因而对图中点与点的相对位置、边的长短曲直等都要严格注意。

（2）当图的点集确定后，树图是所有图中边数最少的简单图。

（3）在连通图 G 中，其权数最大的边必不包含在其最小部分树内。

2．回答下列问题

（1）具有 N 个顶点的完全图有多少条边；

（2）具有 N 个顶点的二分图最多有多少条边；

（3）具有 N 个顶点的简单图最多有多少条边。

3．已知附图 7－1，试求：

（1）分别用破圈法和避圈法求最小部分树；

（2）v_1 点到其他各点的最短路；

（3）各点之间的最短路。

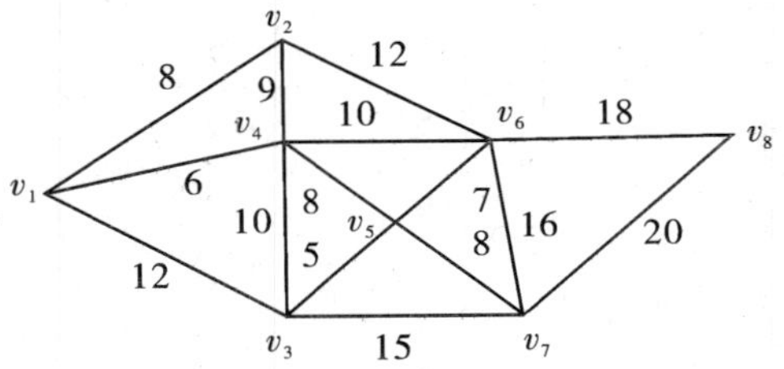

附图 7－1　连通赋权图

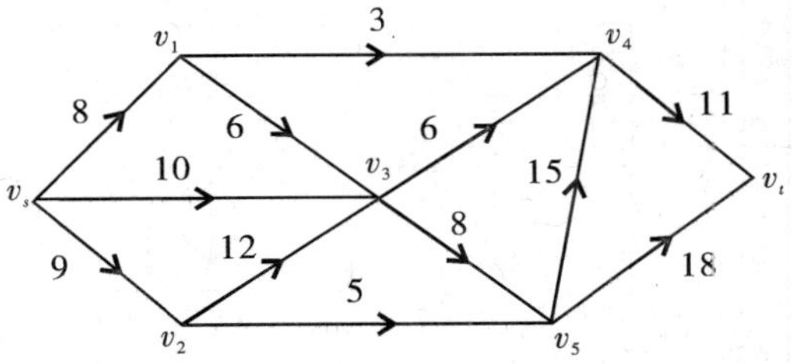

附图 7－2　网络流图

4．已知网络流附图 7－2，试求该网络的最大流（弧旁数字为弧的容量）。

5．邮递员投递区域的街道分布如附图 7－3 所示，图中数字为街道长度（单位：km）。“○”处为邮局所在地，试为邮递员设计一条最佳的投递路线，使其每天完成投递任务并返回邮局所经历的路线最短。

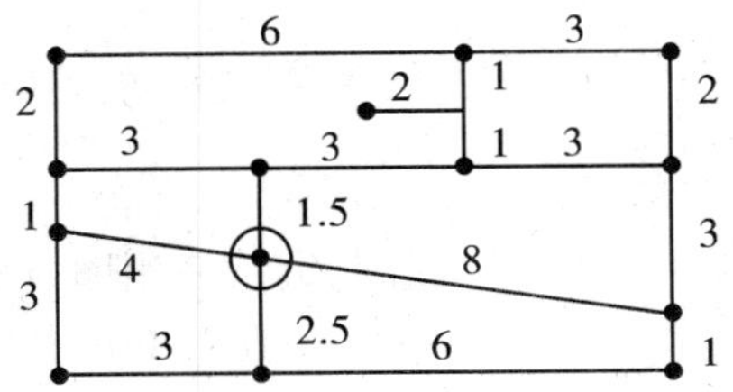

附图 7－3　中国邮路问题示意图

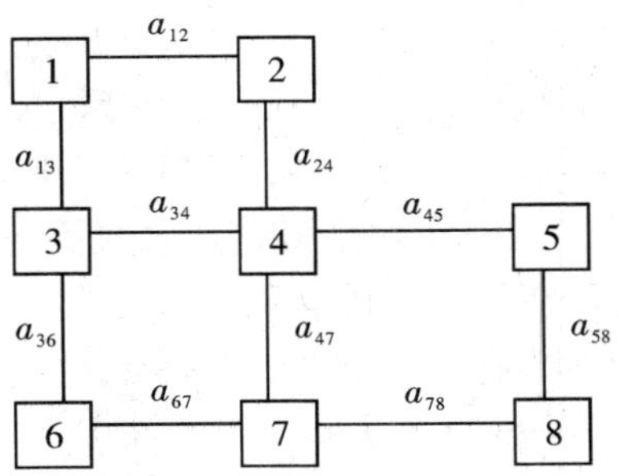

附图 7－4　联通赋权图

6．将在附图 7－4 中求最小部分树的问题，归结为求解整数规划问题，试列出这个整数规划的数学模型。

7．一枚硬币正面为币值，反面为国徽图案。（1）如果将这枚硬币随机抛掷 3 次，试用树图表示所有可能出现的结果；（2）如果将这枚硬币随机抛掷 n 次，回答该树图有多少个节点、多少条边。

8．将在附图 7－5 中求 v_1 点至 v_7 点的最短路问题，归结为求解整数规划问题，试列出这个整数规划的数学模型。

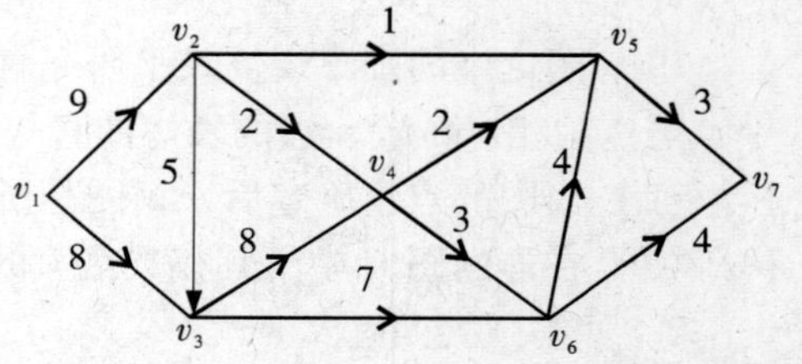

附图 7－5　网络流图

9．在某海上油田的一个区块上有 8 口油井，它们相互之间的距离如附表 7－1 所示。已知 1# 井距离海岸最近，这一最近距离为 5 海里。试问从海岸经 1# 井铺设输油管线，将各油井同陆地连接起来，应如何铺设才能使输油管线的长度最短，最短输油管线的铺设长度是多少？

附表 7－1　油井分布数据表　（单位：海里*）

从＼到	2# 井	3# 井	4# 井	5# 井	6# 井	7# 井	8# 井
1# 井	1.3	2.1	0.9	0.7	1.8	2.0	1.5
2# 井		0.9	1.8	1.2	2.6	2.3	1.1
3# 井			2.6	1.7	2.5	1.9	1.0
4# 井				0.7	1.6	1.5	0.9
5# 井					0.9	1.1	0.8
6# 井						0.6	1.0
7# 井							0.5

注＊：1 海里＝1.852km。

10．A、B、C、D、E、F、G 代表七个村落，村落之间的道路连通情况如附图 7－6 所示（边上的数据为距离，单位：km）。这七个村落拟合建一所中心小学，已知 A 村有小学生 50 人，B 村有小学生 40 人，C 村有小学生 60 人，D 村有小学生 20 人，E 村有小学生 70 人，F 村有小学生 80 人，G 村有小学生 100 人。试问拟合建的中心小学应建在哪一个村落，才能使学生上学所走的总路程最短。

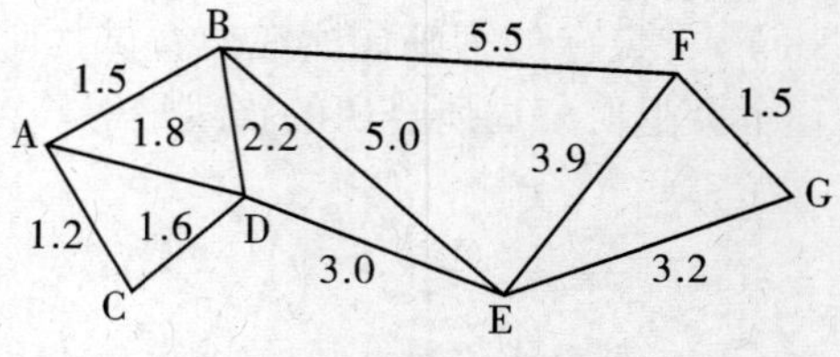

附图 7－6　村落分布示意图

11．某企业生产需要使用一台设备，每年年初决策者都面临是继续使用旧设备，还是购置新设备的选择。若购置新设备，旧设备就完全报废（无残值），购置新设备需支付一定的购置费，但可使维修费有所下降。现在的问题是，如何制定一个五年的设备更新计划，使五年支付的购置费和维修费的总和最小。已知该设备在各年初的价格预测值如附表 7－2 所示，不同使用时间下的设备维修费用如附表 7－3 所示。

附表 7－2　各年年初的价格预测表　　（单位：万元）

年　份	1	2	3	4	5
价　格	11	11	12	12	13

附表 7－3　不同使用时间下的设备维修费用表　　（单位：万元）

使用年度	1	2	3	4	5
维修费用	5	6	8	11	18

12. 某城市有五个区，各区之间的道路连通情况如附图 7－7 所示，图中各边的权数为各区之间的距离（单位：km）。现已知各区年度粮食消耗量分别为 6000t、4000t、1000t、7000t 和 9000t。若该城市准备建一个统一的粮库以保证上述粮食消耗的需要，问就运输吨千米数最小来讲，粮库应建于哪个区？

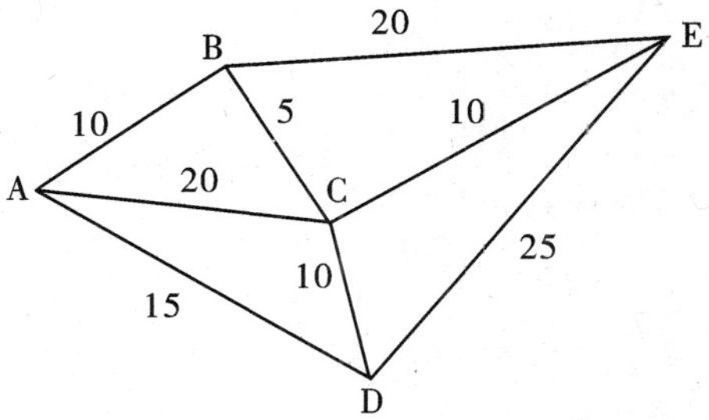

附图 7－7　城市各区道路连通情况示意图

13. 有甲、乙、丙、丁、戊、己六名运动员参加 A、B、C、D、E、F 六个项目的比赛，附表 7－4 中的“1”代表运动员报名参加比赛的项目。试问六个项目的比赛顺序如何安排，才能做到每名运动员都不连续参加两项比赛。

附表 7－4　运动员报名情况表

	A	B	C	D	E	F
甲				1		1
乙	1	1		1		
丙			1		1	
丁	1				1	
戊		1			1	
己		1		1		

附表 7－5　四个立方体各个侧面的颜色分布表

立方体	A	B	C	D	E	F
1	红	红	红	白	白	白
2	蓝	白	蓝	绿	绿	绿
3	红	白	白	绿	红	蓝
4	蓝	白	蓝	绿	蓝	绿

14. 有四个立方体，在各自的六个面上分别涂上红、白、蓝、绿四种颜色，如把四个立方体一个压一个堆起来，如何做到使堆成的四面柱体的每一个侧面都恰好包含红、白、蓝、绿这四种颜色。已知四个立方体各个侧面的颜色分布如附表 7－5 所示。

15. 某新产品研发工程的各项作业、作业时间以及它们之间的相互关系如附表 7－6 所示，试：（1）绘制该工程的网络图并进行网络的结点和作业时间计算；（2）若该工程每天的间接费用为 600 元，各项作业的直接费用与时间数据如附表 7－7 所示，试确定使总费用最小的最优方案。

附表 7－6 某新产品研发工程的作业关系表

作　业	作业代码	作业时间（天）	紧前作业
产品设计与工艺设计	A	60	—
外购零、部件	B	45	A
下料与锻造	C	10	A
工艺装备制造 1	D	20	A
模具与铸造	E	40	A
机械加工 1	F	18	C
工艺装备制造 2	G	30	D
机械加工 2	H	15	D、E
机械加工 3	K	25	G
装配调试	L	35	B、F、K、H

附表 7－7 作业的直接费用与时间数据表

作业	正常情况下		采取措施的情况下		直接费用率（元/天）
	作业时间（天）	直接费用（元）	极限时间（天）	直接费用（元）	
A	60	10 000	60	10 000	—
B	45	4500	30	6300	120
C	10	2800	5	4300	300
D	20	7000	10	11 000	400
E	40	10 000	35	12 500	500
F	18	3600	10	5440	230
G	30	9000	20	12 500	350
H	15	3750	10	5750	400
K	25	6250	15	9150	290
L	35	12 000	35	12 000	—

*8 存贮论

存贮论自20世纪初产生以来，经历了几个不同的发展阶段。最初它的模型十分简单，只包含少数几个反映关键因素的参数，后来存贮模型逐渐增加参数，变得越来越复杂。到了1950年代，人们为了描述随机的物资需求和购货时间，开发出随机存贮模型。

所有的存贮模型都局限于对单一存贮对象的处理，这种单一对象的存贮问题经常被称为存贮控制。1970年代早期，人们越来越意识到物资管理在促进工业发展中的重要作用。一种被称为材料需求计划（materials requirements planning，MRP）的新的物资管理技术应用于工业实践中。后来这一技术改名为工厂资源计划（manufacturing resource planning，MRPⅡ），它的中心思想就是通过生产周期、生产批数和生产批量，来计算生产过程的资源需要量。最早人们假设最终产品对资源的需求是一个确定的量，这就大大地简化了按反方向对各个子过程的时间及资源需要量的计算，后来逐步突破这一假设，使模型更接近于生产实际。20世纪70年代末、80年代初，在高利率和日本一些公司成功案例的刺激下，物资管理研究又掀起了一个新的高潮。由于高利率意味着对过量存贮的经济惩罚，所以适时生产（just-in-time）这一概念在当时相当流行。

本章将探讨一些基本的存贮模型。值得强调的是，研究问题的出发点是揭示存贮系统的基本的方面，以对其关键因素之间的联系有一定的理解。建立一些基本的存贮模型并不是为解决实际问题提供直接可用的结论或计算公式；尽管实际情况偶尔也会很好地适于某一基本模型，但这毕竟是罕见的。研究这些基本模型是为了从中获取对存贮系统的认识与理解，从而获得针对具体系统开发具体模型的能力，以更好地解决存贮实际问题。

8.1 存贮系统

库存管理一方面要尽量减少物资的存贮量，以减少存贮费用；另一方面又要尽量减少库存的补充次数，以减少采购费用。然而，这二者是相互矛盾的，对于年需要量一定的物资而言，存贮量越少补充次数就越多；同时，补充次数越少也意味着存贮量越多。如何在矛盾双方寻求平衡与统一，是库存管理所要解决的关键问题。

存贮系统是由存贮、补充和需求三个基本要素所构成的资源动态系统，其基本形态如图8－1所示。

图8－1　存贮系统示意图

1. 存贮（inventory）

企业的生产经营活动总要消耗一定的资源，由于资源供给与需求在时间和空间上的矛盾，使企业贮存一定数量的资源成为必然，这些为满足后续生产经营需要而贮存下来的资源就称为存贮。

2. 补充（replenishment）

补充即存贮的输入。由于后续生产经营活动的不断进行，原来建立起来的存贮逐步减少，为确保生产经营活动不间断，存贮必须得到及时的补充。补充的办法可以是企业外采购，也可以是企业内生产。若是企业外采购，从订货到货物进入“存贮”往往需要一定的时间，这一滞后时间称为**采购时间**。从另一个角度看，为了使存贮在某一时刻能得到补充，由于滞后时间的存在必须提前订货，那么这段提前的时间称为**提前期**。存贮论主要解决的问题就是“存贮系统多长时间补充一次和每次补充的数量是多少”，对于这一问题的回答便构成了所谓的**存贮策略**。

3. 需求（demand）

需求即存贮的输出，它反映生产经营活动对资源的需要，即从存贮中提取的资源量。需求可以是间断式的，也可以是连续式的。

存贮系统所发生的费用包括**存贮费用**、**采购费用**和**缺货费用**。存贮费用（holding cost）是指贮存资源占用资本应付的利息，以及使用仓库、保管物、保管人力、货物损坏变质等支出的费用。采购费用（order cost）是指每次采购所需要的手续费、电信费、差旅费等，它的大小与采购次数有关而与每次采购的数量无关。存贮系统所发生的费用除存贮费用和采购费用之外，有时还会涉及缺货费用。缺货费用（stock-out cost）是指当存贮供不应求时所引起的损失，如机会损失、停工待料损失以及不能履行合同而缴纳的罚款等。

8.2 古典经济采购批量模型

古典经济采购批量模型是一种最简单的存贮模型，这一模型是建立在一系列简化假设基础上的，其主要假设为：

（1）单一的存贮资源；

（2）不允许缺货，即缺货损失无穷大；

（3）采购时间很短，可以近似地看作“0”，即一旦采购库存立刻得到补充；

（4）每次的采购费用为常数，不随采购数量的多少而改变；

（5）需求是连续稳定的，即假设需求速度（单位时间的需求量）为常数；

（6）单位资源在单位时间的存贮费用为常数。

从某一时点开始（不妨假设此时的存贮量为 Q），随着需求连续而稳定地发生，存贮量以速度 d 下降，当存贮量降为“0”时（由于采购时间为零，所以不需要提前采购），为了确保需求的连续性必须进行第一次采购，若采购批量为 Q，库存立即恢复到初始状态。此后，库存量仍以速度 d 下降，从而导致第二次、第三次采购，如此循环下去。

令 Q 代表每次采购的采购批量，T 代表相邻两次采购的时间间隔，实际上 T 就是以速率 d 消耗掉 Q 单位库存所需的时间，即 $T = \frac{Q}{d}$。若将时间零点刚好选在第一次采购的时点上，古典经济采购批量模型系统的动态过程可用图 8－2 加以描述。

如何确定 Q 的取值是一个核心问题。有许多种方式可以建立起费用随 Q 变化而变化的

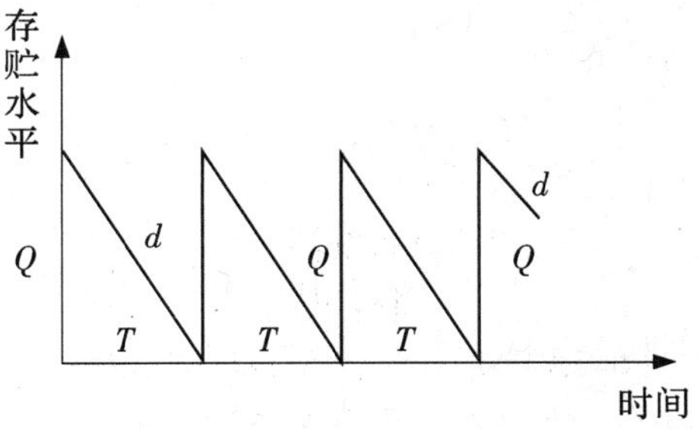

图 8－2　古典经济采购批量模型示意图

费用方程，然而有一些方式所建立起来的费用方程是没有结果的。例如，由于存贮水平呈周期性变化，那么各个周期的费用就是相同的，所以只要使得一个周期的费用最小，也就确保了全部费用最小。从这一思路出发，可以得出如下的费用方程：

$$\text{周期费用}=\text{采购费用}+\text{存贮费用}=a+\left(\frac{Q}{2}\right)(h)\left(\frac{Q}{d}\right) \tag{8-1}$$

在式（8－1）中，a 代表每次的采购费用，$\frac{Q}{2}$ 是周期平均存贮量，h 代表单位货物在单位时间里的存贮费用。

为寻求使周期费用最小的采购批量 Q_0，有 $\frac{\mathrm{d}}{\mathrm{d}Q}$（周期费用）$=\frac{hQ}{d}=0$，从而 $Q_0=0$。最小的周期费用在 $Q_0=0$ 时取得，这一奇特的结果说明上述方法是不合适的。从直观上可以看出，这种方法降低存贮费用是以减少循环周期为代价的；而循环周期越短，在一定时间里补充库存的次数就越多，此方法问题就出在我们追求的目标是使某一时间间隔内的费用最小而不是周期费用最小。找出了问题所在，可将费用方程调整如下：

$$C=a\left(\frac{d}{Q}\right)+\left(\frac{Q}{2}\right)h=\frac{ad}{Q}+\frac{hQ}{2} \tag{8-2}$$

式中 C 代表单位时间费用。

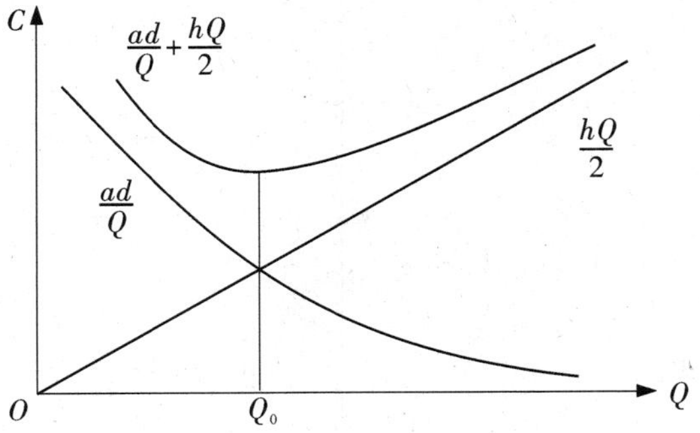

图 8－3　费用率 C 与批量 Q 之间的数量关系图

图 8－3 描述了费用率 C 与批量 Q 之间的数量关系。对于式（8－2），我们感兴趣的是 Q 的取值，即选择适当的 Q 以使单位时间费用（费用率）最小。式（8－2）的第一项是关于 Q 的倒数函数，因此随 Q 的增加而减少；第二项是关于 Q 的线性函数，从零开始随 Q

的增加单调递增。因此，两项之和一定存在一个最小值，且这一最小值发生在费用率 C 对批量 Q 导数为“0”的 Q_0 处，即

$$\frac{\mathrm{d}C}{\mathrm{d}Q} = -\frac{ad}{Q^2} + \frac{h}{2} = 0$$

$$Q_0 = \sqrt{\frac{2ad}{h}} \tag{8-3}$$

式（8-3）就是著名的**经济批量模型**，该式还经常被称为威尔逊-哈利斯（Wilson-Harris）公式或平方根法则等。因为 $T = \frac{Q}{d}$，最优的采购时间间隔（或称为循环周期）应为：

$$T = \sqrt{\frac{2a}{dh}} \tag{8-4}$$

把经济采购批量 Q_0 代入单位时间费用方程，可得最小费用率为：

$$C = \sqrt{2adh} \tag{8-5}$$

注意，式（8-5）中并未包括货物的自身价值，这是由于单位时间内货物的需要量 d 与货物的单价均为确定的量，即二者的乘积为常数，所以货物自身的价值并不会影响经济批量 Q_0 的取值。

认真分析一下经济批量模型，就会发现它所反映的各因素之间的关系正是我们所希望的。因为 a 和 d 处于分子上，所以当采购费用、需求速度增加时经济批量随之增加。同样，由于 h 处在分母上，所以当存贮费用增加时经济批量减少。下面我们通过两个相当直接的存贮问题来演示这一模型。

例 8-1 为了报刊发行的需要，报社必须关心适时补充新闻纸库存的问题。假设这种新闻纸以“卷”为单位进货，印刷需求的速度是每周 32 卷。补充费用（包括簿记费、交易费和经销费等）是每次 25 元。纸张的存贮费（包括租用库存费、保险费和占用资金的利息等）是每卷每周 1 元。试求这家报社这种新闻纸的经济采购批量和补充的时间间隔。

已知：$d = 32$，$a = 25$，$h = 1$。

求：Q_0 和 T。

解 利用式（8-3），有 $Q_0 = \sqrt{\frac{2ad}{h}} = \sqrt{\frac{2 \times 25 \times 32}{1}} = 40$（卷）

利用式（8-4），有 $T = \sqrt{\frac{2a}{dh}} = \sqrt{\frac{2 \times 25}{32 \times 1}} = 1.25$（周）

这家报社新闻纸的经济采购批量为 40 卷，采购的间隔时间为 1.25 周。

例 8-2 某轧钢厂计划每月生产角钢 5000 吨，每吨每月的存贮费用为 4 元。每组织一批生产，需要 2500 元的固定费用。

解 若该厂每月生产角钢一批，批量为 5000 吨，那么全年费用为：

$$12\left(2500 + 4 \times \frac{5000}{2}\right) = 150\,000\ (\text{元/年})$$

若按经济批量模型计算经济生产批量，有

$$Q_0 = \sqrt{\frac{2ad}{h}} = \sqrt{\frac{2 \times 2500 \times 5000}{4}} = 2500\ (\text{吨})$$

每月生产的批数：

$$n_0 = \frac{d}{Q_0} = \frac{5000}{2500} = 2\text{（批）}$$

利用式（8－5）计算全年费用为：

$$12(\sqrt{2 \times 2500 \times 5000 \times 4}) = 120\ 000\text{（元/年）}$$

两者比较，按经济批量模型组织生产，每年可节约 3 万元的费用。

8.3 允许缺货的经济批量模型

允许缺货的经济批量模型的假设与古典经济采购批量模型的假设基本相同，唯一的区别在于缺货不是绝对禁止的，而仅仅规定了一定的损失。由于这一区别的存在，一般来说当缺货不受损失或损失较小时，最优策略就有可能是发生短缺的策略。当存贮水平降为"0"时，如果不是立即订货而是延迟一定时间，这就意味着追加一定量的缺货费用以换取更大的存贮费用的节约。

这种存贮模型的图形虽然仍为"锯齿"形，但它的图形已部分地出现在水平线以下，如图 8－4 所示。这里的负库存代表"售出"但未"交付"的货物。

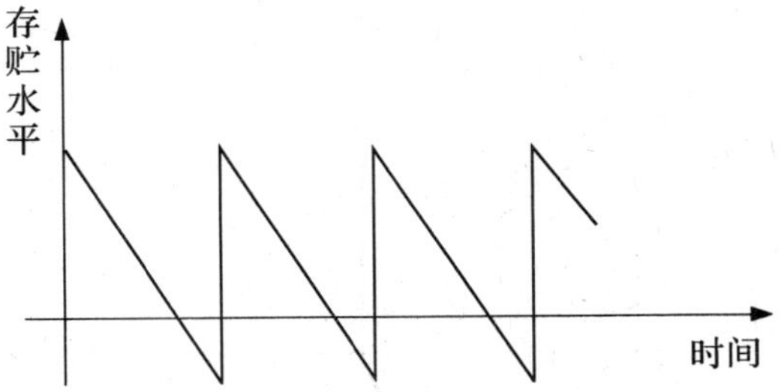

图 8－4 允许缺货的经济批量模型示意图

根据以往的记法，令 b 为单位缺货在单位时间里的损失，S 为刚刚得到补充后的存贮量，即最大存贮量。图 8－5 可以帮助我们建立起费用方程，即单位时间的费用为：

$$C = a\left(\frac{d}{Q}\right) + h\left(\frac{S^2}{2Q}\right) + b\left[\frac{(Q-S)^2}{2Q}\right] \tag{8-6}$$

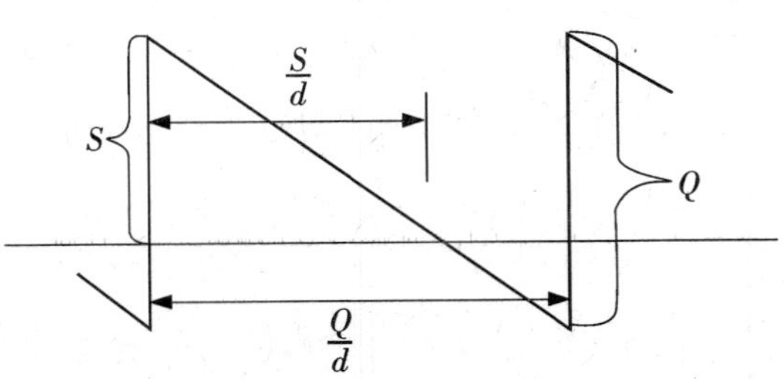

图 8－5 允许缺货的存贮周期示意图

式（8－6）分别对 Q 和 S 求偏导并令其为"0"，求解方程组可得：

$$Q = \sqrt{\frac{2ad}{h}\left(\frac{h+b}{b}\right)} \tag{8-7}$$

$$S = \sqrt{\frac{2ad}{h}\left(\frac{b}{h+b}\right)} \tag{8-8}$$

将 Q 和 S 代入 C 的表达式，可得：

$$C = \sqrt{2adh\left(\frac{b}{h+b}\right)} \tag{8-9}$$

相邻两次采购的时间间隔：

$$T = \frac{Q}{d} = \sqrt{\frac{2a}{dh}\left(\frac{h+b}{b}\right)} \tag{8-10}$$

比较允许缺货和不允许缺货条件下的最小费用率和采购时间间隔，可以发现允许缺货的最小费用率要比不允许缺货的最小费用率来得小，而采购的时间间隔却延长了。

例 8-3 例 8-1 的其他条件不变，只将不允许缺货改为允许缺货，且令单位缺货在一周里的损失为 3 元，试求此时的经济采购批量、最大的存贮量和采购间隔期。

已知：$d = 32$, $a = 25$, $h = 1$, $b = 3$ 。

求：Q 和 S 。

解 利用式（8-7），有

$$Q = \sqrt{\frac{2ad}{h}\left(\frac{h+b}{b}\right)} = \sqrt{\frac{2\times 25\times 32}{1}\left(\frac{1+3}{3}\right)} \approx 46（卷）$$

利用式（8-8），有

$$S = \sqrt{\frac{2ad}{h}\left(\frac{b}{h+b}\right)} = \sqrt{\frac{2\times 25\times 32}{1}\left(\frac{3}{1+3}\right)} \approx 35（卷）$$

利用式（8-10），有

$$T = \frac{Q}{d} = \sqrt{\frac{2a}{dh}\left(\frac{h+b}{b}\right)} = \sqrt{\frac{2\times 25}{32\times 1}\left(\frac{1+3}{3}\right)} \approx 1.44（周）$$

此时的经济采购批量约为 46 卷，最大的库存量约为 35 卷，采购间隔期约为 1.44 周。

8.4 生产批量模型

库存的补充并非总是能瞬间完成的，有时它是一点点逐渐进行的。如果库存的货物不是从外部买入的，而是自己内部生产的，情况就是如此。因为库存补充从外部买入转为内部生产，所以相应的采购批量也改为生产批量，其模型称为生产批量模型。

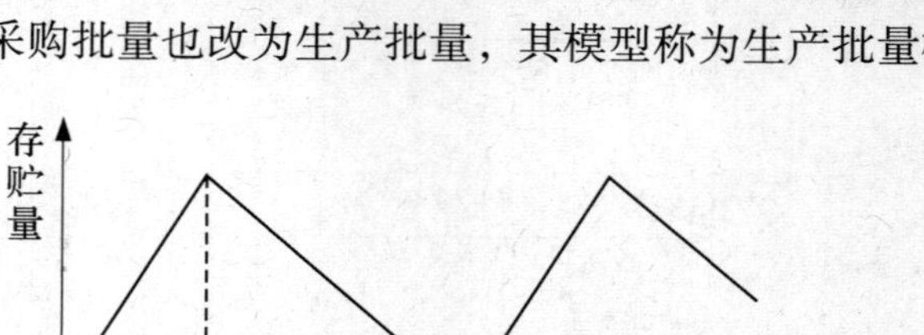

图 8-6 生产批量模型示意图

生产批量模型与采购批量模型非常相似，它的存贮动态如图 8-6 所示。图中加重标

以 T_p 的粗线段表示生产持续的时间，当然，在此期间需求连续而稳定，生产的产品一部分满足需求，一部分作为存货进入存贮过程。设 p 表示生产率，且有 $p > d$ 。不失一般性，假设分析过程从“0”库存开始。由于此时生产与需求同时进行，所以库存的净增长率为 $p - d$ ，库存将连续增加 T_p 这么长时间，T_p 就是生产完一批货物所需的时间。如果仍然用 Q 表示生产批量，那么有 $T_p = \frac{Q}{p}$ ，所以最大库存量 $T_p(p - d) = Q\left(1 - \frac{d}{p}\right)$ 。有了最大库存量表达式，即可进一步建立起平均存贮量的表达式及费用率方程。将费用率方程对生产批量 Q 求导并令该导数为“0”，可求得经济生产批量 Q 及最低的费用率 C ，即

$$Q = \sqrt{\frac{2ad}{h}\left(\frac{p}{p - d}\right)} \tag{8-11}$$

$$C = \sqrt{2adh\left(\frac{p - d}{p}\right)} \tag{8-12}$$

例 8-4 某厂每月生产需要甲零件 100 件，该厂自己组织该零件的生产，生产速度为每月 500 件，每批生产的固定费用为 5 元，每月每件产品存贮费为 0.4 元，求经济生产批量、最低费用率以及生产间隔期。

已知：$d = 100$ ，$p = 500$ ，$a = 5$ ，$h = 0.4$ 。

求：Q 、C 和 T 。

解 $Q = \sqrt{\frac{2ad}{h}\left(\frac{p}{p - d}\right)} = \sqrt{\frac{2 \times 5 \times 100}{0.4}\left(\frac{500}{500 - 100}\right)} \approx 56$（件）

$C = \sqrt{2adh\left(\frac{p - d}{p}\right)} = \sqrt{2 \times 5 \times 100 \times 0.4\left(\frac{500 - 100}{500}\right)} \approx 18$（元）

$T = \frac{Q}{d} = \frac{56}{100}$（月）$\approx 17$（天）

每批生产批量约为 56 件，每月生产所需最低固定费用及存贮费用约为 18 元，生产间隔期约为 17 天。

8.5 允许缺货的生产批量模型

该模型的假设条件除允许缺货外，其余条件皆与生产批量模型相同。其存贮动态如图 8-7 所示。

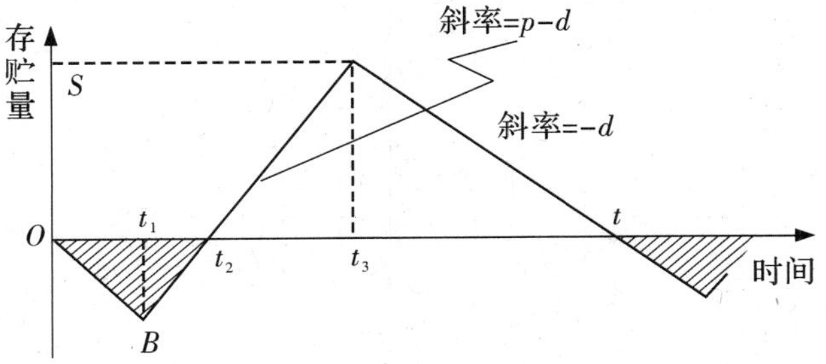

图 8-7 允许缺货的生产批量模型示意图

取 $[0, t]$ 为一个存贮周期，$[t_1, t_3]$ 为生产周期（即一批产品生产所持续的时间），$[0, t_2]$ 时间里存贮量为“0”，B 为最大缺货量。由图 8-7 可知

$$B = d \times t_1 = (p-d)(t_2 - t_1)\text{，即 } t_1 = \left(\frac{p-d}{p}\right)t_2$$

$$S = (p-d)(t_3 - t_2) = d(t - t_3)$$

即

$$t_3 = \left(\frac{d}{p}\right)t + \left(1 - \frac{d}{p}\right)t_2 \text{ 或 } t_3 - t_2 = \frac{d}{p}(t - t_2)$$

存贮周期费用：

（1）存贮费—— $\frac{1}{2}(p-d)(t_3-t_2)(t-t_2)h$

将 $t_3 - t_2 = \frac{d}{p}(t-t_2)$ 代入上式消去 t_3，则存贮费为 $\frac{dh}{2}\left(\frac{p-d}{p}\right)(t-t_2)^2$。

（2）缺货费用—— $\frac{1}{2}dbt_1t_2$

将 $t_1 = (\frac{p-d}{p})t_2$ 代入表达式消去 t_1，缺货费用为 $\frac{db}{2}\left(\frac{p-d}{p}\right)t_2^2$。

（3）固定费用—— a

存贮周期的平均费用率：

$$C(t,t_2) = \frac{1}{t}\left[\frac{dh}{2}\left(\frac{p-d}{p}\right)(t-t_2)^2 + \frac{db}{2}\left(\frac{p-d}{p}\right)t_2^2 + a\right]$$

$$= \frac{d}{2}\left(\frac{p-d}{p}\right)\left[ht - 2ht_2 + (h+b)\left(\frac{t_2^2}{t}\right)\right] + \frac{a}{t}$$

令

$$\frac{\partial C(t,t_2)}{\partial t} = \frac{d}{2}\left(\frac{p-d}{p}\right)\left[h - (h+b)\left(\frac{t_2^2}{t^2}\right)\right] - \frac{a}{t^2} = 0$$

$$\frac{\partial C(t,t_2)}{\partial t_2} = \frac{d}{2}\left(\frac{p-d}{p}\right)\left[-2h + 2(h+b)\left(\frac{t_2}{t}\right)\right] = 0$$

求解可得

$$t = \sqrt{\frac{2ap(h+b)}{dhb(p-d)}}, \quad t_2 = \sqrt{\frac{2aph}{(h+b)(p-d)db}}$$

相应有

$$Q = \sqrt{\frac{2adp(h+b)}{hb(p-d)}} \tag{8-13}$$

$$S = \sqrt{\frac{2adb(p-d)}{hp(h+b)}} \tag{8-14}$$

$$B = \sqrt{\frac{2adh(p-d)}{bp(h+b)}} \tag{8-15}$$

例 8-5 若例 8-4 的限制条件发生变化，允许缺货，单位缺货的月费用为 1.6 元，其他条件不变。试求经济生产批量、最大的存贮量和最大的缺货量。

已知：$d = 100$，$p = 500$，$a = 5$，$h = 0.4$，$b = 1.6$。

求：Q、S 和 B。

解 $Q = \sqrt{\dfrac{2adp(h+b)}{hb(p-d)}} = \sqrt{\dfrac{2 \times 5 \times 100 \times 500(0.4 + 1.6)}{0.4 \times 1.6(500 - 100)}} \approx 63$（件）

$$S = \sqrt{\frac{2adb(p-d)}{hp(h+b)}} = \sqrt{\frac{2 \times 5 \times 100 \times 1.6(500-100)}{0.4 \times 500(0.4+1.6)}} \approx 40\text{（件）}$$

$$B = \sqrt{\frac{2adh(p-d)}{bp(h+b)}} = \sqrt{\frac{2 \times 5 \times 0.4 \times 100(500-100)}{1.6 \times 500(0.4+1.6)}} \approx 10\text{（件）}$$

经济生产批量约为 63 件，最大存贮量约为 40 件，而最大缺货量约为 10 件。

8.6 价格有折扣的存贮模型

以上所讨论的模型都假设货物的单价是一个常数，所以得出的存贮策略都与货物单价无关。现在介绍货物单价（或生产成本）随订购（或生产）数量而变化时的存贮策略。我们常看到一种商品有所谓零售价、批发价和出厂价，购买同一种商品的数量不同，商品单价也不同。一般情况下购买数量越多，商品单价越低。记货物单价为 $p(Q)$，设 $p(Q)$ 按三个数量等级变化，如图 8-8 所示。

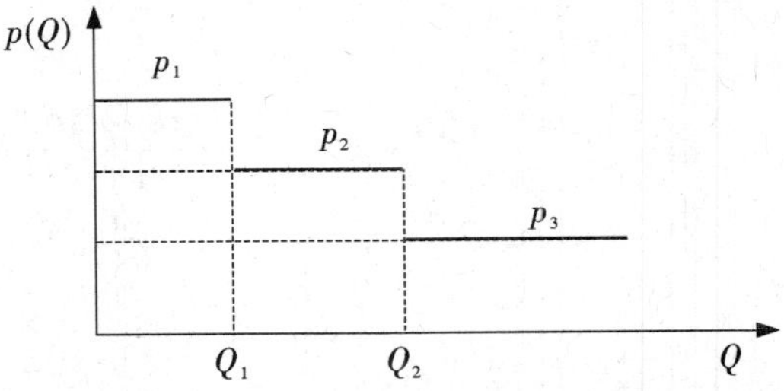

图 8-8 价格折扣示意图

当订货量为 Q 时，一个采购周期内所发生的费用为：$\dfrac{Q}{2}h\left(\dfrac{Q}{d}\right) + a + p(Q)Q$。

当 $Q \in [0, Q_1)$ 时，周期费用为：$\dfrac{Q}{2}h\left(\dfrac{Q}{d}\right) + a + p_1 Q$；

当 $Q \in [Q_1, Q_2)$ 时，周期费用为：$\dfrac{Q}{2}h\left(\dfrac{Q}{d}\right) + a + p_2 Q$；

当 $Q \in [Q_2, +\infty)$ 时，周期费用为：$\dfrac{Q}{2}h\left(\dfrac{Q}{d}\right) + a + p_3 Q$。

平均单位货物所需要的费用如图 8-9 所示。

当 $Q \in [0, Q_1)$ 时，$C^{(1)}(Q) = \dfrac{1}{2}h\left(\dfrac{Q}{d}\right) + \dfrac{a}{Q} + p_1$；

当 $Q \in [Q_1, Q_2)$ 时，$C^{(2)}(Q) = \dfrac{1}{2}h\left(\dfrac{Q}{d}\right) + \dfrac{a}{Q} + p_2$；

当 $Q \in [Q_2, +\infty)$ 时，$C^{(3)}(Q) = \dfrac{1}{2}h\left(\dfrac{Q}{d}\right) + \dfrac{a}{Q} + p_3$。

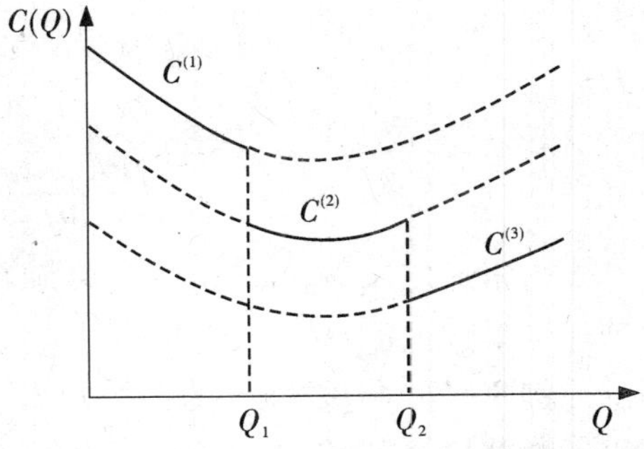

图 8-9 单位货物所需要的费用示意图

如果不考虑 $C^{(1)}(Q)$ 、$C^{(2)}(Q)$ 和 $C^{(3)}(Q)$ 的定义域，它们之差是一个常数，因此它们的导数函数具有相同的形式。对图 8-9 的直观观察，可以启发我们考虑 $C^{(2)}(Q_1)$ 和 $C^{(3)}(Q_2)$ 哪一个更小的问题。设经济批量为 Q^* ，对 $C^{(1)}(Q)$ 在不考虑定义域的情况下求其极小点 Q_0 。若 $Q_0 < Q_1$ ，求 $C^{(1)}(Q_0)$ 、$C^{(2)}(Q_1)$ 和 $C^{(3)}(Q_2)$ ，由 $\min\{C^{(1)}(Q_0), C^{(2)}(Q_1), C^{(3)}(Q_2)\}$ 决定 Q^* 的取值；若 $Q_1 \leqslant Q_0 < Q_2$ ，求 $C^{(2)}(Q_0)$ 和 $C^{(3)}(Q_2)$ ，由 $\min\{C^{(2)}(Q_0), C^{(3)}(Q_2)\}$ 决定 Q^* 的取值；若 $Q_0 \geqslant Q_2$ ，则取 $Q^* = Q_0$ 。以上步骤不难推广到单价折扣具有 m 个等级的情况。

例 8-6 某企业生产每年需要某种零件 10 000 件，每次的采购费是 100 元，每件每年的保管费用为 1.5 元，不允许缺货。零件单价随采购数量的不同而变化，采购量小于 1000 件时，单价为 10 元；采购量介于 1000 ~ 1999 件时，单价为 8 元；采购量大于等于 2000 件时，单价为 7 元。试确定经济采购批量。

已知：$d = 10\,000$, $a = 100$, $h = 1.5$, $p(Q) = \begin{cases} 10 & Q < 1000 \\ 8 & 1000 \leqslant Q < 2000 \\ 7 & Q \geqslant 2000 \end{cases}$

求：Q^* 。

解 $Q_0 = \sqrt{\dfrac{2ad}{h}} = \sqrt{\dfrac{2 \times 100 \times 10\,000}{1.5}} \approx 1155$（件）

因为 $Q_1 \leqslant Q_0 < Q_2$ ，所以分别计算 $C^{(2)}(Q_0)$ 和 $C^{(3)}(Q_2)$ ：

$$C^{(2)}(Q_0) = \frac{1}{2} \times 1.5 \times \frac{1155}{10\,000} + \frac{100}{1155} + 8 \approx 8.17 \text{（元/件）}$$

$$C^{(3)}(Q_2) = \frac{1}{2} \times 1.5 \times \frac{2000}{10\,000} + \frac{100}{2000} + 7 \approx 7.20 \text{（元/件）}$$

由 $C(2000) < C(1155)$ 可知，经济采购批量 $Q^* = 2000$ 件。

由于采购批量不同，采购周期（相邻两次采购的时间间隔）的长短也就不一样，所以上述分析利用单位货物费用来比较方案的优劣。当然，也可以利用不同批量下的年度费用来比较方案的优劣，下面讨论例 8-6 在这一准则下的结果。

设采购批量为 Q 时的年度费用是 F_Q ，于是

$$F_{1155} = \frac{1}{2} \times 1.5 \times 1155 + \frac{10\,000}{1155} \times 100 + 10\,000 \times 8 \approx 81\,732 \text{（元/件）}$$

$$F_{2000} = \frac{1}{2} \times 1.5 \times 2000 + \frac{10\,000}{2000} \times 100 + 10\,000 \times 7 \approx 72\,000 \text{（元/件）}$$

$$F_{Q>2000} = \frac{1}{2} \times 1.5 \times Q + \frac{10\,000}{Q} \times 100 + 10\,000 \times 7 = \frac{3}{4}Q + \frac{1\,000\,000}{Q} + 70\,000 \text{（元/件）}$$

$$\frac{\mathrm{d}F_{Q>2000}}{\mathrm{d}Q} = \frac{3}{4} - \frac{1\,000\,000}{Q^2} > 0$$

由于 $F_{2000} < F_{1155}$ ，而当 $Q > 2000$ 时年度费用单调增加，所以最小的年度费用为 F_{2000} ，即经济采购批量 $Q^* = 2000$ 件。这与采用单位货物费用准则所得到的结果完全一致。

例 8-7 将例 8-6 的折扣方式加以调整，折扣价只对超出限额部分有效（例如，如果采购批量为 2050 件，那么前 1000 件的价格是 10 元，中间 1000 件的价格是 8 元，最后

50 件的价格是 7 元)，试确定经济采购批量。

解 利用单位货物费用准则，有

$$Q_0 = \sqrt{\frac{2ad}{h}} = \sqrt{\frac{2 \times 100 \times 10\,000}{1.5}} \approx 1155\text{（件）}$$

$$C(Q_0 = 1155) = \frac{1}{2} \times 1.5 \times \frac{1155}{10\,000} + \frac{100}{1155} + \frac{1000 \times 10 + 155 \times 8}{1155} \approx 9.90\text{（元/件）}$$

当 $Q \in (1000, 2000]$ 时，

$$C(Q) = \frac{1}{2} \times 1.5 \times \frac{Q}{10\,000} + \frac{100}{Q} + \frac{1000 \times 10 + (Q - 1000) \times 8}{Q}$$

$$\frac{\mathrm{d}C(Q)}{\mathrm{d}Q} = \frac{1.5}{20\,000} - \frac{2100}{Q^2} < 0$$

因此，有 $C^*(2000) = 9.2$（元/件）。

当 $Q > 2000$ 时，

$$C(Q) = \frac{1}{2} \times 1.5 \times \frac{Q}{10\,000} + \frac{100}{Q} + \frac{1000 \times 10 + 1000 \times 8 + (Q - 2000) \times 7}{Q}$$

令 $\frac{\mathrm{d}C(Q)}{\mathrm{d}Q} = \frac{1.5}{20\,000} - \frac{4100}{Q^2} = 0$，有 $Q^* = 7394$ 件，$C(7394) \approx 8.10$ 元/件，经济采购批量 $Q^* = 7394$ 件。

当 $Q \in (1000, 2000]$ 时，利用年度费用准则，有

$$F_Q = \frac{1}{2} \times 1.5 \times Q + \frac{10\,000}{Q} \times 100 + \frac{10\,000}{Q}(2000 + 8Q)$$

$$\frac{\mathrm{d}F_Q}{\mathrm{d}Q} = \frac{1.5}{2} - \frac{21 \times 10^6}{Q^2} < 0$$

因此，有 $F^*_{2000} = 92\,000$ 元/年。

当 $Q > 2000$ 时，利用年度费用准则，有

$$F_Q = \frac{1}{2} \times 1.5 \times Q + \frac{10\,000}{Q} \times 100 + \frac{10\,000}{Q}(4000 + 7Q)$$

令 $\frac{\mathrm{d}F_Q}{\mathrm{d}Q} = \frac{1.5}{2} - \frac{41 * 10^6}{Q^2} = 0$，有

$$Q^* = 7394\text{ 件}$$

因此，有 $F^*_{7394} \approx 81\,000$ 元/年，经济采购批量 $Q^* = 7394$ 件。

8.7 随机性存贮模型

研究随机存贮问题的目的只是初步反映存贮系统中随机因素的处理思想，并非试图一览所有的随机存贮问题。与处理确定性问题相比，处理不确定性问题所用到的数学知识要多得多，也难得多，因此，企图把那些不确定因素人为确定下来的诱惑是很大的。然而，必须强调在这一诱惑下所采取的行动将是十分危险的。

随机性存贮模型的重要特征是需求为一个随机变量，对于需求而言，已知的信息只是它的概率或概率分布。随机性存贮模型的不允许缺货条件只能从概率的意义上加以理解，

如不发生缺货的概率为 0.95 或 0.90 等；存贮策略的优劣也只能通过期望值的大小加以衡量。本节首先研究的是报童问题（newsboy problem），虽然报童问题也有大量的直接应用，但更重要的目的是通过报童问题来揭示更复杂的随机存贮问题的分析方法。

1. 报童问题

有这样一类存贮问题，在全部的需求过程中对采购决策仅有一次，也就是说随着库存的减少甚至耗竭并没有补充库存的机会。由于在这个阶段里的需求是一个不确定的量，这就可能使决策者处于进退两难的境地。为了使全部潜在的收益得以实现，要求批量足够大；而为了避免过剩造成的损失，又要求批量不能太大。街角卖报的报童就面临着这样的问题。这种模型虽然是通过解决报童问题提出来并得以命名的，但它适用于许多与之相似的存贮问题。例如，为一场球赛应准备多少"热狗"，为一年一度的圣诞节应准备多少圣诞树等。事实上，报童在一天内卖的每一张具体的报纸对研究问题并不重要，重要的只是一天下来到底卖了多少，所以我们可以不对时间段内的一些细节加以考虑。报童问题的显著特征就是它的批量决策是一次性的。报童问题中的需求尽管是不确定的，但必须知道批量过大和批量过小后果间的适当关系。用 c 代表单位货物的采购价，s 代表货物的售出价；那么 $s-c$ 就代表售出单位货物的利润额。用 v 代表单位货物的残值，如果过剩的货物完全报废，v 的值为零；有时 v 的取值也可能为负，比如当过剩的货物需要付费处理时就是如此。然而，在任何情况下都应存在 $c>v$，因为如果不是这样，就可以从过剩的货物中获得收益，从而得出批量越大越好的结论。$c-v$ 称为单位过剩货物的损失。

同上述各节的模型一样，仍用 Q 来代表采购批量；用 a 代表每次采购的固定费用；用 p 表示顾客需求没有被完全满足时的单位缺货损失；用 D 代表不确定的需求，其概率分布为 $P_D(x)$，需求的概率分布 $P_D(x)$ 可被理解为需求为 x 的概率。为了把收益表示成关于 Q 的表达式，暂时假想 x 是确定的。由于 $x \leqslant Q$ 和 $x>Q$ 对应的收益表达式是不一样的，所以我们将分别就这两种情况加以讨论。

当 $x \leqslant Q$ 时，x 单位的货物能以 s 的价格销售掉，剩余的 $Q-x$ 将以 v 的价格处理掉。由于每次的采购费用为 $a+cQ$，所以收益的表达式应为：

$$P(Q \mid x) = sx + v(Q-x) - a - cQ \tag{8-16}$$

当 $x>Q$ 时，所有 Q 单位的货物都能以 s 的价格销售掉。在此情况下，虽然不存在剩余货物的问题，但却造成了缺货损失。所以，此时收益的表达式应为：

$$P(Q \mid x) = sQ - p(x-Q) - a - cQ \tag{8-17}$$

由式（8－16）和式（8－17）可以得出一个包含各种情况的期望收益表达式。期望收益即各种情况下的收益以其发生概率为权重的代数和，即

$$E[P(Q)] = \sum_{x=0}^{Q}(sx + vQ - vx - a - cQ)P_D(x) + \sum_{x=Q+1}^{+\infty}(sQ - px + pQ - a - cQ)P_D(x)$$

整理有

$$E[P(Q)] = \sum_{x=0}^{Q}[(s-v)x + vQ]P_D(x) + \sum_{x=Q+1}^{+\infty}[(s+p)Q - px]P_D(x) - a - cQ \tag{8-18}$$

至此，剩下的问题就只有寻找能使 $E[P(Q)]$ 达到最大值的 Q 了。尽管从逻辑上讲，x 和 Q 都是整数型的量，但在此我们仍然将它们处理成连续型的量，这给整个问题的求解以及解的表示带来极大的方便。为此，原来求和的形式必须由积分的形式来代替，同时 $P_D(x)$ 也应变为随机变量 x 的概率密度函数 $f(x)$ 。变化后的表达式为：

$$E[P(Q)] = \int_0^Q [(s-v)x + vQ]f(x)\mathrm{d}x + \int_Q^{+\infty}[(s+p)Q - px]f(x)\mathrm{d}x - a - cQ \quad (8-19)$$

这是一个关于 Q 的连续函数，其图形如图 8-10 所示。

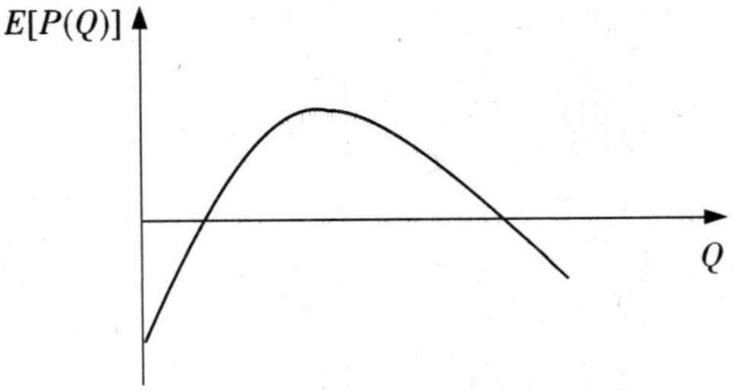

图 8-10　期望收益与采购批量关系示意图

求 $E[P(Q)]$ 的极大值涉及 Q 处于积分限上的积分项的微分问题。然而，这算不上什么难题，被称为莱布尼兹（Leibniz）的公式就解决了这一问题。现将莱布尼兹公式表述如下：

如果

$$g(u) = \int_{a(u)}^{b(u)} h(u,x)\mathrm{d}x$$

那么

$$\frac{\mathrm{d}g}{\mathrm{d}u} = \int_{a(u)}^{b(u)} \frac{\mathrm{d}h}{\mathrm{d}u}\mathrm{d}x + h[u,b(u)]\frac{\mathrm{d}b}{\mathrm{d}u} - h[u,a(u)]\frac{\mathrm{d}a}{\mathrm{d}u}$$

将莱布尼兹公式应用于式（8-19），可得 $E[P(Q)]$ 的微分形式：

$$\frac{\mathrm{d}E[P(Q)]}{\mathrm{d}Q} = v\int_0^Q f(x)\mathrm{d}x + (s+p)\int_Q^{+\infty} f(x)\mathrm{d}x - c$$

因 $f(x)$ 是一个密度函数，所以

$$\int_0^Q f(x)\mathrm{d}x + \int_Q^{+\infty} f(x)\mathrm{d}x = 1$$

令 $\frac{\mathrm{d}E[P(Q)]}{\mathrm{d}Q} = 0$ 并整理，有

$$0 = v\left[1 - \int_Q^{+\infty} f(x)\mathrm{d}x\right] + (s+p)\int_Q^{+\infty} f(x)\mathrm{d}x - c$$

$$c - v = (s+p-v)\int_Q^{+\infty} f(x)\mathrm{d}x$$

$$\int_Q^{+\infty} f(x)\mathrm{d}x = \frac{c-v}{s+p-v} \quad (8-20)$$

除非拥有关于 $f(x)$ 的进一步信息，否则式（8-20）就是批量 Q 的严密表达式。虽然

式（8－20）作为 Q 的解不够理想，但它确实可以表明 Q 的取值。式（8－20）左侧的积分可被解释为需求超过 Q 的概率，即最优批量的确定应使顺利售空的概率等于 $\frac{c-v}{s+p-v}$。这种解在存贮模型中并非罕见，在本节的下一个问题中我们会再次遇到它。无论什么时候，Q 总是由以其为限的需求的累积分布等于一个固定的代数式来决定的，因此这种解也被称为**转折点比率策略**。下面利用一个示例演示这一模型的应用。

例 8－8 假设报童以每张 0.8 元的价格购进报纸，以每张 1.5 元的价格出售，如果报纸过剩，报童可以每张 0.1 元的价格退回给报社。由于报童进报过少不会造成直接的缺货损失，所以缺货损失定为“0”。再假设需求是以 150 为期望值、以 25 为标准差的正态分布，试求报童最佳的进报量。

已知：$c=8$，$s=15$，$v=1$，$p=0$，$f(x)=\frac{1}{25\sqrt{2\pi}}\mathrm{e}^{-\frac{(x-150)^2}{2\times 25^2}}$

求：Q。

解 $\int_Q^{+\infty} f(x)\mathrm{d}x=\frac{c-v}{s+p-v}=\frac{8-1}{15+0-1}=0.5$

即在 Q 右侧的密度函数下方的面积应该为 0.5。根据正态分布的对称性，可得采购批量 $Q=150$（等于期望值），即最优的进报批量刚好与需求的期望值相等。

现假设报童找到了一个愿出 0.5 元的价格购买其剩余报纸的厂商，即假设 v 从 1 增至 5，此时的转折点比变为：

$$\int_Q^{+\infty} f(x)\mathrm{d}x=\frac{c-v}{s+p-v}=\frac{8-5}{15+0-5}=0.3$$

即最优采购批量增至其右侧的密度函数下方的面积只有 0.3。通过查阅正态分布表可知 $Q=150+0.52\times 25=163$，即由于降低了过剩的损失（风险），所以采购批量有所增加。

采购的固定费用 a 并没有在转折点比率中出现，也就是说 a 并不会影响 Q 的取值。然而，对 Q 的影响 a 有时也会扮演一个重要的角色。当 a 大到使最优期望收益变为负值时，最优策略变为根本不从事这一商业活动。

例 8－9 某商店为今年的圣诞节准备圣诞树，每棵的进货价为 50 元，售价为 70 元，未能售出的圣诞树商店可以 40 元的价格返销给生产商。已知销售量 x 是一个服从泊松分布的随机变量，即存在 $P(x)=\frac{\mathrm{e}^{-\lambda}\lambda^x}{x!}$。据以往经验，需求的期望值 $\lambda=6$。问该商店应采购多少棵圣诞树？

已知：$c=50$，$s=70$，$v=40$，$p=0$，$P(x)=\frac{\mathrm{e}^{-\lambda}\lambda^x}{x!}=\frac{\mathrm{e}^{-6}6^x}{x!}$。

求：Q。

解 $\sum_{x=Q+1}^{+\infty}P(x)=\frac{c-v}{s+p-v}=\frac{50-40}{70+0-40}\approx 0.333$，于是有

$$F(Q)=\sum_{x=0}^{Q}P(x)=1-0.333\approx 0.667$$

$$F(6)=\sum_{x=0}^{6}P(x)=\sum_{x=0}^{6}\frac{\mathrm{e}^{-6}6^x}{x!}\approx 0.606<0.667$$

$$F(7)=\sum_{x=0}^{7}P(x)=\sum_{x=0}^{7}\frac{e^{-6}6^{x}}{x!}\approx 0.744>0.667$$

故最佳的采购量 $Q^*=7$，即该店应购进 7 棵圣诞树，此时的期望收益最大。

2. 批量订货点模型

由于批量订货点模型考虑问题的时间方面，因而它要比以往任何一种模型都复杂。库存的补充会有一个滞后时间，这一滞后时间记为 L，为简化问题假设 L 是一个确定的量。由于需求的随机性，即使 L 是一个确定量也无法保证刚好在库存为“0”（耗空）时到货。处理这一模型的综合策略是当库存降到某一固定水平时即开始订货，这一标志着采购开始的库存水平称为**订货点**，记为 r；另一个决策变量是采购批量 Q，因采购总是在库存降为 r 时发生，而其他条件都一样，因此没有理由使每次采购的批量不相等。无论 r、L 和 Q 取什么值，总是存在到货之前库存被消耗空的可能。这里假设当库存降为“0”时，后续所发生的需求作为**反向订货**（负库存）被累积下来，当货物到达时再给予补偿。用 p 代表单位缺货的惩罚成本，这一单位缺货惩罚成本与缺货持续的时间是没有关系的。

为了与前面的模型相一致，每次订货的固定费用仍用 a 来表示，单位货物在单位时间里的存贮费用也还用 h 来表示。尽管在这一模型中的需求率已不是一个确定量，但仍然可以用 d 来表示需求率的期望值。d 的量纲是单位时间的货物量，单位时间一般指一年。在滞后期 L 这一时间里，需求的概率分布由密度函数 $f(x)$ 给出，概率分布的数学期望用 μ 来表示。

尽管在上述记法中没有涉及 d、L 和 μ 三者之间的关系，但在它们之间却隐含着 $d\times L=\mu$ 这一简单关系。其实，这一关系并不难理解，因为如果不是这样，滞后期内的期望需求将大于或小于其他等时间段内的期望需求。由于 d、L 和 μ 三者之间存在着 $d\times L=\mu$ 的固定关系，所以三者中的任何一个都可以用其他两个表示出来，从理论上讲任意地去掉一个量应该是没什么问题的。然而，由于三者中的每一个都有其独特而有用的含义，因此，三者都将继续保留下去。

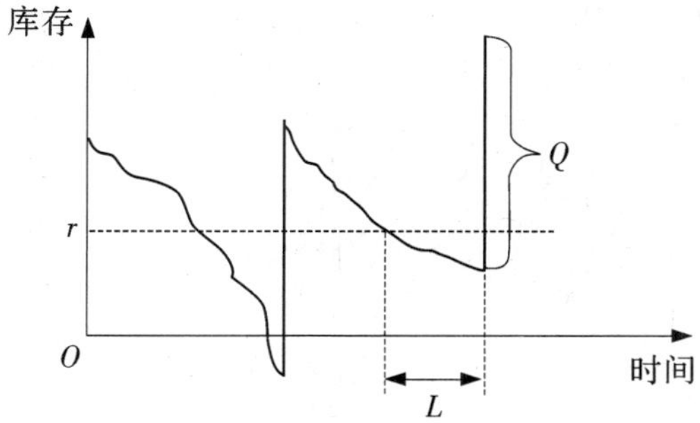

图 8－11 存贮随时间的变化形式示意图

图 8－11 显示了存贮随时间的变化形式。虽然 L 和 Q 在每一存贮周期里都是相同的，但各存贮周期却不具有相同的时间段，并且刚刚补充后的存贮水平（即峰顶）也不具有相等的高度。年度费用是由订货费用、缺货费用和存贮费用构成的，因此有

$$E[AC(Q,r)]=OC+SC+HC \tag{8-21}$$

式中 $E[AC(Q,r)]$ 为年度费用期望值，OC 为订货费用，SC 为缺货费用，HC 为存贮费用。

订货费用 OC 是容易获得的，它是每次订货费用 a 与每年存贮周期期望值的乘积。若所有的需求都被满足，由于 d 为每年的期望需求，而 Q 是每一存贮周期内的平均需求量，所以每年存贮周期的期望值应为 $\frac{d}{Q}$，因此有 $OC = \frac{ad}{Q}$。

缺货费用 SC 的表达式为单位缺货费 p、每一存贮周期的缺货数量期望值以及年平均存贮周期数三者之积。每年的平均存贮周期数是 $\frac{d}{Q}$，这一点刚刚讨论过；因此，问题只是如何决定每一存贮周期的缺货数量期望值。缺货只能在滞后期的需求超出订货点 r 时才会发生。因此，如果用 x 代表滞后时间里的需求，那么缺货数量 S 应为：

$$S = \begin{cases} 0 & x \leqslant r \\ x - r & x > r \end{cases}$$

为求得这一数量的数学期望值，必须给出各种取值以期发生概率为权重的加权和。设 $B(r)$ 代表缺货数量期望值，那么

$$B(r) = \int_0^r 0f(x)\,\mathrm{d}x + \int_r^{+\infty}(x-r)f(x)\,\mathrm{d}x = \int_r^{+\infty}(x-r)f(x)\,\mathrm{d}x \qquad (8-22)$$

关于如何求解 $B(r)$ 以后将做进一步说明，但现在对于表示每年的缺货费用期望值，$B(r)$ 就已经足够了，即

$$SC = p \times \frac{d}{Q} \times B(r) \qquad (8-23)$$

HC 为单位货物每年的存贮费 h 与年均存贮量之积。年均存贮量由一个“典型”存贮周期的平均存贮量来代替。“典型”的存贮周期，即它的一切数值都是全部周期相应数值的数学期望。也就是说，它的初始存贮水平是各个周期初始存贮水平的期望值，它的周期时间是所有周期时间的期望值，等等。我们并不能希望这样的存贮周期真的出现，实际上它只是为了帮助建立年度平均存贮量表达式而构想出的一个概念。这一构想的概念可以发挥一定的作用，仅仅是因为期望值或平均值更能符合我们的直觉。

“典型”周期可由图 8-12 加以描述，周期从某次到货开始。关于存贮水平，唯一确定的信息就是开始订货时的库存量为 r。因在滞后期 L 这段时间里，需求仍以其随机形式连续进行，且需求的期望值为 μ，所以刚好到货前的存贮水平期望值就为 $r-\mu$（它可以取负值），从而可知此周期的初始库存期望值是 $Q+r-\mu$。随后，由于需求过程的作用，库存逐渐减少到下一批补充到货。下一批货物的到达标志着本周期的结束，周期结束时存贮

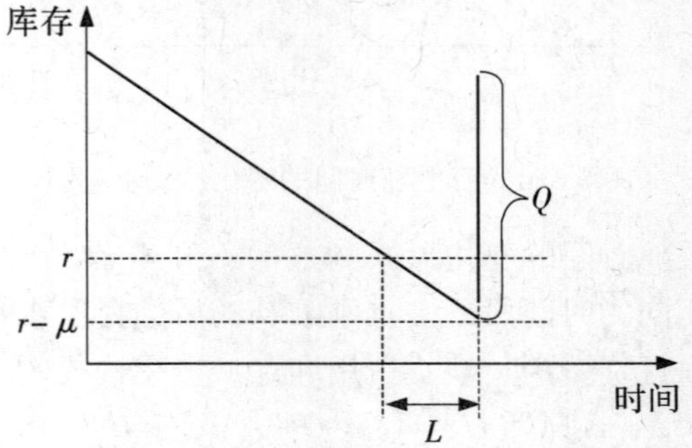

图 8-12 “典型”存贮周期示意图

水平的期望值仍然为 $r-\mu$，则“典型”周期的平均库存就是：

$$\frac{(Q+r-\mu)+(r-\mu)}{2}=\frac{Q}{2}+r-\mu$$

通过上述讨论可知，年度存贮费用的期望值表达式为：

$$HC=h\left(\frac{Q}{2}+r-\mu\right) \tag{8-24}$$

综合各项费用，年度总费用的期望值为：

$$E[AC(Q,r)]=\frac{ad}{Q}+\frac{pd}{Q}\times B(r)+h\left(\frac{Q}{2}+r-\mu\right)$$

这是一个以 Q 和 r 为变量要求极小化的函数。因 Q 和 r 均为非负的量，所以此极小值应存在，并且在对 Q 和 r 的偏导数为零的点上达到，即经济批量表达式为：

$$\frac{\partial E[AC(Q,r)]}{\partial Q}=-\frac{ad}{Q^2}-\frac{pdB(r)}{Q^2}+\frac{h}{2}=0$$

$$Q=\sqrt{\frac{2[a+pB(r)]d}{h}} \tag{8-25}$$

值得注意的是，随机经济批量模型与古典经济批量模型十分相似。显然，在古典经济批量模型中，如果给 a 一个增量 $pB(r)$，那么在确定条件下的经济批量就与在不确定条件下的经济批量完全一致。当然，在此 r 和 $B(r)$ 仍然还是未知量。求年度总费用的期望值对 r 的偏导数，可得

$$\frac{\partial E[AC(Q,r)]}{\partial r}=h+\left(\frac{pd}{Q}\right)\left[\frac{\mathrm{d}B(r)}{\mathrm{d}r}\right]$$

对式（8-22）利用莱布尼兹公式进行微分有：$\frac{\mathrm{d}B(r)}{\mathrm{d}r}=-\int_r^{+\infty}f(x)\mathrm{d}x$，将此式代入上述偏微分表达式并令其为零，求解可得：

$$\int_r^{+\infty}f(x)\mathrm{d}x=\frac{hQ}{pd} \tag{8-26}$$

同报童问题一样，r 的最优解又出现了这种积分形式。方程左侧是在滞后期 L 这一时间里需求超出 r 的概率。也就是说，订货点 r 必须足够大，从而保证缺货的概率仅为转折点比率。尽管现在已经得到 Q 和 r 的表达式，但由于二者相互包含，所以问题并没有真正彻底地得到解决。幸好存在一种相当有效的逐步渐近的方法，能使这一问题得以圆满解决。这种方法的基本步骤如下：

第一步，令 $B(r)=0$，利用式（8-25）计算 Q 的暂时值 Q_1，Q_1 即为确定条件下的经济批量；

第二步，利用式（8-26），通过 Q_1 求出 r_1；

第三步，利用式（8-22），通过 r_1 求出 $B(r_1)$；

第四步，返回第一步，利用 $B(r_1)$ 计算 Q_2，如此循环，直至 r 和 Q 的值趋于稳定，最终稳定的 r 和 Q 即为最优解。

在实际工作中，这一过程的收敛是相当快的，经常 r_2 和 Q_2 就已经是 r 和 Q 最优值非常理想的近似值了，所以这一方法十分有效。对于此随机存贮模型，目前并没有得到一个严密形式的解，得到的只是为了获得目标解的一个循环过程，所以需要借助于带有具体数

据的例子来展示一下不确定性对问题的影响。然而，在引入具体例子之前，让我们把注意力集中于 $B(r)$ 这一积分的计算是十分必要的。

$B(r) = \int_r^{+\infty} (x - r)f(x)\mathrm{d}x$，这里 $f(x)$ 是滞后期需求的密度函数，或许 $f(x)$ 服从正态分布，在这种情况下，有

$$B(r) = \int_r^{+\infty} (x - r) \frac{1}{\sigma\sqrt{2\pi}} \mathrm{e}^{-\frac{(x-\mu)^2}{2\sigma^2}} \mathrm{d}x$$

将其转化为标准正态分布密度的形式，以便利用标准正态分布表，具体转化过程如下：

$$B(r) = \int_r^{+\infty} [(x - \mu) + (\mu - r)] \frac{1}{\sigma\sqrt{2\pi}} \mathrm{e}^{-\frac{1}{2}(\frac{x-\mu}{\sigma})^2} \mathrm{d}x$$

$$= \int_r^{+\infty} \left(\frac{x-\mu}{\sigma} + \frac{\mu - r}{\sigma}\right) \frac{1}{\sqrt{2\pi}} \mathrm{e}^{-\frac{1}{2}(\frac{x-\mu}{\sigma})^2} \mathrm{d}x$$

令 $y = \frac{x-\mu}{\sigma}$，有

$$B(r) = \int_{\frac{r-\mu}{\sigma}}^{+\infty} y \frac{\sigma}{\sqrt{2\pi}} \mathrm{e}^{-\frac{1}{2}y^2} \mathrm{d}y + \int_{\frac{r-\mu}{\sigma}}^{+\infty} (\frac{\mu - r}{\sigma}) \frac{\sigma}{\sqrt{2\pi}} \mathrm{e}^{-\frac{1}{2}y^2} \mathrm{d}y$$

$$= \sigma \int_{\frac{r-\mu}{\sigma}}^{+\infty} y \frac{1}{\sqrt{2\pi}} \mathrm{e}^{-\frac{1}{2}y^2} \mathrm{d}y + (\mu - r) \int_{\frac{r-\mu}{\sigma}}^{+\infty} \frac{1}{\sqrt{2\pi}} \mathrm{e}^{-\frac{1}{2}y^2} \mathrm{d}y$$

其中，第一个积分式为：

$$\int_{\frac{r-\mu}{\sigma}}^{+\infty} y \frac{1}{\sqrt{2\pi}} \mathrm{e}^{-\frac{1}{2}y^2} \mathrm{d}y = \frac{1}{\sqrt{2\pi}} \int_{\frac{r-\mu}{\sigma}}^{+\infty} y \mathrm{e}^{-\frac{1}{2}y^2} \mathrm{d}y = \frac{1}{\sqrt{2\pi}} \left[-\mathrm{e}^{-\frac{1}{2}y^2} \right]_{\frac{r-\mu}{\sigma}}^{+\infty}$$

$$= \frac{1}{\sqrt{2\pi}} \mathrm{e}^{-\frac{1}{2}(\frac{r-\mu}{\sigma})^2} = f(\frac{r-\mu}{\sigma})$$

这里的概率密度函数是标准正态分布函数。

第二个积分式的计算更是简单，它是标准正态分布的互补分布函数，因此 $B(r)$ 可简化为：

$$B(r) = \sigma f\left(\frac{r-\mu}{\sigma}\right) + (\mu - r) G\left(\frac{r-\mu}{\sigma}\right)$$

当然，这一表达式仅仅在滞后期需求的分布是正态分布时才有效。如果说它不是正态分布而是伽马分布，那么必须按伽马分布寻找计算 $B(r)$ 的途径。

全部需求可以认为是个别顾客需求的总和，如果顾客数量足够多，那么这个和应近似服从正态分布。因此，许多实际问题的需求都被假设是一个服从正态分布的随机变量。

例 8－10 某商店经销 A 商品，已知到货滞后期为 0.1 年，滞后期需求服从期望值为 1000、标准差为 250 的正态分布。滞后期及滞后期需求分布同时也暗示出年度平均需求一定为 10 000 件。与每次订货相关联的包装处置费为 100 元，存贮费用为每件每年 0.15 元，缺货费用为每件 1 元。试确定经济采购批量和订货点。

已知：$a = 100$，$d = 10\ 000$，$p = 1$，$L = 0.1$，$h = 0.15$，$\mu = 1000$，$\sigma = 250$。

求：r 和 Q。

解

$$Q_1 = \sqrt{\frac{2ad}{h}} = \sqrt{\frac{2 \times 100 \times 10\ 000}{0.15}} = 3651$$

$$\int_{r_1}^{+\infty} f(x)\,\mathrm{d}x = \frac{Q_1 h}{pd} = \frac{3651 \times 0.15}{1 \times 10\ 000} = 0.055$$

在此 $f(x)$ 是一个以 1000 为期望值、以 250 为标准差的正态分布，通过转换成标准正态分布并查表，有

$$\int_{\frac{r_1-1000}{250}}^{+\infty} f(x)\,\mathrm{d}x = 0.055$$

从而有

$$\frac{r_1 - 1000}{250} = 1.60\ ，即\ r_1 = 1400$$

又因

$$B(r) = \sigma f\left(\frac{r-\mu}{\sigma}\right) + (\mu - r)G\left(\frac{r-\mu}{\sigma}\right)$$

所以

$$\begin{aligned} B(1400) &= 250\,f(1.60) + (1000 - 1400)G(1.60) \\ &= 250 \times 0.111 + (-400) \times 0.055 = 5.75 \end{aligned}$$

$$Q_2 = \sqrt{\frac{2[a + pB(r_1)]d}{h}} = \sqrt{\frac{2(100 + 1 \times 5.75) \times 10\ 000}{0.15}} = 3755$$

$$\int_{r_2}^{+\infty} f(x)\,\mathrm{d}x = \frac{Q_2 h}{pd} = \frac{3755 \times 0.15}{1 \times 10\ 000} = 0.056\ 33$$

从而有

$$\frac{r_2 - 1000}{250} = 1.586\ ，即\ r_2 = 1396.5$$

$$\begin{aligned} B(1396.5) &= 250\,f(1.586) + (1000 - 1396.5G)(1.586) \\ &= 250 \times 0.113 - 396.5 \times 0.056 = 5.99 \end{aligned}$$

$$Q_3 = \sqrt{\frac{2[a + pB(r_2)]d}{h}} = \sqrt{\frac{2(100 + 1 \times 5.99) \times 10\ 000}{0.15}} = 3759$$

我们会发现 Q_2 比 Q_1 增加了 104 个单位，而 Q_3 比 Q_2 增加了 4 个单位。因此，可以认为此过程已收敛。因为从实际出发，批量和订货点都应该取整数，所以没有必要试图通过保留小数来提高解的精度。由于 Q 和 r 向其最优值的收敛过程都是单调的，所以可以确信 r_2 略大于 r 的最优值，而 Q_3 略小于 Q 的最优值。因此，订货点应在 r_2 的基础上舍掉小数部分（取 $r = 1396$），而批量应在 Q_3 的基础上使小数入整（取 $Q = 3759$）。有时为了方便起见，也可不按上述规则进行取舍，比如此例比较现实的解应为 $r = 1400$、$Q = 3760$。将 $r = 1400$、$Q = 3760$ 代入费用方程，可得费用期望值：

$$E[AC(3760,1400)] = \frac{100 \times 10\ 000}{3760} + \frac{1 \times 10\ 000B(1400)}{3760} + 0.15\left(\frac{3760}{2} + 1400 - 1000\right) \approx 623$$

在确定性的情况下，最优批量 $Q = Q_1 = 3651$，与之相应的年度费用约为 548 元。将此年度费用同上述年度费用期望值 623 元相比较可以发现，期望年度费用的一部分仅仅是由需求的不确定性造成的。换言之，不确定性需求会造成追加费用。费用差随需求的标准差 σ 的增加而增加，随 σ 的消失而消失。在随机需求的情况下，如果忽略其不确定性，将造成多大的损失呢？忽略需求的不确定性，最优批量 $Q = 3651$，采购点 $r = 1000$，相应

的年度费用期望值为：

$$E[AC(3651,1000)] \approx 821$$

将其与 $E[AC(3760,1400)] = 623$ 相比，即可得出忽略不确定需求将付出的代价。

思考题 8

1．一自助餐厅餐巾纸的消费速度是每周 3 箱，每箱每周的存贮费用是 2 元，与采购数量无关的每次采购费用是 12 元。试问：

（1）该餐厅餐巾纸的经济采购批量是多少？

（2）采购的时间间隔是多少？

2．假设某工厂生产需要某种零件，年需量为 18 000 件（每月 1500 件）。该厂自己组织生产，每月可生产 3000 件，每批生产的固定费为 500 元，每个零件的年度存贮费为 3 元。求每次生产的最佳批量。

3．某公司采用无安全存量的存贮策略，每年需电感 5000 只，每次订货的采购费为 50 元，每只每年的保管费用为 2 元，不允许缺货。若采购少量电感，每只单价为 3 元，若一次采购 1500 只以上，则每个单价为 2 元。问该公司电感的经济采购批量是多少只？

4．假设某厂自行生产某种装配零件，该零件的每月需要量为 1500 件，该厂每月的生产能力是 3000 件，每批生产的固定费用为 500 元，当月过剩的零件可以每件每月 1 元的费用进行存储，允许缺货，单位缺货在单位时间内的费用为 2 元。求最大存贮量、最大缺货量和每次生产的最佳批量。

5．某印刷厂负责印刷一本年度销量为 120 万册的图书，图书的需求是均匀的。该厂有充分的生产能力，每年的印刷量可达 300 万册。完成每批印刷任务，需要换版印刷其他的图书，假设由于换版所产生的每批固定费用为 2000 元。如果每万册图书每年的存贮费用为 250 元，试求在不允许缺货和允许缺货两种不同情况下的经济印刷批量。允许缺货时，每万册图书缺货一年的费用为 5000 元。

6．某食杂店经销面包，其进价为 1 元，零售价为 1.5 元，如果当日的面包过剩，可以 0.3 元的价格返销给面包厂。假设需求服从正态分布，期望值为 200，标准差为 250，试确定该食杂店面包的最佳进货批量。

7．一自动售货机销售三明治，店主每天早晨放入新的并取出前一天的剩货。三明治的购入价为 1.35 元，售出价为 1.85 元，隔夜三明治只能以 0.62 元的价格销售给流浪者食堂。假设三明治的日需求服从泊松分布，期望值为 100。试确定每日放入自动售货机中三明治的最佳数量。

8．某出租汽车公司拥有 2500 辆出租车，均由一个维修厂负责维修，维修中的某一部件的月需要量为 8 套，每套价格为 8500 元。已知每提出一次订货需要订货费 1200 元，该部件每套的年存贮费为其价格的 30%，订货提前期为 2 周。又每台出租车如因该部件损坏后不能及时更换，每周损失 400 元。试决定该公司的维修厂订购该部件的最优策略。

9．某公司经销某产品，年度市场需求为 350 件（一年按 300 日计），已知每次订货费为 50 元，该产品的存贮费为每件每年 13.75 元，缺货时的损失为每件每年 25 元，订货提前期为 5 天。该种产品由于结构特殊，需要专门的车辆运输，在向用户送货期间，每天送货 10 件。试求：

（1）经济订货批量及最大缺货量；

（2）年最小费用。

10．某航空旅游公司经营直升机航空观光业务，公司拥有 8 架直升机。直升机上有一种零部件需要备用更换，过去的经验表明，对该零部件的需求服从泊松分布，平均每年 2 件。由于现有直升机机型两年后将被淘汰，故生产该机型的飞机制造公司决定对该零部件投入最后一批生产，并征求旅游公司对该零部件的订货量。已知立即订货每件为 9 万元，如最后一批投产后再提出特殊订货，每件为 16 万元并需 2 周的订货提前期。又如直升机因缺乏该种零部件停飞，每周损失 12 万元。对当飞机被淘汰时订购多余的备件，其处理价为每件 1 万元。试求该航空旅游公司应立即提出多少备件的订货，才能做到最经济合理。

11．某商店准备订购一批圣诞树，据以往经验，其销量服从 $\mu = 200$ 、$\sigma^2 = 300$ 的正态分布。每棵圣诞树的进价为 15 美元，售价为 25 美元。如果圣诞节后余货，销毁处理，残值为零。试回答：

（1）该商店应进多少棵圣诞树，才能使期望利润最大？

（2）如果商店按销售量的期望值 200 棵进货，则期望利润是多少？

（3）如果商店按期望利润最大进货，则圣诞节后余货的期望值是多少？

*9 排队论

排队论（queuing theory）属于应用十分广泛的管理运筹学分支，它在各种存在等待情形的环境中都有非常成功的应用。尽管人们有时可能并不太在意等待时间的长短，但在许多商务活动中必须充分重视顾客的等待时间。绝大多数大型零售店的设计其实就是平衡顾客方便度和企业运营效率的产物，这很好地解释了为什么一个超级市场可能会有十几个收银通道，尽管在大多数时间里可能只有两三个在运作。零售商不敢让顾客在队伍中等待太长的时间，因为如果等待时间过长，完全有可能导致顾客的流失。

排队论的起源可以追溯到 1909 年爱尔朗（A. K. Erlang）发表的一篇论文，从那时起爱尔朗的名字就与概率排队模型紧密联系在一起，该论文的发表为后来排队论的发展奠定了坚实的基础。在过去的一个多世纪里，排队论得到长足的发展，代表特定环境的排队模型稳步增加。作为最早的运筹方法之一，排队论在现代定量分析技术中占有重要的地位。

排队模型的目的就是要规划一种为顾客提供服务的方式以实现一定的运营效率，它并不像前面已经遇到的一些模型（如线性规划模型、存贮模型）那样追逐一个最小成本或最大收益目标。具体来讲，排队模型的目的就是要确定排队系统的各项特征，如平均等待时间、平均队长等；或者是构建一个服务系统以满足特定的顾客服务水平。这些平均值是系统对顾客服务水平的标志，在后续的成本效益分析中将发挥重要的作用。

9.1 排队系统

在日常生活和生产中，人们会经常碰到各种各样的排队系统，如道路红绿灯系统、超市的收银系统、电话通信系统等。一些排队系统的构成十分具体，而另一些排队系统的构成可能十分抽象。如从广州往北京打电话，由于受广州与北京之间信道通过能力的限制，同一时间通话的人数是有限的；因此，当要求通话人数超过这一限制时，就不得不等待，虽然打电话的人分散在全市的各个角落，彼此互不见面，但他们与长话台一起构成一个服务系统，他们在长话台前形成一个无形的队伍。

在排队系统中总是存在一组**服务设施**（service facility），有许多**顾客**（customer）随机地来到该系统要求得到服务，服务完毕后即自动离去。如果顾客到达时有服务设施空闲，则到达的顾客即刻得到服务，否则顾客将排队等待或离去，排队等待的队伍称为**队列**（queue）。排队系统中的顾客可以是人，也可以是物。例如，汽车修理厂等待维修的汽车、机场等待降落的飞机都可以构成排队系统中的顾客。在排队系统中，服务设施同样可以是人、物或者人和物的集合。

如果顾客按固定的时间间隔到达服务系统，服务设施用固定的时间为顾客提供服务，就像工厂流水线的生产那样有固定的节拍，那么这类服务系统的设计十分简单。这类简单的服务系统并不在排队论的研究之列，排队论的研究对象是顾客到达和服务时间都不确定的随机服务系统。

9.1.1 排队系统的基本构成

一个排队系统由**输入**、**队列**、**服务台**和**输出**四部分构成，可以用图 9－1 加以描述。

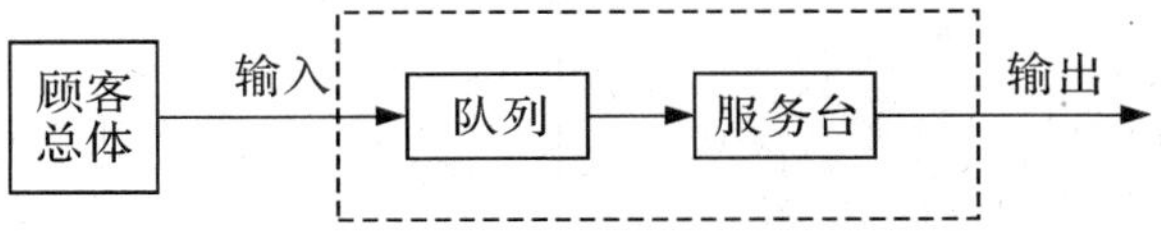

图 9－1　排队系统构成示意图

1. 输入

输入描述的是顾客出现在排队系统中的方式，人们通常用某种带有任意参数和适当简化假设的随机过程来表示它。输入过程又由如下一些元素构成：

（1）顾客总体

顾客总体可以是一个有限的集合，也可以是一个无限的集合。通常只要顾客总体所包含的元素数量充分大，人们就会将其近似看成是顾客总体无限的情况来处理。上游河水流入水库可以认为顾客总体是无限的，而工厂里等待修理的机器设备显然是有限的顾客总体。

（2）顾客到达的时点

虽然顾客的到达可能是单个发生的，也可以是成批发生的，但在排队系统中总是假设在同一时点上只能有一个顾客到达，同时到达的一批顾客只能看成是一个顾客。

（3）顾客到达的相关性

顾客到达可以是相互独立的，也可以是相互关联的。所谓独立，即先前顾客的到达对后续顾客的到达没有影响，否则就是相关的。

（4）顾客到达的时间间隔

顾客到达的时间间隔可以是确定的，也可以是随机的。如在流水线上装配的各部件必须按确定的时间间隔到达装配点，定点运行的列车、班机的到达也都是确定的；而商场购物的顾客、医院诊病的病人、通过路口的车辆的到达都是随机的。对于随机的情形，我们必须了解单位时间的顾客到达数或相继到达的时间间隔的概率分布。

（5）顾客到达的平稳性

平稳性是指顾客到达的时间间隔分布及其特征参数（数学期望、方差等）不随时间的变化而变化。最简单的到达过程是符合泊松（Poisson）分布的随机过程，在这种情况下，顾客到达的时间间隔是一系列相互独立并具有负指数分布的随机变量。

2. 队列

顾客到达时，如果所有服务台都正在被占用，顾客可能选择随即离去或排队等待。随即离去的系统称为**即时制系统**或**损失制系统**，排队等待的系统称为**等待系统**。普通电话的呼叫属于损失制。系统如果有多个服务台，各服务台可以有各自独立的队列，也可以有一个公共的队列。队列可以是具体的也可以是抽象的，可以是有限的也可以是无限的。

在实际排队系统中，有时顾客会因等待时间过长而中途离去，或因某些队列服务较快而更换队列，但在排队论中假设这些复杂情况并不发生。

3. 服务台

一个排队系统中可以有一个服务台，也可以有多个服务台。对于多服务台来讲，各服务台可以并联（图9-2）、串联（图9-3），也可以混联。

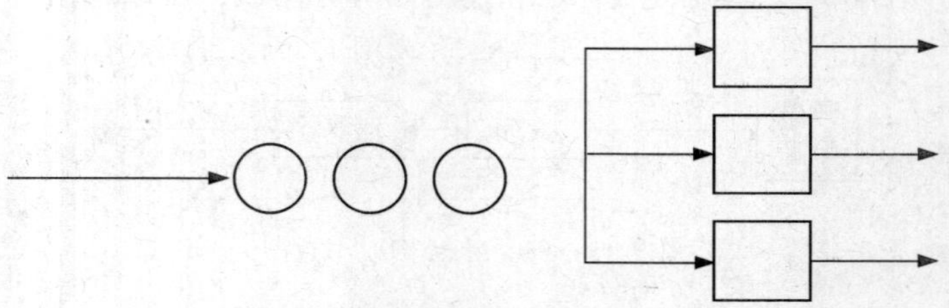

图9-2　多服务台并联排队系统示意图

图9-3　多服务台串联排队系统示意图

（1）服务方式

服务可针对单一顾客，也可以针对一批顾客。例如，公共汽车对等候的顾客就是成批提供服务的。

（2）服务时间

服务时间同到达时间一样，也可以分为确定和随机两种类型。自动冲洗汽车的装置、红绿灯系统属于确定服务时间，而其他更常见的排队系统大多属于随机服务时间。随机服务时间分布的最简单形式是负指数分布，在这种情况下，平均服务率一个参数就完整描述了整个服务过程。

（3）服务的平稳性

服务的平稳性是指服务时间分布及其特征参数不随时间的变化而变化。服务的平稳性排除了工作时间长短（疲劳程度）以及对列长短（服务员有意加快或减慢工作速度）对服务时间分布的影响。

（4）服务规则

按对等待顾客的服务顺序，服务规则可分为**先到先服务**（first in，first out，FIFO）、**后到先服务**（last in，first out，LIFO）、**有优先权的服务**（service with priority，SWP）和**随机服务**（service in random order，SIRO）。

先到先服务对一般排队系统是最符合常理的，但当顾客是一些待加工的工件时，就不存在明显的诱因去遵守先到先服务的规则。事实上，如果工件是一一堆起来的，那么服务规则自然是后到先服务；如果工件是无规则零散存放的，那么随机服务规则可能是最合适的。有优先权的服务即服务台对具有某种特性的顾客给予优先服务，如医院会优先抢救危重病人、银行会优先服务VIP客户等。

4. 输出

输出是指顾客从得到服务到离开服务系统的情况，由于一结束服务顾客即刻离开服务系统，所以输出是通过服务时间加以描述的。

9.1.2 排队系统的分类描述

根据排队系统的基本构成，肯达尔（Kendall）于1953年提出了排队系统的分类描述方法。这种方法用由斜线分割开的六项代码来表示一个特定排队模型。前两项为字符码，分别表示到达过程和服务过程的分布形式：通常用 M 代表泊松输入（相继到达间隔时间服从负指数分布）或服务时间服从负指数分布；D 代表确定的相继到达间隔时间或服务时间；E_k 代表 k 阶爱尔朗（Erlang）分布的相继到达间隔时间或服务时间；GI 代表相互独立的相继到达间隔时间；G 代表一般的服务时间。第三、四、五3项可以是数字型代码，分别代表服务台数目、系统的容量和顾客总量。最后一项表示排队规则，即顾客接受服务的顺序。此记法的前三项为必选项，必须明确写出，而后三项为选择项，在系统容量无限、顾客总量无限和先到先服务的情况下，它们可以被省略。

按照肯达尔排队模型的记法，$M/M/n$ 代表顾客输入为泊松分布，服务时间为负指数分布，有 n 个并联服务台的排队系统；$M/D/2/N$ 代表泊松分布的顾客到达，确定的服务时间，有2个并联服务台，系统容量为 N 的排队系统；$D/G/1$ 代表定长输入，一般服务时间，单个服务台的排队系统；$GI/E_3/c/10/10/\text{LIFO}$ 代表相互独立的相继到达间隔时间，三阶爱尔朗分布的服务时间，c 个并联服务台，系统容量为10，顾客总量为10，后到先服务的排队系统。

9.1.3 排队系统的数量指标

一个特定的模型可能会有多种假设，同时也需要通过多种数量指标加以描述。受所处环境的影响，我们只需选择那些起关键作用的指标作为模型求解的对象。环境不同，选择的指标也会不同。例如，我们有时关心的是顾客平均等待的时间，有时关心的是服务台的利用率。

尽管人们希望得到关于系统行为的详细信息，但研究中所能给出的一切结果都只能是一个稳定指标。稳定指标并不意味着系统以某种固定的方式有规律地运转，它所提供的仅仅是这个系统经历长期运转所反映出的数学期望值。

1. 系统中顾客数量的概率分布（p_n）

无论什么样的排队模型，都以 p_n 代表稳定状态下系统中包含 n 个顾客的概率，n 的取值可以从0一直到系统容量 N。

2. 系统中顾客数量期望值（L）

系统中顾客数量既包括正在接受服务的顾客，也包括排队等待的顾客；通常被称为系统的状态。

3. 队列中顾客数量期望值（L_q）

系统中等待服务的顾客数量，它等于系统状态减去正在接受服务的顾客数；通常被称为队长。

4. 顾客在系统中的平均逗留时间（W）

顾客在系统中的平均逗留时间既包括顾客接受服务的时间，也包括顾客排队等待的时间。

5. 顾客的平均等待时间（W_q）

顾客的平均等待时间等于其系统逗留时间减去服务时间。

若用 c 表示并联服务台的数量，则 $p_c + p_{c+1} + p_{c+2} + \cdots$ 代表所有服务台均被占用的概率或顾客被迫排队的概率。被占用服务台的个数是一个与系统状态密切相关的随机变量，当 $n < c$ 时有 n 个服务台被占用，当 $n > c$ 时有 c 个服务台被占用。就是说，在全部的服务台被占满之前，n 个服务台被占用同系统中有 n 个顾客是等价的。

如果用 q_i 代表有 i 个顾客在队列中的概率，那么

$$q_0 = p_0 + p_1 + \cdots + p_c\text{，而 } q_i = p_{c+i}\ (i > 0)$$

系统状态 L 是系统中顾客数量期望值，因此与系统顾客数量的概率分布 p_n 具有如下关系：

$$L = \sum_i i \cdot p_i \tag{9-1}$$

用 B 表示被占用服务台数量的期望值，则

$$B = \sum_{i=0}^{c} i \cdot p_i + \sum_{i=c+1}^{+\infty} c \cdot p_i \tag{9-2}$$

L_q 是对长，代表队列中顾客数量的期望值，则

$$L_q = \sum_i i \cdot q_i \tag{9-3}$$

于是

$$L = L_q + B \tag{9-4}$$

即系统中顾客数量期望值等于队列中顾客数量期望值与被占用服务台数量的期望值之和。如果用 $\frac{1}{\mu}$ 代表服务时间期望值，与式（9-4）类似，有

$$W = W_q + \frac{1}{\mu} \tag{9-5}$$

用 U 代表服务台利用率期望值，由于各服务台的利用率不尽相同，所以 U 是所有服务台综合的利用率期望值。服务台利用率期望值应等于被占用服务台数量的期望值与总服务台数之比，即

$$U = \frac{B}{c} \tag{9-6}$$

如果 $c = 1$，式（9-6）可简化为 $U = B = 1 - p_0$。

9.2 排队系统的数学模型

9.2.1 最简单流

在排队论中经常用到“最简单流”这一概念。所谓最简单流，就是指在 t 这一时间段里有 k 个顾客到达服务系统的概率 $v_k(t)$ 服从泊松分布，即

$$v_k(t) = e^{-\lambda t}\frac{(\lambda t)^k}{k!} \quad (k = 0,1,2,\cdots) \tag{9-7}$$

式（9-7）中的参数 λ 代表单位时间里到达顾客的平均数，即平均到达率。通过令 $t = 1$

求 $v_k(t)$ 的数学期望，可知 λ 代表单位时间里到达顾客的平均数，那么 $\frac{1}{\lambda}$ 自然代表平均的顾客到达时间间隔。

$$\sum_{k=0}^{+\infty} k \cdot v_k(1) = \sum_{k=0}^{+\infty} k e^{-\lambda} \frac{\lambda^k}{k!} = \lambda \sum_{k=0}^{+\infty} \frac{\lambda^{k-1}}{(k-1)!} e^{-\lambda} = \lambda$$

由于最简单流与实际顾客到达流的近似性，更是由于最简单流假设极大地简化了问题的分析与计算，因此排队论所研究的问题普遍是最简单流问题。什么样的排队系统才会具有最简单流呢？可以通过如下三个标准加以判断。

1. 平稳性

平稳性是指在一定的时间间隔内，来到服务系统的顾客数量只与这段时间间隔的长短有关，而与这段时间间隔的起始时刻无关。

2. 独立性

独立性是指顾客的到达率与系统的状态无关，无论系统中有多少顾客，顾客的到达率都不变。

3. 唯一性

在一个充分小的时间间隔里不可能有两个或两个以上的顾客到达，只能有一个顾客到达。

9.2.2 负指数分布的服务时间

负指数分布具有的概率密度函数和分布函数为：

$$f(x) = \lambda e^{-\lambda x} \qquad F(x) = 1 - e^{-\lambda x}$$

假设服务台对顾客的服务时间 t 服从负指数分布，即 $f(t) = \mu e^{-\mu t}$，则对于每一顾客的平均服务时间为 $\frac{1}{\mu}$，而 μ 自然代表服务率。这一点可以通过如下式子加以证明：

$$E(t) = \int_0^{+\infty} t f(t)\,dt = \int_0^{+\infty} t\mu e^{-\mu t} dt = -\int_0^{+\infty} t\,d(e^{-\mu t}) = -\frac{1}{\mu}\int_0^{+\infty} e^{-\mu t} d(-\mu t) = \frac{1}{\mu}$$

9.2.3 生死过程

一个顾客的到达将使系统状态从 n 到 $n+1$，这一过程称为**生**；一个顾客的离开将使系统状态从 n 到 $n-1$，这一过程称为**死**。系统状态的转移可以用状态转移图（图 9－4）加以描述，图中结点代表状态，箭线代表状态转移。由于在同一时间内不可能有两个事件发生，所以不存在跨状态的状态转移。

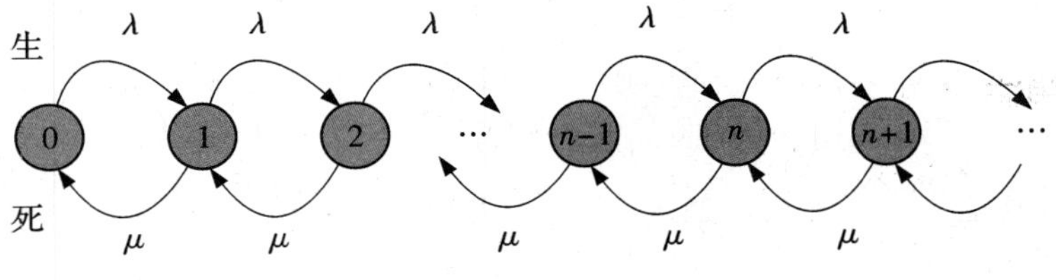

图 9－4 生死过程示意图

利用图 9－4 所示的状态转移形式，根据**流的平衡原理**可以建立起稳定状态的状态转移方程组。所谓流的平衡原理，就是在稳定状态下，流入任意一个结点的流量等于流出该结点的流量。流量的概念是这样定义的：如果从状态 i 到状态 j 转移弧上的转移率为 r_{ij}，那么这条转移弧所发生的流量就是 $r_{ij}p_i$。流的平衡原理具有鲜明的直观性和广泛的适用性。

将流的平衡原理应用于转移图的各个状态，每一状态都可给出一个以 p_i 为变量的线性方程。这些线性方程组成的线性方程组无条件地决定 p_i 的分布：

$$\begin{aligned} \lambda p_0 &= \mu p_1 \\ \lambda p_1 + \mu p_1 &= \lambda p_0 + \mu p_2 \\ \lambda p_2 + \mu p_2 &= \lambda p_1 + \mu p_3 \\ &\vdots \end{aligned}$$

流的平衡方程具有一种特别易于手工求解的形式，第一个方程是根据状态“0”的流平衡条件建立的，因为与状态“0”相邻的状态只有状态“1”，所以此方程只含有 p_0 和 p_1 两个未知量。虽然 p_0 和 p_1 随模型的变化而变化，但通过此方程，用 p_0 来表示 p_1 总是可以实现的。第二个方程是根据状态“1”的流平衡条件建立的，它涉及 p_0、p_1 和 p_2 三个未知量。通过 p_0 表示 p_1，可以把未知量减少为 p_0 和 p_2 两个，进而实现用 p_0 表示 p_2。依次类推，每一个方程均可以把一个新的未知量表示为 p_0 的函数，直到将所有的未知量都用 p_0 表示出来。

因为此时每一个 p_i 都已表示为 p_0 的函数，所以正规方程 $\sum_i p_i = 1$ 可表示为只含 p_0 一个未知量的形式，进而求得 p_0 和其他所有的状态概率 p_i。如果模型含有无限个状态，正规方程 $\sum_i p_i = 1$ 可表示为只含 p_0 一个未知量的无穷序列。对于系统容量无限的排队系统，按照上述求解过程可以得到如下结果：

$$p_1 = \left(\frac{\lambda}{\mu}\right)p_0,\ p_2 = \left(\frac{\lambda}{\mu}\right)^2 p_0,\ \dots,\ p_i = \left(\frac{\lambda}{\mu}\right)^i p_0$$

引入正规方程 $\sum_i p_i = 1$，有 $p_0\left[1 + \left(\frac{\lambda}{\mu}\right) + \left(\frac{\lambda}{\mu}\right)^2 + \cdots + \left(\frac{\lambda}{\mu}\right)^n + \cdots\right] = 1$。出现在方括号中的无穷序列是一个简单的等比序列，倘若 $\frac{\lambda}{\mu}$ 是一个小于 1 的数，那么该等比序列将收敛于一个有限的和 $\frac{1}{1 - \frac{\lambda}{\mu}}$。解该正规方程，有 $p_0 = 1 - \frac{\lambda}{\mu}$，进而有 $p_i = \left(\frac{\lambda}{\mu}\right)^i\left(1 - \frac{\lambda}{\mu}\right)$。

从上述的概率分布解可以看出，λ 和 μ 两个参数总是以比值的形式出现在一起，所以我们可以用一个小写的希腊字母 ρ 来代替 $\frac{\lambda}{\mu}$，即 $\rho = \frac{\lambda}{\mu}$。将 ρ 代入上述解中去可使其更具简明的形式 $p_i = \rho^i(1 - \rho)$。新的参数 ρ 是到达率与服务率之比，称为**繁忙率**。

ρ 也可以有其他的表现形式，如 $\rho = \frac{\frac{1}{\mu}}{\frac{1}{\lambda}}$，此时 ρ 的含义是平均服务时间与相继到达平均间隔时间之比；$\rho = \lambda \cdot \frac{1}{\mu}$，此时 ρ 的含义是到达率与平均服务时间的积，即在一个平均服务时间里到达的平均顾客数量。ρ 的所有这些含义，均给出要求 $\rho < 1$ 的逻辑解释。简言之，如果顾客的平均到达率大于平均服务率，那么系统的队长将无限增加，从而造成系统永远也达不到稳定状态。

9.2.4 基本模型

由于系统中顾客的数量越多，顾客在系统中逗留的时间就会越长，所以可以希望在 W 和 L 之间建立起某种关系。李特尔（Little）公式给出了 L、W 和 λ 三者之间的关系 $L = \lambda \cdot W$，即系统中**平均顾客数**等于顾客**平均到达率**与**平均逗留时间**的积。根据李特尔公式，自然可以得到关系式 $L_q = \lambda \cdot W_q$。有了李特尔公式，即可得到如下排队系统的基本模型：

$$L = \sum_{i=0}^{+\infty} i \cdot p_i = (1-\rho)[\rho + 2\rho^2 + 3\rho^3 + \cdots] = \frac{\rho}{1-\rho} = \frac{\lambda}{\mu - \lambda} \tag{9-8}$$

$$W = \frac{L}{\lambda} = \frac{1}{\mu - \lambda} \tag{9-9}$$

$$\begin{aligned} L_q &= 0 \cdot p_0 + \sum_{n=1}^{+\infty}(n-1)p_n = \sum_{n=0}^{+\infty} np_n - \sum_{n=1}^{+\infty} p_n \\ &= L - (1-p_0) = L - \rho = \frac{\rho^2}{1-\rho} = \frac{\lambda^2}{\mu(\mu-\lambda)} \end{aligned} \tag{9-10}$$

$$W_q = \frac{L_q}{\lambda} = \frac{\rho}{\mu - \lambda} = \frac{\lambda}{\mu(\mu - \lambda)} \tag{9-11}$$

需要强调的是，本节涉及的所有模型均是基于 $M/M/1$ 排队系统构建的，对于其他排队系统，应根据系统的具体情况对模型进行适当的调整。

$L - L_q = \rho = B$，即 ρ 代表平均被占用的服务台数或服务台利用率。式（9－8）和式（9－10）显示出一个令人关心的问题：为了限制平均队长为一个适度小的数值，就不得不牺牲一定的服务台利用率。例如，要保持 $L \leq 9$，那么服务台利用率 ρ 就一定不会超过 90%。也就是说，为了确保系统中的顾客数不超过 9 人，必须容忍服务台有 10% 的空闲时间。

9.3 马尔科夫排队模型

以最简单流为基础的排队系统称为马尔科夫排队系统。在马尔科夫排队系统中，由于对顾客到达的时间间隔和服务时间均有服从负指数分布的假设，这一假设为系统的分析带来许多便利，因此，马尔科夫排队模型得到十分广泛的应用。

例 9－1 某医院的一个诊室根据病人来诊和诊治的时间，任意抽查 100 个工作小时和 100 个完成诊治的病人病历做记录，包括每小时来就诊的病人数 n 的出现次数，以及每个病人诊治所用时间 v 出现的次数，见表 9－1，试分析该排队系统。

解 将此排队系统抽象为 $M/M/1$ 模型。

（1）计算每小时病人的平均到达数，即到达率 λ。

$$\lambda = \frac{\sum nf_n}{100} = 2.1\ (\text{人/小时})$$

表 9-1　病人到达数和诊治时间样本数据表

病人到达数 n	出现次数 f_n	诊治时间 v（小时/人）	出现次数 f_v
0	10	0.0 ～ 0.2	38
1	28	0.2 ～ 0.4	25
2	29	0.4 ～ 0.6	17
3	16	0.6 ～ 0.8	9
4	10	0.8 ～ 1.0	6
5	6	1.0 ～ 1.2	5
6	1	1.2 ～ 1.4	0
合　计	100	合　计	100

（2）计算每次诊治的平均时间（ v 值取区间中值）

$$\text{每次诊治的平均时间} = \frac{\sum vf_v}{100} = 0.4\text{（小时/人）}$$

（3）每小时平均完成的诊治人数（服务率）μ

$$\mu = \frac{1}{0.4} = 2.5\text{（人/小时）}$$

（4）通过统计检验的方法，认定在一定显著水平下，病人的到达服从参数为 2.1 的泊松分布，诊治时间服从参数为 2.5 的负指数分布。具体检验过程可参见数理统计学相关文献。

（5）计算繁忙率 ρ

$$\rho = \frac{\lambda}{\mu} = \frac{2.1}{2.5} = 0.84$$

说明该诊室有 84% 的时间在为病人服务，有 16% 的时间是空闲的。

（6）计算各排队系统指标

$$L = \frac{\lambda}{\mu - \lambda} = \frac{2.1}{2.5 - 2.1} = 5.25\text{（人）} \qquad L_q = \rho L = 0.84 \times 5.25 = 4.41\text{（人）}$$

$$W = \frac{1}{\mu - \lambda} = \frac{1}{2.5 - 2.1} = 2.5\text{（小时）} \qquad W_q = \frac{\rho}{\mu - \lambda} = \frac{0.84}{2.5 - 2.1} = 2.1\text{（小时）}$$

例 9-2　顾客到达只有一名理发师的理发部，顾客平均每 20 分钟到达一位，每位顾客的处理时间为 15 分钟。假设以上两种时间均服从负指数分布，若该理发部希望 90% 的顾客都能有座位，则应设置多少个等待席位？

解　将此排队系统抽象为 $M/M/1$ 模型并设等待席位为 N。

90% 的顾客都能有座位，相当于该理发部内的顾客总数不多于 $N+1$ 的概率不小于 0.9，即

$$\sum_{i=0}^{N+1} p_i = (1-\rho)\sum_{i=0}^{N+1} \rho^i = 1 - \rho^{N+2} \geqslant 0.9$$

$$\rho = \frac{\lambda}{\mu} = \frac{3}{4} = 0.75 \qquad N + 2 \geqslant \frac{\lg 0.1}{\lg \rho} = \frac{\lg 0.1}{\lg 0.75} = 8 \qquad N \geqslant 6$$

例 9-3 某大型客运公司，机车大修率服从泊松分布，平均每天 2 台。机修厂对每台大修机车的修理时间服从负指数分布，平均每台 $\frac{1}{\mu}$ 天。μ 是一个与修理厂年度运行费用 K 有关的函数，$\mu(K) = 0.1 + 10^{-5} \times K$（其中 $K \geqslant 1.9 \times 10^5$ 元）。又已知机车大修平均每天损失 1000 元，试决定该客运公司机修厂最佳的年度运行费用。

解 将此排队系统抽象为 $M/M/1$ 模型。

（1）计算每月机车发生故障造成的损失 S_1

S_1 = 系统中的机车数×每辆每天损失×月工作日数

$$= L \times 1000 \times 21.5 = 21\,500\left(\frac{\lambda}{\mu - \lambda}\right) = 21\,500\left(\frac{\lambda}{0.1 + 10^{-5}K - \lambda}\right) = \frac{43\,000}{10^{-5}K - 1.9}$$

（2）计算每月机修厂的运行费用 S_2：$S_2 = \frac{K}{12}$

（3）计算每月总费用 S：$S = S_1 + S_2 = \frac{43\,000}{10^{-5}K - 1.9} + \frac{K}{12}$

（4）求最佳的年度运行费用：

$$\frac{dS}{dK} = -\frac{43\,000 \times 10^{-5}}{(10^{-5}K - 1.9)^2} + \frac{1}{12} = 0 \qquad K \approx 41.8\ (\text{万元})$$

该客运公司机修厂最佳的年度运行费用为 41.8 万元。在此年度运行费用下，修理厂每天的修理能力为 $\mu(K) = 0.1 + 10^{-5} \times 41.8 \times 10^4 = 4.28$（辆/天）。

例 9-4 某一个只有一名理发师的理发部，有 3 个座位供顾客排队等待，当 3 个等待座位都被占用时，后来的顾客会自动离开。顾客的平均到达率为每小时 3 人，理发的平均时间为 15 分钟，试分析该排队系统的运行情况。

解 将此排队系统抽象为 $M/M/1/4$ 模型，其状态转移模型如图 9-5 所示。

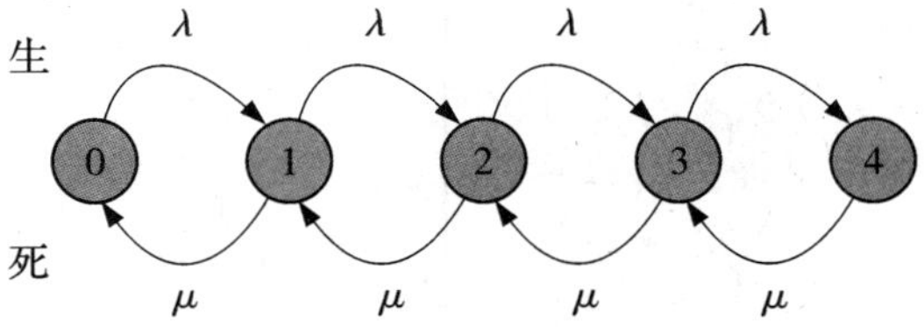

图 9-5 $M/M/1/4$ 模型状态转移示意图

利用流平衡方程组可以得到与 $M/M/1$ 模型具有相同形式的状态概率分布：

$$p_i = \left(\frac{\lambda}{\mu}\right)^i \cdot p_0 = \rho^i \cdot p_0 \qquad (i = 0,1,2,3,4)$$

再利用正规方程即可求得系统空闲的概率 p_0：

$$p_0 = \frac{1-\rho}{1-\rho^{4+1}} = \frac{1-\rho}{1-\rho^5}$$

（1）计算顾客一到达即刻就能得到服务的概率

$$\rho = \frac{\lambda}{\mu} = \frac{3}{4} = 0.75,\ p_0 = \frac{1-\rho}{1-\rho^5} = \frac{1-\frac{3}{4}}{1-\left(\frac{3}{4}\right)^5} \approx 0.33$$

（2）理发部内的平均顾客数和队列中等待的平均顾客数

$$L = \sum_{i=0}^{4} i \cdot p_i = p_1 + 2p_2 + 3p_3 + 4p_4 = \rho p_0(1 + 2\rho + 3\rho^2 + 4\rho^3)$$

$$= 0.75 \times 0.33(1 + 2 \times 0.75 + 3 \times 0.75^2 + 4 \times 0.75^3) \approx 1.45$$

$$L_q = L - (1 - p_0) = 1.45 - (1 - 0.33) = 0.78$$

（3）有效到达率 λ_e

在队长受到限制的情况下，当系统满员时，新来的顾客会自动离开；虽然顾客以 λ 的速率来到服务系统，但由于一部分顾客自动离开，真正进入系统的顾客输入率应该是比 λ 小的 λ_e。因为服务系统的利用率可以从两个不同的角度表达为 $1 - p_0$ 或 $\frac{\lambda_e}{\mu}$，即 $1 - p_0 = \frac{\lambda_e}{\mu}$，所以应有 $\lambda_e = \mu(1 - p_0)$。因此，$\lambda_e = \mu(1 - p_0) = 4(1 - 0.33) = 2.68$（人/小时）。

（4）顾客在理发部的平均逗留时间和平均等待时间

$$W = \frac{L}{\lambda_e} = \frac{1.45}{2.68} \approx 0.54\text{（小时）} \approx 32\text{（分钟）}$$

$$W_q = \frac{L_q}{\lambda_e} = \frac{0.78}{2.68} = 0.29\text{（小时）} \approx 17\text{（分钟）}$$

（5）顾客的损失率

$$p_4 = \rho^4 p_0 = 0.75^4 \times 0.33 \approx 0.1044 = 10.44\%$$

例 9－5 某医院门前有一个出租车停靠站，因场地的限制只有 5 个停车位，在没有停车位时新来的出租车会自动离开。当停靠站有车时，从医院出来的病人就租车；当停靠站无车时，病人就向出租公司要车。设出租车以平均每小时 8 辆（$\lambda = 8$）的泊松分布到达停靠站，从医院出来病人的间隔时间为负指数分布，平均间隔时间为 6 分钟。试求：

（1）出租车来到医院门前，停靠站有空位的概率；

（2）进入停靠站的出租车的平均等待时间；

（3）从医院出来的病人直接租到车的概率。

解 将停靠站与到达的出租车作为一个排队系统，1 号车位相当于正在接受服务的位置，2、3、4、5 号车位相当于队列，这样就构建了一个 $M/M/1/5$ 排队模型。在该排队系统中有效的服务率 $\mu_e = 10(1 - p_0)$。

表 9－2 系统状态 i、p_i 和 $i \cdot p_i$ 计算表

i	$p_i = \rho^i p_0$	$i \cdot p_i$
0	0.180	0
1	0.174	0.174
2	0.169	0.338
3	0.164	0.492
4	0.159	0.636
5	0.154	0.770
合 计	1.000	2.410

同上例：　$p_0 = \dfrac{1-\rho}{1-\rho^6}$　　$\rho = \dfrac{\lambda}{\mu_e} = \dfrac{8}{10(1-p_0)} = \dfrac{0.8(1-\rho^6)}{\rho-\rho^6}$

进而有 $\rho \approx 0.97$，$p_0 \approx 0.18$，$\mu_e = 8.2$。将系统状态 i、p_i 和 $i \cdot p_i$ 列于表 9－2，便可方便地回答本例的各个问题。

（1）出租车来到医院门前，停靠站有空位的概率：$p = \sum_{i=0}^{4} p_i = 1 - p_5 = 0.846$

（2）进入停靠站的出租车的平均等待时间：$\lambda_e = \lambda(1-p_5) = 8(1-0.154) = 6.768$

$L = \sum_{i=0}^{5} i \cdot p_i = 2.410$（辆）　　$W = \dfrac{L}{\lambda_e} = \dfrac{2.410}{6.768} = 0.356$（小时）$\approx 21$（分钟）

（3）从医院出来的病人直接租到车的概率：$p = 1 - p_0 = 1 - 0.180 = 0.820$

例 9－6　设一名工人负责照管 6 台自动机床，当机床需要加料或发生故障时就自动停机，等待工人处理。设机床平均的停机间隔为 1 小时（$\lambda = 1$），工人处理的平均时间为 0.1 小时（$\mu = 10$），以上两个时间均服从负指数分布。试计算系统的各项指标。

解　该例属于顾客总体有限的排队系统，记为 $M/M/1/6/6$，可用图 9－6 加以描述。

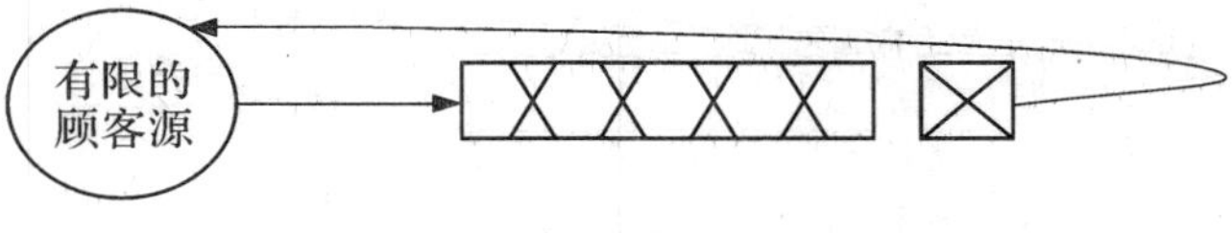

图 9－6　有限源排队系统示意图

这种模型同前面讨论过的模型的主要区别在于到达率的不同。通过直觉分析，我们可以得到这样的结论：顾客源中的潜在顾客越多，顾客的到达率越大；而系统中的顾客越多，顾客的到达率越小。在顾客源变空（所有顾客均在系统中）的极限状态，顾客的到达率自然减少到"0"。

令 λ 代表每一个顾客的平均到达率，它可以通过观测每一个顾客在顾客源中所逗留的时间加以统计。顾客在顾客源中所逗留的时间是指从某一顾客接受完服务回到顾客源到他再次进入排队系统所经历的时间。假设此时间服从具有共同数学期望的负指数分布，那么 λ 将是平均逗留时间的倒数。需要注意的是，此时的 λ 不能像以往一样通过观测顾客到达系统的时间间隔来推算，因为此时的时间间隔与系统中的顾客数之间存在相关关系，这样得到的到达率仅仅是整个系统的平均到达率，而不是每一个顾客的平均到达率。

如果只有一个顾客在顾客源中而其他顾客均在系统中，显然此时的顾客到达率就是 λ；如果顾客源中有两个顾客，那么此时的顾客到达率将是 2λ。依次类推，可以得到图 9－7 所示的系统状态转移图。

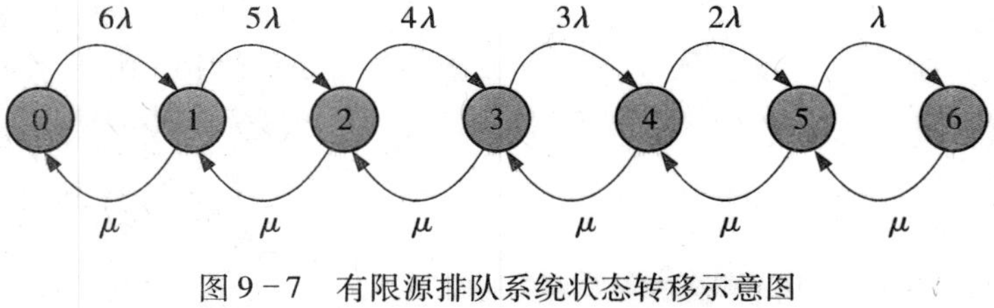

图 9－7　有限源排队系统状态转移示意图

根据图 9－7 可得稳定状态流平衡方程：

$$0 = -6\lambda p_0 + \mu p_1 \ (i = 0)$$

$$0 = (6 - i + 1)p_{i-1} - [(6 - i)\lambda + \mu]p_i + \mu p_{i+1} \quad (i = 1,2,3,4,5)$$

$$0 = \lambda p_5 - \mu p_6 \quad (i = 6)$$

求解这些方程可得一般形式的解

$$p_i = \frac{6!}{(6-i)!}\left(\frac{\lambda}{\mu}\right)^i p_0 \quad (i = 1,2,3,4,5,6)$$

此例 $\frac{\lambda}{\mu} = \frac{1}{10} = 0.1$，所以有

$$p_1 = \frac{6!}{5!}(0.1)p_0 = 0.6p_0, \qquad p_2 = \frac{6!}{4!}(0.1)^2 p_0 = 0.3p_0$$

$$p_3 = \frac{6!}{3!}(0.1)^3 p_0 = 0.12p_0, \qquad p_4 = \frac{6!}{2!}(0.1)^4 p_0 = 0.036p_0$$

$$p_5 = \frac{6!}{1!}(0.1)^5 p_0 = 0.0072p_0, \qquad p_6 = \frac{6!}{0!}(0.1)^6 p_0 = 0.000\,72p_0$$

又由于 $\sum_{i=0}^{6} p_i = 1$，所以有 $p_0 = 0.4845$，进而有

（1）工人的忙期：$1 - p_0 = 1 - 0.4845 = 0.5155$

（2）系统内的平均机床数和队列中等待的平均机床数：

$$L = \sum_{i=0}^{6} i \cdot p_i \approx 0.8454\ ; L_q = L - (1 - p_0) = 0.8454 - 0.5155 = 0.3299$$

（3）机床每次停机的平均时间和等待处理的平均时间：

$$\lambda_e = 6\lambda p_0 + 5\lambda p_1 + 4\lambda p_2 + 3\lambda p_3 + 2\lambda p_4 + \lambda p_5 = 6p_0 + 5p_1 + 4p_2 + 3p_3 + 2p_4 + p_5$$
$$= 6p_0 + 5p_1 + 4p_2 + 3p_3 + 2p_4 + p_5 = 10.6392p_0 \approx 5.1607$$

$$W = \frac{L}{\lambda_e} = \frac{0.8454}{5.1607} \approx 0.164\text{（小时）} = 9.84\text{（分钟）}$$

$$W_q = W - \frac{1}{\mu} = 0.164 - \frac{1}{10} = 0.064\text{（小时）} = 3.84\text{（分钟）}$$

（4）机床停机时间占总时间的比率：$\frac{L}{N} = \frac{0.8454}{6} \approx 0.141 = 14.1\%$

例 9－7 如果将例 9－6 改为三名工人联合负责看管 20 台自动机床，其他各项数据不变，试分析系统的各项指标。

解 该例属于顾客总体有限、并联服务台的排队系统，记为 $M/M/3/20/20$，即 $S = 3, N = 20$，$\frac{\lambda}{\mu} = 0.1$；系统状态转移如图 9－8 所示。根据图 9－8 可得稳定状态流平衡方程，从而计算出系统状态的概率分布。计算数据列于表 9－3 中，由于当 $i > 12$ 时，$p_i < 0.5 \times 10^{-5}$，故忽略不计。

（1）工人的平均空闲时间：$\frac{1}{3}\sum_{i=0}^{2}(3 - i)p_i = \frac{1}{3}(3p_0 + 2p_1 + p_2) = 0.4042$

（2）工人的忙期：$1 - 0.4042 = 0.5958$

（3）系统内的平均机床数和队列中等待的平均机床数：

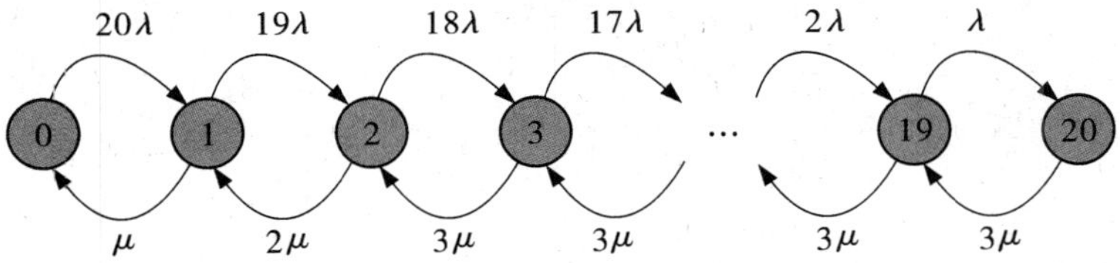

图 9－8　有限源排队系统状态转移示意图

$$L = \sum_{i=0}^{20} i \cdot p_i \approx 2.12677 \qquad L_q = \sum_{i=4}^{20} (i-3)p_i \approx 0.33863$$

（4）机床停机时间占总时间的比率：$\dfrac{L}{N} = \dfrac{2.12677}{20} \approx 0.106 = 10.6\%$

（5）机床每次停机的平均时间和等待处理的平均时间：

$$\lambda_e = \sum_{i=0}^{20} (20-i)\lambda p_i \approx 17.8746 \qquad W = \frac{L}{\lambda_e} = \frac{2.12677}{17.8746} \approx 0.119\ (\text{小时})$$

$$W_q = \frac{L_q}{\lambda_e} = \frac{0.33863}{17.8746} \approx 0.019\ (\text{小时})$$

表 9－3　系统状态的数据计算表

状态 i	处理数	等待数	空闲人数	p_i/p_0	p_i	$(i-3)p_i$	ip_i
0	0	0	3	1.0000	0.136 26	—	—
1	1	0	2	2.0000	0.272 50	—	0.272 50
2	2	0	1	1.9000	0.258 88	—	0.517 76
3	3	0	0	1.1400	0.155 33	—	0.465 99
4	3	1	0	0.6460	0.088 02	0.088 02	0.352 08
5	3	2	0	0.3445	0.046 94	0.093 88	0.234 70
6	3	3	0	0.1722	0.023 47	0.070 41	0.140 82
7	3	4	0	0.0804	0.010 95	0.043 80	0.076 65
8	3	5	0	0.0348	0.004 75	0.023 75	0.038 80
9	3	6	0	0.0139	0.001 90	0.011 40	0.017 10
10	3	7	0	0.0051	0.000 70	0.004 90	0.007 00
11	3	8	0	0.0017	0.000 23	0.001 84	0.002 53
12	3	9	0	0.0005	0.000 07	0.000 63	0.000 84

比较上述两例，可以看出，当三名工人联合看管 20 台机床时，虽然每一名工人平均看管的机床数增加了，但机床的利用率反而提高了，这是三名工人相互协作的结果。

例 9－8　某自助餐厅有三个服务窗口，假设顾客的到达服从泊松分布，平均到达率 $\lambda = 0.6$ 人/分钟，服务时间服从负指数分布，平均服务率 $\mu = 0.4$ 人/分钟。现假设顾客到达后排成一个统一的队列，从前依次向空闲的窗口购餐，试分析该排队系统的各项指标。

解 该例属于顾客总体无限、系统容量无限的并联服务系统，记为 $M/M/S$，即 $S=3$；系统状态转移如图 9-9 所示。

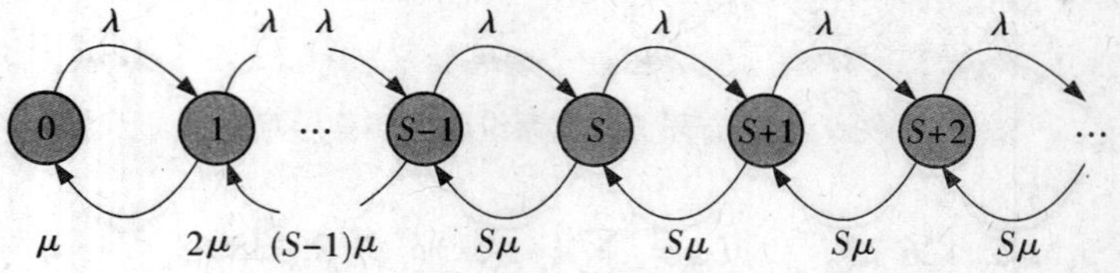

图 9-9 $M/M/3$ 排队系统状态转移示意图

根据图 9-9 可得稳定状态流平衡方程：

$$\mu p_1=\lambda p_0$$

$$(i+1)\mu p_{i+1}+\lambda p_{i-1}=(\lambda+i\mu)p_i \quad (1\leqslant i\leqslant S)$$

$$S\mu p_{i+1}+\lambda p_{i-1}=(\lambda+S\mu)p_i \quad (i>S)$$

这里 $\sum_{i=0}^{+\infty}p_i=1$，且 $\rho=\frac{\lambda}{S\mu}<1$。用递推法可求解出系统各状态的概率：

$$p_0=\left[\sum_{i=0}^{S-1}\frac{1}{i!}\left(\frac{\lambda}{\mu}\right)^i+\frac{1}{S!}\cdot\frac{1}{1-\rho}\left(\frac{\lambda}{\mu}\right)^S\right]^{-1}$$

$$p_i=\frac{1}{i!}\left(\frac{\lambda}{\mu}\right)^i p_0 \quad (i\leqslant S) \qquad p_i=\frac{1}{S!S^{i-S}}\left(\frac{\lambda}{\mu}\right)^i p_0 \quad (i>S)$$

利用各状态概率，可求得系统的运行指标：

$$L=L_q+\frac{\lambda}{\mu} \qquad L_q=\sum_{i=S+1}^{+\infty}(i-S)p_i=\frac{(S\rho)^S\rho}{S!(1-\rho)^2}\cdot p_0 \qquad W=\frac{L}{\lambda} \qquad W_q=\frac{L_q}{\lambda}$$

此例 $\frac{\lambda}{\mu}=\frac{0.6}{0.4}=1.5$，$\rho=\frac{\lambda}{S\mu}=\frac{0.6}{3\times0.4}=0.5$。因此

(1) 餐厅的空闲率：$p_0=\left(\frac{1.5^0}{0!}+\frac{1.5^1}{1!}+\frac{1.5^2}{2!}+\frac{1}{3!}\cdot\frac{1.5^3}{1-0.5}\right)^{-1}=0.21$

(2) 队列中的平均顾客数：$L_q=\frac{1.5^3\times0.5}{3!(1-0.5)^2}\times0.21\approx0.236$（人）

(3) 系统中的平均顾客数：$L=L_q+\frac{\lambda}{\mu}=0.236+1.5=1.736$（人）

(4) 顾客在队列中的平均等待时间：$W_q=\frac{L_q}{\lambda}=\frac{0.236}{0.6}\approx0.393$（分钟）

(5) 顾客在系统中平均逗留时间（不包括就餐时间）：$W=\frac{L}{\lambda}=\frac{1.736}{0.6}\approx2.893$（分钟）

(6) 顾客到达需要等待的概率：$p(i\geqslant3)=1-(p_0+p_1+p_2)\approx0.23$

例 9-9 在某一地区有一座粮库，由于该地区处于高寒的平原地带，小麦是其主要的农作物。在收获的季节里，卡车载着小麦从田地运往粮库并尽可能快地返回再运下一车。在卡车将小麦倾入烘干炉之前，要抽样检查小麦的质量，当然还有称重等其他一些验收细节。因小麦一旦成熟，容易受到风雨的侵蚀，任何耽搁都会给农场带来巨大的损失，所以

农场总是想尽快收完田里的小麦并运往粮库。由于该市的所有小麦几乎是在同一时间成熟的，因此在粮库产生车辆排队问题并不令人惊奇。

为方便起见，假设卡车相继到达的时间间隔是6.67分钟，平均服务时间为6分钟，这样利用 $M/M/1$ 模型的标准公式就能计算出每辆卡车在粮库的平均逗留时间。这一时间应与实际消耗的时间相匹配，如有耽搁会认为农场是无法忍受的。

在农场合作大会上，提出了三种完善粮库收粮系统的方案：

（1）增加卡车负荷，这样卡车相继到达的时间间隔将增至10分钟；同时增加验收人员，使平均服务时间减少为4分钟。这种相对较小的系统调整，预计需要花费3万元。

（2）一些农场认为，尽管第一个方案能在一定程度上缓解矛盾，但并不能从根本上解决问题。他们相信进行较大的改造是必要的，主张对粮库进行扩建，使服务能力提高一倍。到达的卡车排成一个统一的队列，最前面的车将进入最早可利用的验收站接受验收。这一改造大约需要40万元。

（3）另一些农场认为，应在城市的另一处再单独建一座与现有粮库完全相同的新粮库。这一方案除了把整个服务能力提高一倍外，还把车辆的到达分为两等份，其预算投资为100万元。

经过初步分析，大家普遍认为：第一个方案虽然从费用角度具有一定的吸引力，但如此小的调整对于解决如此严重的问题效果不会理想；第三个方案似乎提供了一种根本的解决问题的方法，但所需的费用将成为巨大的经济负担；第二个方案才是权衡的最佳选择。基于上述认识，你将做出怎样的选择呢？

用排队论的术语来讲，第一个方案只改变了模型的参数而没有改变模型的结构；第二个方案形成一个单队列双服务台服务系统；第三个方案形成一个双队列双服务台系统。假设卡车到达服从泊松分布，服务时间服从负指数分布，可利用简单的马尔科夫排队模型进行分析。方案一和方案二的分析可以直接利用前例中的相应模型，而方案三需要分解为两个独立的 $M/M/1$ 系统。由于这两个独立的 $M/M/1$ 系统具有相同的系统参数，因此在分析个别车辆时，只研究其中一个系统已足够。表9－4给出了各方案车辆在系统中的平均逗留时间，这一结果足以使你大吃一惊，花钱最少的方案（方案一）却产生了最佳的系统完善效果，这是每一个农场单凭直觉无法想象的。

表9－4　各方案系统状态表

方　　案	模　　型	到达率（人/小时）	服务率（人/小时）	逗留时间（分钟）
现方案	$M/M/1$	9	10	60
1	$M/M/1$	6	15	6.67
2	$M/M/2$	9	10	7.52
3	$M/M/1$	4.5	10	10.91

9.4 非马尔科夫排队模型

前述所有的排队模型都是马尔科夫模型，由于其理想的数学性质，极大简化了排队系统分析的难度，致使人们在自觉与非自觉之间，将遇到的所有排队问题均用马尔科夫模型加以描述。然而，这样的假设并非永远成立，有时它确实与实际具有相当大的误差。鉴于此，本节将对几种典型的非马尔科夫排队模型进行简单的介绍。

依据前面的分析，这些关系式无论在什么情况下都应该是成立的：$L = L_q + L_c$，$W = W_q + E(T)$，$L = \lambda_e W$，$L_q = \lambda_e W_q$；其中，L_c 为服务台中顾客数量期望值，$E(T)$ 为服务时间期望值。

9.4.1 $M/G/1$ 模型

对于 $M/G/1$ 模型，服务时间 T 是一般分布（但要求期望值 $E(T)$ 和方差 $\text{Var}(T)$ 都存在），其他条件与 $M/M/1$ 相同。为了达到稳定状态，$\rho < 1$ 这一条件还是必要的，这里 $\rho = \dfrac{\lambda}{\dfrac{1}{E(T)}} = \lambda \cdot E(T)$。在上述条件下，有

$$L = \rho + \frac{\rho^2 + \lambda^2 \cdot \text{Var}(T)}{2(1-\rho)} \tag{9-12}$$

式（9－12）称为 P-K（Pollaczek-Khintchine）公式。通过 P-K 公式，只要知道 λ、$E(T)$ 和 $\text{Var}(T)$，不管 T 是什么分布，都可以求出系统中的平均顾客数 L，进而通过一定的关系式求出 W、W_q 和 L_q。

例 9－10 顾客按平均 2 分 30 秒的时间间隔的负指数分布到达某一排队系统，平均服务时间为 2 分钟。

（1）若服务时间也服从负指数分布，求顾客的平均逗留时间和等待时间；

（2）若服务时间至少需要 1 分钟且服从分布：$f(T) = e^{1-T}\ (T \geqslant 1)$，$f(T) = 0\ (T < 1)$，再求顾客的平均逗留时间和等待时间。

解 （1）$\lambda = \dfrac{1}{2.5} = 0.4$，$\mu = \dfrac{1}{2} = 0.5$，$\rho = \dfrac{\lambda}{\mu} = \dfrac{0.4}{0.5} = 0.8$

$$W = \frac{1}{\mu - \lambda} = \frac{1}{0.5 - 0.4} = 10\text{（分钟）} \qquad W_q = \frac{\rho}{\mu - \lambda} = \frac{0.8}{0.5 - 0.4} = 8\text{（分钟）}$$

（2）令 T 为服务时间，那么 $T = 1 + x$，其中 x 是服从均值为 1 的负指数分布；于是，$E(T) = 2$，$\text{Var}(T) = \text{Var}(1 + x) = \text{Var}(x) = 1$，$\rho = \lambda \cdot E(T) = 0.4 \times 2 = 0.8$。代入 P-K 公式得：

$$L = 0.8 + \frac{0.8^2 + 0.4^2 \times 1}{2(1 - 0.8)} = 2.8 \qquad L_q = L - \rho = 2.8 - 0.8 = 2.0$$

$$W = \frac{L}{\lambda} = \frac{2.8}{0.4} = 7\text{（分钟）} \qquad W_q = \frac{L_q}{\lambda} = \frac{2.0}{0.4} = 5\text{（分钟）}$$

9.4.2 $M/D/1$ 模型

对于服务时间是常数的情形，由于 $T = \frac{1}{\mu}$ 和 $\mathrm{Var}(T) = 0$，所以 P-K 公式可简化为：

$$L = \rho + \frac{\rho^2}{2(1-\rho)} \tag{9-13}$$

例 9-11 一自动汽车清洗机，清洗每辆汽车的时间均为 6 分钟，汽车按泊松分布到达，平均每 15 分钟来一辆。试求 L、L_q、W 和 W_q。

解 此系统是 $M/D/1$ 排队系统，其中：$\lambda = 4$，$E(T) = \mu = 10$，$\rho = \frac{\lambda}{\mu} = 0.4$，$\mathrm{Var}(T) = 0$。利用式（9-13），有

$$L = 0.4 + \frac{0.4^2}{2(1-0.4)} \approx 0.533\,(\text{辆}) \qquad L_q = 0.533 - 0.4 = 0.133\,(\text{辆})$$

$$W = \frac{0.533}{4} \approx 0.133\,(\text{小时}) \approx 8\,(\text{分钟}) \qquad W_q = \frac{0.133}{4} \approx 0.033\,(\text{小时}) \approx 2\,(\text{分钟})$$

通过 P-K 公式可以证明，在一般分布的服务时间中，定长服务时间的 L、L_q、W 和 W_q 最小。这完全符合人们通常的理解，即服务时间越有规律，等候的时间就越短。

例 9-12 一装卸队专为来到码头仓库的货车装卸货物。设货车的到达服从泊松分布，平均每 10 分钟一辆，而装卸时间与装卸队的人数 x 成反比。又设该装卸队每班（8 小时）的生产费用为 $(20+4x)$ 元，汽车在码头装卸货物时每小时的损失是 15 元，一名装卸工人装卸一辆汽车需要 30 分钟。试求：

（1）当装卸时间为常数时，该装卸队应配备的装卸工人数；

（2）当装卸时间为负指数分布时，该装卸队应配备的装卸工人数。

解 计算一小时的费用（装卸队费用和汽车逗留的损失）：

$$c = \left(\frac{20+4x}{8}\right) + 15L$$

（1）装卸时间为常数，即 $\lambda = 6$，$\mu = 2x$，于是 $\rho = \frac{3}{x}$，代入 L 的表达式有

$$L = \rho + \frac{\rho^2}{2(1-\rho)} = \frac{3}{x} + \frac{\left(\frac{3}{x}\right)^2}{2\left(1-\frac{3}{x}\right)} = \frac{3}{2}\left[\frac{2x-3}{x(x-3)}\right]$$

所以 $c = 2.5 + 0.5x + \frac{45}{2}\left[\frac{2x-3}{x(x-3)}\right]$。令 $\frac{\mathrm{d}c}{\mathrm{d}x} = 0.5 + \frac{45}{2}\left[\frac{2}{x(x-3)} - \frac{(2x-3)^2}{x^2(x-3)^2}\right] = 0$，可得：

$$0.5x^4 - 3x^3 - 40.5x^2 + 135x - 202.5 = 0$$

经过试算，该方程在 11 ～ 12 之间有一个根，分别比较二者所对应的费用值，因为有 $c(11) = 12.858 < c(12) = 13.422$，故装卸队应配备 11 名装卸工人。

（2）装卸时间为负指数分布，故 $c = \frac{20+4x}{8} + 15\left(\frac{\lambda}{\mu-\lambda}\right) = 2.5 + 0.5x + 15\left(\frac{6}{2x-6}\right)$，令 $\frac{\mathrm{d}c}{\mathrm{d}x} = 0.5 - \frac{90}{2} \times \frac{1}{(x-3)^2} = 0$，可得 $(x-3)^2 = 90$，从而 $x \approx 12.5$。比较 $c(12)$ 和

$c(13)$，由于 $c(12) = c(13) = 13.5$，故装卸队配备 12 或 13 名装卸工人均可。

9.4.3 $M/E_k/1$ 模型

当服务时间为定长时，均方差 $\sigma = 0$；当服务时间为负指数分布时，均方差 $\sigma = \frac{1}{\mu}$。而均方差介于这二者之间的一种理论分布称为爱尔朗（Erlang）分布。假设 T_1，T_2，…，T_k 为 k 个具有相同分布而又相互独立的负指数分布，其概率密度分别为

$$f(t_i) = k\mu e_i^{-k\mu t_i} \ (t \geqslant 0)$$

其中，μ、k 是取正值的参数，且 k 取整数。

如果服务台对顾客的服务不是一项，而是按顺序进行的 k 项，又假设其中每一项服务的服务时间都具有相同的负指数分布，则总的服务时间服从 k 阶爱尔朗分布。实际上爱尔朗分布是伽马（Gamma）分布的一个特例，爱尔朗分布的数学期望和方差分别为 $E(t) = \frac{1}{\mu}$，$\mathrm{Var}(t) = \frac{1}{k\mu^2}$。这里有两个参数 μ 和 k，由于 k 值的不同，可以得到不同的爱尔朗分布，见图 9－10。当 $k = 1$ 时是负指数分布，当 $k = +\infty$ 时是定长分布。

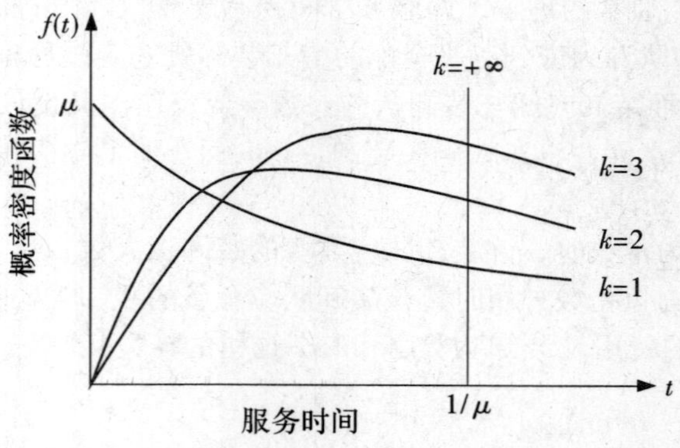

图 9－10　k 阶爱尔朗分布的概率密度函数示意图

将 $\mathrm{Var}(t) = \frac{1}{k\mu^2}$ 代入 P-K 公式得：

$$L = \rho + \frac{(k+1)\rho^2}{2k(1-\rho)},\ L_q = \frac{(k+1)\rho^2}{2k(1-\rho)};\ W = \frac{L}{\lambda},\ W_q = \frac{L_q}{\lambda}$$

如上所述，k 阶爱尔朗分布的服务时间可用来描述 k 个服务台串联的排队系统。当然，这里要求每个服务台的服务时间相互独立且服从相同的负指数分布，各服务台前的队列容量无限。

例 9－13　某产品的生产需要经过 4 道工序，每一工序的工序时间均服从期望值为 2（小时）的负指数分布。该产品的毛坯按泊松分布到达，平均到达率为每小时 0.1 件。计算毛坯经过 4 道工序的期望时间。

解　设 μ 为平均服务率，那么 $\frac{1}{\mu}$ 就是每件产品的平均服务时间，而 $\frac{1}{4\mu}$ 即是平均每道工序所需要的时间。依题意可知：$\lambda = 0.1$，$\frac{1}{4\mu} = 2$（即 $\mu = 0.125$），$\rho = \frac{\lambda}{\mu} = \frac{0.1}{0.125} =$

0.8, $E(t) = \frac{1}{\mu} = 8$, $\text{Var}(t) = \frac{1}{k\mu^2} = 16$。于是

$$L = 0.8 + \frac{(4+1)\times 0.8^2}{2\times 4(1-0.8)} = 2.8\ (\text{件});\ W = \frac{L}{\lambda} = \frac{2.8}{0.1} = 28\ (\text{小时})$$

即毛坯经过 4 道工序的期望时间为 28 小时。

9.5 具有优先级的排队模型

在具有优先级的排队模型中，服务对象的选择并不严格按照先到先服务的规则，如医院优先抢救急重病人，列车运行客车优先于货车、快车优先于慢车，等等。可见在这类模型中，顾客是有等级区别的，较高等级的顾客比较低等级的顾客具有优先接受服务的权利。

假设顾客可以分为 N 个等级，第一级享有至高的优先权，第 N 级享有最低的优先权，对属同一级别的顾客仍然按先到先服务的规则选择服务对象。又假设系统中每一级别顾客的输入均服从泊松分布，用 λ_i ($i = 1,2,\cdots,N$) 代表具有第 i 优先级顾客的平均到达率；每一级别顾客的服务时间均服从负指数分布，且不管级别的差异都具有相同的服务率 μ（其倒数表示每名顾客的服务时间）。再假设当一个具有较高级别顾客到达时，正在接受服务的较低级顾客将被中断服务，回到排队系统等待重新得到服务。

根据以上假设，对具有最高优先级的顾客来讲，只有当系统中正在接受服务的顾客也具有同样优先级的时候才需要等待；其他情况均可以立刻得到服务。因此，对于具有最高优先级的顾客，在排队系统中得到服务的情况，就如同没有其他级别的顾客存在一样。所以，对最高优先级的顾客只要将输入率 λ 换为 λ_1，本章之前推导的公式是完全适用的。

对于最高优先级顾客而言，该排队系统等同于其他优先级的顾客不存在，所以描述其系统的系列指标均与 $M/M/1$ 相同，即

$$L_1 = \frac{\lambda_1}{\mu - \lambda_1} \qquad W_1 = \frac{1}{\mu - \lambda_1}$$

现在一并考虑第一、第二优先级的顾客，用 W_{1-2} 来表示一、二两级综合在一起的每个顾客在系统中的平均逗留时间，于是有

$$W_{1-2} = \frac{1}{\mu - (\lambda_1 + \lambda_2)}$$

根据负指数分布的性质，对由于高级别顾客到达而中断服务回到队列中的顾客，无论被中断几次，其所接受服务的总时间不会有所改变。因此，对 W_{1-2} 只要将一、二两级顾客的输入率简单相加即可，所以有

$$(\lambda_1 + \lambda_2)W_{1-2} = \lambda_1 W_1 + \lambda_2 W_2 \tag{9-14}$$

其中，W_1 和 W_2 分别表示具有第一、第二优先级的顾客在系统中的平均逗留时间。将式（9-14）变形整理，有

$$W_2 = \frac{\lambda_1 + \lambda_2}{\lambda_2} \cdot W_{1-2} - \frac{\lambda_1}{\lambda_2} W_1 \tag{9-15}$$

同理，有 $(\lambda_1 + \lambda_2 + \lambda_3)W_{1-2-3} = \lambda_1 W_1 + \lambda_2 W_2 + \lambda_3 W_3$，即

$$W_3 = \frac{\lambda_1 + \lambda_2 + \lambda_3}{\lambda_3} \cdot W_{1-2-3} - \frac{\lambda_1}{\lambda_3}W_1 - \frac{\lambda_2}{\lambda_3}W_2 \tag{9-16}$$

依次类推，有

$$W_N = \frac{\sum_{i=1}^{N} \lambda_i}{\lambda_N} \cdot W_{1-N} - \frac{\sum_{i=1}^{N-1} \lambda_i W_i}{\lambda_N} \tag{9-17}$$

其中，$W_{1-N} = \dfrac{1}{\mu - \sum_{i=1}^{N} \lambda_i}$。

例 9－14 某医院门诊部的患者按泊松分布到达，平均到达率 $\lambda = 2$ 人/小时，医生对患者的服务时间服从负指数分布，服务率 $\mu = 3$ 人/小时。假设患者中有 60% 属于一般患者，30% 属于重病患者，10% 属于病危患者。现分别就该门诊部有一名医生和两名医生的情况，计算各类患者等待医治的平均等待时间。

解 依题可知，$\mu = 3$，$\lambda_1 = 0.2$，$\lambda_2 = 0.6$，$\lambda_3 = 1.2$。

（1）一名医生

$$W_1 = \frac{1}{\mu - \lambda_1} = \frac{1}{3 - 0.2} = 0.357 \qquad W_{1-2} = \frac{1}{\mu - (\lambda_1 + \lambda_2)} = \frac{1}{3 - (0.2 + 0.6)} = 0.455$$

$$W_2 = \frac{0.2 + 0.6}{0.6} \times 0.455 - \frac{0.2}{0.6} \times 0.357 = 0.488$$

$$W_3 = \frac{0.2 + 0.6 + 1.2}{1.2} \times 1 - \frac{0.2}{1.2} \times 0.357 - \frac{0.6}{1.2} \times 0.455 = 1.380$$

所以：

$$W_{1q} = W_1 - \frac{1}{\mu} = 0.357 - 0.333 = 0.024\ (\text{小时}) = 1.44\ (\text{分钟})$$

$$W_{2q} = W_2 - \frac{1}{\mu} = 0.488 - 0.333 = 0.155\ (\text{小时}) = 9.3\ (\text{分钟})$$

$$W_{3q} = W_3 - \frac{1}{\mu} = 1.380 - 0.333 = 1.047\ (\text{小时}) = 62.82\ (\text{分钟})$$

（2）两名医生：利用 $M/M/2$ 模型的 p_0、L_q 公式，可推得 $W = \dfrac{L_q}{\lambda} + \dfrac{1}{\mu}$。

$$W = \left\{ \frac{\left(\frac{\lambda}{\mu}\right)^2 \left(\frac{\lambda}{2\mu}\right)}{2\lambda \left(1 - \frac{\lambda}{2\mu}\right)^2} \div \left[1 + \frac{\lambda}{\mu} + \frac{\frac{1}{2}\left(\frac{\lambda}{\mu}\right)^2}{1 - \frac{\lambda}{2\mu}} \right] \right\} + \frac{1}{\mu}$$

$$= \left\{ \frac{\lambda^2}{\mu(2\mu - \lambda)^2} \div \left[1 + \frac{\lambda}{\mu} + \frac{\lambda^2}{\mu(2\mu - \lambda)} \right] \right\} + \frac{1}{\mu}$$

$$W_1 = \left\{ \frac{0.2^2}{3(6 - 0.2)^2} \div \left[1 + \frac{0.2}{3} + \frac{0.2^2}{3(6 - 0.2)} \right] \right\} + \frac{1}{3} = 0.3337$$

$$W_{1-2} = \left\{ \frac{0.8^2}{3(6 - 0.8)^2} \div \left[1 + \frac{0.8}{3} + \frac{0.8^2}{3(6 - 0.8)} \right] \right\} + \frac{1}{3} = 0.3391$$

$$W_{1-2-3} = \left\{ \frac{2^2}{3(6 - 2)^2} \div \left[1 + \frac{2}{3} + \frac{2^2}{3(6 - 2)} \right] \right\} + \frac{1}{3} = 0.375$$

$$W_2 = \frac{0.6+0.2}{0.6} \times 0.3391 - \frac{0.2}{0.6} \times 0.3337 = 0.3410$$

$$W_3 = \frac{1.2+0.6+0.2}{1.2} \times 0.375 - \frac{0.2}{1.2} \times 0.3337 - \frac{0.6}{1.2} \times 0.3410 = 0.3989$$

所以

$$W_{1q} = 0.024 \text{ 分钟}, W_{2q} = 0.462 \text{ 分钟}, W_{3q} = 3.936 \text{ 分钟}。$$

9.6 排队系统的最优化

排队系统的最优化问题可分为两类，即**系统设计的最优化**和**系统控制的最优化**。前者称为静态问题，从排队论一诞生起就成为人们研究的内容，目的在于使新构建的系统有最大的效益；后者称为动态问题，是指一个给定的系统如何根据环境的变化做出适当的调整，以使某些系统指标得到优化。进入 1980 年代以来，动态问题成为排队论研究的重点之一。动态分析是建立在静态分析的基础之上，本书只限于讨论静态最优化问题。

排队系统存在两类费用，即与服务设施相关的**服务费用**和与顾客等待时间长短相关的**等待费用**。费用模型的出发点就是要使这两类费用的总和最小，各种费用在稳定状态下都是按单位时间来考虑的。一般情况下，服务费用是可以较精确计算或估计的，而顾客的等待费用较为复杂。如机械故障问题中的等待费用可以较精确地估计，但像患者就诊或由于队列太长而失掉顾客所造成的损失，就只能根据统计经验加以估计。

9.6.1 $M/M/1$ 模型中最优服务率 μ^* 的确定

设系统单位时间的服务费用与 μ 值成正比，比例系数为 c_1；每一个顾客在系统中逗留（包括接受服务的时间）的等待费用与等待时间成正比，比例系数为 c_2。如果用 $TC(\mu)$ 表示在给定 μ 值时的系统总费用，则

$$TC(\mu) = c_1\mu + c_2L = c_1\mu + c_2 \cdot \frac{\lambda}{\mu-\lambda} \qquad \mu^* = \lambda + \sqrt{\frac{\lambda c_2}{c_1}}$$

当 c_1、c_2 一定时，最佳服务率 μ^* 只与顾客的到达率 λ 有关，根号前取“+”号是因为 $\rho = \frac{\lambda}{\mu} < 1$ 的缘故。对于 $M/M/1/N$ 排队系统，p_N 为顾客被拒绝的概率，$1-p_N$ 就是顾客被接受的概率，所以 $\lambda(1-p_N)$ 就是单位时间实际进入系统的平均顾客数。在稳定状态下，$\lambda(1-p_N)$ 也等于单位时间完成服务的平均顾客数。设每服务 1 人可收入 r 元，于是单位时间收入的期望值是 $\lambda(1-p_N)r$，纯利润是 $\lambda(1-p_N)r - c_1\mu$。用 Z 代表纯利润，于是

$$z = \lambda(1-p_N)r - c_1\mu = \lambda r \cdot \frac{1-\rho^N}{1-\rho^{N+1}} - c_1\mu = \lambda\mu r \cdot \frac{\mu^N - \lambda^N}{\mu^{N+1} - \lambda^{N+1}} - c_1\mu$$

令 $\frac{dz}{d\mu} = 0$，可得 $\rho^{N+1} \cdot \frac{N-(N+1)\rho+\rho^{N+1}}{(1-\rho^{N+1})^2} = \frac{c_1}{r}$

即最佳服务率 μ^* 应满足此式，虽然式中的 c_1、r、λ（$\rho = \frac{\lambda}{\mu}$）和 N 都是已知数，但要通过此式求解出 μ^* 却不是一件容易的事。对该问题的处理，我们经常将式子的左侧（对一

定的 N）作为 ρ 的函数绘制出图形（见图 9-11），对于给定的 $\frac{r}{c_1}$ 根据图形可直接求出 $\frac{\mu^*}{\lambda}$，从而求出 μ^*。

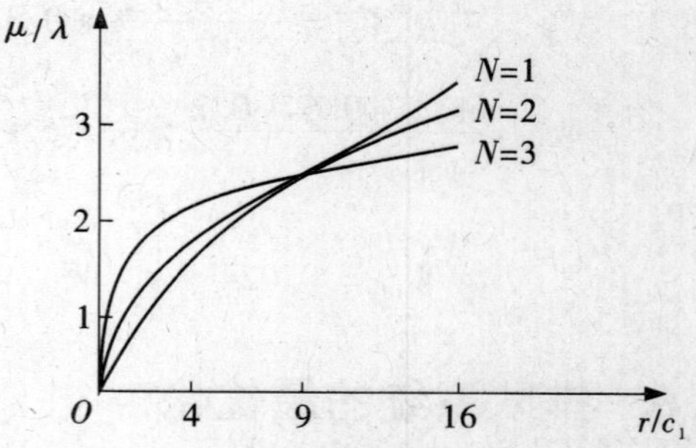

图 9-11　当 N 取不同数值时 ρ 的函数图

对于 $M/M/1/N/N$ 排队系统，我们仍然按照设备故障问题加以考虑。设共有 m 台设备，设备连续运转的时间服从负指数分布；有一名维修人员，其处理故障的时间服从负指数分布。c_1 的含义同上，r 为单位时间每台运转设备可得的收益，设备的平均运转台数为 $m-L$，所以单位时间的纯收益为：

$$z=(m-L)r-c_1\mu=\frac{mr}{\rho}\cdot\frac{E_{m-1}\left(\frac{m}{\rho}\right)}{E_m\left(\frac{m}{\rho}\right)}-c_1\mu$$

式中的 $E_m(x)=\sum_{k=0}^{m}\frac{x^k\cdot e^{-x}}{k!}$ 称为泊松部分和，$\rho=\frac{m\lambda}{\mu}$，而 $\frac{dE_m(x)}{dx}=E_{m-1}(x)-E_m(x)$。

求 $\frac{dz}{d\mu}=0$，可得：

$$\frac{E_{m-1}\left(\frac{m}{\rho}\right)E_m\left(\frac{m}{\rho}\right)+\frac{m}{\rho}\left[E_m\left(\frac{m}{\rho}\right)E_{m-2}\left(\frac{m}{\rho}\right)-E_{m-1}^2\left(\frac{m}{\rho}\right)\right]}{E_m^2\left(\frac{m}{\rho}\right)}=\frac{c_1\lambda}{r}$$

当给定 m、c_1、r、λ，要由上式求解出 μ^* 也是困难的。对此问题的处理，我们经常将式子的左侧（对一定的 m）作为 ρ 的函数绘制出图形（见图 9-12），对于给定的 $\frac{c_1\lambda}{r}$，根据图形可直接求出 $\frac{\mu^*}{\lambda}$，从而求出 μ^*。

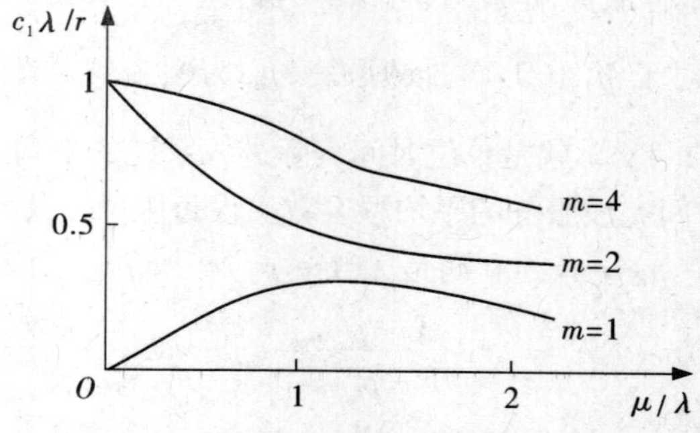

图 9-12　当 m 取不同数值时 ρ 的函数图

9.6.2 $M/M/S$ 模型中最优服务台数 S^* 的确定

设 c_1 、c_2 分别代表每一服务台单位时间的成本和每一顾客在系统中逗留单位时间的费用。因为 S^* 只能取整数，所以 $z(S)$ 不是连续函数，无法使用微分法，只能使用边际分析法。根据 $z(S^*)$ 是最小值的特点，可得 $z(S^*) \leqslant z(S^*-1)$ 和 $z(S^*) \leqslant z(S^*+1)$；将 $z=c_1 \cdot S+c_2 \cdot L$ 代入这两个不等式，可得：

$$c_1S^*+c_2L(S^*) \leqslant c_1(S^*-1)+c_2L(S^*-1) \quad c_1S^*+c_2L(S^*) \leqslant c_1(S^*+1)+c_2L(S^*+1)$$

化简可得 $L(S^*)-L(S^*+1) \leqslant \frac{c_1}{c_2} \leqslant L(S^*-1)-L(S^*)$，依次求 $S=1,2,\cdots,N$ 时的 L 值并计算相邻两个 L 值的差，因 $\frac{c_1}{c_2}$ 是已知数，根据 $\frac{c_1}{c_2}$ 所在的不等式区间就可以确定 S^* 的值。

例 9－15 某车间有一个工具维修部，要求维修的工具按泊松流到达，平均每小时 17.5 件；维修部工人每人每小时平均维修 10 件，服从负指数分布。已知每名工人每小时的工资为 6 元，因工具维修使机器停产的损失为每台每小时 30 元。要求确定该维修部的最佳工人数。

解 本例 $c_1=6$，$c_2=30$，故 $\frac{c_1}{c_2}=0.2$。分别计算 $S=1,2,\cdots,N$ 时的 L 值并计算相邻两个 L 值的差，计算结果见表 9－5。

表 9－5 数据计算表

S	$L(S)$	$L(S-1)-L(S)$
1	∞	—
2	7.467	∞
3	2.217	5.25
4	1.842	0.375
5	1.769	0.073
6	1.754	0.015

因为有 $L(4)-L(5)=0.073<0.2<0.375=L(3)-L(4)$，所以该维修部最佳应配备 4 名工人。

思考题 9

1. 简答题

(1) 排队规则与系统数量指标；

(2) 马尔科夫排队模型；

(3) 稳定状态流平衡原则。

2. 绘制各排队系统的状态转移图：

(1) $M/M/2/4$；

（2）$M/M/3/3$；

（3）$M/M/1/3/3$。

3. 某服务亭只有一名服务员，顾客按泊松分布到达，平均每小时 4 人；服务时间服从负指数分布，平均每人 6 分钟。求：

（1）系统空闲的概率；

（2）有 3 名顾客的概率；

（3）至少有 1 名顾客的概率；

（4）平均的顾客数；

（5）平均逗留的时间；

（6）平均等待的顾客数；

（7）平均的等待时间。

4. 某汽车维修小组，假设待维修的汽车以 $\lambda = 9$（辆/天）的泊松流到达，维修时间服从 $\mu = 10$（辆/天）的负指数分布（每天按 8 小时计）。如果汽车到达时系统空闲，则该汽车即刻接受处理；否则，新到的汽车将在等待车位上排队等待，如果 3 个等待车位也满，无车位的汽车会自动离开。试求：

（1）系统的空闲率；

（2）汽车的有效到达率；

（3）汽车的损失率；

（4）系统中平均的汽车数量；

（5）系统中平均等待的汽车数量；

（6）汽车在系统中的平均逗留时间；

（7）汽车在系统中的平均等待时间。

5. 一个美发厅有两把椅子和两名美发师，没有顾客等待的位置。顾客的到达服从泊松分布，平均每小时 6 人。当顾客到达时，如果有空位置就进入，如果没有空位置就离开。美发时间服从负指数分布，平均每人 15 分钟。试回答下列各问：

（1）建立状态转移图和稳定状态流平衡方程；

（2）求解稳定状态流平衡方程，确定系统概率分布；

（3）计算美发师平均繁忙率；

（4）计算平均每小时丢失的顾客数；

（5）如果增加 2 个顾客等待的位置，上述各问将发生怎样的变化。

6. 一个小型停车场有 10 个停车位，假设汽车的到达服从泊松分布，平均每小时 10 辆，汽车在停车场内的停留时间为 $1/\mu = 10$ 分钟的负指数分布，到达的汽车如果没有停车位将自动离开。试求：

（1）停车场平均空闲位数；

（2）到达的汽车没有停车位的概率；

（3）该停车场的有效到达率；

（4）若该停车场每天营业 10 个小时，则平均有多少台汽车因无停车位而离开。

7. 一个美发厅有 4 名美发师，除美发用椅外，还有 16 把等待用椅。顾客的到达服从泊松分布，平均每小时 20 人。当所有用椅均被占用时，新到的顾客将自动离去。美发师为每位顾客的服务时间服从负指数分布，平均每人 11.5 分钟。试求：

（1）计算顾客在系统中的平均逗留时间；

（2）新到顾客自动离去的概率；

（3）系统的有效到达率；

（4）美发师的平均忙期。

8. 某加油站只有一台加油机，来加油的汽车按泊松分布到达，平均每小时 20 辆，但当加油站中已有 n 辆汽车时，新来的汽车中将有一部分不愿意等待而离开，离去概率为 $n/4$（$n=0,1,2,3,4$）。加油机给每辆汽车加油的时间为具有均值为 3 分钟的负指数分布。试回答下列各问：

（1）画出此排队系统的状态转移图；

（2）确定稳定状态流平衡方程；

（3）确定系统概率分布；

（4）计算汽车在加油站的平均逗留时间。

9. 一名技工负责 5 台机器的维修，已知每台机器的平均故障率为每小时 0.5 次，服从泊松分布。机器的维修时间服从负指数分布，平均每台 18.75 分钟。试回答下列各问：

（1）全部机器均处于运行状态的概率；

（2）平均等待维修的机器数量；

（3）若该技工负责 6 台机器的维修，重新求解（1）、（2）两问；

（4）若希望机器至少 50% 以上的时间处于运转状态，该技工最多负责维修的机器数量；

（5）假设该技工每小时工资为 8 元，机器不能正常运行时每小时损失为 40 元，则该技工应负责维修的机器数量。

10. 汽车按泊松分布到达某高速公路收费站，平均每小时 90 辆，每辆汽车通过收费口平均需要 35 秒，服从负指数分布。司机抱怨等待时间过长，管理部门拟采用自动收费装置使收费时间缩短到 30 秒，但条件是原收费口平均等待车辆超过 6 辆，且新装置的利用率不低于 75%。问在上述条件下新装置能否被采用。

11. 某博物馆有 4 个大小相当的展厅，观众到达服从泊松分布，平均每小时 96 人。观众大致平均分散于各个展厅，且在每一展厅逗留的时间均服从 $1/\mu=15$ 分钟的负指数分布，参观完 4 个展厅后离开。问该博物馆的每一展厅应按多大容量（可容纳的观众人数）设计，才能使任何时间内观众超员的概率不超过 5%。

12. 某生产线由 k 台加工设备依次排列组成（见附图 9－1），假定第一台设备的工件按泊松分布到达，平均值为 λ。由第 i 台设备加工完的工件作为第（$i+1$）台设备的输入。加工过程中可能产生不合格品，设第 i 台设备加工的合格品率为 $100\alpha_i$（$0 \leqslant \alpha_i \leqslant 1$），即不合格品率为 $100(1-\alpha_i)$。又知在第 i 台设备上加工一个工件所需的时间服从负指数分布，平均为 $1/\mu_i$。试回答下列各问：

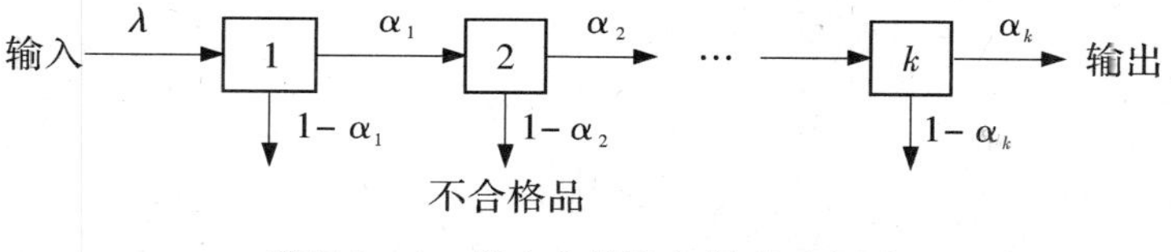

附图 9－1　某生产线设备排列示意图

（1）推导一个一般表达式，决定每台设备（工作地）前应能存放多少个工件，才能使到达的工件有存放空间的概率不低于β；

（2）设$\lambda=20$件/小时，$\mu_i=30$件/小时，$\alpha_i=0.9$（$i=1,2,3,4,5$）即$k=5$，$\beta=95\%$，演示（1）所给出的一般表达式；

（3）利用（2）所给出的数字结果，求T小时内在所有加工设备上产生的不合格品的总件数。

13. 某一$M/M/1$排队系统的顾客可分为三个不同的优先级，当具有较高优先级的顾客到达时，服务台将停止对较低优先级顾客的服务，转向对高优先级顾客的服务。同一优先级的顾客按先到先服务的规则接受服务。已知各优先级顾客的到达均服从泊松分布，第一优先级顾客的到达率为每小时0.25人，第二优先级顾客的到达率为每小时0.50人，第三优先级顾客的到达率为每小时0.75人；服务台对各优先级顾客的服务时间均服从负指数分布，平均时间为0.2小时。试求各类顾客在系统中的平均逗留时间、平均等待时间和平均人数。

14. 某工作室使用10台相同的设备，当设备运行时每台每小时可获纯利40元。每台设备平均8小时出现一次故障，每名工人维修一台设备的平均时间是6小时，以上指标均服从负指数分布。每名维修工人的工资为每小时10元。试求：

（1）使总的费用最小的最佳维修工人数；

（2）使停工维修的设备期望数少于3的维修工人数；

（3）使设备停工待修的期望时间少于3小时的维修工人数。

*10　博弈论

博弈论亦称**对策论**（game theory），是研究具有竞争性质现象的数学理论和方法。博弈论的发展历史并不长，但由于它所研究的现象与人们的政治、经济、军事活动乃至日常生活都有着密切的关系，所以日益引起人们的广泛关注。

具有竞争或对抗性质的行为称为**博弈行为**。在博弈行为中，竞争或对抗的各方各自具有不同的目标和利益，为达到自己的目标和利益，各方必须考虑对方可能采取的各种行动方案并力图选取对自己最有利或最为合理的方案。博弈论就是研究博弈行为中竞争各方是否存在最合理的行动方案，以及如何寻找这个合理的行动方案的数学理论和方法。

10.1　引论

博弈的思想很早就已经出现，“齐王赛马”就是一个典型的例子。战国时期，齐威王有一天提出与大司马田忌赛马。双方约定各选三匹马参赛，比赛分三轮进行，每轮各出一匹马，以千金为注。虽然同序的马（上、中、下）都是齐王的好于田忌的，但田忌的上、中马却可取胜齐王的中、下马。于是田忌的谋士孙膑让田忌以他的下马对齐王的上马，以上马对齐王的中马，以中马对齐王的下马。于是，田忌一负二胜，赢得了千金。由此看来，他们各自采取什么样的策略（出马顺序）对胜负是至关重要的。

10.1.1　博弈的基本要素

博弈行为具有三个基本要素，即**局中人**、**策略**和**赢得函数**。分析博弈行为首先必须清楚这三个基本要素。

1. 局中人（player）

在一局博弈中，有权决定自己行动方案的参加者称为局中人，通常用 P 表示局中人的集合。齐王赛马的局中人集合可表示为 P = {齐王，田忌}，虽然在此博弈行为中，孙膑作为谋士在田忌的决策上发挥着重要的作用，但他并不能单独构成一个局中人。一般一个博弈行为中至少应有两个局中人。局中人是一个具有广义性的概念，可以理解为一个人，也可以理解为一群人，甚至是一种自然事物。需要强调的是，在博弈行为中总是假设每个局中人都是理智的决策者，不存在利用他人失误来扩大自身利益的可能性。

2. 策略（strategy）

在一局博弈中，可供局中人选择的完整的行动方案称为策略（或纯策略）。所谓完整的行动方案，是对局中自始至终的全局规划，而不是某一步或某几步的安排。

在“齐王赛马”这一对局中，如果我们采用（上中下）表示上、中、下马参赛的顺序，那么（上中下）便是一个完整的行动方案，即为一个策略。显然，局中人齐王和田忌各自都有（上中下）、（上下中）、（中上下）、（中下上）、（下上中）、（下中上）六个策略。

3. 混合策略（mixed-strategy）

在一局博弈中，某一局中人存在 m 个纯策略，策略集合 $S = \{s_1, s_2, \cdots, s_m\}$；若以一个特定的概率组合 $P = \{p_1, p_2, \cdots, p_m\}$（$\sum_{i=1}^{m} p_i = 1$）为频率对这 m 个纯策略进行组合使用，则这一特定的概率组合 $P = \{p_1, p_2, \cdots, p_m\}$ 就称为该局中人的一个混合策略。

4. 赢得函数（score）

在一局博弈中，局中人使用每一策略都会有所得失，这种得失可能是胜利或失败、收益或付出，以及名次的先后，等等。每个局中人在一局博弈中的得失，通常不仅与其自身采取的策略有关，而且还与其他局中人所采取的策略有关。也就是说，每个局中人的得失是全体局中人所采取的一组策略的函数，这一函数称为局中人的赢得函数。

例 10-1 齐王赛马。

当齐王和田忌各自采取不同策略时，齐王的赢得函数矩阵如表 10-1 所示。

表 10-1 齐王的赢得矩阵表

田忌 / 齐王	上中下	上下中	中上下	中下上	下上中	下中上
上中下	3	1	1	1	**-1**	1
上下中	1	3	1	1	1	**-1**
中上下	1	**-1**	3	1	1	1
中下上	**-1**	1	1	3	1	1
下上中	1	1	1	**-1**	3	1
下中上	1	1	**-1**	1	1	3

在一对局中，各局中人选定的策略所形成的策略组称为一个**局势**，如果用 s_i 表示第 i 个局中人所采取的策略，则 n 个局中人所形成的策略组 $S = (s_1, s_2, \cdots, s_n)$ 就是一个局势。当局势出现后，博弈的结果也就随之确定；即对任意一个局势 S 而言，局中人 i 都可以得到一个确定的赢得 $H_i(S)$。

10.1.2 博弈的分类

博弈行为可以根据不同的标志分成许多不同的种类，常用的标志一般集中在人数、方式、状态、结果、策略、信息、理性七个维度（见图 10-1）。根据局中人的数量，可以分为二人博弈和多人博弈；根据局中人是否采用合作的方式，可划分为结盟博弈和不结盟博弈；根据局中人决策是否具有时间阶段性，可划分为静态博弈和动态博弈；根据全部局中人赢得函数的代数和是否为零，可划分为零和博弈和非零和博弈；根据局中人策略集合的有限或无限性，可划分为有限博弈和无限博弈；根据局中人对赢得函数信息的掌握程度，可划分为完全信息博弈和不完全信息博弈；根据局中人决策的理性程度，又可划分为完全理性博弈和有限理性博弈。这些标志又可以相互组合，从而使得博弈的种类众多，如二人非零和完全信息动态博弈，等等。受篇幅的限制，本书重点探讨二人零和博弈，对二人非零和博弈和动态博弈只是作为引述进行简单的描述，而对不完全信息和有限理性博弈并未涉及，感兴趣的读者可以查看博弈的相关论著。

图 10－1　博弈分类示意图

10.2　矩阵博弈

在众多博弈模型中，最简单同时也占有最重要地位的是有限二人博弈。由于有限二人博弈的策略通常是以矩阵形式加以展现的（见表 10－1）。因此，人们也将有限二人博弈称为矩阵博弈。矩阵博弈是目前理论研究和求解方法都比较完善的一类博弈，它的研究思想和理论结果是研究其他类型博弈模型的基础。

矩阵博弈是有限二人博弈，它可以是零和的，也可以是非零和的；可以是静态的，也可以是动态的；可以是完全信息的，也可以是非完全信息的。一般在无特殊说明的情况下，是指完全信息、静态、零和的矩阵博弈。

如果两个局中人的赢得之和总是等于零，即博弈双方的利益是激烈对抗的，一人的所赢就是另一人的所输，这样的博弈称为零和矩阵博弈。本章第一节中给出的齐王赛马的对局，就是一个零和矩阵博弈的例子，齐王和田忌各有六种策略，一局博弈结束后，齐王的赢得必为田忌的损失，反之亦然。如果两个局中人的赢得之和并非总是等于零，即一人的所赢并不是建立在另一人的所输基础之上，而是双方在某一策略交锋下各有所得，这样的博弈称为非零和矩阵博弈。

例 10－2　卢梭博弈。

假设有两个猎人甲和乙，他们必须同时决定是猎兔还是猎鹿。若两人均决定猎鹿，那么他们会获得一只鹿（每人可分得半只鹿）；若两人均决定猎兔，那么他们会各自获得一只兔；若一个猎人决定猎兔而另一个猎人决定猎鹿，那么前者获得一只兔而后者将一无所获。对每个猎人来讲，半只鹿总是比一只兔要好，若猎人获得半只鹿的效用是 4，而获得一只兔的效用是 1，那么，这两个猎人的赢得函数矩阵如表 10－2 所示。

表 10-2　两个猎人的赢得矩阵表

甲 \ 乙	猎鹿	猎兔
猎鹿	**4，4**	0，1
猎兔	1，0	**1，1**

10.2.1　纳什均衡

对卢梭博弈的结果人们会做出怎样的预测呢？二人合作猎鹿看来是个不错的选择，双方均会获得效用4，并且没有一个局中人有单方面改变策略的动机。因此，合作猎鹿看来是博弈的一种可能结果，我们称为**均衡**。不过，卢梭也警告我们说，合作绝不是一种预先设定的结论，如果一个猎人相信另一个猎人会猎兔，那么对他来说自己也选择猎兔就更合算。因此，二人均选择猎兔的非合作结果也是一个均衡，因为此时同样没有一个局中人有单方面改变策略的动机。卢梭博弈存在两个均衡，在没有关于博弈附加背景信息的情况下，很难预期何种结果一定会发生。虽然合作猎鹿是最佳期望，但猎人也完全有可能由于担心对方选择猎兔而选择猎兔，因为这样可以确保自己不会一无所获。

卢梭博弈的两个均衡，都是建立在博弈对手不改变策略基础之上的均衡。换句话讲，如果有一个局中人改变策略，均衡即刻被打破。我们把这种建立在博弈对手不改变策略基础之上的均衡称为**纳什均衡**。此外，卢梭博弈的（猎鹿，猎鹿）和（猎兔，猎兔）这两个均衡，都是或者合作或者不合作的纯策略均衡，没有涉及混合策略。因此，我们也将这两个均衡称为**纯策略纳什均衡**。并非所有的矩阵博弈都具有纯策略纳什均衡，下面给出几个纯策略纳什均衡不存在的简单示例。

例 10-3　硬币配对博弈。

一枚硬币有两面，一面为图像（用 H 表示）另一面为数字（用 T 表示）。甲、乙两个局中人同时出示一枚硬币，具体赢得见表 10-3。如果出示的结果相同，则甲获得 1 个单位效用，而乙损失 1 个单位效用。如果出示的结果不相同，则乙获得 1 个单位效用，而甲损失 1 个单位效用。如果预测的结果是相同，则局中人乙会有偏离（改变）的动机，进而局中人甲会自由出示任何不同的预测偏离。唯一的稳定局势（均衡）是每个局中人在它的两个纯策略上随机化，即对每一种纯策略赋予相同的概率。

为了看到这一点，首先假设局中人乙已经在 H 与 T 上进行随机化，即分别以 1/2 的概率出示 H 与 T，则局中人甲采用 H 的期望收益 $E(H)=1\times\frac{1}{2}+(-1)\times\frac{1}{2}=0$，采用 T 的期望收益 $E(T)=(-1)\times\frac{1}{2}+1\times\frac{1}{2}=0$。此时，由于局中人甲采用 H 或 T 并无差异（期望收益相等），所以也会自然进行随机化。

表 10－3 甲、乙的赢得矩阵表

乙 / 甲	H	T
H	1，－1	－1，1
T	－1，1	1，－1

表 10－4 甲的赢得矩阵表

乙 / 甲	石头	剪刀	布
石头	0	1	－1
剪刀	－1	0	1
布	1	－1	0

例 10－4 猜拳博弈。

甲、乙两名儿童玩猜拳游戏，游戏中双方的策略集均为拳头（代表石头）、手掌（代表布）和两个手指（代表剪刀）。如果双方所选策略相同为和局，双方均不得分，各种策略对下的具体赢得见表 10－4。其唯一的稳定局势，同样是两个局中人都在三个纯策略上随机化。

10.2.2 绝对均衡

如果在矩阵博弈的一种纳什均衡中，每个局中人都具有对对手策略的唯一最优反应，那么这种纳什均衡称为**绝对均衡**。根据定义，绝对均衡必然是纯策略均衡，它可以直接通过反复剔除劣势策略（保留优势策略）的方式来获得。正因如此，存在绝对均衡的矩阵博弈的求解自然也就变得十分简单。然而，不幸的是许多博弈（即使不是绝大多数）并不存在绝对均衡；但与之相反，纳什均衡解的概念具有在广泛类型博弈中均存在的优点。

例 10－5 如果对上述卢梭博弈中两个猎人的赢得函数进行简单调整（具体数值见表 10－5），我们容易发现，无论猎人甲如何行动，猎人乙选择猎鹿所获得的效用总是不低于选择猎兔所获得的效用；即对于猎人乙来讲，猎兔这一纯策略是劣的（猎鹿是优的）。因此，作为理性的局中人猎人乙是不应选择猎兔这一纯策略的。进一步来讲，如果猎人甲知道猎人乙不会选择猎兔的话，那么对他来说猎鹿是比猎兔更好的选择。于是，两个猎人在（猎鹿，猎鹿）上达成一个纯策略绝对均衡。以上所述的剔除过程称为重复优势。

例 10－6 分析表 10－6 所展现的矩阵博弈。这里甲的策略 M 不劣于 U，原因是如果乙采取策略 R 时，M 比 U 强；M 也不劣于 Q，原因是如果乙采取策略 L 时，M 比 Q 强。不过，如果甲以 1/2 的概率采取策略 U，以 1/2 的概率采取策略 Q，那么无论乙如何行动，甲均可保证有 1/2 的期望赢得，这超过了从 M 策略所得到的赢得 0。因此，一种纯策略即便它并不劣于任何其他纯策略，也完全可能劣于一个混合策略。

表 10－5 两个猎人的赢得矩阵表

乙 / 甲	猎 鹿	猎 兔
猎 鹿	5，3	0，0
猎 兔	1，0	1，0

表 10－6 两个局中人的赢得矩阵表

乙 / 甲	L	R
U	2，0	－1，0
M	0，0	0，0
Q	－1，0	2，0

从此示例可以看出，即使仅对非优势纯策略赋予正概率，一个混合策略也有可能是优势策略。同样容易得到这样的结论：即使仅对非劣势纯策略赋予正概率，一个混合策略也有可能是劣势策略；而仅对劣（优）势纯策略赋予正概率的混合策略，一定是劣（优）势策略。

如果一个博弈可以直接通过反复剔除劣势策略（保留优势策略）的方式来求解，也就是说，每个局中人仅留下单个策略（如表 10－5 中一样），那么获得的唯一策略组合就是预言博弈如何进行的一种明显候选。尽管这一候选常常是一种良好的预测，但在某些特殊情况下，实际并非总是如此。

例 10－7 分析表 10－7 所展现的矩阵博弈。该博弈存在一个极端收益值“－100”。面对这样的一个极端值，假设你是局中人甲，你会如何博弈呢？可能十有八九你会选择 Q，尽管重复优势策略得到的唯一绝对均衡是 (U, L)。关键在于，尽管在局中人乙肯定不会使用劣势策略 R 时，策略 U 比策略 Q 好；但如果存在哪怕是 1% 的机会局中人乙会使用 R，那么策略 Q 就比策略 U 要好。如果 (U, R) 的损失不那么极端，例如只有“－1”，则结果是几乎所有的局中人甲都会选择 U，这时对 R 的担心就不那么强烈了。

表 10－7　赢得矩阵表

甲 \ 乙	L	R
U	8，10	－100，9
Q	7，6	6，5

表 10－7 所示的博弈，表现出博弈分析与单一局中人的决策分析之间的一种主要差异。在决策分析中，决策者是唯一的，其唯一不确定性是“自然”的可能状态，而决策者被假设对于自然状态的概率具有确定的外生信念。在博弈分析中，存在多个（至少 2 个）决策者，局中人对其对手的预期不是外生的。这就导致一旦考虑到博弈中的某种变化会改变所有局中人的行动这一情况，来自决策论的许多人们所熟悉的比较静态的结论就不能扩展到博弈中。

表 10－8　赢得矩阵表

甲 \ 乙	L	R
U	1，3	4，1
Q	0，2	3，4

表 10－9　赢得矩阵表

甲 \ 乙	L	R
U	－1，3	2，1
Q	0，2	3，4

例 10－8 分析表 10－8 和表 10－9 所展现的矩阵博弈。表 10－8 所示的博弈，这里局中人甲的优势策略是 U，重复优势预言解是 (U, L)。如果局中人甲改变博弈，在采取 U 策略时，主动减少 2 个单位自身的收益，也就是形成表 10－9 所示的博弈，那么局中人甲是否会在此项变局中有所收益呢？事实上，如果我们将局中人乙的行动固定在 L 上，那么这种变化绝对不会对局中人甲有利。因此，如果局中人乙并不知道这种变化的发生，则局中人甲不会从主动让利中获利。

然而，如果局中人乙在选择其行动之前知道这种变化的发生，进而会认识到 Q 是局中人甲的更好选择，则局中人乙会调整行动转而采用策略 R，从而为局中人甲提供了收益

"3"而不是原来的"1"。

类似的结果也可能出现在如减少局中人的决策集合或者降低他的信息质量之类变化的时候。这样的变化虽然根本不会在决策问题中对决策者有利，但在博弈问题中完全可能通过对对手行动的影响，产生对自己更为有利的效果。在使用重复优势和研究博弈均衡时，这一点同样成立。

例 10－9 囚徒困境。

在著名的囚徒困境博弈中，一轮剔除严格劣势策略就得到了唯一的绝对均衡，各局中人的赢得矩阵见表 10－10。

表 10－10 赢得矩阵表

甲 \ 乙	C	D
C	1，1	－1，2
D	2，－1	0，0

两名犯罪嫌疑人因为一桩案件而被捕，由于警方缺少充分的证据来对两位嫌疑人定罪，因此需要他们的详细口供。警方为防止他们串通，将其分别关押，并告知每个嫌疑人如果他为警方作证而另一嫌疑人又拒绝为警方作证，他会被免于刑事处分并获得作证奖励，另一嫌疑人将被判入狱，反之亦然。如果两名嫌疑人都为警方作证，虽然他们都会被判入狱，但还是都会获得作证奖励。假设这两名嫌疑人都清楚，警方并未充分掌握他们的犯罪事实，如果没有人站出来为警方作证，由于证据不足二人均能获得释放。

在这个博弈中，两个局中人（嫌疑人）同时在两个行动中选择。如果都采用不作证（C），他们每人的赢得为"1"；如果都采用作证（D），他们每人的赢得为"0"；如果一方采用不作证（C）而另一方采用作证（D），则作证方受奖赢得"2"，而不作证方受罚赢得"－1"。尽管两名嫌疑人合作，每人都可赢得"1"，但自利行为导致赢得为"0"的无效率结果。

社会科学中会出现囚徒困境的许多版本，如团队中的道德风险行为。假设存在两个工人（$i=1,2$），策略集是"工作"（$s_i=1$）和"偷懒"（$s_i=0$）。团队的总产出是 $4(s_1+s_2)$，并在两个工人中平均分配。每个工人在工作时，需要承担的私人成本为"3"；在偷懒时所承担的私人成本为"0"。如果用 C 表示工作，用 D 表示偷懒，那么这种团队中的道德风险行为的收益矩阵就是上述囚徒困境的赢得矩阵表 10－10，而"工作"对每个局中人来说都是一个严格的劣势策略。

例 10－10 二级价格拍卖。

一个卖主有一个不可分割的标的物要出售。有 m 个潜在的买主或称为投标者，他们对标的物的估价是 $0\leqslant v_1\leqslant v_2\leqslant\cdots\leqslant v_m$，而且这些估价是公共知识。投标者同时选择投标 $s_i\in[0,+\infty]$，最高的投标者赢得标的物，并收益第二投标金额；即如果他赢得投标 $\{s_i>\max_{j\neq i}s_j\}$，投标者 i 会有效用 $u_i=v_i-\max_{j\neq i}s_j$，而其他投标者没有支出，效用为"0"。如果多个投标者投出最高价格，则标的物在他们之间随机分配。

对于每一个局中人来说，采取以其自身估价进行投标的策略（$s_i=v_i$）弱优于所有其他策略。令 $r_i\equiv\max_{j\neq i}s_j$。首先设 $s_i>v_i$，如果 $r_i\geqslant s_i$，则投标者 i 获得的效用为"0"，而效用为"0"完全可以通过以 v_i 投标来获得。如果 $r_i\leqslant v_i$，则投标者 i 获得的效用为"v_i-r_i"，这再一次是他通过以 v_i 投标来获得的效用。如果 $v_i<r_i<s_i$，则投标者 i 获得的效用为"$v_i-r_i<0$"；如果他以 v_i 投标，则他的效用为"0"。对于 $s_i<v_i$，有类似的

推理。即当 $r_i \leqslant s_i$ 或 $r_i \geqslant v_i$ 时，投标者 i 的效用在他以 v_i 而不是以 s_i 投标时的效用不会改变。不过，如果 $s_i < r_i < v_i$，投标者 i 会由于出价过低而损失正效用。因此，可以预言在二级价格拍卖中，投标者会以他们的估价 v_i 进行投标。出价最高的第 m 个投标者赢得标的，并获得效用 $v_m - v_{m-1}$。还要注意，由于以估价投标是一种优势策略，所以投标者是否具有关于彼此估价的信息并不重要。

10.2.3 多重纳什均衡

许多博弈具有多个纳什均衡。出现这种情况时，假设纳什均衡被采用有赖于存在某种机制或过程，导致所有局中人均预期到同样的均衡。

例 10－11 性别战。

具有多重纳什均衡的一个著名博弈例子就是“性别战”，见表 10－11。性别战名称背后的故事是，一对夫妇两个人希望一起参与一种活动，但在去看足球比赛（F）还是芭蕾（B）上意见不一。如果二人达成一致，看自己喜欢项目的一方获得的效用为“2”，另一方为“1”；如果二人未达成一致，从而留在家中或单独去看自己喜欢的项目所获得的效用为“0”。

性别战博弈有三个均衡，其中两个是纯策略的（2，1）和（1，2），另一个是混合策略的。混合策略是老翁以概率 2/3 采用 F（以概率 1/3 采用 B）；而老妇则以概率 2/3 采用 B（以概率 1/3 采用 F）。为了获得这些概率，我们求解局中人在他们两种策略之间无差异的条件。假设老翁采用 F 和老妇采用 B 的概率为 y，则老翁在 F 和 B 之间无差异等价于：

$$0 \cdot y + 2(1 - y) = 1 \cdot y + 0(1 - y)$$

整理有 $y = 2/3$。类似地，为了使老妇在 B 和 F 之间无差异，必须有

$$0 \cdot x + 2(1 - x) = 1 \cdot x + 0(1 - x)$$

整理同样有 $x = 2/3$。

如果两个局中人以往没有进行过性别之争博弈，很难了解正确的预测应该是什么，原因是没有明显的方式使局中人来协调他们的预期。在这种情况下，我们偶尔看到（B,F）这样的结果并不会感到惊讶，但这样的结果绝不会作为一种正确的预测高概率频繁发生。斯凯林（Schelling，1960）关于“聚点”的理论认为，在一些现实生活的博弈中，由于策略名称可能具有某种共同理解的“凝聚”力量，局中人可能能够利用策略式之外的信息来达到特定均衡上的协同。例如，两个局中人被要求指定一个确切的时间点，如果选择吻合就有奖励；那么，中午 12 点就是一个聚点，而下午 3 点 27 分就不是。

表 10－11 赢得矩阵表

老翁＼老妇	B	F
F	0，0	2，1
B	1，2	0，0

表 10－12 赢得矩阵表

甲＼乙	T	W
T	−1，−1	2，1
W	1，2	0，0

例 10－12 斗鸡。

具有多重纳什均衡的另一个著名博弈例子就是“斗鸡”，见表 10－12。斗鸡名称背后

的故事是，两人相遇在一个独木桥上，每人要选择“强硬”（T）还是“软弱”（W）。如果两人均选择 T，则他们在桥中间僵持，每人得到的效用为“-1”；如果两人均选择 W，则每人得到的效用为“0”；如果一人均选择 T 而另一人选择 W，那么选择 T 的人先通过，得到效用“2”，选择 W 的人后通过，得到效用“1”。

同例 10－11 的性别战博弈，斗鸡博弈也有三个均衡，其中两个是纯策略的（2，1）和（1，2），另一个是混合策略的。混合策略是局中人甲、乙都以概率 1/2 采用强硬策略。

10.3 零和矩阵博弈

10.3.1 零和矩阵博弈的数学模型

一般用甲、乙表示两个局中人：假设甲有 m 个策略，表示为 $\boldsymbol{S}_1=(\alpha_1,\alpha_2,\cdots,\alpha_m)$；乙有 n 个策略，表示为 $\boldsymbol{S}_2=(\beta_1,\beta_2,\cdots,\beta_n)$。当甲选定策略 α_i、乙选定策略 β_j 后，就形成一个局势 (α_i,β_j)，可见这样的局势有 $m\times n$ 个。对任一局势 (α_i,β_j)，甲的赢得值为 a_{ij}，即甲的赢得矩阵 $\boldsymbol{A}_{m\times n}=\{a_{ij}\}$；因为博弈是零和的，所以乙的赢得矩阵为 $-\boldsymbol{A}_{m\times n}$。

建立零和矩阵博弈模型，就是要根据对实际问题的叙述，确定甲和乙的策略集合以及相应的赢得矩阵。而求解零和矩阵博弈，就是确定各局中人应如何选取对自己最为有利的策略，以谋取最大的赢得或最小的损失。由于假设两个局中人都是理智的，所以每个局中人都必须考虑到对方会设法使自己的赢得最少，谁都不能存在侥幸心理。理智行为就是从最坏处着想，去争取尽可能好的结果。

10.3.2 零和矩阵博弈的纯策略解

例 10－13 设零和矩阵博弈 $G=\{S_1,S_2,\boldsymbol{A}\}$，其中

$$S_1=\{\alpha_1,\alpha_2,\alpha_3,\alpha_4\}\quad S_2=\{\beta_1,\beta_2,\beta_3\}\quad \boldsymbol{A}=\begin{bmatrix}-4 & 2 & -6\\ 4 & 3 & 5\\ 8 & -1 & -10\\ -3 & 0 & 6\end{bmatrix}$$

当局中人甲选取策略 α_1 时，他的最小赢得是“-6”，这是选取此策略的最坏结果。一般地，局中人甲选取策略 α_i 时，他的最小赢得是 $\min\limits_j\{a_{ij}\}$（$i=1,2,\cdots,m$）。对本例而言，甲选取策略 α_1，α_2，α_3，α_4 时，其最小赢得分别是“-6，3，-10，-3”。在最坏的情况下，最好的结果是“3”。因此，局中人甲应选取策略 α_2。这样，不管局中人乙选取什么策略，局中人甲的赢得均不小于“3”。

同理，对于局中人乙来说，选取策略 β_j 时的最坏结果是赢得矩阵 $\boldsymbol{A}$ 中第 j 列各元素的最大者，即 $\max\limits_i\{a_{ij}\}$（$j=1,2,\cdots,n$）。对本例而言，乙选取策略 β_1，β_2，β_3 时，其最大损失分别是“8，3，6”。在最坏的情况下，最好的结果是损失“3”。因此，局中人乙应选取策略 β_2。这样，不管局中人甲选取什么策略，局中人乙的损失均不超过“3”。

对本例而言，赢得矩阵 $\boldsymbol{A}$ 的各行最小元素的最大值与各列最大元素的最小值相等，即

$$\max_i\{-6,3,-10,-3\}=\min_j\{8,3,6\}=3$$

所以该零和矩阵博弈的解（最佳局势）为 $\{\alpha_2,\beta_2\}$，结果是甲赢得 3、乙失去 3。

上例之解是博弈均衡的产物，任何一方如果擅自改变自己的策略都将为此付出代价。对于一般零和矩阵博弈，有如下定义：

定义 1 设 $G=\{S_1,S_2,\boldsymbol{A}\}$ 为零和矩阵博弈；其中双方的策略集和赢得矩阵分别为 $S_1=\{\alpha_1,\alpha_2,\cdots,\alpha_m\}$，$S_2=\{\beta_1,\beta_2,\cdots,\beta_n\}$，$\boldsymbol{A}=\{a_{ij}\}_{m\times n}$。若有等式

$$\max_i[\min_j(a_{ij})]=\min_j[\max_i(a_{ij})]=a_{i^*j^*} \tag{10-1}$$

成立，则称 $a_{i^*j^*}$ 为博弈 G 的**值**，局势（α_{i^*}，β_{j^*}）为博弈 G 的**解**或**平衡局势**。α_{i^*} 和 β_{j^*} 分别称为局中人甲、乙的最优策略。之所以把策略 α_{i^*} 和 β_{j^*} 称为最优策略，是由于当一方采取上述策略时，若另一方存在侥幸心理而不采取相应的策略，他就会为自己的侥幸付出代价。事实上，当 $a_{i^*j^*}>0$ 时，局中人甲有立于不败之地的策略，所以他是不愿意冒险的，他必定要选取他的最优策略。这就迫使局中人乙不能存在侥幸心理，相应地也选取最优策略。同理，当 $a_{i^*j^*}<0$ 时，也会得出局中人双方都将采取最优策略的结论。

由于 $a_{i^*j^*}$ 既是其所在行的最小元素，同时又是其所在列的最大元素，即

$$a_{ij^*}\leqslant a_{i^*j^*}\leqslant a_{i^*j} \tag{10-2}$$

所以将这一事实推广到一般零和矩阵博弈，可得定理 1。

定理 1 零和矩阵博弈 $G=\{S_1,S_2,\boldsymbol{A}\}$ 在策略意义上有解的充分必要条件是存在局势（α_{i^*}，β_{j^*}），使得对于一切 $i=1,2,\cdots,m$ 和 $j=1,2,\cdots,n$，均有式（10-2）成立。

证明 充分性

由于对于一切 $i=1,2,\cdots,m$ 和 $j=1,2,\cdots,n$ 均有式（10-2）成立，故

$$\max_i(a_{ij^*})\leqslant a_{i^*j^*}\leqslant\min_j(a_{i^*j})$$

又因 $$\min_j[\max_i(a_{ij})]\leqslant\max_i(a_{ij^*})\qquad \min_j(a_{i^*j})\leqslant\max_i[\min_j(a_{i^*j})]$$

所以

$$\min_j[\max_i(a_{ij})]\leqslant a_{i^*j^*}\leqslant\max_i[\min_j(a_{ij})] \tag{10-3}$$

此外，由于对于一切 $i=1,2,\cdots,m$ 和 $j=1,2,\cdots,n$，均有

$$\min_j(a_{ij})\leqslant a_{ij}\leqslant\max_i(a_{ij})$$

所以

$$\max_i[\min_j(a_{ij})]\leqslant\min_j[\max_i(a_{ij})] \tag{10-4}$$

由式（10-3）和式（10-4）有

$$\max_i[\min_j(a_{ij})]=\min_j[\max_i(a_{ij})]=a_{i^*j^*}$$

必要性

设存在 i^* 和 j^*，使得

$$\min_j(a_{i^*j})=\max_i[\min_j(a_{ij})]\qquad \max_i(a_{ij^*})=\min_j[\max_i(a_{ij})]$$

则由 $$\max_i[\min_j(a_{ij})]=\min_j[\max_i(a_{ij})]$$

有 $$\max_i(a_{ij^*})=\min_j(a_{i^*j})\leqslant a_{i^*j^*}\leqslant\max_i(a_{ij^*})=\min_j a_{i^*j}$$

所以，对于一切 $i=1,2,\cdots,m$ 和 $j=1,2,\cdots,n$，均有

$$a_{ij^*}\leqslant\max_i(a_{ij^*})\leqslant a_{i^*j^*}\leqslant\min_j(a_{i^*j})\leqslant a_{i^*j}$$

为了便于对更广泛的博弈情形进行分析，现引入关于二元函数鞍点的概念。

定义 2 设 $f(x,y)$ 为定义在 $x \in A$ 及 $y \in B$ 上的实函数，若存在 $x^* \in A$ ，$y^* \in B$ ，使得一切 $x \in A$ 和 $y \in B$ 满足：

$$f(x,y^*) \leqslant f(x^*,y^*) \leqslant f(x^*,y) \tag{10-5}$$

则称 (x^*,y^*) 为函数 $f(x,y)$ 的一个**鞍点**。

例 10-14 零和矩阵博弈 $G = \{S_1,S_2,\boldsymbol{A}\}$ ，其中赢得矩阵为

$$\boldsymbol{A} = \begin{bmatrix} 7 & 5 & 6 & 5 \\ 2 & -3 & 9 & -4 \\ 6 & 5 & 7 & 5 \\ 0 & 1 & -1 & 2 \end{bmatrix}$$

直接在矩阵上计算，每一行的最小值列向量为 $(5,-4,5,-1)^{\mathrm{T}}$，每一列的最大值行向量为 $(7,5,9,5)$ 。于是，$\max\limits_i[\min\limits_j(a_{ij})] = \min\limits_j[\max\limits_i(a_{ij})] = a_{i^*j^*} = 5$ 。其中 $i^* = 1,3$ ；$j^* = 2,4$ 。故 (α_1,β_2)、(α_1,β_4)、(α_3,β_2)、(α_3,β_4) 四个局势均为博弈的解，且 $a_{i^*j^*} = 5$ 。

由此例可知，零和矩阵博弈的解可以是不唯一的，当其具有不唯一解时，各解之间的关系具有这样的性质：①无差异性，即若 (α_1,β_1) 和 (α_2,β_2) 是零和矩阵博弈的两个解，则 $a_{11} = a_{22}$ ；②可交换性，即若 (α_1,β_1) 和 (α_2,β_2) 是零和矩阵博弈的两个解，则 (α_1,β_2) 和 (α_2,β_1) 也是该零和矩阵博弈的解。

10.3.3 零和矩阵博弈的混合策略解

由前面的讨论可知，对于零和矩阵博弈 $G = \{S_1,S_2,\boldsymbol{A}\}$ 来说，局中人甲有把握的最少赢得是 $v_1 = \max\limits_i[\min\limits_j(a_{ij})]$ ，而局中人乙有把握的最多损失是 $v_2 = \min\limits_j[\max\limits_i(a_{ij})]$ 。当 $v_1 = v_2$ 时，零和矩阵博弈 $G = \{S_1,S_2,\boldsymbol{A}\}$ 存在纯策略意义上的解。然而，并非总有 $v_1 = v_2$ ，实际问题出现更多的情形是 $v_1 < v_2$ ，此时零和矩阵博弈并不存在纯策略意义上的解。

例 10-15 零和矩阵博弈 $G = \{S_1,S_2,\boldsymbol{A}\}$ ，其中赢得矩阵为

$$\boldsymbol{A} = \begin{bmatrix} -4 & 4 & -6 \\ 4 & 3 & 5 \\ 8 & -1 & -10 \\ -3 & 0 & 6 \end{bmatrix}$$

由于 $v_1 = \max\limits_i[\min\limits_j(a_{ij})] = 3\ (i^* = 2)$，$v_2 = \min\limits_j[\max\limits_i(a_{ij})] = 4\ (j^* = 2)$，$v_1 < v_2$；于是当双方根据从最不利的情形中选择最有利的结果的原则选择策略时，应分别选择策略 α_2 和 β_2 。此时，局中人甲的赢得为 3（即乙的损失为 3），乙的损失比预期的 4 少。出现此情形的原因在于局中人甲选择了策略 α_2 ，使其对手减少了本该付出的损失；故对于策略 β_2 来讲，α_2 并不是局中人甲的最优策略。局中人甲会考虑选取策略 α_1 ，以使局中人乙付出本该付出的损失；乙也会将自己的策略从 β_2 改变为 β_3 ，以使自己的赢得为 6；甲又会随之将自己的策略从 α_1 改变为 α_4 ，来对付乙的 β_3 。如此这般，对于两个局中人来说，根本不存在一个双方均可以接受的平衡局势。或者说当 $v_1 < v_2$ 时，零和矩阵博弈 G 不存在纯策略意义上的解。

在这种情形下，一个比较自然且合乎实际的想法是，既然不存在纯策略意义上的最优

策略，那么是否可以利用最大期望赢得，规划一个选取不同策略的概率分布呢？由于这种策略是局中人策略集上的一个概率分布，故称之为**混合策略**。

定义 3 设零和矩阵博弈 $G=\{S_1,S_2,\boldsymbol{A}\}$，其中双方的策略集和赢得矩阵分别为 $S_1=\{\alpha_1,\alpha_2,\cdots,\alpha_m\}$，$S_2=\{\beta_1,\beta_2,\cdots,\beta_n\}$，$\boldsymbol{A}=\{a_{ij}\}_{m\times n}$。

令

$$X=\{\boldsymbol{x}\in E^m \mid x_i\geqslant 0,\ i=1,2,\cdots,m;\ \sum_{i=1}^{m}x_i=1\}$$

$$Y=\{\boldsymbol{y}\in E^n \mid y_j\geqslant 0,\ j=1,2,\cdots,n;\ \sum_{j=1}^{n}y_j=1\}$$

则 X 和 Y 分别称为局中人甲、乙的**混合策略集**；$\boldsymbol{x}\in X$，$\boldsymbol{y}\in Y$，分别称为局中人甲、乙的**混合策略**；而 $(\boldsymbol{x},\boldsymbol{y})$ 称为**一个混合局势**。局中人甲的赢得函数记为：

$$E(\boldsymbol{x},\boldsymbol{y})=\boldsymbol{x}^{\mathrm{T}}\boldsymbol{A}\boldsymbol{y}=\sum_{i=1}^{m}\sum_{j=1}^{n}a_{ij}x_iy_j \tag{10-6}$$

这样得到一个新的博弈，记为 $G'=\{X,Y,E\}$，博弈 G' 称为博弈 G 的混合拓展。

定义 4 设 $G'=\{X,\ Y,\ E\}$ 为零和矩阵博弈 $G=\{S_1,S_2,\boldsymbol{A}\}$ 的混合拓展，如果存在

$$V_G=\max_{x\in X}\min_{y\in Y}E(\boldsymbol{x},\boldsymbol{y})=\min_{y\in Y}\max_{x\in X}E(\boldsymbol{x},\boldsymbol{y}) \tag{10-7}$$

则使式（10-7）成立的混合局势 $(\boldsymbol{x}^*,\boldsymbol{y}^*)$ 称为零和矩阵博弈 G 在**混合意义上的解**，$\boldsymbol{x}^*$ 和 $\boldsymbol{y}^*$ 分别称为局中人甲和乙的最优混合策略，V_G 为零和矩阵博弈 $G=\{S_1,S_2,\boldsymbol{A}\}$ 或 $G'=\{X,Y,E\}$ 的值。

为方便起见，我们无须对零和矩阵博弈 $G=\{S_1,S_2,\boldsymbol{A}\}$ 及其混合拓展 $G'=\{X,Y,E\}$ 加以区别，均可以用 $G=\{S_1,S_2,\boldsymbol{A}\}$ 来表示。当零和矩阵博弈 $G=\{S_1,S_2,\boldsymbol{A}\}$ 在纯策略意义上无解时，自动转向讨论混合策略意义上的解。

定理 2 局势 $(\boldsymbol{x}^*,\boldsymbol{y}^*)$ 是零和矩阵博弈 $G=\{S_1,S_2,\boldsymbol{A}\}$ 在混合策略意义上解的充分必要条件是，对于一切 $\boldsymbol{x}\in X$，$\boldsymbol{y}\in Y$，均存在

$$E(\boldsymbol{x},\boldsymbol{y}^*)\leqslant E(\boldsymbol{x}^*,\boldsymbol{y}^*)\leqslant E(\boldsymbol{x}^*,\boldsymbol{y}) \tag{10-8}$$

一般零和矩阵博弈在纯策略意义上的解很可能是不存在的，但在混合策略意义上的解却总是存在的，这一点我们将在后续内容中加以证明，这里先用一个简单的例子说明混合策略意义上解的存在。

例 10-16 已知零和矩阵博弈 $G=\{S_1,S_2,\boldsymbol{A}\}$，求其混合策略意义上的解。其中 $S_1=\{\alpha_1,\alpha_2\}$，$S_2=\{\beta_1,\beta_2\}$，赢得矩阵 $\boldsymbol{A}=\begin{bmatrix}3 & 6\\5 & 4\end{bmatrix}$。

解 显然，G 在纯策略意义上无解，于是设 $\boldsymbol{x}=(x_1,x_2)$ 是局中人甲的混合策略，$\boldsymbol{y}=(y_1,y_2)$ 是局中人乙的混合策略，则

$$X=\{(x_1,x_2)\mid x_i\geqslant 0,i=1,2;x_1+x_2=1\}$$

$$Y=\{(y_1,y_2)\mid y_j\geqslant 0,j=1,2;y_1+y_2=1\}$$

局中人甲的赢得期望值：

$$E(\boldsymbol{x},\boldsymbol{y})=\boldsymbol{x}^{\mathrm{T}}\boldsymbol{A}\boldsymbol{y}=3x_1y_1+6x_1y_2+5x_2y_1+4x_2y_2=-4\left(x_1-\frac{1}{4}\right)\left(y_1-\frac{1}{2}\right)+\frac{9}{2}$$

取 $x^* = \left(\frac{1}{4},\frac{3}{4}\right)^{\mathrm{T}}$, $y^* = \left(\frac{1}{2},\frac{1}{2}\right)^{\mathrm{T}}$，则 $E(x^*,y^*) = \frac{9}{2}$，$E(x^*,y) = E(x,y^*) = \frac{9}{2}$，即有式（10－8）成立，故局势（$x^*,y^*$）是零和矩阵博弈 $G = \{S_1,S_2,A\}$ 在混合策略意义上的解，$V_G = \frac{9}{2}$ 为零和矩阵博弈的值。

设局中人甲采取策略 α_i 时，其相应的赢得函数为 $E(i,y)$，于是

$$E(i,y) = \sum_{j=1}^{n} a_{ij}y_j \tag{10-9}$$

设局中人乙采取策略 β_j 时，甲的赢得函数为 $E(x, j)$，于是

$$E(x, j) = \sum_{i=1}^{m} a_{ij}x_i \tag{10-10}$$

由式（10－9）和式（10－10）可得：

$$E(x,y) = \sum_{i=1}^{m}\sum_{j=1}^{n} a_{ij}x_iy_j = \sum_{i=1}^{m}\left(\sum_{j=1}^{n} a_{ij}y_j\right)x_i = \sum_{i=1}^{m} E(i,y)x_i \tag{10-11}$$

和

$$E(x,y) = \sum_{i=1}^{m}\sum_{j=1}^{n} a_{ij}x_iy_j = \sum_{j=1}^{n}\left(\sum_{i=1}^{m} a_{ij}x_i\right)y_j = \sum_{j=1}^{n} E(x, j)y_j \tag{10-12}$$

定理3 设 $x^* \in X$，$y^* \in Y$，则（x^*,y^*）是零和矩阵博弈 $G = \{S_1,S_2,A\}$ 的解的充分必要条件是，对于任意的 i（$i = 1,2,\cdots,m$）和 j（$j = 1,2,\cdots,n$），均存在

$$E(i,y^*) \leqslant E(x^*,y^*) \leqslant E(x^*, j) \tag{10-13}$$

证明 设（x^*,y^*）是零和矩阵博弈 $G = \{S_1,S_2,A\}$ 的解，则由定理2可知式（10－8）成立。由于纯策略是混合策略的特例，故式（10－13）成立。反之，设式（10－13）成立，由

$$E(x,y^*) = \sum_{i=1}^{m} E(i, y^*)x_i \leqslant E(x^*,y^*) \cdot \sum_{i=1}^{m} x_i = E(x^*,y^*)$$

$$E(x^*,y) = \sum_{j=1}^{n} E(x^*, j)y_j \geqslant E(x^*,y^*) \cdot \sum_{j=1}^{n} y_j = E(x^*,y^*)$$

即得式（10－8），证毕。

定理3的意义在于，在检验（x^*,y^*）是否为博弈 G 的解时，式（10－13）把需要对无限个不等式进行验证的问题转化为只需对有限个不等式进行验证的问题。不难证明，定理3可表达为如下定理4的等价形式，而这一形式在求解零和矩阵博弈时是特别有用的。

定理4 设 $x^* \in X$，$y^* \in Y$，则（x^*,y^*）是零和矩阵博弈 $G = \{S_1,S_2,A\}$ 的解的充分必要条件是，存在数 v，使得 x^* 和 y^* 分别是不等式组：

$$\begin{cases} \sum_{i=1}^{m} a_{ij}x_i \geqslant v & (j = 1,2,\cdots,n) \\ \sum_{i=1}^{m} x_i = 1 \\ x_i \geqslant 0 & (i = 1,2,\cdots,m) \end{cases} \tag{10-14}$$

和

$$\begin{cases} \sum_{j=1}^{n} a_{ij}y_j \leqslant v \quad (i=1,2,\cdots,m) \\ \sum_{j=1}^{n} y_j = 1 \\ y_j \geqslant 0 \quad (j=1,2,\cdots,n) \end{cases} \tag{10-15}$$

的解且 $v = V_G$。

定理 5 对任一零和矩阵博弈 $G = \{S_1, S_2, \boldsymbol{A}\}$，一定存在混合策略意义上的解。

证明 由定理 3 可知，此命题只需证明存在 $\boldsymbol{x}^* \in X$，$\boldsymbol{y}^* \in Y$，使得式（10-13）成立。考虑如下两个互为对偶的线性规划问题：

线性规划问题 1：$\max z = w$

$$\begin{cases} \sum_{i=1}^{m} a_{ij}x_i \geqslant w \quad (j=1,2,\cdots,n) \\ \sum_{i=1}^{m} x_i = 1 \\ x_i \geqslant 0 \quad (i=1,2,\cdots,m) \end{cases}$$

线性规划问题 2：$\min z = v$

$$\begin{cases} \sum_{j=1}^{n} a_{ij}y_j \leqslant v \quad (i=1,2,\cdots,m) \\ \sum_{j=1}^{n} y_j = 1 \\ y_j \geqslant 0 \quad (j=1,2,\cdots,n) \end{cases}$$

显然，$\boldsymbol{x} = (1,0,0,\cdots,0)^{\mathrm{T}} \in E^m$，$w = \min\limits_j(a_{1j})$ 是第一个问题的一个可行解；而 $\boldsymbol{y} = (1,0,0,\cdots,0)^{\mathrm{T}} \in E^n$，$v = \max\limits_i(a_{i1})$ 是第二个问题的一个可行解。由线性规划的对偶理论可知，这两个线性规划问题分别存在最优解（$\boldsymbol{x}^*, w^*$）和（$\boldsymbol{y}^*, v^*$），且 $w^* = v^*$。即存在 $\boldsymbol{x}^* \in X$，$\boldsymbol{y}^* \in Y$ 和数 v^*，使得对任意的 i（$i=1,2,\cdots,m$）和 j（$j=1,2,\cdots,n$），均存在

$$\sum_{j=1}^{n} a_{ij}y_j^* \leqslant v^* \leqslant \sum_{i=1}^{m} a_{ij}x_i^* \tag{10-16}$$

或

$$E(i,\boldsymbol{y}^*) \leqslant v^* \leqslant E(\boldsymbol{x}^*,j) \tag{10-17}$$

又由

$$E(\boldsymbol{x}^*,\boldsymbol{y}^*) = \sum_{i=1}^{m} E(i,\boldsymbol{y}^*)x_i^* \leqslant v^* \cdot \sum_{i=1}^{m} x_i^* = v^*$$

$$E(\boldsymbol{x}^*,\boldsymbol{y}^*) = \sum_{j=1}^{n} E(\boldsymbol{x}^*, j)y_j^* \geqslant v^* \cdot \sum_{j=1}^{n} y_j^* = v^*$$

得到 $v^* = E(\boldsymbol{x}^*,\boldsymbol{y}^*)$，故由式（10-17）可知式（10-13）成立，证毕。

定理 5 的证明是一个构造性的证明，它不仅证明了零和矩阵博弈解的存在性，而且给出了利用线性规划方法求解零和矩阵博弈的思想。

10.3.4 零和矩阵博弈解的性质

性质1 设 $(\boldsymbol{x}^*,\boldsymbol{y}^*)$ 是零和矩阵博弈 $G=\{S_1,S_2,\boldsymbol{A}\}$ 的解且 $v=V_G$，有下列命题成立：

(1) 若 $x_i^*>0$，则 $\sum_{j=1}^{n}a_{ij}y_j^*=v$；(2) 若 $y_j^*>0$，则 $\sum_{i=1}^{m}a_{ij}x_i^*=v$；

(3) 若 $\sum_{j=1}^{n}a_{ij}y_j^*<v$，则 $x_i^*=0$；(4) 若 $\sum_{i=1}^{m}a_{ij}x_i^*>v$，则 $y_j^*=0$。

证明 按定义有 $v=\max\limits_{x\in X}E(\boldsymbol{x},\boldsymbol{y}^*)$，故

$$v-\sum_{j=1}^{n}a_{ij}y_j^*=\max_{x\in X}E(\boldsymbol{x},\boldsymbol{y}^*)-E(i,\boldsymbol{y}^*)\geqslant 0$$

又因

$$\sum_{i=1}^{m}x_i^*\cdot\left(v-\sum_{j=1}^{n}a_{ij}y_j^*\right)=v-\sum_{i=1}^{m}\sum_{j=1}^{n}a_{ij}x_i^*y_j^*=0$$

所以命题（1）、（3）得证。同理可证命题（2）、（4）。

性质2 设零和矩阵博弈的解集为 $T(G)$，$G_1=\{S_1,S_2,\boldsymbol{A}_1\}$、$G_2=\{S_1,S_2,\boldsymbol{A}_2\}$，若其中有 $\boldsymbol{A}_1=(a_{ij})_{m\times n}$，$\boldsymbol{A}_2=(a_{ij}+L)_{m\times n}$，$L$ 为任一常数，则 $V_{G_2}=V_{G_1}+L$，$T(G_2)=T(G_1)$。

性质3 设有两个零和矩阵博弈 $G_1=\{S_1,S_2,\boldsymbol{A}\}$ 和 $G_2=\{S_1,S_2,\alpha\boldsymbol{A}\}$；其中 $\alpha>0$，为任一常数，则 $V_{G_2}=\alpha V_{G_1}$，$T(G_2)=T(G_1)$。

性质4 设零和矩阵博弈 $G=\{S_1,S_2,\boldsymbol{A}\}$ 存在 $\boldsymbol{A}=-\boldsymbol{A}^{\mathrm{T}}$（此种博弈称为**对称博弈**），则 $V_G=0$，$T_1(G)=T_2(G)$。其中，$T_1(G)$ 和 $T_2(G)$ 分别为局中人甲和乙的最优策略集。

定义5 设零和矩阵博弈 $G=\{S_1,S_2,\boldsymbol{A}\}$，其中 $\boldsymbol{A}=(a_{ij})_{m\times n}$。若对于一切 j（$j=1,2,\cdots,n$）均存在 $a_{i_1j}\geqslant a_{i_2j}$，即 $\boldsymbol{A}=(a_{ij})_{m\times n}$ 中的第 i_1 行的每一个元素均不小于第 i_2 行的每一个对应元素，则对于局中人甲来说策略 α_{i_1} 优超于策略 α_{i_2}；同样，若对于一切 i（$i=1,2,\cdots,m$），均存在 $a_{ij_1}\leqslant a_{ij_2}$，即 $\boldsymbol{A}=(a_{ij})_{m\times n}$ 中的第 j_1 列的每一个元素均不大于第 j_2 列的每一个对应元素，则对于局中人乙来说策略 β_{j_1} 优超于策略 β_{j_2}。

性质5 设零和矩阵博弈 $G=\{S_1,S_2,\boldsymbol{A}\}$，若在 S_1（或/和 S_2）中出现被优超的策略，那么去掉 S_1（或/和 S_2）中被优超的策略所形成的新的零和矩阵博弈与原零和矩阵博弈同解。

例10－17 求解零和矩阵博弈 $G=\{S_1,S_2,\boldsymbol{A}\}$，其中赢得矩阵

$$\boldsymbol{A}=\begin{bmatrix}4&0&2&3&-2\\-2&1&4&-4&3\\7&3&8&4&5\\4&6&5&6&6\\5&2&7&4&3\end{bmatrix}$$

解 显然，对于局中人甲来说策略 α_4 优于策略 α_1，α_3 优于策略 α_2，故可去掉第1和第2行，得到新的赢得矩阵 $\boldsymbol{A}_1=\begin{bmatrix}7&3&8&4&5\\4&6&5&6&6\\5&2&7&4&3\end{bmatrix}$。在 $\boldsymbol{A}_1$ 中，第1列优超于第3列，第2

列优超于第 4 列，$\frac{1}{3}$（第 1 列）+ $\frac{2}{3}$（第 2 列）优超于第 5 列，故可去掉第 3、第 4 和第 5 列，得到新的赢得矩阵 $\boldsymbol{A}_2 = \begin{bmatrix} 7 & 3 \\ 4 & 6 \\ 5 & 2 \end{bmatrix}$。在 $\boldsymbol{A}_2$ 中，第 1 行优超于第 3 行，故可去掉第 3 行，得到新的赢得矩阵 $\boldsymbol{A}_3 = \begin{bmatrix} 7 & 3 \\ 4 & 6 \end{bmatrix}$。$\boldsymbol{A}_3$ 无鞍点存在，应用定理 4 求解下述两个不等式组：

$$\begin{cases} 7x_3 + 4x_4 \geqslant v \\ 3x_3 + 6x_4 \geqslant v \\ x_3 + x_4 = 1 \\ x_3, x_4 \geqslant 0 \end{cases} \quad 和 \quad \begin{cases} 7y_1 + 3y_2 \leqslant v \\ 4y_1 + 6y_2 \leqslant v \\ y_1 + y_2 = 1 \\ y_1, y_2 \geqslant 0 \end{cases}$$

可得：$x_3^* = \frac{1}{3}$，$x_4^* = \frac{2}{3}$；$y_1^* = \frac{1}{2}$，$y_2^* = \frac{1}{2}$。于是，原零和矩阵博弈 $G = \{S_1, S_2, \boldsymbol{A}\}$ 的一个解是：$\boldsymbol{x}^* = \left(0, 0, \frac{1}{3}, \frac{2}{3}, 0\right)^{\mathrm{T}}$；$\boldsymbol{y}^* = \left(\frac{1}{2}, \frac{1}{2}, 0, 0, 0\right)^{\mathrm{T}}$；$V_G = 5$。

10.3.5 零和矩阵博弈的求解方法

1. 2 × 2 博弈的公式法

所谓的 2 × 2 博弈，是指局中人的赢得矩阵是 2 × 2 阶的矩阵，即

$$\boldsymbol{A} = \begin{bmatrix} a_{11} & a_{12} \\ a_{21} & a_{22} \end{bmatrix}$$

如果赢得矩阵 $\boldsymbol{A}$ 有鞍点，则很快可求得各局中人的最优策略；如果赢得矩阵 $\boldsymbol{A}$ 没有鞍点，则各局中人的最优混合策略中的 x_i^* 和 y_j^* 均大于零。于是，由性质 1 可知，为求最优混合策略可列出下述两个方程组：

$$\begin{cases} a_{11}x_1 + a_{21}x_2 = v \\ a_{12}x_1 + a_{22}x_2 = v \\ x_1 + x_2 = 1 \end{cases} \quad 和 \quad \begin{cases} a_{11}y_1 + a_{12}y_2 = v \\ a_{21}y_1 + a_{22}y_2 = v \\ y_1 + y_2 = 1 \end{cases}$$

求解这两个方程组，可得：

$$x_1^* = \frac{a_{22} - a_{21}}{(a_{11} + a_{22}) - (a_{12} + a_{21})} \qquad x_2^* = \frac{a_{11} - a_{12}}{(a_{11} + a_{22}) - (a_{12} + a_{21})}$$

$$y_1^* = \frac{a_{22} - a_{12}}{(a_{11} + a_{22}) - (a_{12} + a_{21})} \qquad y_2^* = \frac{a_{11} - a_{21}}{(a_{11} + a_{22}) - (a_{12} + a_{21})}$$

$$V_G = \frac{a_{11}a_{22} - a_{12}a_{21}}{(a_{11} + a_{22}) - (a_{12} + a_{21})}$$

2. $2\times n$ 或 $m\times 2$ 博弈的图解法

例 10－18 求解零和矩阵博弈 $G=\{S_1,S_2,\boldsymbol{A}\}$。其中，$S_1=\{\alpha_1,\alpha_2\}$，$S_2=\{\beta_1,\beta_2,\beta_3\}$，赢得矩阵 $\boldsymbol{A}=\begin{bmatrix}2 & 3 & 11\\ 7 & 5 & 2\end{bmatrix}$。

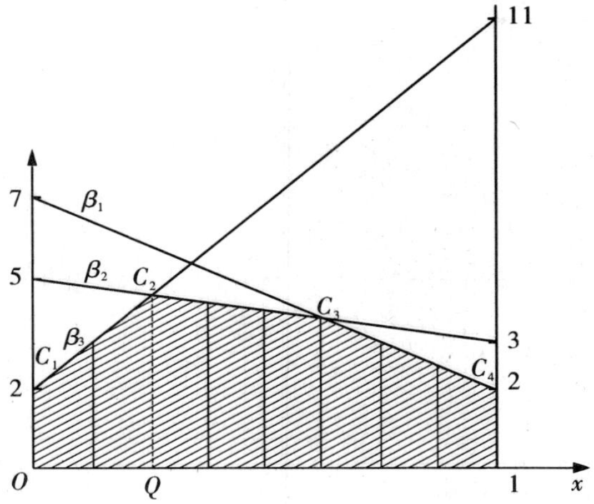

图 10－2 图解示意图

解 设局中人甲的混合策略为 $(x,1-x)^{\mathrm{T}}$, $x\in[0,1]$。过数轴上坐标为 0 和 1 的两点分别作两条垂线，垂线上点的纵坐标分别表示局中人乙采取各策略时，局中人甲分别采取纯策略 α_1 和 α_2 时的赢得值。如图 10－2 所示，当局中人甲选择混合策略 $(x,1-x)^{\mathrm{T}}$时，其最少可能的赢得为局中人乙选择 β_1 、β_2 和 β_3 时所确定的三条直线：$2x+7(1-x)=V$，$3x+5(1-x)=V$，$11x+2(1-x)=V$ 在 x 处的纵坐标中最小者，即如折线 $C_1C_2C_3C_4$ 所示。所以，对局中人甲来说，他的最优选择就是确定 x，使其赢得尽可能地多。从图 10－2 可知，按最小最大原则，应选择 $x=Q$。

为求得 x 和对策的值 V_G，可联立过 C_2 点的两条线段 β_2 和 β_3 所确定的方程，即 $3x+5(1-x)=V_G$ 和 $11x+2(1-x)=V_G$。求解可得 $x=\frac{3}{11}$，$V_G=\frac{49}{11}$。所以，局中人甲的最优策略为 $\boldsymbol{x}^*=(\frac{3}{11},\frac{8}{11})^{\mathrm{T}}$。此外，从图 10－2 还可以看出，局中人乙的最优策略只涉及 β_2 和 β_3。若记 $\boldsymbol{y}^*=(y_1^*,y_2^*,y_3^*)^{\mathrm{T}}$为局中人乙的最优策略，则

$$E(x^*,1)=2\times\frac{3}{11}+7\times\frac{8}{11}=\frac{62}{11}>\frac{49}{11}=V_G$$

$$E(x^*,2)=E(x^*,3)=\frac{49}{11}=V_G$$

根据性质 1，必有 $y_1^*=0$，$y_2^*>0$，$y_3^*>0$，而且

$$\begin{cases}3y_2+11y_3=\dfrac{49}{11}\\ 5y_2+2y_3=\dfrac{49}{11}\\ y_2+y_3=1\end{cases}$$

求解可得 $y_2^* = \frac{9}{11}$，$y_3^* = \frac{2}{11}$。所以，局中人乙的最优策略 $\boldsymbol{y}^* = \left(0,\ \frac{9}{11},\ \frac{2}{11}\right)^{\mathrm{T}}$。

例 10－19 求解零和矩阵博弈 $G = \{S_1, S_2, \boldsymbol{A}\}$。其中，$S_1 = \{\alpha_1, \alpha_2, \alpha_3\}$，$S_2 = \{\beta_1, \beta_2\}$，赢得矩阵 $\boldsymbol{A} = \begin{bmatrix} 2 & 7 \\ 6 & 6 \\ 11 & 2 \end{bmatrix}$。

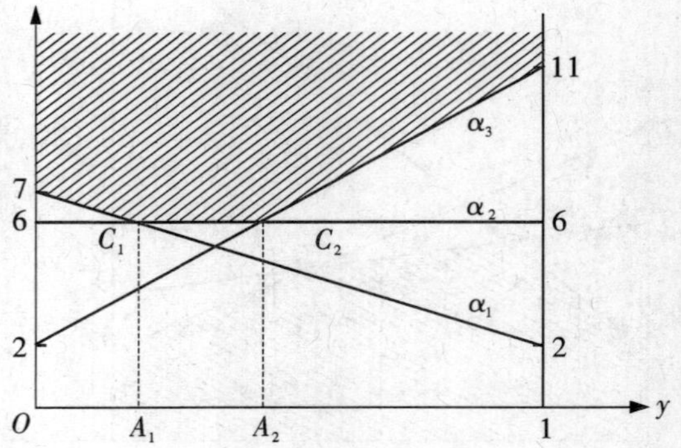

图 10－3 图解示意图

解 设局中人乙的混合策略为 $(y, 1-y)^{\mathrm{T}}$，$y \in [0,1]$。由图 10－3 可知，直线 α_1，α_2，α_3 在任一点 $y \in [0,1]$ 处的纵坐标分别是局中人乙采取混合策略 $(y, 1-y)^{\mathrm{T}}$ 时的损失。根据最不利最有利的原则，局中人乙的最优策略就是如何确定 y，以使三个纵坐标值中的最大值尽可能地小。从图 10－3 可知，$A_1 \leqslant y \leqslant A_2$ 且博弈值为 6。由方程组

$$\begin{cases} 2y + 7(1-y) = 6 \\ 11y + 2(1-y) = 6 \end{cases}$$

求解得 $A_1 = \frac{1}{5}$，$A_2 = \frac{4}{9}$。所以，局中人乙的最优策略为 $\boldsymbol{y}^* = (y, 1-y)^{\mathrm{T}}$，其中 $y \in \left[\frac{1}{5}, \frac{4}{9}\right]$；而局中人甲的最优策略显然只能是 $(0,1,0)^{\mathrm{T}}$，即取策略 α_2。

3．线性方程组求解法

根据定理 4，求解零和矩阵博弈解 $(\boldsymbol{x}^*, \boldsymbol{y}^*)$ 的问题等价于求解式（10－14）和式（10－15）。又根据定理 5 和性质 1，如果假设最优策略中的 x_i^* 和 y_j^* 均不为零，即可将上述两个不等式组的求解转化为求解下述两个方程组的问题：

$$\begin{cases} \sum_{i=1}^{m} a_{ij} x_i = v \quad (j = 1, 2, \cdots, n) \\ \sum_{i=1}^{m} x_i = 1 \end{cases} \tag{10-18}$$

和

$$\begin{cases} \sum_{j=1}^{n} a_{ij} y_j = v \quad (i = 1, 2, \cdots, m) \\ \sum_{j=1}^{n} y_j = 1 \end{cases} \tag{10-19}$$

如果方程组（10－18）和方程组（10－19）存在非负解 $\boldsymbol{x}^*$ 和 $\boldsymbol{y}^*$，则已经得到了对策的一个解（$\boldsymbol{x}^*,\boldsymbol{y}^*$）；如果方程组（10－18）和方程组（10－19）的解 $\boldsymbol{x}^*$ 和 $\boldsymbol{y}^*$ 中存在负的分量，则可视具体情况，将方程组（10－18）和方程组（10－19）中的某些等式改成不等式，继续试算求解，直到得到博弈的一个解（$\boldsymbol{x}^*,\boldsymbol{y}^*$）。

例 10－20 求解“齐王赛马”博弈，赢得矩阵

$$\boldsymbol{A}=\begin{bmatrix}3 & 1 & 1 & 1 & 1 & -1\\ 1 & 3 & 1 & 1 & -1 & 1\\ 1 & -1 & 3 & 1 & 1 & 1\\ -1 & 1 & 1 & 3 & 1 & 1\\ 1 & 1 & -1 & 1 & 3 & 1\\ 1 & 1 & 1 & -1 & 1 & 3\end{bmatrix}$$

解 设 $\boldsymbol{x}^*=(x_1^*,x_2^*,\cdots,x_6^*)^{\mathrm{T}}$和 $\boldsymbol{y}^*=(y_1^*,y_2^*,\cdots,y_6^*)^{\mathrm{T}}$分别为齐王和田忌的最优混合策略。从矩阵 $\boldsymbol{A}$ 的元素来看，每个局中人选取每一策略的可能性都是存在的，故可以事先假设 x_i^* 和 y_j^* 均大于零，于是求解两个线性方程组：

$$\begin{cases}3x_1+x_2+x_3-x_4+x_5+x_6=v\\ x_1+3x_2-x_3+x_4+x_5+x_6=v\\ x_1+x_2+3x_3+x_4-x_5+x_6=v\\ x_1+x_2+x_3+3x_4+x_5-x_6=v\\ x_1-x_2+x_3+x_4+3x_5+x_6=v\\ -x_1+x_2+x_3+x_4+x_5+3x_6=v\\ x_1+x_2+x_3+x_4+x_5+x_6=1\end{cases}\qquad\begin{cases}3y_1+y_2+y_3+y_4+y_5-y_6=v\\ y_1+3y_2+y_3+y_4-y_5+y_6=v\\ y_1-y_2+3y_3+y_4+y_5+y_6=v\\ -y_1+y_2+y_3+3y_4+y_5+y_6=v\\ y_1+y_2-y_3+y_4+3y_5+y_6=v\\ y_1+y_2+y_3-y_4+y_5+3y_6=v\\ y_1+y_2+y_3+y_4+y_5+y_6=1\end{cases}$$

得到 $\boldsymbol{x}^*=\left(\frac{1}{6},\frac{1}{6},\frac{1}{6},\frac{1}{6},\frac{1}{6},\frac{1}{6}\right)^{\mathrm{T}}$，$\boldsymbol{y}^*=\left(\frac{1}{6},\frac{1}{6},\frac{1}{6},\frac{1}{6},\frac{1}{6},\frac{1}{6}\right)^{\mathrm{T}}$，博弈值（齐王的期望赢得）$V_G=1$。这一结果完全符合我们的想象，即双方均以等概率选取每一个策略，齐王将有 $\frac{5}{6}$ 的获胜机会，赢得的期望值是 1。但是，如果齐王事先暴露自己的策略，那么田忌就可以选取以上马对齐王的中马、中马对齐王的下马、下马对齐王的上马，从而使自己赢得 1。因此，在零和矩阵博弈不存在鞍点时，竞争双方在开局之前均应对自己的策略加以保密，否则泄密的一方将付出代价。

4．线性规划求解法

由定理 5 可知，任一零和矩阵博弈 $G=\{S_1,S_2,\boldsymbol{A}\}$ 的求解均等价于求解一对互为对偶的线性规划问题；而定理 4 表明，零和矩阵博弈 $G=\{S_1,S_2,\boldsymbol{A}\}$ 的解 $\boldsymbol{x}^*$ 和 $\boldsymbol{y}^*$ 等价于如下两个不等式组的解：

$$\begin{cases}\sum\limits_{i=1}^{m}a_{ij}x_i\geqslant v & (j=1,2,\cdots,n)\\ \sum\limits_{i=1}^{m}x_i=1 & \\ x_i\geqslant 0 & (i=1,2,\cdots,m)\end{cases}\tag{10-20}$$

$$\begin{cases}\sum_{j=1}^{n} a_{ij}y_j \leqslant v \quad (i=1,2,\cdots,m)\\ \sum_{j=1}^{n} y_j = 1\\ y_j \geqslant 0 \quad (j=1,2,\cdots,n)\end{cases} \tag{10-21}$$

其中，$v=\max\limits_{x\in X}\min\limits_{y\in Y}E(\boldsymbol{x},\boldsymbol{y})=\min\limits_{y\in Y}\max\limits_{x\in X}E(\boldsymbol{x},\boldsymbol{y})=V_G$。

定理 6 设零和矩阵博弈 $G=\{S_1,S_2,\boldsymbol{A}\}$ 的值为 V_G，则

$$V_G=\max_{x\in X}\min_{1\leqslant j\leqslant n}E(\boldsymbol{x},j)=\min_{y\in Y}\max_{1\leqslant i\leqslant m}E(i,\boldsymbol{y}) \tag{10-22}$$

证明 因 V_G 是矩阵对策的值，故

$$V_G=\max_{x\in X}\min_{y\in Y}E(\boldsymbol{x},\boldsymbol{y})=\min_{y\in Y}\max_{x\in X}E(\boldsymbol{x},\boldsymbol{y})$$

一方面，任给 $\boldsymbol{x}\in X$，有 $\min\limits_{1\leqslant j\leqslant n}E(\boldsymbol{x},j)\geqslant\min\limits_{y\in Y}E(\boldsymbol{x},\boldsymbol{y})$，故

$$\max_{x\in X}\min_{1\leqslant j\leqslant n}E(\boldsymbol{x},j)\geqslant\max_{x\in X}\min_{y\in Y}E(\boldsymbol{x},\boldsymbol{y}) \tag{10-23}$$

另一方面，任给 $\boldsymbol{x}\in X$，$\boldsymbol{y}\in Y$，有 $E(\boldsymbol{x},\boldsymbol{y})=\sum\limits_{j=1}^{n}E(\boldsymbol{x},j)\cdot y_j\geqslant\min\limits_{1\leqslant j\leqslant n}E(\boldsymbol{x},j)$，故

$$\min_{y\in Y}E(\boldsymbol{x},\boldsymbol{y})\geqslant\min_{1\leqslant j\leqslant n}E(\boldsymbol{x},j)$$

$$\max_{x\in X}\min_{y\in Y}E(\boldsymbol{x},\boldsymbol{y})\geqslant\max_{x\in X}\min_{1\leqslant j\leqslant n}E(\boldsymbol{x},j) \tag{10-24}$$

由式（10－23）和式（10－24）可得：

$$V_G=\max_{x\in X}\min_{1\leqslant j\leqslant n}E(\boldsymbol{x},j)$$

$$V_G=\min_{y\in Y}\max_{1\leqslant i\leqslant m}E(i,\boldsymbol{y})$$

根据性质 2，不妨假设 $v>0$。令 $x'_i=\dfrac{x_i}{v}$，则方程组（10－20）变为

$$\begin{cases}\sum_{i=1}^{m} a_{ij}x'_i \geqslant 1 \quad (j=1,2,\cdots,n)\\ \sum_{i=1}^{m} x'_i = \dfrac{1}{v}\\ x'_i \geqslant 0 \quad (i=1,2,\cdots,m)\end{cases} \tag{10-25}$$

根据定理 6，有 $v=\max\limits_{x\in X}\min\limits_{1\leqslant j\leqslant n}\sum\limits_{i=1}^{m}a_{ij}x_i$。方程组（10－25）等价于

$$\begin{cases}\min z=\sum_{i=1}^{m} x'_i\\ \sum_{i=1}^{m} a_{ij}x'_i \geqslant 1 \quad (j=1,2,\cdots,n)\\ x'_i \geqslant 0 \quad (i=1,2,\cdots,m)\end{cases} \tag{10-26}$$

同理，令 $y'_j=\dfrac{y_j}{v}$，方程组（10－21）变为

$$\begin{cases} \sum_{j=1}^{n} a_{ij}y'_j \leqslant 1 \quad (i = 1,2,\cdots,m) \\ \sum_{i=1}^{m} y'_j = \frac{1}{v} \\ y'_j \geqslant 0 \quad (j = 1,2,\cdots,n) \end{cases} \tag{10-27}$$

其中，$v = \min_{y \in Y} \max_{1 \leqslant i \leqslant m} \sum_{j=1}^{n} a_{ij}y_j$，于是方程组（10－27）等价于方程组（10－28）所示的线性规划问题：

$$\begin{cases} \max z = \sum_{j=1}^{n} y'_j \\ \sum_{j=1}^{n} a_{ij}y'_j \leqslant 1 \quad (i = 1,2,\cdots,m) \\ y'_j \geqslant 0 \quad (j = 1,2,\cdots,n) \end{cases} \tag{10-28}$$

显然，方程组（10－26）和方程组（10－28）所示的线性规划问题互为对偶问题，故可利用单纯形法及其对偶性质求解。在求解时，一般先求方程组（10－28）的解，因为这样容易得到初始的可行基；而方程组（10－26）的解利用对偶性质直接得到。

例 10－21 利用线性规划求解零和矩阵博弈，其中赢得矩阵 $\boldsymbol{A} = \begin{bmatrix} 7 & 2 & 9 \\ 2 & 9 & 0 \\ 9 & 0 & 11 \end{bmatrix}$。

解 构造两个互为对偶的线性规划问题：

$$\min(x_1 + x_2 + x_3)$$
$$\begin{cases} 7x_1 + 2x_2 + 9x_3 \geqslant 1 \\ 2x_1 + 9x_2 \geqslant 1 \\ 9x_1 + 11x_3 \geqslant 1 \\ x_1, x_2, x_3 \geqslant 0 \end{cases}$$

和

$$\max(y_1 + y_2 + y_3)$$
$$\begin{cases} 7y_1 + 2y_2 + 9y_3 \leqslant 1 \\ 2y_1 + 9y_2 \leqslant 1 \\ 9y_1 + 11y_3 \leqslant 1 \\ y_1, y_2, y_3 \geqslant 0 \end{cases}$$

利用单纯形法求解第二个线性规划问题，迭代过程见表 10－13 至表 10－16。从表10－16 中可以看出，第二个线性规划问题的解为 $\boldsymbol{y} = \left(\frac{1}{20}, \frac{1}{10}, \frac{1}{20}\right)^{\mathrm{T}}$，$z_y = \frac{1}{5}$；第一个线性规划问题的解为 $\boldsymbol{x} = \left(\frac{1}{20}, \frac{1}{10}, \frac{1}{20}\right)^{\mathrm{T}}$，$z_x = \frac{1}{5}$。

表 10－13 对偶问题初始单纯形表

c_j		1	1	1	0	0	0	$\boldsymbol{b}$
$\boldsymbol{C_B}$	$\boldsymbol{Y_B}$	y_1	y_2	y_3	u_1	u_2	u_3	
0	u_1	7	2	9	1	0	0	1
0	u_2	2	9	0	0	1	0	1
0	u_3	[9]	0	11	0	0	1	1
$c_j - z_j$		1	1	1	0	0	0	**0**

表 10-14 对偶问题迭代单纯形表

c_j		1	1	1	0	0	0	$\boldsymbol{b}$
$\boldsymbol{C_B}$	$\boldsymbol{Y_B}$	y_1	y_2	y_3	u_1	u_2	u_3	
0	u_1	0	2	4/9	1	0	-7/9	2/9
0	u_2	0	[9]	-22/9	0	1	-2/9	7/9
1	y_1	1	0	11/9	0	0	1/9	1/9
$c_j - z_j$		0	1	-2/9	0	0	-1/9	**1/9**

表 10-15 对偶问题迭代单纯形表

c_j		1	1	1	0	0	0	$\boldsymbol{b}$
$\boldsymbol{C_B}$	$\boldsymbol{Y_B}$	y_1	y_2	y_3	u_1	u_2	u_3	
0	u_1	0	0	[80/81]	1	-2/9	-59/81	4/81
1	y_2	0	1	-22/81	0	1/9	-2/81	7/81
1	y_1	1	0	11/9	0	0	1/9	1/9
$c_j - z_j$		0	0	4/81	0	-1/9	-7/81	**16/81**

表 10-16 对偶问题最终单纯形表

c_j		1	1	1	0	0	0	$\boldsymbol{b}$
$\boldsymbol{C_B}$	$\boldsymbol{Y_B}$	y_1	y_2	y_3	u_1	u_2	u_3	
1	y_3	0	0	1	81/80	-9/40	-59/80	1/20
1	y_2	0	1	0	11/40	1/20	-9/40	1/10
1	y_1	1	0	0	-99/80	11/40	81/80	1/20
$c_j - z_j$	0	0	0	0	-1/20	-1/10	-1/20	**1/5**

于是，$V_G = 5$，$\boldsymbol{x}^* = V_G \cdot \left(\frac{1}{20},\frac{1}{10},\frac{1}{20}\right)^{\mathrm{T}} = \left(\frac{1}{4},\frac{1}{2},\frac{1}{4}\right)^{\mathrm{T}}$，$\boldsymbol{y}^* = V_G \cdot \left(\frac{1}{20},\frac{1}{10},\frac{1}{20}\right)^{\mathrm{T}} = \left(\frac{1}{4},\frac{1}{2},\frac{1}{4}\right)^{\mathrm{T}}$。

对于本章的例 10-15，可构造两个互为对偶的线性规划问题：

$$\min(x_1 + x_2 + x_3 + x_4) \qquad\qquad \max(y_1 + y_2 + y_3)$$

$$\begin{cases} -4x_1 + 4x_2 + 8x_3 - 3x_4 \geqslant 1 \\ 4x_1 + 3x_2 - x_3 \geqslant 1 \\ -6x_1 + 5x_2 - 10x_3 \geqslant 1 \\ x_1, x_2, x_3, x_4 \geqslant 0 \end{cases} \quad 和 \quad \begin{cases} -4y_1 + 4y_2 - 6y_3 \leqslant 1 \\ 4y_1 + 3y_2 + 5y_3 \leqslant 1 \\ 8y_1 - y_2 - 10y_3 \leqslant 1 \\ -3y_1 + 6y_3 \leqslant 1 \\ y_1, y_2, y_3 \geqslant 0 \end{cases}$$

利用单纯形法求解第二个线性规划问题，即可得到 V_G，$\boldsymbol{x}^*$ 和 $\boldsymbol{y}^*$。

至此，我们介绍了一些求解零和矩阵博弈的方法。在求解一个零和矩阵博弈时，应首先判断其是否具有鞍点，当鞍点不存在时，利用零和矩阵博弈的性质将原博弈的赢得矩阵尽量简化，然后再利用本节介绍的各种方法求解。在本节介绍的各种方法中，迭代法和线性规划法是具有一般性的方法。

10.4 动态博弈

在此节之前，我们所讨论的所有博弈问题，如卢梭模型、囚徒困境、性别战和斗鸡博弈等，局中人都是在同时选择他们的行动，属于静态博弈的范畴。本节我们将探讨一些有关动态博弈的问题。

10.4.1 完美信息动态博弈

1. 扩展式

动态博弈问题可以运用一种扩展式博弈的概念进行模型化。这种扩展式博弈清晰地表明了局中人采取行动的次序，以及局中人在做出每一行动的决策时所知道的信息。

例 10－22 在一个双寡头动态博弈中，局中人甲作为领头者首先选择其产出水平 q_1，而局中人乙在做出其产出水平 q_2 之前可以观察到局中人甲的选择 q_1。假设局中人 i 的效用 $u_i(q_1,q_2)=[12-(q_1+q_2)]q_i$。

局中人甲首先采取行动，他无法将局中人乙的产出水平作为自己选择产出水平的前提条件；而局中人乙是以所观察到局中人甲的选择 q_1 为前提条件来选择自己的产出水平 q_2 的。因而自然的，局中人乙在这一博弈中的策略就可以看作是一种映射。纳什均衡在动态博弈中的内涵是：当某一策略对出现后，任何一个局中人都不能通过改变策略来增加效用时，我们就称之为实现了纳什均衡。

对于局中人甲来说，纳什均衡只是一种无条件的效用最大化，等同于局中人乙不存在，即 $\max u_1=(12-q_1)q_1$，于是有 $\dfrac{du_1}{dq_1}=12-2q_1=0\rightarrow q_1=6$。对于局中人乙，纳什均衡是一种以 $q_1=6$ 为条件的效用最大化，即 $\max u_2=[12-(6+q_2)]q_2$，于是有 $\dfrac{du_2}{dq_2}=6-2q_2=0\rightarrow q_2=3$。该纳什均衡（6,3）被称为这一博弈的**斯塔克伯格均衡**。由于 u_2 是关于 q_1 的递减函数，因而局中人甲可以通过增加自身的产出水平 q_1，来降低局中人乙的效用。结果，造成局中人甲的产出和效用就会比这一博弈的**古诺均衡**（局中人同时决策）要高，而局中人乙的要低。这一博弈的唯一一个古诺均衡为（4,4），相应的各局中人所获得的效用为16。而这一博弈与斯塔克伯格均衡（6,3）相应的各局中人所获得的效用分别为18和9。

尽管这一博弈中还存在其他的纳什均衡，但事实上，斯塔克伯格均衡确实似乎是一种最为合理的自然选择。此外，斯塔克伯格均衡又正好与**逆向归纳**所得到的结果一致，这也在一定程度上使得斯塔克伯格均衡成为"唯一可靠"的产出结果。在本书第六章，我们已经接触过运用逆序算法求解多阶段的动态规划问题；而对于多阶段的动态博弈问题，类似也有逆向归纳的思想和方法。逆向归纳，首先从集中解决局中人在面临任何可能情况下的最终行为策略的最优选择开始，然后逐步向前递推计算前一步的最优选择，进而完成全过程的最优选择。**完美子博弈均衡**（sub-game-perfect-equilibrium）概念的引入，使逆向归纳的思想顺利延伸到扩展式博弈。

2. 多阶段可观察行为博弈

多阶段可观察行为博弈是一种结构最简单的动态博弈，它有着不同的阶段，并且：①在每一阶段中，每一局中人都知道所有局中人在以前任一阶段里所采取的行动，包括各局中人的行为特征。②各局中人在任一阶段都是同时进行行动的。这里的“同时行动”并不排除局中人轮流采取行动，因为轮流采取行动可以被看成是在某一阶段只有一个局中人采取一个具体的策略，而其他局中人均采取“不采取任何行动”的策略。比如，在斯塔克伯格博弈中有两个阶段：在初始阶段，领头者选择了一个产出水平，这时追随者并没有采取任何行动；而在第二阶段，追随者知道领头者的产出水平并选择自己的产出水平，此时领头者又没有采取任何行动。因此，我们已经讨论过的斯塔克伯格问题，也属于多阶段可观察行为博弈的范畴。

（1）逆向归纳法和子博弈完美

在斯塔克伯格博弈中，容易看到局中人乙（追随者）是“应该”参与博弈的，因为一旦 q_1 固定下来之后，局中人乙所面临的就只是一个简单的决策问题了。这使得我们可以对每一个 q_1 都能找出局中人乙在第二阶段的最优选择，然后由此逆向推算出局中人甲（领导者）的最优选择。如果对每一个阶段 k 以及历史 h^k 而言，只有一个局中人具有非单点的策略选择集，同时其他局中人都只有一个“不采取任何行动”的单点策略选择集，我们就说该多阶段博弈有完美的信息。

完美信息博弈的一个简单例子就是，局中人甲在阶段 0,2,4 等采取行动，而局中人乙在阶段 1,3,5 等采取行动。更一般的情况是，允许某些局中人连续在几个阶段都采取行动。完美信息的本质是，在每一个阶段 k 必须只能有一个局中人采取行动，而不要求他们一定是交替地采取行动。逆向归纳法可以在任何完美信息下的有限博弈中应用，这里的“有限”意味着博弈的阶段数是有限的，同时任一阶段中可行的行动数目也是有限的。

在斯塔克伯格博弈中，假设每一个局中人只有三个可能的产出水平 3,4 和 6，那么这一完美信息博弈可用图 10－4 所示的博弈树来表示。树中每一分枝末端的向量分别代表局中人甲和局中人乙的收益水平。

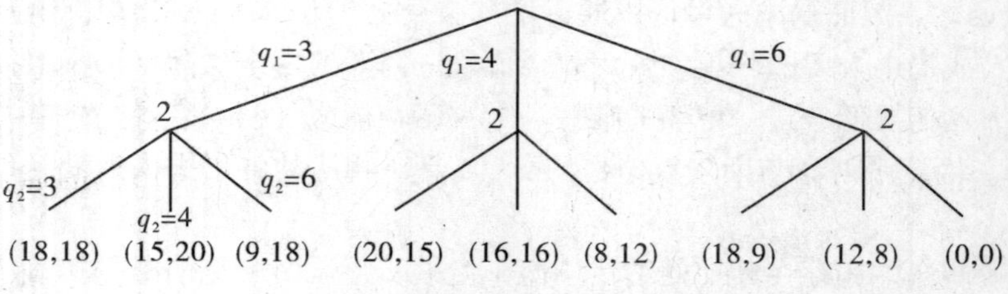

图 10－4 斯塔克伯格完美信息博弈树

例 10－23 在一个双寡头策略投资模型中，企业 1 和企业 2 当前的平均单位成本均为“2”。企业 1 可以装备一种新的技术，从而使其平均单位成本降为“0”，但需要投资“f”。企业 2 可以观察到企业 1 是否投资于这一项新技术。一旦企业 1 对新技术的投资被观察到之后，这两个企业如在古诺竞争中一样会同时选择各自的产出水平 q_1 和 q_2 。因此，这是一个两阶段的博弈。

为了定义收益（效益）函数，我们假设市场价格为 $p(q)=14-q$ ，并且每一个企业的目标都是使扣除成本之后的净收益最大化。对企业1而言，如果不投资这项新技术，则其收益是 $u_1(q_1,q_2)=[12-(q_1+q_2)]q_1$ ，如果投资则其收益是 $u_1(q_1,q_2)=[14-(q_1+q_2)]q_1-f$ ；而企业2的收益是 $u_2(q_1,q_2)=[12-(q_1+q_2)]q_2$ 。

为求得子博弈完美均衡，我们由后往前推算。如果企业1不投资，则两个企业的平均单位成本均为2，从而它们的反应函数为 $r_i(q_j)=6-q_j/2$ 。反应函数相交于点（4,4），每一个局中人的收益都是16。如果企业1投资，则它的反应函数变为 $\overline{r_1}(q_2)=7-q_2/2$ 。在阶段2的均衡则为（16/3,10/3），企业1的总收益为 $256/9-f$。因此，如果 $256/9-f>16$ ，即 $f<112/9$ ，则企业1就会进行技术投资。

（2）承诺的价值和时间一致性

在动态博弈中反复出现的一个主题就是在许多情形里，局中人可以通过许下一个按照某种方式行动的承诺而增加其收益。在一个决策问题（单一局中人的博弈）中，这样的承诺不具有任何意义，因为决策者根据承诺来行动而获得的收益，也可以通过采取相同的行动而不做任何承诺来获得。然而，在博弈问题中，承诺就很有价值，因为通过承诺自己按一给定系列行为进行行动，局中人就可能改变其对手的行动。承诺这种“似非而是”的价值与我们先前讨论过的局中人通过缩减自身的行动集或减少某些产出的收益来增加获利是密切相关的，只要他的对手清楚地认识到这种变化。事实上，某些形式的承诺确实可以用这种方式来表达。

我们在对斯塔克伯格博弈的分析中，已经看到过承诺的价值所在。在这个案例中，领导者可以承诺选择某种产出水平，使得追随者在做出自己产出水平决策时，不得不把这一承诺当作一个事先给定的量来看待。在一般性的假设条件下，每一企业的最优反应函数 $r_i(q_j)$ 是关于其竞争对手产出水平的递减函数，斯塔克伯格领导者的收益要高于“古诺均衡”中两企业同时选择其产出时的水平。

承诺价值的另外一个例子就是，在宏观经济学中被称为“时间一致性”（又称为动态一致性）的问题。这一问题是凯德兰德和普瑞斯考特（Kydland and Prescott，1977）首先提出来的，本书引用马克艾瓦（Markiw，1988）的分析。假设政府要设定通货膨胀率 π ，同时其对于通货膨胀以及产出水平 y 的偏好以 $u_g(\pi,y)=y-\pi^2$ 来表示，这样政府要通过货币政策来增加产出的水平就必须准备承担通货膨胀。宏观经济的研究表明，只有非预期的通货膨胀才会影响产出：$y=y^*+(\pi-\overline{\pi})$ ，式中 y^* 为产出的“自然水平”，$\overline{\pi}$ 为预期的通货膨胀率。首先假设政府可以承诺设定一个通货膨胀率，也就是说，政府首先采取行动并选择一个 π 的水平，这种选择被代理人所观察到，从而不管所选择的通货膨胀率 π 如何，产出都会等于 y^* ，因此政府会把通货膨胀率设定在 $\pi=0$ 上。

正如凯德兰德和普瑞斯考特所指出的那样，这种对承诺博弈的解不是“时间一致的”。也就是说，如果代理人错误地相信通货膨胀率 π 被设定在 $\pi=0$ 上，而实际上政府却可以自由选择其所希望的任意的 π 的水平，那么政府就会倾向于选择一个与预期并不相同的 π 的水平。因而，承诺解并非是博弈的均衡。

如果政府不进行承诺，它会选择一个通货膨胀的水平使得产出增加的边际收益刚好等于通货膨胀扩大的边际成本。政府效用函数使得这种替代关系与产出水平或预期通货膨胀水平不相关，政府会选择 $\pi = 1/2$ 。由于产出在两种情况下都是一样的，因而政府在不做承诺时就会更差。在货币政策的讨论中，“承诺路径”可以解释为“货币增长法则”，而不做任何承诺则与“随意政策”相对应。因此，可以得出这样的结论：“一般而言，有原则比随意行动要来得好。”

作为实践一致性问题的一个注释，让我们考虑一些与斯塔克伯格均衡和古诺均衡相似的问题。如果由政府和代理人来选择产出水平，那么承诺解与斯塔克伯格产出（q_1^*, q_2^*）是一致的。但在政府不能做出承诺的博弈中，这一产出并非是一个均衡，因为一般当 q_2^* 被固定下来时，q_1^* 并不是对应于 q_2^* 的最优产出。上面所提及的无承诺解 $\pi = 1/2$ 与同时采取行动的情形相一致，也就是与古诺产出相一致。

（3）典型案例

囚徒困境是一个广为人知的博弈案例，我们在例 10－9 中已经讨论了它的静态情形；在此，我们探讨允许局中人根据其对手在以前各个时期的行动方式来采取自己当期行动的博弈情况。首先，假设每期收益只依赖当期的行动，记为 $g_i(a^t)$ ，如图 10－5 所示，对所有局中人都使用同样的贴现因子 δ 来贴现其未来收益。

	合作	背叛
合作	1，1	−1，2
背叛	2，−1	0，0

图 10－5　囚徒困境赢得函数示意图

我们希望考察均衡收益是如何随着期界 T 而变化的。为了使不同期界的收益具有可比性，我们用同样的单位对每期收益进行标准化表示。因此，一个行动序列 $\{a^0, a^1, \cdots, a^T\}$ 的标准化收益是 $\frac{1-\delta}{1-\delta^{T+1}}\sum_{t=0}^{T}\delta^t g_i(a^t)$ ，称为“平均贴现收益”。因为标准化只是改变了权重，因而标准化的形式和现值的形式代表同样的偏好。

我们从博弈只进行一次的情形开始，这时合作就是绝对的劣策略，唯一的均衡就是两个嫌疑人均选择背叛对方。如果博弈只重复有限次，那么子博弈完美就要求两个嫌疑人在最后一期博弈时都选择背叛；根据逆向归纳法，则唯一的完美子博弈均衡就是两个嫌疑人在每一个阶段都选择背叛。如果博弈重复无限多次，那么“每一个阶段二人都选择背叛”仍然是一个完美子博弈均衡；而且，这是唯一一个局中人每期行动都与上期行动相同的均衡。然而，如果期界无限，同时 $\delta > 1/2$ ，那么，下面的策略组合也是完美子博弈均衡：开始时选择合作，只要没有人背叛就一直合作下去，但只要有一个人背叛，在以后的博弈中，就一直选择背叛。使用这样的策略，就会面临两类子博弈：A 类是没有人背叛，B 类是背叛从 i 开始就已经发生。如果一个局中人在 A 类的每个子博弈都执行这一策略，则他的平均贴现收益是“1”；如果他在时间 t 偏离这一策略，并在此后一直背叛下去，那么他的标准化收益是：

$$(1-\delta)(1+\delta+\cdots+\delta^{t-1}+2\delta^t+0+\cdots) = 1-\delta^t(2\delta-1)$$

当 $\delta > 1/2$ 时，显然其标准化收益小于1。对于 B 类子博弈中的任何历史 h^t ，从 t 往后一直奉行这一策略的收益是“0”，偏离一次后再奉行该策略，在 t 期的收益为“－1”，在以后仍然为“0”。这样，在任何子博弈中，没有局中人可以从偏离一次后再奉行这一特定策略而获得好处，根据单阶段偏离条件，这一策略组合也就形成一个完美子博弈均衡。

随着贴现因子大小的变化，可能会有许多其他的完美均衡。目前，虽然有多种用来减少均衡多重性的方法，但还没有一种方法能被广泛地接受，仍然是博弈领域研究的一个热点问题。

上述囚徒困境重复博弈，表明重复博弈扩大了均衡结果集合。此外，它还显示同样的博弈在有限期界和无限期界中其均衡的集合是截然不同的，特别是在时期界限变为无限大时可能出现新的均衡。

10.4.2 不完美信息动态博弈

在前面所讨论的动态博弈中，每个局中人在每期末都能观察到别人的行动。然而，在许多经济与管理博弈问题中，这样的假设并不成立。更一般的情形是，在每一个期末，所有局中人都观察到一个“公共结果”，这一公共结果和阶段博弈的行为向量相关联。每个局中人实现的收益只依赖于自己的行为和公共结果，博弈对手的行动只是通过对公共结果分布的作用来影响他的收益。可观察行动的博弈是公共结果包含实现的行动时的特例。

许多博弈的案例都揭示出公共结果只能提供不完美信息。受斯蒂格勒（Stigler，1964）的启发，格林和波特（Green and Porter，1984）最早开始对此类博弈的研究，他们的模型试图解释“价格战”的产生。在斯蒂格勒的模型中，每个厂商只能观察到自己的销售，但对竞争对手的价格和产量却一无所知。由于消费者需求的总体水平是不确定的，所以一家厂商销量的下降可能归于总需求的下降，也可能归于竞争对手的不可见的削价行为。因为厂商关于其竞争对手行动的全部信息只是自己实现的销售水平，所以没有厂商知道其对手已经观察到了什么，也就没有关于选择的公共信息。相反，格林－波特模型含有公共信息，每个厂商的收益取决于其自己的产出和可见的公共市场价格。厂商观察不到其他厂商的产出，而且市场价格取决于不可观察的需求冲击和总产出。因此，市场价格出乎意料的低既能归咎于对手意料之外的高产出，也能归咎于意料之外的低需求。

另一个具有不完美公共信息的动态博弈是拉德纳（Radner，1986）等人研究的合伙模型。在合伙模型中，每个局中人实现的收益依赖于自己的努力和公共可见的产出，每个局中人并不能看到其合伙人的努力，产出是随机的。

1．模型

在阶段博弈中，每个局中人 $i=1,2,\cdots,m$ 同时从有限集 A_i 中选择一个策略 a_i。每个行动组合 $a \in A = \times_i A_i$ 都对应于公共观察到的结果 y 上的一个分布，其中 y 属于有限集 Y。令 $\pi_y(a)$ 为 a 对应结果 y 的概率，$\pi(a)$ 为概率分布。局中人 i 实现的收益 $r_i(a_i,y)$ 独立于其他局中人的行动（否则，局中人 i 的收益将提供对手博弈的私人信息）。局中人 i 对于策略组合 a 的期望收益是：$g_i(a) = \sum_y \pi_y(a) r_i(a_i,y)$，对于混合策略 α 导致的结果、收益和分布自然都可以据此定义。

在动态博弈中，t 期初的公共信息是：$h^t = (y^0,y^1,\cdots,y^{t-1})$，局中人 i 在 t 阶段存在关于自己过去行动选择的私人信息，令为 z_i^t。局中人 i 的一个策略是一系列从 t 阶段的信息到 A_i 上概率分布的映射，令 $\sigma_i^t(h^t,z_i^t)$ 代表局中人 i 的信息是 (h^t,z_i^t) 时他选择的概率分布。

在可观察行动的动态博弈中，结果集 Y 和行动组合集 A 是同构的，即如果 y 同构于 a，则 $\pi_y(a)=1$，否则 $\pi_y(a)=0$。在格林－波特模型中，$a_i\in[0,\overline{Q}]$ 是厂商 i 的产出，结果 y 是市场价格。格林－波特又假设结果上的概率分布只依赖于厂商们的总产出，且每种价格都以正概率在每个行动组合下发生。在拉德纳合伙模型中，a_i 是局中人 i 的努力水平，结果 y 是实现的产出，A_i 是集合｛工作，偷懒｝。

2. 触发价格策略

格林和波特（1984）在对他们的寡头模型进行分析时，拓展了弗里德曼（Friedman，1971）提出的触发策略均衡的概念，引入"触发价格策略"下的均衡思想。如果将结果集 Y 解释成价格，则 $Y\subseteq R$ 且每个厂商的产出 $a_i\in[0,\overline{Q}]$。假设收益函数是对称的，且只考虑所有局中人在每期都选择相同行动的均衡，即对所有的 t 和 h^t，有 $\sigma_i(h^t)=\sigma_j(h^t)$（均衡是强对称的）。触发价格策略组合由三个参数 $\hat{a}$，$\hat{y}$ 和 $\hat{T}$ 决定。在这些组合中，博弈在两种可能的状态（合作，惩罚）之一中进行。在合作状态中，所有厂商生产同样的产出 $\hat{a}$，只要每期实现的价格 y^t 至少是触发价格 $\hat{y}$，选择就会继续在合作状态中进行。如果 $y^t<\hat{y}$，那么选择就会转换到惩罚状态并持续 $\hat{T}$ 期。在这个状态下，无论实现的结果如何，局中人每期选择一个静态纳什均衡 a^*，$\hat{T}$ 期后转回合作状态。

如果取 $\hat{a}=a^*$，根据上述策略每期都选择静态均衡 a^*，这显然是个均衡，所以触发价格均衡存在。更一般地，我们可以如此刻画触发价格均衡：对固定的 $\hat{a}$ 和 $\hat{y}$，令

$$\lambda(\hat{a})=\mathrm{Prob}(y^t\geqslant\hat{y}\mid\hat{a})$$

为局中人使用策略组合 $\hat{a}$ 的结果不低于触发水平的概率。方便起见，令标准化静态均衡 a^* 的收益为"0"，那么，局中人遵循上述策略的（标准化的）收益是：

$$\hat{v}=(1-\delta)g(\hat{a})+\delta\lambda(\hat{a})\hat{v}+\delta\left[1-\lambda(\hat{a})\right]\delta^{\hat{T}}\hat{v} \tag{10-29}$$

因此

$$\hat{v}=\frac{(1-\delta)g(\hat{a})}{1-\delta\lambda(\hat{a})-\delta^{\hat{T}+1}\left[1-\lambda(\hat{a})\right]} \tag{10-30}$$

由式（10－30）可以看出，如果 $\lambda(\hat{a})=1$，那么 $\hat{v}=g(\hat{a})$，从而只要所有局中人都按原策略行动，惩罚的概率就为"0"；或者，如果 $\hat{T}=0$，使得惩罚的长度为"0"。

最优触发价格均衡将最大化式（10－30）中的 $\hat{v}$，但必须满足激励约束，即没有局中人通过背离合作状态而获益。对所有 a_i，激励约束可表示为：

$$(1-\delta)g(a_i,\hat{a}_{-i})+\delta\lambda(a_i,\hat{a}_{-i})\hat{v}+\delta\left[1-\lambda(a_i,\hat{a}_{-i})\right]\delta^{\hat{T}}\hat{v}\leqslant$$

$$(1-\delta)g(\hat{a})+\delta\lambda(\hat{a})\hat{v}+\delta\left[1-\lambda(\hat{a})\right]\delta^{\hat{T}}\hat{v} \tag{10-31}$$

将式（10－30）代入式（10－31），消掉式（10－31）中的 $\hat{v}$，可得到

$$(1-\delta)\left[g(a_i,\hat{a}_{-i})-g(\hat{a})\right]\leqslant\frac{\delta\left[1-\delta\right]^{\hat{T}}\left[\lambda(\hat{a})-\lambda(a_i,\hat{a}_{-i})\right](1-\delta)g(\hat{a})}{1-\delta\lambda(\hat{a})-\delta^{\hat{T}+1}\left[1-\lambda(\hat{a})\right]} \tag{10-32}$$

最优触发价格均衡被 $\hat{a}$，$\hat{y}$ 和 $\hat{T}$ 三个参数所限定，它们在式（10－32）的约束下，追

求使式（10－30）达到最大化。

3. 公共策略与公共均衡

尽管所有局中人都知道时刻 t 的历史 h^t，局中人 i 还知道自身过去选择的行动 z_i^t（私人信息），但在此我们只关注“公共策略”的均衡，即局中人在选择其行动时，完全忽略自己的私人信息。当所有局中人都使用公共策略时，他们对以后行动的概率分布和给定公共历史时的结果的认识是一致的。这样我们就能定义某公共历史 h^t 条件下的后继收益，并且探讨是否存在一个引致从时刻 t 开始的纳什均衡的公共策略组合。

动态博弈的一个策略组合 $\sigma_i = \{\sigma_1,\sigma_2,\cdots,\sigma_m\}$（$m$ 为局中人数）是完美公共均衡，则

（1）每个 σ_i 都是公共策略；

（2）对每个时刻 t 和历史 h^t，从该时刻起，由该策略可得纳什均衡。

4. 无名氏定理

弗登博格、莱维和马斯金（Fudenberg，Levine and Maskin，1990）推动了用动态规划求解均衡的方法，并用它来证明含有不完美公共信息博弈的无名氏定理。何时能得到无名氏定理，关键在于有多少关于局中人行动的信息一定能用公共结果显示出来。如果局中人得不到任何他人选择的信息，唯一一种均衡收益将是静态均衡收益的凸组合；当行动本身被观察到时，在适当的“充分维数”条件下就能得到无名氏定理。充分维数即公共观察到的结果至少和任意局中人能采取的行动一样多。

作为开始，考虑可行集 V 中的一个极端收益 v，即 v 不是 V 中任何其他两点的凸组合点（类似线性规划中凸集顶点的概念）。如果存在一个收益接近 v 的均衡，它就必能实施策略组合 a，并使得 $g(a)$ 接近 v。这种情形何时能够发生呢？也就是说，何时有（不要求是可行的）后继收益能导致局中人选择 a 呢？答案是 a 是可实施的，只要对任何局中人 i 都不存在行动 a'_i，使得：① $g_i(a'_i,a_{-i}) > g_i(a)$；② $\pi.(a'_i,a_{-i}) > \pi.(a)$。

条件①蕴含着如果期望的后继收益相同，局中人 i 喜欢 a'_i 胜过喜欢 a_i；而条件②确保这两个行动导出结果的分布，继而得到后继收益的分布相同。显然，这些条件排除了可实施性；反之，命题“当这些条件不成立时，a 是可实施的”为真。一个关于可实施性的稍强的充分条件是以下的个人满秩条件，它意味着局中人 i 的任何两个截然不同的混合策略导致结果的不同分布。

策略组合 α 满足个人满秩条件，如果对每个局中人 i 向量 $\{\pi.(a'_i,\alpha_{-i})\}_{a'_i\in A_i}$ 是线性独立的。下面说明为什么称其为满秩条件。固定组合 α，令 $\Pi_i(\alpha_{-i})$ 为这样的矩阵，它的行向量为相应于每个 a'_i 的 $\pi.(a'_i,\alpha_{-i})$，令 $G_i(\alpha_{-i})$ 是元素为 $[(1-\delta)/\delta]g_i(a'_i,\alpha_{-i})$ 的列向量。那么，局中人 i 在后继收益为 $w_i(\cdot)$ 时用每个行动 a'_i 都得到同样的总收益；当且仅当，对某个常数向量 $\boldsymbol{k}$ 有 $\Pi_i(\alpha_{-i})w_i = -G_i(\alpha_{-i}) + k$。个人满秩条件确保矩阵 $\Pi_i(\alpha_{-i})$ 行满秩，从而使得对任何 k，方程 $\Pi_i(\alpha_{-i})w_i = -G_i(\alpha_{-i}) + k$ 都有解。

思考题 10

1. 甲、乙二人零和博弈，已知甲的赢得矩阵，求双方的最优策略与博弈值。

(1) $\boldsymbol{A} = \begin{bmatrix} -2 & 12 & -4 \\ 1 & 4 & 8 \\ -5 & 2 & 3 \end{bmatrix}$；(2) $\boldsymbol{A} = \begin{bmatrix} 2 & 2 & 1 \\ 3 & 4 & 4 \\ 2 & 1 & 6 \end{bmatrix}$；(3) $\boldsymbol{A} = \begin{bmatrix} 9 & -6 & -3 \\ 5 & 6 & 4 \\ 7 & 4 & 3 \end{bmatrix}$

(4) $A=\begin{bmatrix}1 & 7 & 6\\ -4 & 3 & -5\\ 0 & -2 & 4\end{bmatrix}$；(5) $A=\begin{bmatrix}2 & -3 & 1 & -4\\ 6 & -4 & 1 & -5\\ 4 & 3 & 3 & 2\\ 2 & -3 & 2 & -4\end{bmatrix}$；(6) $A=\begin{bmatrix}9 & 3 & 1 & 8 & 0\\ 6 & 5 & 4 & 6 & 7\\ 2 & 4 & 3 & 3 & 8\\ 5 & 6 & 2 & 2 & 1\end{bmatrix}$

2. 甲、乙二人进行一种游戏，甲先在横轴的 $x\in[0,1]$ 区间内任选一个数，不让乙知道；然后，乙在纵轴的 $y\in[0,1]$ 区间内任选一个数。双方选定后，乙对甲的支付为：

$$p(x,y)=\frac{1}{2}y^2-2x^2-2xy+\frac{7}{2}x+\frac{5}{4}y$$

求甲、乙二人的最优策略和博弈值。

3. 甲、乙二人零和博弈，已知甲的赢得矩阵，先尽可能按优超原则进行简化，再利用图解法求解。

(1) $A=\begin{bmatrix}2 & 4\\ 2 & 3\\ 3 & 2\\ -2 & 6\end{bmatrix}$；　(2) $A=\begin{bmatrix}3 & 5 & 4 & 2\\ 5 & 6 & 2 & 4\\ 2 & 1 & 4 & 0\\ 3 & 3 & 5 & 2\end{bmatrix}$；　(3) $A=\begin{bmatrix}5 & 7 & -6\\ -6 & 0 & 4\\ 7 & 8 & -5\end{bmatrix}$

4. 甲、乙二人零和博弈，已知甲的赢得矩阵 $A=\begin{bmatrix}2 & 0 & 2\\ 0 & 3 & 1\\ 1 & 2 & 1\end{bmatrix}$，试用：

(1) 线性方程组的方法求解；

(2) 线性规划的方法求解。

5. 甲、乙两个游戏者各持一枚硬币，同时展示硬币的面。如果均为正面，甲赢得 2 元，均为反面，甲赢得 1 元；如果一正一反，甲输 1.5 元。写出甲的赢得矩阵，甲、乙双方各自的最佳策略，并分析这种游戏规则是否合理。

6. 有三张纸牌，点数分别为 1，2 和 3。先由甲任抽一张，看后背放在桌面上并叫大或小；然后由乙在剩下的两张牌中任抽一张，看后乙有两种选择：①放弃，甲赢得 1 元；②翻甲的牌，当甲叫大时，牌点大者赢 3 元，当甲叫小时，牌点小者赢 2 元。要求：(1) 说明甲、乙各有多少策略；(2) 求解双方各自的最佳策略和博弈值。

7. 甲、乙两家工厂生产同一种电子产品，为提高市场占有率，各自考虑三个竞争策略。甲的策略是：① α_1 降低产品价格；② α_2 提高产品质量并延长保修期；③ α_3 推出新产品。乙的策略是：① β_1 增加广告费用；② β_2 改进产品性能；③ β_3 增加维修网点、改善售后服务。假设甲、乙两厂的总市场是一定的，即对策是零和的。附表 10－1 给出了甲工厂在各种博弈状态下的赢得函数（正值代表增加的市场份额，负值代表减少的市场份额）。试通过博弈分析，确定甲、乙两厂各应采取的最佳策略。

附表 10－1　甲的赢得数据表

甲 \ 乙	β_1	β_2	β_3
α_1	10	−1	3
α_2	12	10	−5
α_3	6	8	5

8. 某城市由甲、乙、丙三个区组成，分别承载40%、30%和30%的居民。假设该市目前还没有仓储式超市，有两家公司计划在城中开设大型仓储式超市，公司1计划开设2个超市，公司2计划开设1个超市。每家公司都知道，若在某个区内设有多个超市，这些超市将平均分摊该区的业务；若在某个区内只设1个超市，则该超市将独揽该区的业务；若在某个区内没有超市，则该区的业务将均摊给设在它区的3个超市。两家公司都想使自己的业务尽可能地多，试分析这两家公司应采取的最优策略及各占有多大的市场份额。

9. 有甲、乙、丙三家公司，面临联盟还是独立经营的问题。调研显示，联盟与独立经营的收入情况如附表10－2所示。试分析甲、乙、丙三家公司能否结盟。

附表10－2　联盟与独立经营的收入情况表

结盟	各自独立			两家联盟一家独立						三家联盟
方式	甲	乙	丙	甲乙	丙	甲丙	乙	甲	乙丙	甲乙丙
收入	32	23	6	59	5	45	22	30	39	77

10. 设某地区有甲、乙、丙三家农场，有一大片大家都可以自由牧羊的公共草地，由于受草地面积的限制，草的数量仅够数量有限只羊吃饱。如果在草地上放牧的羊的数量超过这一限度，则每只羊都无法吃饱，从而羊的产出就会减少。假设这些农场只有夏天才到公共草地放羊，而每年春天决定养羊的数量。各农场几乎同时做出养羊数量的决策，即在决定自己的养羊数量时不知道其他农场养羊的数量。

假设有公共信息：①每只羊的出栏价格（单位）是羊只总数Q的减函数$p = 120 - Q$，$Q = q_1 + q_2 + q_3$，其中q_i为第i个农场饲养羊的数量（只）；②每只羊的饲养成本为4个单位。试分析这三家农场使自身收益最大的养羊数量。

11. 1944年，以艾森豪威尔为总司令的盟军经过近一年的准备，在英国集结了强大的军事力量，准备横渡英吉利海峡。当时可供盟军选择的登陆地点有两个，一个是塞纳河东岸的布隆涅—加来—敦刻尔克一带，这里海峡狭窄，是一个理想的登陆地点；另一个是塞纳河西岸的诺曼底半岛，这里海面宽阔，渡海需要较长时间，容易被敌人发现。

当时德军的总兵力是58个师，略多于盟军的兵力。为简化问题，这里假设在这一战役中，德军投入的兵力是3个师，而盟军为2个师，且双方只能整师调动兵力。在可供选择的两条登陆路线上，盟军只有在兵力超过德军的情况下才能取胜，否则只有失败。试问，德军的3个师应该如何在两条登陆路线上布防，盟军的2个师又应如何在两条登陆路线上进攻。

12. 企业在许多方面都要相互竞争，但这些竞争绝对不会像打价格战那么惨烈。顾客对产品品质的感觉不尽相同，也不尽准确，但价格的高低却一目了然。某一区域内有甲、乙两家相互竞争的立体声音响商店，乙商店已经准备打价格战并打出自己的口号“我们的价格是最低的——保证如此！”。

假设一套立体声音响设备的批发价是150美元，甲、乙两家都卖300美元。某天，乙偷偷减价为275美元；显然，如果甲不减价，乙完全有可能将一些原本打算在对手那边购物的顾客吸引过来。又假设需求是一定的，且价格因素是决定顾客购买行为的唯一因素。试分析甲商店应如何面对乙商店的挑战。

13. 智猪博弈是一个非常著名的博弈模型。猪圈里有两头猪，一头大猪和一头小猪。猪圈一头是食槽及其上方的投食口，另一头是控制投食口的踏板。每踩一下踏板，投食口（远离踏板）就会打开并有少量食物落入食槽。如果有一头猪去踩踏板，另一头猪就有机会抢先吃到食槽中的食物。由于踩踏板需要往返奔跑才能吃到食物，假设往返奔跑消耗的效用为“-2”，每踩一下踏板所落下的食物的效用为“10”。如大猪先到，吃效用为“9”的食物，小猪只能吃到效用为“1”的食物；如小猪先到，吃效用为“4”的食物，大猪可以吃到效用为“6”的食物；如大猪和小猪同时到（同时踩踏板），大猪吃到效用为“7”的食物，小猪吃到效用为“3”的食物。试分析：(1) 大猪和小猪各应采取什么样的策略，才能使自己获得的效用最大；(2) 如何解决智猪博弈背后的“搭便车”问题。

思考题参考答案

思考题 2

1. 组成部分：决策变量、约束条件和目标函数所构成的数学模型三要素。

特性：决策变量是连续变量，约束条件和目标函数是关于决策变量的线性函数。

2. 决策变量：x_{ij} 代表第 i 种糖果中第 j 种原料的数量（$i=1,2,3$；$j=1,2,3$）

目标函数：$\max Z=(35-5)(x_{11}+x_{12}+x_{13})+(28-4)(x_{21}+x_{22}+x_{23})+(22-3)(x_{31}+x_{32}+x_{33})-20(x_{11}+x_{21}+x_{31})-15(x_{12}+x_{22}+x_{32})-10(x_{13}+x_{23}+x_{33})$

约束条件：$x_{11}+x_{21}+x_{31}\leqslant 2000$；$x_{12}+x_{22}+x_{32}\leqslant 2500$

$x_{13}+x_{23}+x_{33}\leqslant 1200$；$\dfrac{x_{11}}{x_{11}+x_{12}+x_{13}}\geqslant 60\%$；$\dfrac{x_{13}}{x_{11}+x_{12}+x_{13}}\leqslant 20\%$

$\dfrac{x_{21}}{x_{21}+x_{22}+x_{23}}\geqslant 15\%$；$\dfrac{x_{23}}{x_{21}+x_{22}+x_{23}}\leqslant 60\%$；$\dfrac{x_{33}}{x_{31}+x_{32}+x_{33}}\leqslant 50\%$

$x_{ij}\geqslant 0$（$i=1,2,3$；$j=1,2,3$）

3. （1）例 2－1 所示的模型（2－1）：最优解 $X^*=(\frac{60}{7},\frac{20}{7})^{\mathrm{T}}$，最优值 $Z^*=\frac{180}{7}$；

（2）例 2－2 所示的模型（2－2）：最优解 $X^*=(10,10)^{\mathrm{T}}$，最优值 $Z^*=5200$。

4. （1）唯一最优解，$X^*=\left(\frac{9}{4},1\right)^{\mathrm{T}}$，最优值 $Z^*=\frac{11}{2}$；

（2）无穷多最优解，$X^*=(4,1)^{\mathrm{T}}$，$X^*=\left(\frac{10}{4},\frac{13}{4}\right)^{\mathrm{T}}$，最优值 $Z^*=14$；

（3）无界解；（4）无可行解。

5. （1）见附表 2－9（max）。

附表 2－9　单纯形表

c_j		2	−1	1	0	0	0	$\boldsymbol{b}$
$\boldsymbol{C_B}$	$\boldsymbol{X_B}$	x_1	x_2	x_3	x_4	x_5	x_6	
0	x_4	−1	1	1	1	0	0	5
0	x_5	1	1	0	0	1	0	2
0	x_6	2	1	1	0	0	1	6
σ_j		2	−1	1	0	0	0	$Z=0$

（2）$\boldsymbol{X}=(1,0,0,6,1,4)^{\mathrm{T}}$，2；

（3）2；

（4）见附表 2－10（max）。

附表 2-10　单纯形表

c_j		2	-1	1	0	0	0	b
C_B	X_B	x_1	x_2	x_3	x_4	x_5	x_6	
0	x_4	0	2	1	1	1	0	7
2	x_1	1	1	0	0	1	0	2
0	x_6	0	-1	1	0	-2	1	2
σ_j		0	-3	1	0	-2	0	$Z=4$

6.

$$\min z = -2x_1 - x_2 - 3x_3 - x_4 + x_5$$

$$\text{s. t.}\begin{cases} x_1 + x_2 + 2x_3 + x_4 - x_5 + x_6 = 10 \\ -2x_1 + 3x_2 - 5x_3 + x_4 - x_5 = 8 \\ x_1 + x_2 - 6x_3 + 4x_4 - 4x_5 - x_7 = 12 \\ x_1, x_2, x_3, x_4, x_5, x_6, x_7 \geqslant 0 \end{cases}$$

7. 见附表 2-11。

附表 2-11　单纯形表

c_j		-4	-5	-1	0	0	M	b
C_B	X_B	x_1	x_2	x_3	x_4	x_5	x_6	
0	x_4	3	2	1	1	0	0	18
0	x_5	2	[1]	0	0	1	0	4
M	x_6	1	1	-1	0	0	1	5
σ_j		$-4-M$	$-5-M$	$-1+M$	0	0	0	$w=5M$
0	x_4	-1	0	1	1	-2	0	10
-5	x_2	2	1	0	0	1	0	4
M	x_6	-1	0	-1	0	-1	1	1
σ_j		$6+M$	0	$-1+M$	0	$5+M$	0	$w=M-20$

因为全体检验数均为非负，但基变量中存在人工变量，故问题无可行解。

8. 见附表 2-12。

附表 2-12　单纯形表

c_j		-2	-4	0	0	0	b
C_B	X_B	x_1	x_2	x_3	x_4	x_5	
-2	x_1	1	0	1	0	-1/2	2
0	x_4	0	0	-4	1	[2]	8
-4	x_2	0	1	0	0	1/4	3
σ_j		0	0	2	0	**0**	$w=-16$
-2	x_1	1	0	0	1/4	0	4
0	x_5	0	0	-2	1/2	1	4
-4	x_2	0	1	1/2	-1/8	0	2
σ_j		0	0	2	**0**	0	$w=-16$

9. 见附表2-13。

附表2-13 单纯形表

c_j		3	1	1	1	$\boldsymbol{b}$
$\boldsymbol{C_B}$	$\boldsymbol{X_B}$	x_1	x_2	x_3	x_4	
1	x_3	-2	[2]	1	0	4
1	x_4	3	1	0	1	6
σ_j		2	-2	0	0	$w=10$
1	x_2	-1	1	1/2	0	2
1	x_4	[4]	0	-1/2	1	4
σ_j		**0**	0	1	0	$w=6$
1	x_2	0	1	3/8	1/4	3
3	x_1	1	0	-1/8	1/4	1
σ_j		0	0	1	0	$w=6$

$\boldsymbol{X}^*=(0,2,0,4)^{\mathrm{T}}$，$\boldsymbol{X}^*=(1,3,0,0)^{\mathrm{T}}$；第三个最优解可通过前两个最优解的任意一个线性组合得到，比如选取二者的中间点 $\boldsymbol{X}^*=(\frac{1}{2},\frac{5}{2},0,2)^{\mathrm{T}}$。

10. （1）唯一最优解：$d\geqslant0$，b_1，$b_2>0$；

（2）无穷多最优解中的一个：$d\geqslant0$，b_1，$b_2\geqslant0$，$b_1\times b_2=0$；

（3）无界解：$d\geqslant0$，$b_2<0$，$a_1\leqslant0$；

（4）x_1 入基 x_6 出基：$d\geqslant0,b_1<0,b_1<b_2;a_3>0,d/4>3/a_3$。

11.

$$\min w=4x_1+5x_2+6x_3$$

$$\text{s. t.}\begin{cases}x_1+x_2+x_3\geqslant1\\x_1-2x_2+2x_3\leqslant2\\x_1+3x_2-3x_3=3\\x_1\geqslant0,x_2\leqslant0,x_3\text{ 无约束}\end{cases}$$

12. （1）对；（2）错；（3）错；（4）错；（5）错。

13. （1）见附表2-14。

附表2-14 单纯形表

c_j		4	12	18	0	0	$\boldsymbol{b}$
$\boldsymbol{C_B}$	$\boldsymbol{X_B}$	x_1	x_2	x_3	x_4	x_5	
0	x_4	-1	-1/3	-3	1	0	-3
0	x_5	0	1	[-2]	0	1	-5
σ_j		4	12	18	0	0	
0	x_4	-1	-3	0	1	-3/2	9/2
18	x_3	0	-1	1	0	-1/2	5/2
σ_j		4	30	0	0	9	$w=45$

（2）见附表 2－15。

附表 2－15　单纯形表

	c_j	1	2	3	4	0	0	b
C_B	X_B	x_1	x_2	x_3	x_4	x_5	x_6	
1	x_1	1	2	2	3	−1	0	30
0	x_3	0	3	1	4	−2	1	40
	σ_j	0	0	1	1	1	0	$w=30$

14.（1）$c_1 \in [3,6]$，见附表 2－16。

附表 2－16　单纯形表

	c_j	$-c_1$	−1	−5	0	0	b
C_B	X_B	x_1	x_2	x_3	x_4	x_5	
$-c_1$	x_1	1	−1/3	0	1/3	−1/3	5
−5	x_3	0	1	1	−1/5	2/5	3
	σ_j	0	$4-c_1/3$	0	$-1+c_1/3$	$2-c_1/3$	

（2）见附表 2－17。

附表 2－17　单纯形表

	c_j	−2	−1	−5	0	0	b
C_B	X_B	x_1	x_2	x_3	x_4	x_5	
−2	x_1	1	−1/3	0	[1/3]	−1/3	5
−5	x_3	0	1	1	−1/5	2/5	3
	σ_j	0	10/3	0	−1/3	4/3	
0	x_4	3	−1	0	1	−1	15
−5	x_3	3/5	4/5	1	0	1/5	3
	σ_j	1	3	0	0	1	$w=-15$

（3）由于 $\sigma_5 = 1 \geqslant 0.8$，所以应该买进原材料扩大生产，买进 15 单位最合适；

（4）最优解不发生变化；

（5）最优解不发生变化；

（6）$X^* = \left(\frac{40}{9},0,\frac{10}{3},\frac{5}{3},0\right)^{\mathrm{T}}$。

15. 决策变量：x_{ij} 代表第 i 个月初所签订的为期 j 个月合同。

目标函数：$\min w = 2800(x_{11}+x_{21}+x_{31}+x_{41}) + 4500(x_{12}+x_{22}+x_{32}) + 6000(x_{13}+x_{23}) + 7300x_{14}$

约束条件：$(x_{11}+x_{12}+x_{13}+x_{14}) \geqslant 15$

$(x_{12}+x_{13}+x_{14})+(x_{21}+x_{22}+x_{23}) \geqslant 10$

$(x_{13}+x_{14})+(x_{22}+x_{23})+(x_{31}+x_{32}) \geqslant 20$

$x_{14}+x_{23}+x_{32}+x_{41} \geqslant 12$

$x_{ij} \geqslant 0\ (i=1,2,3,4;\ j=1,2,3,4)$

16. 决策变量：x_1 为大豆，x_2 为玉米，x_3 为小麦，x_4 为牛，x_5 为猪

目标函数：$\max z = 4000x_1 + 1700x_2 + 2100x_3 + 2400x_4 + 710x_5$

约束条件：$x_1 \leqslant 20$，$x_3 \leqslant 30$，$x_4 \leqslant 100$，$x_5 \leqslant 1000$

$x_1 + x_2 + x_3 + 2x_4 \leqslant 100$

$0.15x_1 + 0.06x_2 + 0.10x_3 + x_4 + 0.1x_5 \leqslant 200$

$100x_1 + 200x_2 + 100x_3 + 6x_4 + 2x_5 \leqslant 6000$

$50x_1 + 90x_2 + 30x_3 + 10x_4 + 3x_5 \leqslant 4500$

$x_j \geqslant 0\ (j = 1,2,3,4,5)$

17. 决策变量：x_{ij} 代表第 i 个月第 j 种原料油的采购量（$i = 1,2,3,4,5,6$；$j = 1,2,3,4,5$）

y_{ij} 代表第 i 个月第 j 种原料油的消耗量（$i = 1,2,3,4,5,6$；$j = 1,2,3,4,5$）

c_{ij} 代表附表2－7中各种原料油在不同月份的价格

d_j 代表附表2－8中各种原料油的硬度

目标函数：$\max z = 270\sum_{i=1}^{6}\sum_{j=1}^{5} y_{ij} - \sum_{i=1}^{6}\sum_{j=1}^{5} c_{ij}x_{ij} - 5\sum_{i=1}^{6}\sum_{j=1}^{5}[500 + \sum_{k=1}^{i}(x_{kj} - y_{kj})]$

约束条件：$y_{i1} + y_{i2} \leqslant 200$；$y_{i3} + y_{i4} + y_{i5} \leqslant 250\ (i = 1,2,3,4,5,6)$

$500 + \sum_{k=1}^{i}(x_{kj} - y_{kj}) \leqslant 1000\ (i = 1,2,3,4,5,6;\ j = 1,2,3,4,5)$

$3 \leqslant \dfrac{d_j y_{ij}}{\sum_{j=1}^{5} d_j \sum_{j=1}^{5} y_{ij}} \leqslant 6$；$\sum_{i=1}^{6}(x_{ij} - y_{ij}) = 0\ (i = 1,2,3,4,5,6;\ j = 1,2,3,4,5)$

$x_{ij} \geqslant 0$，$y_{ij} \geqslant 0$

18. 决策变量：x_i 代表第 i 年非技术工人接受初级工培训的人数（$i = 1,2,3$）

y_j 代表第 j 年非技术工人接受中级工培训的人数（$j = 1,2$）

z 代表非技术工人接受高级工培训的人数

q_{i2} 代表第 i 年初级工接受中级工培训的人数（$i = 1,2,3$）

q_{j3} 代表第 j 年初级工接受高级工培训的人数（$j = 1,2$）

p_{i3} 代表第 i 年中级工接受高级工培训的人数（$i = 1,2,3$）

目标函数：

$$\max Z = 1 \times (120 + \sum_{i=1}^{3} x_i - \sum_{i=1}^{3} q_{i2} - \sum_{j=1}^{2} q_{j3}) + 4 \times (80 + \sum_{j=1}^{2} y_i + \sum_{i=1}^{3} q_{i2} - \sum_{i=1}^{3} p_{i3}) +$$

$$6 \times (50 + z + \sum_{j=1}^{2} q_{j3} + \sum_{i=1}^{3} p_{i3})$$

约束条件：$x_1 + x_2 + x_3 + y_1 + y_2 + z \leqslant 200$；$q_{12} + q_{13} \leqslant 120$

$q_{12} + q_{13} + q_{22} + q_{23} \leqslant 120 + x_1$；$q_{12} + q_{13} + q_{22} + q_{23} + q_{32} \leqslant 120 + x_1 + x_2$

$p_{13} \leqslant 80$；$p_{13} + p_{23} - q_{12} \leqslant 80$；$p_{13} + p_{23} + p_{33} - q_{12} - q_{22} \leqslant 80$

$x_i \leqslant 50\ (i = 1,2,3)$；$y_1 + q_{12} \leqslant 50$；$y_2 + q_{22} \leqslant 50$

$z + q_{13} + p_{13} \leqslant 50$；$q_{23} + p_{23} \leqslant 50$；$p_{33} \leqslant 50$；

$2000(x_1 + y_1 + z) + 3000q_{12} + 2000q_{13} + 5000p_{13} \leqslant 55$

$2000(x_2 + y_1 + y_2) + 2500z + 3000q_{22} + 4000q_{13} + 2000q_{23} + 5000p_{23} \leqslant 45$

$2000(x_3 + y_2) + 3000z + 3000q_{32} + 4000q_{23} + 5000p_{33} \leqslant 50$

$x_i, y_j, z, q_{i2}, q_{j3}, p_{i3} \geqslant 0$

思考题 3

1．（1）见本书第 48 页；（2）见本书第 48 ～ 55 页；（3）见本书第 55 ～ 57 页；（4）见本书第 57 页。

2．见附表 3－16、附表 3－17。

附表 3－16　产销平衡表

	甲	乙	丙	丁☆	产量
A	0	1	*M*	**0**	1000
B	0	8	7	**11**	2000
C	0	2	1	**7**	1000
销量	1500	1500	500	**500**	

附表 3－17　最优方案及检验数表

	甲	乙	丙	丁☆	产量
A	(7)	500	(*M*)	**500**	1000
B	1500	500	(0)	(4)	2000
C	(6)	500	500	(6)	1000
销量	1500	1500	500	**500**	

3．见附表 3－18、附表 3－19。

附表 3－18　产销平衡表

	B_1	B_2	B_3	B_4	B_5	B_6	产量
A_1	10	15	20	20	40	**0**	50
A_2	20	40	15	30	30	**0**	100
A_3	30	35	40	55	25	**0**	150
A_4	**0**	**0**	**0**	**0**	**0**	***M***	**20**
销量	25	105	60	30	70	**30**	

附表 3－19　最优方案表

	B_1	B_2	B_3	B_4	B_5	B_6	产量
A_1		50					50
A_2	25		60	15			100
A_3		50			70	**30**	150
A_4		**5**		**15**			**20**
销量	25	105	60	30	70	**30**	

4．见附表 3－20。

附表 3－20　最优调运方案及检验数表

	B_1	B_2	B_3	B_4	B_5	a_i
A_1	(11)	(1)	**4**	**5**	(7)	9
A_2	**3**	$(M-22)$	(2)	(18)	**1**	4
A_3	(1)	**5**	(1)	**1**	**2**	8
b_j	3	5	4	6	3	

5．（1）$0 \leqslant c_{12} \leqslant 2$，$c_{35} \geqslant 3$，$c_{41} \geqslant 2$；（2）见附表 3－21；（3）见附表 3－22。

附表 3－21　最优调运方案及检验数表

	B_1	B_2	B_3	B_4	B_5	B_6	
A_1	**21**	**29**	(0)	(2)	(0)	(5)	50
A_2	(3)	**21**	**19**	(4)	(2)	(5)	40
A_3	**9**	(1)	(0)	**40**	(0)	**11**	60
A_4	(3)	(0)	**1**	(1)	**30**	(3)	31
	30	50	20	40	30	11	

附表 3－22　最优调运方案及检验数表

	B_1	B_2	B_3	B_4	B_5	B_6	a_i
A_1	**20**	**30**	(2)	(2)	(2)	(5)	50
A_2	(1)	**20**	**20**	(2)	(2)	(3)	40
A_3	**10**	(3)	(2)	**9**	**30**	**11**	60
A_4	(2)	(1)	(1)	**31**	(1)	(2)	31
b_j	30	50	20	40	30	11	

6．（1）见附表 3－23、附表 3－24。

附表 3－23　最优调运方案及检验数表

	B_1	B_2	B_3	B_4	B_5	a_i
A_1	**60**	(17)	**40**	(1)	(0)	100
A_2	(3)	**130**	**0**	(12)	**70**	200
A_3	(6)	(14)	**50**	**150**	(5)	200
b_j	60	130	90	150	70	

附表 3-24 最优调运方案及检验数表

	B_1	B_2	B_3	B_4	B_5	a_i
A_1	**60**	(17)	**40**	(1)	(0)	100
A_2	(3)	**130**	**0**	(12)	**70**	200
A_3	(6)	(14)	**0**	**150**	(5)	150
	(8)	$(M+15)$	**50**	(7)	(8)	**50**
b_j	60	130	90	150	70	

7. $0 \leqslant c_{12} \leqslant 8$；$0 \leqslant c_{23} \leqslant 13$；$c_{34} \geqslant 12$。

8. 设：x_{1j}——第 1 年生产的第 j 年需要的产品数量（$j = 1,2,3,4$）；

x_{2j}——第 2 年正常时间生产的第 j 年需要的产品数量（$j = 2,3,4$）；

$x_{2'j}$——第 2 年加班时间生产的第 j 年需要的产品数量（$j = 2,3,4$）；

x_{3j}——第 3 年正常时间生产的第 j 年需要的产品数量（$j = 3,4$）；

$x_{3'j}$——第 3 年加班时间生产的第 j 年需要的产品数量（$j = 3,4$）；

x_{4j}——第 4 年生产的第 j 年需要的产品数量（$j = 4$）。

运价及产销平衡表见附表 3-25，再用表上作业法求最优方案，见附表 3-26。

附表 3-25 运价及产销平衡表

	第 1 年	第 2 年	第 3 年	第 4 年	假设销地 D	产　量
第 1 年	10	13	16	19	**0**	700
第 2 年	M	10	13	16	**0**	700
第 2 年（加）	M	15	18	21	**0**	200
第 3 年	M	M	15	18	**0**	700
第 3 年（加）	M	M	20	23	**0**	200
第 4 年	M	M	M	15	**0**	700
销　量	300	700	900	800	**500**	3200

附表 3-26 最优方案表

	第 1 年	第 2 年	第 3 年	第 4 年	假设销地 D	产　量
第 1 年	**300**		**200**	**100**	**100**	700
第 2 年		**700**	**0**			700
第 2 年（加）					**200**	200
第 3 年			**700**			700
第 3 年（加）					**200**	200
第 4 年				**700**		700
销　量	300	700	900	800	**500**	3200

9. 这是一个货物可以转运的运输问题，先列出产销平衡及运价表，再用表上作业法求解，求解结果见附表 3－27。

附表 3－27　最优调运方案及检验数表

	甲	乙	A	B	C	产量
甲	**125**	(16)	**35**	(6)	**35**	**195**
乙	(8)	125	(1)	**55**	(2)	**180**
A	(20)	(29)	125	(16)	(9)	**125**
B	(22)	(24)	(12)	110	**15**	**125**
C	(24)	(34)	(13)	(8)	125	**125**
销量	**125**	**125**	**160**	**165**	**175**	

10. 首先构造运价及产销平衡表（见附表 3－28），再用表上作业法求最优方案（见附表 3－29）。

附表 3－28　运价及产销平衡表

	地区 1	地区 1	地区 2	地区 3	地区 4	地区 4	年产量
化肥厂 A	16	16	13	22	17	17	50
化肥厂 B	14	14	13	19	15	15	60
化肥厂 C	19	19	20	23	*M*	*M*	50
化肥厂 D	***M***	**0**	***M***	**0**	***M***	**0**	**50**
年需要量	30	20	70	30	10	50	

附表 3－29　最优方案表

	地区 1	地区 1	地区 2	地区 3	地区 4	地区 4	年产量
化肥厂 A			**50**				50
化肥厂 B			**20**		**10**	**30**	60
化肥厂 C	**30**	**20**	**0**				50
化肥厂 D				**30**		**20**	**50**
年需要量	30	20	70	30	10	50	

11. 先列出产销平衡及运价表，再用表上作业法求解，求解结果见附表 3－30。

附表 3－30　最优调运方案及检验数表

	日本	韩国	中国香港	产量
中文书刊出口部	**7**	**5**	**3**	15
深圳分公司	(10.7)	(19.3)	**7**	7
上海分公司	**8**	(15.3)	(5.5)	8
销量	15	5	10	

12. 汽车的最优调度实质上就是空车行驶的路程最少。先构造如附表 3-31 所示的各地区汽车出入平衡表，表中“+”号表示该点产生空车，“-”号表示该点需要调进空车。平衡结果 A_1、A_5、A_6 除装运自己的货物外，可多出空车 21 车次；A_2、A_3、A_4 缺 21 车次。按最小空驶调度，可构造如附表 3-32 所示的运输问题数据表，进而可得附表 3-33 所示的最优调度方案。

附表 3-31 各地区汽车出入平衡表

	A_1	A_2	A_3	A_4	A_5	A_6
出车数	19	20	21	15	2	4
来车数	27	10	14	11	5	14
平衡数	+8	-10	-7	-4	+3	+10

附表 3-32 运输问题数据表

	A_2	A_3	A_4	a_i
A_1	2	11	9	8
A_5	14	5	4	3
A_6	10	9	16	10
b_j	10	7	4	

附表 3-33 最优调度方案表

	A_2	A_3	A_4	a_i
A_1	**8**			8
A_5			**3**	3
A_6	**2**	**7**	**1**	10
b_j	10	7	4	

思考题 4

1. (1) $\boldsymbol{X}^* = (2,2)^{\mathrm{T}}$ 或 $(3,1)^{\mathrm{T}}$, $z^* = 4$；(2) $\boldsymbol{X}^* = (1,2)^{\mathrm{T}}$, $z^* = 10$。

2. (1) $\boldsymbol{X}^* = (0,0,1,1,1)^{\mathrm{T}}$, $z^* = 6$；(2) $\boldsymbol{X}^* = (0,1,1,1)^{\mathrm{T}}$, $z^* = 12$；
(3) $\boldsymbol{X}^* = (1,0,1,0,0)^{\mathrm{T}}$, $z^* = 4$；(4) $\boldsymbol{X}^* = (1,0,1,1)^{\mathrm{T}}$, $z^* = 0$。

3. 最优方案（不唯一）：甲—工作 1，乙—工作 4，丙—工作 3，丁—工作 2，总的最少消耗时间为 50。

4. 最优方案：人员 2—工作 2，人员 3—工作 1，人员 4—工作 4，人员 5—工作 3，而人员 1 被淘汰。

5. 最优指派方案（不唯一）：人员 1—工作 3，人员 2—工作 2，人员 3—工作 1，人员 4—工作 4，而人员 3 兼任工作 5。

6. 最优指派方案：人员 1—工作 3，人员 2—工作 2，人员 3—工作 5，人员 4—工作 4，而工作 1 被淘汰。

7. 将效率矩阵中的每一个元素乘以“-1”，每行加上自身行的最小元素（负数）的绝对值，使每行至少有一个“0”元素且所有元素均非负；每列减去自身列的最小元素，使每列至少有一个“0”元素。最优指派方案（不唯一）：M_1—J_1，M_2—J_3，M_3—J_2，M_4—J_4。

8. 设 $x_j=0$ 或 1，其中 $x_j=0$ 代表 S_j 点未入选，$x_j=1$ 代表 S_j 点入选。于是，可构造如下的数学模型：

$$\max z=\sum_{j=1}^{7}p_jx_j$$

$$\begin{cases}\sum_{j=1}^{7}I_jx_j\leqslant 500\\ 1\leqslant x_1+x_2+x_3\leqslant 2\\ x_4+x_5\geqslant 1\\ x_6+x_7\geqslant 1\\ x_j=0\text{ 或 }1\ (j=1,2,\cdots,7)\end{cases}$$

9. 决策变量：x_1 为远程客机，x_2 为中程客机，x_3 为短程客机

目标函数：$\max z=82x_1+60x_2+40x_3$

约束条件：$x_1+x_2+x_3\leqslant 30$

$5x_1+4x_2+3x_3\leqslant 120$

$670x_1+500x_2+350x_3\leqslant 12\ 000$

$x_j\geqslant 0\ (j=1,2,3)$ 且取整

10. 设 $x_j=0$ 或 1，其中 $x_j=0$ 代表其对应的备选校址未入选，$x_j=1$ 代表其对应的备选校址入选。于是，可构造如下的数学模型：

目标函数：$\max z=\sum_{j=1}^{6}x_j$

约束条件：$x_1+x_2+x_3\geqslant 1$；$x_2+x_4\geqslant 1$；$x_3+x_5\geqslant 1$

$x_4+x_6\geqslant 1$；$x_1+x_2+x_3+x_4\geqslant 1$；$x_5+x_6\geqslant 1$；$x_1\geqslant 1$

$x_j=0$ 或 $1\ (j=1,2,\cdots,6)$

11. 决策变量：$x_{ij}=0$ 或 1

目标函数：$\max z=(0.5x_{10}+0.6x_{11}+0.7x_{12}+0.8x_{13}+0.9x_{14}+x_{15})\times$

$(0.6x_{20}+0.7x_{21}+0.9x_{22}+x_{23})\times(0.7x_{30}+0.9x_{31}+x_{32})$

约束条件：$20\sum_{j=1}^{5}jx_{1j}+30\sum_{j=1}^{3}jx_{2j}+40\sum_{j=1}^{2}jx_{3j}\leqslant 150$

$2\sum_{j=1}^{5}jx_{1j}+4\sum_{j=1}^{3}jx_{2j}+6\sum_{j=1}^{2}jx_{3j}\leqslant 20$

$\sum_{j=0}^{5}x_{1j}=1$，$\sum_{j=0}^{3}x_{2j}=1$，$\sum_{j=0}^{2}x_{3j}=1$

$x_{ij}=0$ 或 1（$i=1,2,3$；$j=0,1,2,3,4,5$）

12. 设 x_i 代表第 i 个方案所投入的设备台数（$i=1,2,3,4,5$；取整），x_{ij} 代表第 i 个方案所投入的设备用于生产第 j 种规格线材的台数（$j=1,2$；由于设备可按时间比率在两种规格线材中进行分配，所以并不要求取整）。由题意可知 $x_i=x_{i1}+x_{i2}$，模型的真实决策变量只有 x_i 和 x_{i1}，而 x_{i2} 可用 $x_{i2}=x_i-x_{i1}$ 替换掉。

计提折旧的设备总值为：$0x_1+20x_2+0x_3+10x_4+50x_5=20x_2+10x_4+50x_5$

目标函数：$\min z=K+F+R+L$

其中：年折旧额 $K=0.05\times(20x_2+10x_4+50x_5)$

年固定费用 $F=3x_1+5x_2+8x_3+10x_4+14x_5$

年运行费用 $R=3x_1+4.2x_2+4.8x_3+4.8x_4+7.2x_5$

年废品损失：$L=\sum_{i=1}^{5}L_i$

$$L_1 = 30 \times 2\% \times 6000(x_{11} + 0.8x_{12}) \times 10^{-4} = 0.360x_{11} + 0.288x_{12}$$
$$L_2 = 30 \times 2\% \times 6000(1.5x_{21} + 1.4x_{22}) \times 10^{-4} = 0.540x_{21} + 0.504x_{22}$$
$$L_3 = 50 \times 3\% \times 6000(1.2x_{31} + x_{32}) \times 10^{-4} = 1.08x_{31} + 0.90x_{32}$$
$$L_4 = 50 \times 3\% \times 6000(1.6x_{41} + 1.3x_{42}) \times 10^{-4} = 1.44x_{41} + 1.17x_{42}$$
$$L_5 = 50 \times 3\% \times 6000(1.6x_{51} + 1.2x_{52}) \times 10^{-4} = 1.44x_{51} + 1.08x_{52}$$

约束条件：

（1）现有拉丝机、塑包机台数的限制：

$$x_1 \leqslant 5\ ;\ x_3 + x_4 \leqslant 3$$

（2）决策变量取值的限制：

$$x_i \geqslant 0 \text{ 且取整 } (i = 1,2,3,4,5)\ ;\ 0 \leqslant x_{i1} \leqslant x_i\ (i = 1,2,3,4,5)$$

（3）需求的限制：对于裸铜线而言，它不仅直接满足市场需求，而且还要作为塑包铜线的半成品，故裸铜线的需求量分别为：

裸铜线规格Ⅰ：$6000(x_{11} + 1.5x_{21}) \times 98\% \geqslant 3000 + 6000(1.2x_{31} + 1.6x_{41})$

整理有：　　$5880x_{11} + 8820x_{21} - 7200x_{31} - 9600x_{41} \geqslant 3000$

裸铜线规格Ⅱ：$4704x_{12} + 8232x_{22} - 6000x_{32} - 7800x_{42} \geqslant 2000$

塑包线规格Ⅰ：$6984x_{31} + 9312x_{41} + 9312x_{51} \geqslant 14\,000$

塑包线规格Ⅱ：$5820x_{32} + 7566x_{42} + 6984x_{52} \geqslant 10\,000$

思考题 5

1.（1）严格凸函数；

（2）严格凸函数；

（3）非凸非凹函数。

2.（1）是凸规划；

（2）不是凸规划，因为 $g_2(\boldsymbol{X})$ 既不是凸函数也不是凹函数。

3. $f(\boldsymbol{X}) = -3x^2 + 21.6x + 1$ 为严格凹函数，因 $\delta = 0.08$，$F_n = 1/\delta = 12.5$，由本书表 5－1 可以查得 $n = 6$。

$$t_1 = b_0 + \frac{F_5}{F_6}(a_0 - b_0) = 25 + \frac{8}{13}(0 - 25) = 9.6154$$

$$t'_1 = a_0 + \frac{F_5}{F_6}(b_0 - a_0) = 0 + \frac{8}{13}(25 - 0) = 15.3846$$

$$f(t_1) = -68.6715 > f(t'_1) = -376.7504$$

故取 $a_1 = 0$，$b_1 = 15.3846$，$t'_2 = 9.6154$

$$t_2 = b_1 + \frac{F_4}{F_5}(a_1 - b_1) = 5.7692$$

因 $f(t_2) = 25.7624 > f(t'_2)$，故取 $a_2 = 0$，$b_2 = 9.6154$，$t'_3 = 5.7692$

$$t_3 = b_2 + \frac{F_3}{F_4}(a_2 - b_2) = 3.8462$$

因 $f(t_3) = 39.6980 > f(t'_3)$，故取 $a_3 = 0$，$b_3 = 5.7692$，$t'_4 = 3.8462$

$$t_4 = b_3 + \frac{F_2}{F_3}(a_3 - b_3) = 1.9231$$

因 $f(t_4) = 31.4440 < f(t'_4)$，故取 $a_4 = 1.9231$，$b_4 = 5.7692$，$t_5 = 1.9231$，并令 $\varepsilon = 0.01$，$t'_5 = a_4 + (\frac{1}{2} + \varepsilon)(b_4 - a_4) = 3.850$。因 $f(t'_5) = 39.6924 > f(t_5)$，故取 $a_5 = 3.85$，$b_5 = 5.7692$；因 $f(t'_5) =$

39. 6924 $< f(t_3)$，故 $t_3 = 3.8642$ 为近似最优点。

4. 用黄金分割法求解的计算过程见附表 5－1。

附表 5－1　黄金分割法求解过程表

n	x_{n-1}	$f(x_{n-1})$	x_n	$f(x_n)$	缩小后的区间
2	9.652	59.570	6.348	−168.80	[1, 9.652]
3	6.348	−168.80	4.304	−100.06	[4.304, 9.652]
4	7.609	−114.64	6.348	−168.80	[4.304, 7.609]
5	6.348	−168.80	5.566	−147.61	[5.566, 7.609]
6	6.828	−166.42	6.348	−168.80	[5.566, 6.828]
7	6.348	−168.80	6.048	−163.25	[6.048, 6.828]
8	6.530	−169.83	6.348	−168.80	[6.348, 6.828]

5. (1) $\nabla f(\boldsymbol{X}) = (2x_1, 2x_2, 2x_3)^{\mathrm{T}}$

$$\boldsymbol{H}(\boldsymbol{X}) = \begin{bmatrix} 2 & 0 & 0 \\ 0 & 2 & 0 \\ 0 & 0 & 2 \end{bmatrix}$$

(2) $\nabla f(\boldsymbol{X}) = \left(\dfrac{2x_1 + x_2}{x_1^2 + x_1x_2 + x_2^2}, \dfrac{x_1 + 2x_2}{x_1^2 + x_1x_2 + x_2^2}\right)^{\mathrm{T}}$

$$\boldsymbol{H}(\boldsymbol{X}) = \frac{1}{(x_1^2 + x_1x_2 + x_2^2)^2}\begin{bmatrix} -2x_1^2 - 2x_1x_2 + x_2^2 & -x_1^2 - 4x_1x_2 - x_2^2 \\ -x_1^2 - 4x_1x_2 - x_2^2 & x_1^2 - 2x_1x_2 - 2x_2^2 \end{bmatrix}$$

(3) $\nabla f(\boldsymbol{X}) = (3x_2^2 + 4x_2\mathrm{e}^{x_1x_2}, 6x_1x_2 + 4x_1\mathrm{e}^{x_1x_2})^{\mathrm{T}}$

$$\boldsymbol{H}(\boldsymbol{X}) = \begin{bmatrix} 4x_2^2\mathrm{e}^{x_1x_2} & 6x_2 + 4\mathrm{e}^{x_1x_2}(1 + x_1x_2) \\ 6x_2 + 4\mathrm{e}^{x_1x_2}(1 + x_1x_2) & 6x_1 + 4x_1^2\mathrm{e}^{x_1x_2} \end{bmatrix}$$

(4) $\nabla f(\boldsymbol{X}) = \left(x_2x_1^{x_2-1} + \dfrac{1}{x_1}, x_1^{x_2}\ln x_1 + \dfrac{1}{x_2}\right)^{\mathrm{T}}$

$$\boldsymbol{H}(\boldsymbol{X}) = \begin{bmatrix} x_2(x_2 - 1)x_1^{x_2-2} - \dfrac{1}{x_2} & x_2x_1^{x_2-2}\ln x_1 + x_1^{x_2-1} \\ x_2x_1^{x_2-1}\ln x_1 + x_1^{x_2-1} & x_1^{x_2}(\ln x_1)^2 - \dfrac{1}{x_2^2} \end{bmatrix}$$

6. 用梯度法（最速下降法）求解的计算过程见附表 5－2。

附表 5－2　最速下降法求解过程表

k	$x^{(k)}$	λ_k	x_1	x_2	$\dfrac{\partial f(x^{(k)})}{\partial x_1}$	$\dfrac{\partial f(x^{(k)})}{\partial x_2}$	$f(x^{(k)})$
0	$x^{(0)}$	1/4	1	1	−2	0	4
1	$x^{(1)}$	1/4	1/2	1	0	1	$4\frac{1}{2}$
2	$x^{(2)}$	1/4	1/2	5/4	−1/2	0	$4\frac{5}{8}$

续附表 5-2

k	$x^{(k)}$	λ_k	x_1	x_2	$\frac{\partial f(x^{(k)})}{\partial x_1}$	$\frac{\partial f(x^{(k)})}{\partial x_2}$	$f(x^{(k)})$
3	$x^{(3)}$	1/4	3/8	5/4	0	1/4	$4\frac{21}{32}$
4	$x^{(4)}$	1/4	3/8	21/16	-1/8	0	$4\frac{170}{256}$
5	$x^{(5)}$		11/32	21/16	-1/8	1/16	$4\frac{341}{512}$

7. 用梯度法求解的计算过程见附表 5-3。

附表 5-3　梯度法求解过程表

迭代次数 k	λ_k	$X^{(k)}$	$f(X^{(k)})$
0	0.001	(7.0,9.0)	-9.0
1	0.000 92	(6.982,8.976)	-8.105
2		(6.966,8.954)	-7.303

8. 采用最佳步长时收敛，极小点为 $X^* = (0,\ 0)^T$，最优值 $f(X^*) = \frac{1}{2}$；

采用固定步长 $\lambda = 1.0$ 时不收敛。

9. 极小点 $X^* = (2,1)^T$，函数 $f(X)$ 的极小值为 0。

10. （1）其 K-T 条件为

$$\begin{cases} -\frac{1}{x_1+x_2}+\gamma_1-\gamma_3=0,\ -\frac{1}{x_1+x_2}-2\gamma_1-\gamma_3=0 \\ \gamma_1(5-x_1-2x_2)=0,\ \gamma_2x_1=0,\ \gamma_3x_2=0 \\ \gamma_1,\gamma_2,\gamma_3\geqslant 0 \end{cases}$$

解得最优解 $X^* = (5,0)^T$，最优值 $f(X^*) = 1.6094$。

（2）其 K-T 条件为

$$\begin{cases} 2x_1+2\gamma_1+\gamma_2-\gamma_3=0,\ 2x_2+\gamma_1-\gamma_4=0 \\ 2x_3+\gamma_2-\gamma_5=0,\ \gamma_1(5-2x_1-x_2)=0 \\ \gamma_2(2-x_1-x_3)=0,\ \gamma_3(x_1-1)=0 \\ \gamma_4(x_2-2)=0,\ \gamma_5x_3=0 \\ \gamma_1,\gamma_2,\gamma_3,\gamma_4,\gamma_5\geqslant 0 \end{cases}$$

解得最优解 $X^* = (1,2,0)^T$，最优值 $f(X^*) = 5$。

11. 试用 K-T 条件求解下述非线性规划问题

（1）解得 $x_1^* = 0,\ 0 \leqslant x_2^* \leqslant 1,\ \gamma_1^* = 0,\ \gamma_2^* = 1,\ \gamma_3^* = 0;\ f(X^*) = 0$。

（2）解得 $x_1^* = 2,\ x_2^* = 2,\ \gamma_1^* = 2,\ \gamma_2^* = 0,\ \gamma_3^* = 0;\ f(X^*) = 2$。

12. 原式可改写为：

$$\begin{cases} \min f(X) = -5x_1-x_2+(x_1-x_2)^2 \\ \qquad\qquad = -5x_1-x_2+\frac{1}{2}(2x_1^2-2x_1x_2-2x_2x_1+2x_2^2) \\ 2-x_1-x_2\geqslant 0;\ x_1,x_2\geqslant 0 \end{cases}$$

即有 $c_1=-5$，$c_2=-1$，$c_{11}=2$，$c_{22}=2$，$c_{12}=-2$，$c_{21}=-2$，$b_1=2$，$a_{11}=-1$，所以原式又可写为：

$$\min\varphi(z)=z_1+z_2$$

$$\begin{cases}2x_1-2x_2+y_3-y_1+z_1=5,\ -2x_1+2x_2+y_3-y_2+z_2=1\\x_1+x_2+x_3=2\\\text{所有 } x_i,y_j,z_k\geqslant 0\end{cases}$$

解得 $x_1^*=3/2$，$x_2^*=1/2$，$x_3^*=0$，$y_1^*=0$，$y_2^*=0$，$y_3^*=3$，$z_1^*=0$，$z_2^*=0$；由此 $f(\boldsymbol{X}^*)=7$。

13. （1）用 K-T 条件可写为：

$$\begin{cases}2x_1-4+\gamma_1-\gamma_2=0;\ 2x_2-8+\gamma_1-\gamma_3=0\\\gamma_1(2-x_1-x_2)=0;\ \gamma_2x_1=0;\ \gamma_3x_2=0\\\gamma_1,\gamma_2,\gamma_3\geqslant 0\end{cases}$$

解得 $x_1^*=0$，$x_2^*=2$，$\gamma_1=4$，$\gamma_2=\gamma_3=0$；由此 $f(\boldsymbol{X}^*)=12$。

（2）其等价的线性规划问题为：

$$\min\varphi(z)=z_1+z_2$$

$$\begin{cases}2x_1-y_1+y_3+z_1=4\\2x_2-y_2+y_3+z_2=8\\x_1+x_2+x_3=2\\\text{所有 } x_i,y_j,z_k\geqslant 0\end{cases}$$

解得 $x_1^*=0$，$x_2^*=2$，$x_3^*=0$，$y_1^*=0$，$y_2^*=0$，$y_3^*=4$，$z_1^*=0$，$z_2^*=0$；由此 $f(\boldsymbol{X}^*)=12$。

14. 第一次迭代用梯度法，第二次迭代借助于线性规划求可行下降方向。前两次迭代的结果为：

$$\boldsymbol{X}^{(0)}=(0,0)^{\mathrm{T}},\ \boldsymbol{p}^{(0)}=(1,1)^{\mathrm{T}},\ \lambda_0=4/3$$

$$\boldsymbol{X}^{(1)}=(4/3,4/3)^{\mathrm{T}},\ \boldsymbol{p}^{(1)}=(1.0,-0.7)^{\mathrm{T}},\ \lambda_1=0.314$$

$$\boldsymbol{X}^{(2)}=(1.467,1.239)^{\mathrm{T}},\ f(\boldsymbol{X}^{(2)})=0.863。$$

15. 初始点 $\boldsymbol{X}^{(0)}=(0,0.75)^{\mathrm{T}}$，$\nabla f(\boldsymbol{X})=(4x_1-2x_2-4,4x_2-2x_1-6)$

第一次迭代：在 $\boldsymbol{X}^{(0)}=(0,0.75)^{\mathrm{T}}$，$\nabla f(\boldsymbol{X}^{(0)})=(-5.5,-3.0)$，因第三个约束为有效约束，且 $\nabla g_3(\boldsymbol{X}^{(0)})=(-1,0)$，故有

$$\begin{cases}\min\eta\\-5.5d_1-3.0d_2\leqslant\eta\\-d_1\leqslant\eta\\1\leqslant d_j\leqslant 2\ (j=1,2)\end{cases}$$

解得 $\boldsymbol{d}_1=(1,-1)$，$\eta_1=-1$。又 $\boldsymbol{X}^{(0)}+\lambda\boldsymbol{d}_1=(\lambda,0.75-\lambda)$。由第二个约束知 $\lambda\leqslant 0.4114$。又 $f(\boldsymbol{X}^{(0)}+\lambda\boldsymbol{d}_1)=6\lambda^2-2.5\lambda-3.375$，故可由下面的规划问题来确定 λ 的值：$\min\{6\lambda^2-2.5\lambda-3.375\}$；$0\leqslant\lambda\leqslant 0.4114$。解得 $\lambda_1=0.2083$，由此 $\boldsymbol{X}^{(1)}=\boldsymbol{X}^{(0)}+\lambda_1\boldsymbol{d}_1=(0.2083,0.5417)$。

第二次迭代：因有 $\nabla f(\boldsymbol{X}^{(1)})=(-4.25,-4.25)$，无有效约束，由此用下式寻找搜索方向：

$$\begin{cases}\min\eta\\-4.25d_1-4.25d_2\leqslant\eta\\-1\leqslant d_j\leqslant 1\ (j=1,2)\end{cases}$$

最优解 $\boldsymbol{d}=(1,1)$，$\eta_1=-8.5$。又 $\boldsymbol{X}^{(1)}+\lambda\boldsymbol{d}=(0.2083+\lambda,\ 0.5417+\lambda)$。由第一个约束知 $\lambda\leqslant 0.3472$。其 λ_2 的值可由下式确定：

$$\begin{cases}\min f(\boldsymbol{X}^{(1)}+\lambda\boldsymbol{d})=2\lambda^2-8.5\lambda+3.6354\\0\leqslant\lambda\leqslant 0.3472\end{cases}$$

解得 $\lambda_2=0.3472$，由此 $\boldsymbol{X}^{(2)}=\boldsymbol{X}^{(1)}+\lambda_2\boldsymbol{d}=(0.5555,0.8889)$。

16. （1）构造惩罚函数

$$P(X,r) = (x_1 - 2)^4 + (x_1 - 2x_2)^2 + \frac{r}{-(x_1^2 - x_2)}$$

迭代计算过程见附表 5－4。

附表 5－4　内点法求解过程表

迭代次数 k	r_k	$X^{(k+1)}$	$f(X^{(k+1)})$
1	10.0	(0.7079, 1.5315)	8.3338
2	1.0	(0.8282, 1.1098)	3.8214
3	0.1	(0.8989, 0.9638)	2.5282
4	0.01	(0.9294, 0.9162)	2.1291
5	0.001	(0.9403, 0.9011)	2.0039
6	0.0001	(0.943 89, 0.896 35)	1.9645

（2）构造惩罚函数

$$P(X,r) = x_1^2 - 6x_1 + 2x_2 + 9 + r\left(\frac{1}{x_1 - 3} + \frac{1}{x_2 - 3}\right)$$

当 $r \to 0$ 时，趋近真实最优解 $X^* = (3,3)^T$，最优值 $f(X^*) = 6$ 。

（3）构造惩罚函数

$$P(X,r) = \frac{(x_1 + 1)^3}{3} + x_2 + r\left(\frac{1}{x_1 - 1} + \frac{1}{x_2}\right)$$

迭代计算过程见附表 5－5。

附表 5－5　内点法求解过程表

迭代次数 k	r_k	$X^{(k+1)}$	$f(X^{(k+1)})$
1	1.0	(1.4142, 1)	5.69
2	0.01	(1.0488, 0.1)	2.97
3	0.0001	(1.0050, 0.01)	2.70
4	0.000 000 1	(1.0005, 0.001)	2.67

真实最优解 $X^* = (1,0)^T$，最优值 $f(X^*) = 2.67$ 。

17. （1）构造惩罚函数

$$P(X,M) = (x_1 - 2)^4 + (x_1 - 2x_2)^2 + M[\min(0, -(x_1^2 - x_2))]^2$$

取初始点 $X^{(0)} = (2,1)^T$，有 $f(X^{(0)}) = 0$ 。经五步迭代，趋于问题的极小解 $X^* = (1,1)^T$，最优值 $f(X^*) = 2$ 。迭代计算过程见附表 5－6。

附表 5－6　外点法求解过程表

迭代次数 k	M_k	$X^{(k+1)}$	$f(X^{(k+1)})$
1	0.1	(1.4539, 0.7608)	0.0935
2	1.0	(1.1687, 0.7407)	0.5753
3	10.0	(0.9906, 0.8425)	1.5203
4	100.0	(0.9507, 0.8875)	1.8917
5	1000.0	(0.946 11, 0.893 44)	1.9405

（2）转化为求极小值：

$$\min f(\boldsymbol{X}) = x_1^2 - 4x_1 + x_2^2 - 9x_2 + 2x_3^2 - 10x_3 + \frac{1}{2}x_2x_3$$

构造惩罚函数，经五步迭代逼近真实最优解 $\boldsymbol{X}^* = (0.4102, 3.2308, 1.8975)^{\mathrm{T}}$，最优值 $f(\boldsymbol{X}^*) = 28.8205$。迭代计算过程见附表 5－7。

附表 5－7　外点法求解过程表

迭代次数 k	M_k	$\boldsymbol{X}^{(k+1)}$	$f(\boldsymbol{X}^{(k+1)})$
1	1	(0.4856, 3.2671, 1.9021)	28.9710
2	10	(0.4179, 3.2349, 1.8981)	28.8362
3	100	(0.4111, 3.2309, 1.8977)	28.8221
4	1000	(0.4103, 3.2308, 1.8974)	28.8206
5	10 000	(0.4103, 3.2308, 1.8974)	28.8206

18．其数学模型为：

$$\min f(\boldsymbol{X}) = 58x_1 + 0.2x_1^2 + 54x_2 + 0.2x_2^2 + 50x_3 + 0.2x_3^2 - 560$$

$$\begin{cases} x_1 + x_2 + x_3 = 180 \\ x_1 + x_2 \geqslant 100 \\ x_1 \geqslant 40 \\ x_1, x_2, x_3 \geqslant 0 \end{cases}$$

为便于求解，可以利用第一个等式约束消去一个变量，最优解 $\boldsymbol{X}^* = (50, 60, 70)^{\mathrm{T}}$，最小费用 $f(\boldsymbol{X}^*) = 11\ 280$。

思考题 6

1．从 A 点到 E 点的最短路线为：$A \to B_2 \to C_1 \to D_1 \to E$，其长度为 8。

2．（1）基本方程：

$$f_{n+1}(S_{n+1}) = 0$$

$$f_k(S_k) = \max_{x_k \in D_k(s_k)} \{g_k(x_k) + f_{k+1}(S_{k+1})\}, \ k = n, n-1, n-2, \cdots, 1$$

允许决策集合：$D_k(S_k) = \left\{x_k \mid 0 \leqslant x_k \leqslant \min\left(c_k, \dfrac{S_k}{a_k}\right)\right\}$

初始状态：$S_1 = b$；状态转移方程：$S_{k+1} = S_k - a_k x_k$

（2）由于对每一个约束条件，都有一个状态变量 S_{ik}，故在 m 维空间里共有 m 个状态变量分量，于是有

$$f_k(S_{1k}, S_{2k}, \cdots, S_{mk}) = \max_{x_k \in D_k} \{g_k(x_k) + f_{k+1}(S_{1,k+1}, S_{2,k+1}, \cdots, S_{m,k+1})\}$$

$$k = n, n-1, n-2, \cdots, 1$$

$$f_{n+1}(S_{1,n+1}, S_{2,n+1}, \cdots, S_{m,n+1}) = 0$$

$$D_k = D_k(S_{1k}, S_{2k}, \cdots, S_{mk}) = \left\{x_k \mid 0 \leqslant x_k \leqslant \min\left(c_k, \frac{S_{1k}}{a_{1k}}, \frac{S_{2k}}{a_{2k}}, \cdots, \frac{S_{mk}}{a_{mk}}\right)\right\}$$

$$S_{i1} = b_i \ (i = 1, 2, \cdots, m); \ S_{i,k+1} = S_{ik} - a_{ik}x_k$$

3．（1）最优解 $\boldsymbol{X}^* = (2,2,2,2,2)^{\mathrm{T}}$，最大值 $f(\boldsymbol{X}^*) = 32$。

（2）最优解 $\boldsymbol{X}^* = (2/3, 14/9)^{\mathrm{T}}$，最大值 $f(\boldsymbol{X}^*) = 22/9$。

（3）最优解 $X^* = (4,2,6)^T$，最大值 $f(X^*) = 6912$。

（4）最优解 $X^* = (6,3,2)^T$，最大值 $f(X^*) = 36$。

（5）最优解 $X^* = (5/2,9/4)^T$，最大值 $f(X^*) = 131/8$。

（6）最优解 $X^* = (1.82,1.574,3.147)^T$，最小值 $f(X^*) = 29.751$。

4.（1）任务的指派分四个阶段来完成，用状态变量 S_k 代表第 k 阶段初未指派出去的工作的集合；决策变量 x_{kj} 是 0－1 变量，$x_{kj} = 1$ 代表第 k 阶段完成对第 j 项工作的指派，否则 $x_{kj} = 0$；状态转移方程 $S_{k+1} = \{D(S_k) \setminus j, 当\ x_{kj} = 1 时\}$。逆推关系式为：

$$f_4(S_4) = \min_{x_{4j} \in D_4(S_4)} \{a_{4j}\}$$

$$f_k(S_k) = \max_{x_{kj} \in D_k(S_k)} \{a_{kj}(x_k) + f_{k+1}(S_{k+1})\}$$

（2）用逆序算法求解，计算表分别见附表 6－9、附表 6－10、附表 6－11 和附表 6－12。

附表 6－9　$k = 4$ 时指标函数计算表

S_4	1	2	3	4
a_{4j}	19	21	23	17
x_{4j}	$j = 1$	$j = 2$	$j = 3$	$j = 4$
$f_4(S_4)$	19	21	23	17

附表 6－10　$k = 3$ 时指标函数计算表

x_{3j} / S_3	$a_{3j} + f_4(S_4)$				$f_3(S_3)$	x_{3j}^*
	x_{31}	x_{32}	x_{33}	x_{34}		
(1, 2)	26 + 21	18 + 19			37	$x_{32} = 1$
(1, 3)	26 + 23		16 + 19		35	$x_{33} = 1$
(1, 4)	26 + 17			19 + 19	38	$x_{34} = 1$
(2, 3)		18 + 23	16 + 21		37	$x_{33} = 1$
(2, 4)		18 + 17		19 + 21	35	$x_{32} = 1$
(3, 4)			16 + 17	19 + 23	33	$x_{33} = 1$

附表 6－11　$k = 2$ 时指标函数计算表

x_{2j} / S_2	$a_{2j} + f_3(S_3)$				$f_2(S_2)$	x_{2j}^*
	x_{21}	x_{22}	x_{23}	x_{24}		
(1, 2, 3)	19 + 37	23 + 35	22 + 37		56	$x_{21} = 1$
(1, 2, 4)	19 + 35	23 + 38		18 + 37	54	$x_{21} = 1$
(1, 3, 4)	19 + 33		22 + 38	18 + 35	52	$x_{21} = 1$
(2, 3, 4)		23 + 33	22 + 35	18 + 37	55	$x_{24} = 1$

附表 6－12　$k=1$ 时指标函数计算表

S_1 \ x_{1j}	$a_{1j}+f_2(S_2)$				$f_1(S_1)$	x_{1j}^*
	x_{11}	x_{12}	x_{13}	x_{14}		
(1，2，3，4)	15＋55	18＋52	21＋54	24＋56	70	$x_{11}=1$ 或 $x_{12}=1$

求解得到两组最优解：$x_{11}=x_{24}=x_{33}=x_{42}=1$，$x_{12}=x_{21}=x_{33}=x_{44}=1$；最优值（最小时间）为70小时。

5．设 x_i^k 表示从第 i（$i=1,2,\cdots,m$）个产地运输给销地 $k,k+1,k+2,\cdots,n$ 的货物总量，则采用逆推算法时，动态规划的基本方程为：

$$f_k(x_1^k,\cdots,x_m^k)=\min_{x_{ik}}\{\sum_{i=1}^{m}c_{ik}(x_{ik})+f_{k+1}(x_1^k-x_{1k},x_2^k-x_{2k},\cdots,x_m^k-x_{mk})\}$$

式中：$0\leqslant x_{ik}\leqslant x_i^k$，$\sum_{i=1}^{m}x_{ik}=b_k$（$k=1,2,\cdots,n$），$f_{n+1}=0$，$x_i^1=a_i$（$i=1,2,\cdots,m$）。

6．见附表6－13、附表6－14和附表6－15。最优解为：$x_1=3$，$x_2=2$，$x_3=1$；最优值为490万元。

附表 6－13　$k=3$ 时指标函数计算表

S_3	1	2	3	4
x_3^*	1	2	3	4
$f_4(S_4)$	150	165	175	190

附表 6－14　$k=2$ 时指标函数计算表

S_2 \ x_2	$g_2(x_2)+f_3(S_3)$				$f_2(S_2)$	x_2^*
	1	2	3	4		
2	120＋150				270	1
3	120＋165	150＋150			300	2
4	120＋175	150＋165	170＋150		320	3
5	120＋190	150＋170	170＋165	180＋150	335	3

附表 6－15　$k=1$ 时指标函数计算表

S_1	6			
x_1	1	2	3	4
$f_1(S_1=6)$	100＋335＝435	160＋320＝480	190＋300＝490	200＋270＝470

7．最优决策：第一年将100台机器全部投入生产乙产品，第二年继续将余下的机器全部投入生产乙产品，第三年将余下的机器全部投入生产甲产品；三年的总收益为7676.25万元。

8．见附表6－16。

附表 6－16　最优决策表

$f_1(3,3)$	$r_1(1,0)+r_2(2,0)+r_3(0,3)=4+4+8=16$		
i	1	2	3
(x_i,y_i)	(1, 0)	(2, 0)	(0, 3)

9. 用逆序算法求解，计算表分别见附表 6－17、附表 6－18、附表 6－19 和附表 6－20。求解得到最优解：第一个月生产 5 万件（$x_1=5$），第二个月不生产（$x_2=0$），第三个月生产 5 万件（$x_3=5$），第四个月生产 6 万件（$x_4=6$）；最优值（最小费用）为 198 万元。

附表 6－17　$k=4$ 时指标函数计算表

S_4	0	1	2	3	4	5	6
x_4^*	6	5	4	3	2	1	0
$f_4(S_4)$	72	62	52	42	32	22	2

附表 6－18　$k=3$ 时指标函数计算表

x_3 / S_3	$c_3(x_3)+f_4(S_4)$							$f_3(S_3)$	x_3^*
	0	1	2	3	4	5	6		
0						132	134	132	5
1					122	124	126	122	4
2				112	114	116	118	112	3
3			102	104	106	108	110	102	2
4		92	94	96	98	100	102	92	1
5	72	84	86	88	90	92	84	72	0
6	64	76	78	80	82	74		64	0
7	56	68	70	72	64			56	0

附表 6－19　$k=2$ 时指标函数计算表

x_2 / S_2	$c_3(x_3)+f_4(S_4)$							$f_2(S_2)$	x_2^*
	0	1	2	3	4	5	6		
0				172	174	176	178	172	3
1			162	164	166	168	170	162	2
2		152	154	156	158	160	152	152	1 或 6
3	132	144	146	148	150	142	146	132	0
4	124	136	138	140	132	136	140	124	0

附表 6 - 20　$k=1$ 时指标函数计算表

x_1	2	3	4	5	6
$f_1(S_1=2)$	202	204	206	198	202

10. 各月份订购与销售的最优决策见附表 6 - 21。

附表 6 - 21　最优决策表

月份	1	2	3	4	5	6
生产量（百件）	4	0	4	3	3	0

11. 最佳的采购策略为：第一周只有价格是 60 时才采购，否则就等待；第二周也是只有价格是 60 时才采购，否则就等待；第三周价格为 60 和 80 时均采购，90 和 100 时继续等待；如果已经等待到了第四周，那么无论什么价格都只有采购，别无选择。

12. 最优解有两个：(1) $\boldsymbol{X}^*=(3,0,1)$；(2) $\boldsymbol{X}^*=(2,2,0)$。总利润为 4.80 万元。

13. 最优解有三个：(1) $\boldsymbol{X}^*=(1,3,1,0)$；(2) $\boldsymbol{X}^*=(2,1,2,0)$；(3) $\boldsymbol{X}^*=(0,5,0,0)$。最大价值为 2 万元。

14. 最优方案为：E_1 需要备用 1 个，E_2 需要备用 1 个，E_3 需要备用 3 个；其总费用为 8000 元，设备的可靠性可提高 0.042。

15. 把往四个仓库派巡逻队划分为 4 个阶段，状态变量 S_k 为第 k 阶段初拥有的未派出的巡逻队数量，决策变量 x_k 为第 k 阶段派出的巡逻队数量。于是，状态转移方程为 $S_{k+1}=S_k-x_k$，用逆序算法求解时的动态规划基本方程为：

$$f_4(S_4)=\min\{p_k(x_k)\}$$
$$f_k(S_k)=\min\{p_k(x_k)+f_{k+1}(S_{k+1})\}$$

最优策略为：$\boldsymbol{X}^*=(2,4,2,4)^{\mathrm{T}}$，总预期的事故数 $f_1(S_1)=87$。

16. (1) 设状态变量 T_i 为第 i 年末时该设备的役龄，则用逆推算法求解时，动态规划基本方程为：

$$f_N(T_N)=\max_{T_N\leqslant N}\begin{cases}N^2-T_N^2+N-(T_N+1) & \text{不更新设备}\\(N^2-0)+(N-1)-C+(N-T_N) & \text{更新设备}\end{cases}$$

$$f_i(T_i)=\max_{T_N\leqslant N}\begin{cases}N^2-T_i^2+f_{i+1}(T_i+1) & \text{不更新设备}\\(N^2-0)+(N-T_i)-C+f_{i+1}(1) & \text{更新设备}\end{cases}\quad(i=1,2,\cdots,N-1)$$

(2) 当 $N=3$，$C=10$ 时，有

$$f_3(T_3)=\max_{T_3\leqslant 3}\begin{cases}11-T_3-T_3^2 & \text{不更新设备}\\4-T_3 & \text{更新设备}\end{cases}$$

$$f_i(T_i)=\max_{T_i\leqslant 3}\begin{cases}9-T_i+f_{i+1}(T_{i+1}) & \text{不更新设备}\\2-T_i+f_{i+1}(1) & \text{更新设备}\end{cases}\quad(i=1,2)$$

求解的最优策略为：第一年末不更新，第二年末不更新，第三年末更新；或第一年末不更新，第二年末更新，第三年末不更新；总收益为 13。

思考题 7

1. (1) 不正确；(2) 不正确；(3) 不正确。

2. (1) 具有 N 个顶点的完全图有 $\dfrac{N(N-1)}{2}$ 条边；

（2）当 N 为偶数时，$\left(\frac{N}{2}\right)^2$；当 N 为奇数时，$\left(\frac{N+1}{2}\right)\times\left(\frac{N-1}{2}\right)$。

（3）具有 N 个顶点的简单图最多有$\frac{N(N-1)}{2}$条边。

3.（1）最小部分树的总权数和为 60；

（2）v_1 点到其他各点的最短路如附图 7-8 所示；

（3）各点之间的最短路：

$$\begin{bmatrix} 0 & 8 & 12 & 6 & 14 & 16 & 22 & 34 \\ 8 & 0 & 19 & 9 & 17 & 12 & 25 & 30 \\ 12 & 19 & 0 & 10 & 5 & 12 & 13 & 30 \\ 6 & 9 & 10 & 0 & 8 & 10 & 16 & 28 \\ 14 & 17 & 5 & 8 & 0 & 7 & 8 & 25 \\ 16 & 12 & 12 & 10 & 7 & 0 & 15 & 18 \\ 22 & 25 & 13 & 16 & 8 & 15 & 0 & 20 \\ 34 & 30 & 30 & 28 & 25 & 18 & 20 & 0 \end{bmatrix}$$

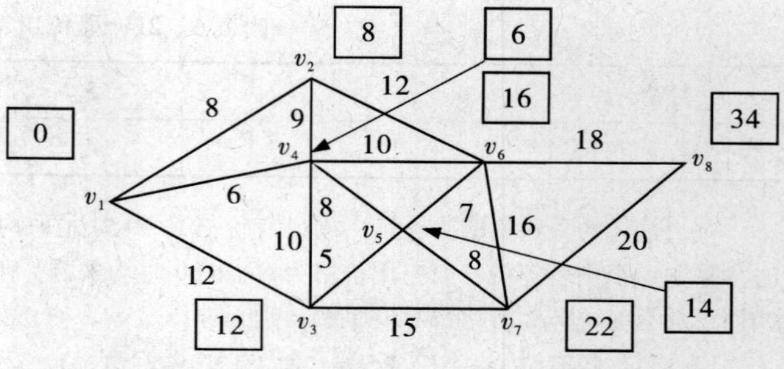

附图 7-8　v_1 点到其他各点的最短路

4. 该网络的最大流量为 22。

5. 经历的最短路线总长为 71km。

6. 设 $x_{ij}=1$ 代表边（i, j）包含在最小部分树内，设 $x_{ij}=0$ 代表边（i, j）不包含在最小部分树内；则其数学模型为：$\min z = \sum_{ij} a_{ij}x_{ij}$

$\sum_{ij} x_{ij} = 7$（8 个点的树图拥有 7 条边）

$x_{12}+x_{13}+x_{34}+x_{24}\leqslant 3$（不出现回路）

$x_{34}+x_{36}+x_{67}+x_{47}\leqslant 3$，$x_{47}+x_{78}+x_{58}+x_{45}\leqslant 3$

$x_{12}+x_{13}+x_{36}+x_{67}+x_{47}+x_{24}\leqslant 5$，$x_{36}+x_{67}+x_{78}+x_{58}+x_{45}+x_{34}\leqslant 5$

$x_{12}+x_{13}+x_{36}+x_{67}+x_{78}+x_{58}+x_{45}+x_{24}\leqslant 7$

7.（1）

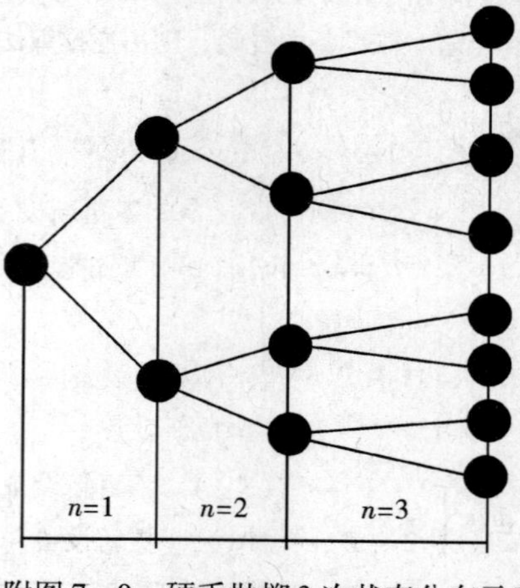

附图 7-9　硬币抛掷 3 次状态分布示意图

（2）$2^0+2^1+2^2+\cdots+2^n=2^{n+1}-1$ 个节点，$2^{n+1}-2$ 条边。

8. 设 $x_{ij}=1$ 代表弧（i, j）包含在最短路内，设 $x_{ij}=0$ 代表弧（i, j）不包含在最短路内；则其数学模型为：$\min z=\sum_i\sum_j a_{ij}x_{ij}$

$x_{12}+x_{13}=1$，　$x_{12}=x_{23}+x_{24}+x_{25}$，　$x_{13}+x_{23}=x_{34}+x_{36}$

$x_{24}+x_{34}=x_{45}+x_{46}$，　$x_{25}+x_{45}+x_{65}=x_{57}$，　$x_{36}+x_{46}=x_{65}+x_{67}$

9．最短输油管线的铺设长度是10.2海里。

10．A、B、C、D、E、F、G各点之间的最短路：

$$
\begin{bmatrix}
0 & 1.5 & 1.2 & 1.8 & 4.8 & 7.0 & 8.0 \\
1.5 & 0 & 2.7 & 2.2 & 5.0 & 5.5 & 7.0 \\
1.2 & 2.7 & 0 & 1.6 & 4.6 & 8.2 & 7.8 \\
1.8 & 2.2 & 1.6 & 0 & 3.0 & 6.9 & 6.2 \\
4.8 & 5.0 & 4.6 & 3.0 & 0 & 3.9 & 3.2 \\
7.0 & 5.5 & 8.2 & 6.9 & 3.9 & 0 & 1.5 \\
8.0 & 7.0 & 7.8 & 6.2 & 3.2 & 1.5 & 0
\end{bmatrix}
$$

在最短路的基础上，求中心小学建于不同村落时学生行走的人千米数。将上述矩阵中第一行各元素乘以A村落的学生人数50，即可得到中心小学建于不同区时，A村落学生行走的人千米数。同理，矩阵中第二行各元素乘以B村落的学生人数40，即可得到中心小学建于不同区时，B村落学生行走的人千米数。以此类推，可以得到附表7－8。

附表7－8　计算数据表

	A	B	C	D	E	F	G
A	0	75	60	90	240	350	400
B	60	0	108	88	200	220	280
C	72	162	0	96	276	492	468
D	36	44	32	0	60	138	124
E	336	350	322	210	0	273	224
F	560	440	656	552	312	0	120
G	800	700	780	620	320	150	0
合计	1864	1771	1958	1656	1408	1623	1616

附表7－8中每一列的合计数代表中心小学建于该村落学生行走的人千米数。由于E列的合计数最小，所以中心小学应建于E村落，此时学生行走的人千米数为1408。

11．显然，可供选择的设备更新方案很多。例如，每年年初都更新设备，则五年合计购置费用为59万元；维修费用为25万元（每年5万元），于是五年支付的总费用为84万元。如第一年初购置一台新设备，该设备一直使用到第五年底，则支付的购置费是11万元，支付的维修费是48万元，于是总费用为59万元。以上两个极端的情况已显示，不同的设备更新策略将对应不同的总费用支出。

如何制定最优设备更新策略呢？将此问题转化为最短路问题来求解，问题会变得简单明了，见附图7－10。用点 v_i 代表第 i 年年底（加设一点 v_0 可以理解为第1年年初）。从 v_i 到 v_j 画一条弧，弧（v_i，v_j）表示在第 i 年年底（第 $i+$ 第1年年初）购进设备并一直使用到第 j 年年底。每条弧的权可按已知信息计算出来。例如，弧（v_0，v_3）代表第1年年初购进一台新设备（支付购置费11万元），一直使用到第三年年底（支付维修费 $5+6+8=19$ 万

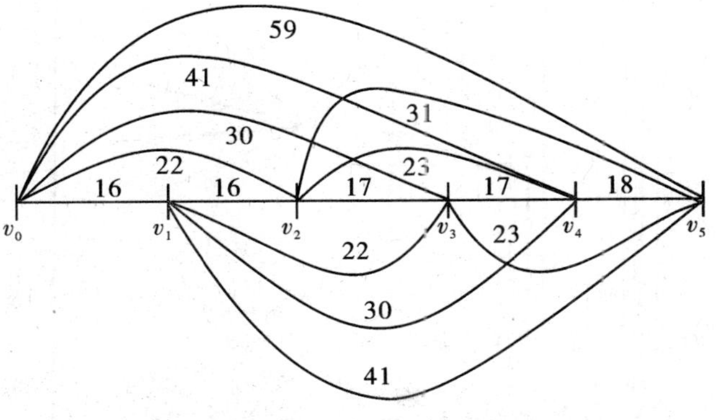

附图7－10　设备更新方案示意图

元)，故（v_0，v_3）上的权数为30。

这样一来，制定一个最优的设备更新计划的问题就等价于寻求从 v_0 到 v_5 的最短路问题。按求解最短路的计算方法，可以求得最短路 $\{v_0, v_2, v_5\}$ 和 $\{v_0, v_3, v_5\}$，即有两个最优方案：一个方案是在第 1 年、第 3 年年初各购置一台新设备；另一个方案是在第 1 年、第 4 年年初各购置一台新设备，五年总的支付费用均为 53 万元。

12.

$$\boldsymbol{D}^{(0)} = \begin{bmatrix} 0 & 10 & 20 & 15 & \infty \\ 10 & 0 & 5 & \infty & 20 \\ 20 & 5 & 0 & 10 & 10 \\ 15 & \infty & 10 & 0 & 25 \\ \infty & 20 & 10 & 25 & 0 \end{bmatrix}$$

因为图中只有 5 个点，所以两点之间最多可有 3 个点，故 $\boldsymbol{D}^{(2)}$ 矩阵所反映的各点距离即为最短距离。

$$\boldsymbol{D}^{(1)} = \begin{bmatrix} 0 & 10 & 15 & 15 & 30 \\ 10 & 0 & 5 & 15 & 15 \\ 15 & 5 & 0 & 10 & 10 \\ 15 & 15 & 10 & 0 & 20 \\ 30 & 15 & 10 & 20 & 0 \end{bmatrix} \quad \boldsymbol{D}^{(2)} = \begin{bmatrix} 0 & 10 & 15 & 15 & 25 \\ 10 & 0 & 5 & 15 & 15 \\ 15 & 5 & 0 & 10 & 10 \\ 15 & 15 & 10 & 0 & 20 \\ 25 & 15 & 10 & 20 & 0 \end{bmatrix}$$

在最短路的基础上，求粮库建于不同区时的粮食运输吨千米数。计算可得粮库建于不同区时，粮食运输的吨千米数，如附表 7－9 所示。附表 7－9 中每一列的合计数代表粮库建于该区粮食运输的总吨千米数，由于 C 列的合计数最小，所以粮库应建于 C 区，此时运输的吨千米数为 270 000。

附表 7－9　计算数据表

	A	B	C	D	E
A	0	60 000	90 000	90 000	150 000
B	40 000	0	20 000	60 000	60 000
C	150 000	50 000	0	10 000	10 000
D	105 000	105 000	70 000	0	140 000
E	225 000	135 000	90 000	180 000	0
合计	520 000	350 000	270 000	340 000	360 000

13. 将比赛项目作为研究对象，用 v_A，v_B，v_C，v_D，v_E，v_F表示，如果两个项目没有同一名运动员报名参加，则在代表这两个项目的两点之间连一条线，见附图 7－11。

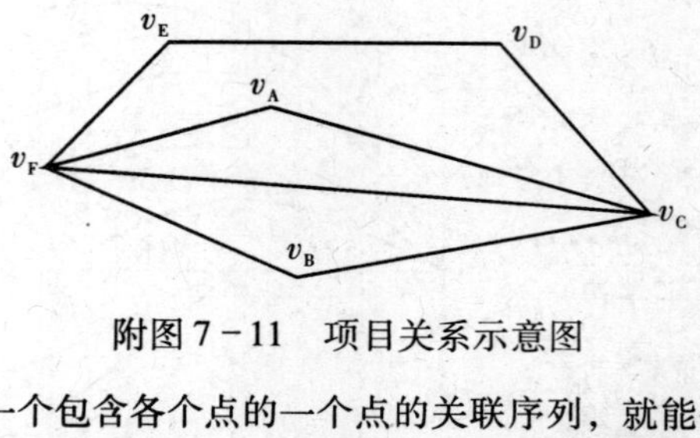

附图 7－11　项目关系示意图

只要在附图 7－11 中找出一个包含各个点的一个点的关联序列，就能做到每名运动员不连续参加两项比赛。满足要求的排列有多个，比如 B、C、A、F、E、D 就是其中之一。

14. 将红、白、蓝、绿四种颜色分别用四个点表示，把四个立方体上互为相反面（上下、左右、前后）的颜色点用一条边连接，见附图 7－12。要求四个侧面分别都恰好包含红、白、蓝、绿这四种颜色，就是要在附图 7－12 中去掉四条边，并使每个点的次数为 4（每种颜色出现 4 次），见附图 7－13。由此，四个立方体各个侧面显示的颜色如附图 7－14 所示。

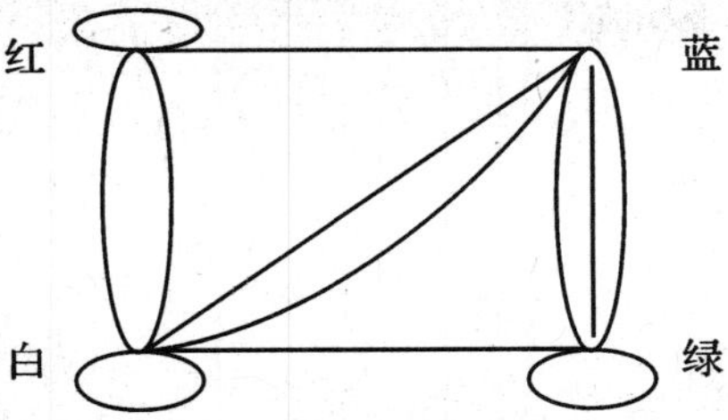

附图 7－12　互为相反面的颜色点用一条边连接示意图

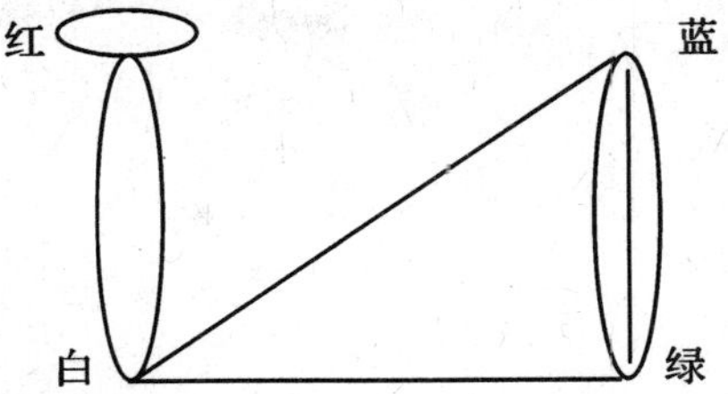

附图 7－13　去掉四条边并使每个点的次数为 4 的示意图

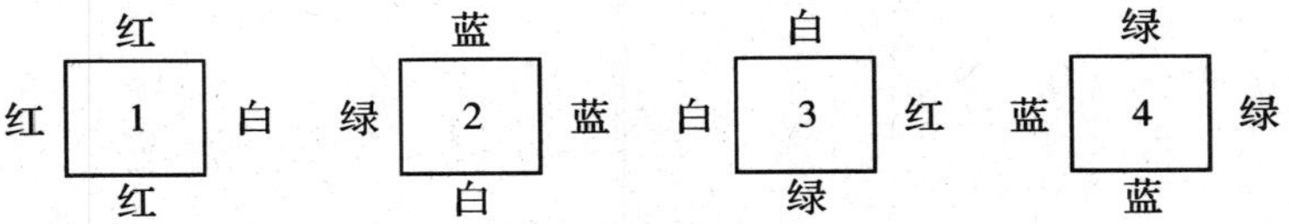

附图 7－14　四个立方体各个侧面显示的颜色示意图

15.（1）该工程网络图及结点时间如附图 7－15 所示，作业时间如附表 7－10 所示。

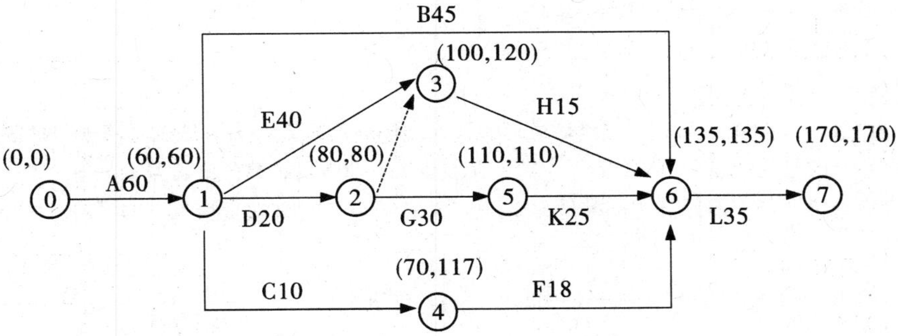

附图 7－15　工程网络图及结点时间

附表 7－10　某新产品研发工程的作业关系表

作业代码	最早开始时间	最早结束时间	最迟开始时间	最迟结束时间
A	0	60	0	60
B	60	105	90	135
C	60	70	107	117
D	60	80	60	80
E	60	100	80	120
F	70	88	117	135
G	80	110	80	110
H	100	115	120	135
K	110	135	110	135
L	135	170	135	170

（2）该工程每天的间接费用为600元，故压缩工期的直接费用率不能超过600元/天。先考虑压缩关键线路上的作业，压缩顺序根据直接费用率由小到大排列。经过两次压缩（第一次 $\Delta K = 10$ 天，第二次 $\Delta G = 10$ 天），形成两条关键线路：0－1－2－5－6－7 和 0－1－3－6－7。如果继续压缩工期，必须在这两个关键线路上同时压缩，而同时压缩两个关键线路的直接费用率均超出600元，故目前的方案即为使总费用最小的最优方案，见附图7－16。

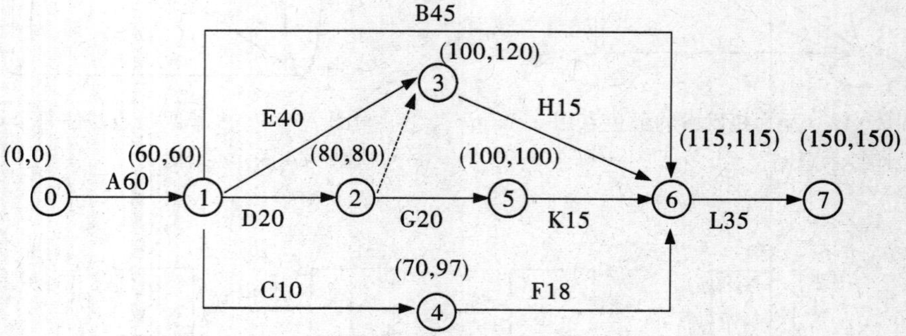

附图7－16　总费用最小的最优方案网络图

思考题8

1. （1）该餐厅餐巾纸的经济采购批量是6箱；

（2）采购的时间间隔是2周。

2. 每次生产的最佳批量为1000件。

3. 因 $C^{(1)}(Q_0 = 500) = 3.2 > C^{(2)}(Q = 1500) \approx 2.33$，所以该公司电感的经济采购批量是1500只。

4. 每次生产的最佳批量 $Q \approx 2121$ 件，最大存贮量 $S \approx 707$ 件，最大缺货量 $B \approx 353$ 件。

5. 不允许缺货情况下的经济印刷批量为 $Q_0 \approx 16.33$ 万册，允许缺货情况下的经济印刷批量为 $Q_0 \approx 16.73$ 万册。

6. $\int_Q^{+\infty} f(x)\,\mathrm{d}x \approx 0.5833$，查正态分布表即可得到最佳进货批量。

7. $\int_Q^{+\infty} f(x)\,\mathrm{d}x \approx 0.5935$，查泊松分布表即可得到最佳进货批量。

8. $d = 96$，$a = 1200$，$h = 8500 \times 30\% = 2550$，$b = 400 \times 52 = 20\,800$，$Q \approx 10.071\,24$。

9. （1）经济订货批量 $Q_0 = 67$ 件，最大缺货量 $B \approx 23.7$ 件；

（2）年最小费用 $C \approx 523.69$ 元。

10. $k = 1600 + 1200 \times 2 = 4000$，$h = 900 - 100 = 800$，故 $\frac{k}{k+h} \approx 0.8333$。因对该零部件的需求服从泊松分布，故有 $p(r) = \frac{\lambda^r \cdot \mathrm{e}^{-\lambda}}{r!}$，而 $\lambda = 2 \times 2 = 4$。因 $\sum_{r=0}^{6} p(r) = 0.785$，$\sum_{r=0}^{7} p(r) = 0.889$，故该航空旅游公司应立即提出7个备件的订货。

11. （1）$\int_0^Q p(r)\,\mathrm{d}r = \frac{k}{k+h} = \frac{10}{10+15} = 0.4$，有 $\frac{Q-200}{\sqrt{300}} = 0.253$，故

$$Q = 200 - 0.253\sqrt{300} = 196$$

即该商店应进196棵圣诞树，才能使期望利润最大。

（2）如果商店按销售量的期望值200棵进货，则期望利润近似为1827.28元。

（3）如果商店按196棵进货，则圣诞节后余货的期望值近似为5.09棵。

思考题 9

2.（1）见附图 9－2；（2）见附图 9－3；（3）见附图 9－4。

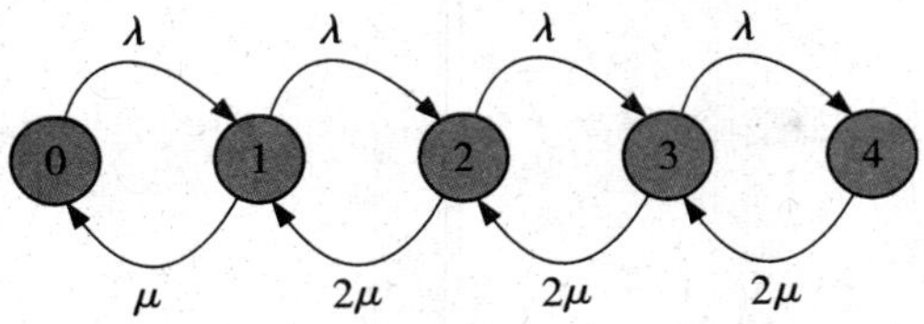

附图 9－2　*M/M/2/4* 系统状态转移示意图

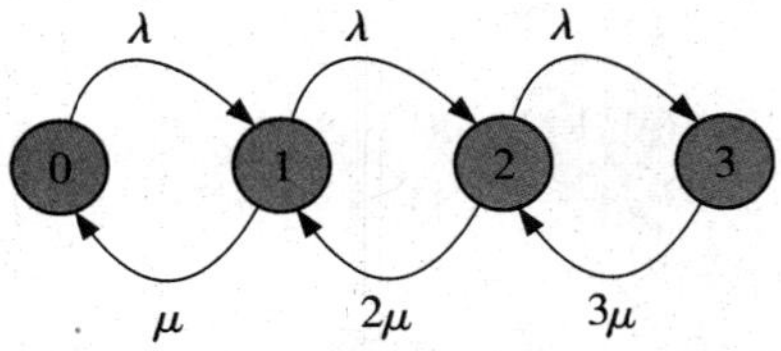

附图 9－3　*M/M/3/3* 系统状态转移示意图

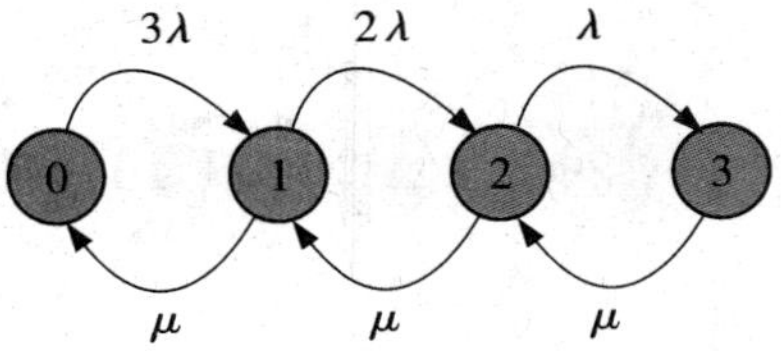

附图 9－4　*M/M/1/3/3* 系统状态转移示意图

3.（1）0.6；（2）0.0384；（3）0.4；（4）0.6667；（5）10 分钟；（6）0.2667；（7）0.0667。

4. 此题可归结为一个 *M/M/1/5* 排队系统。

(1) $p_0 \approx 0.2442$ ；(2) $\lambda_e \approx 7.558$（辆/天）；(3) $p_4 \approx 0.1602$ ；(4) $L \approx 1.7903$ 辆

(5) $L_q \approx 1.0345$ 辆；(6) $W \approx 1.895$ 小时；(7) $W_q \approx 1.095$ 小时。

5.（1）此题可归结为一个 *M/M/2/2* 排队系统，状态转移图见附图 9－5。根据附图 9－5 可得稳定状态流平衡方程：

$$\mu P_1 = \lambda P_0 \qquad \lambda P_0 + 2\mu P_2 = \lambda P_1 + \mu P_1 \qquad \lambda P_1 = 2\mu P_2$$

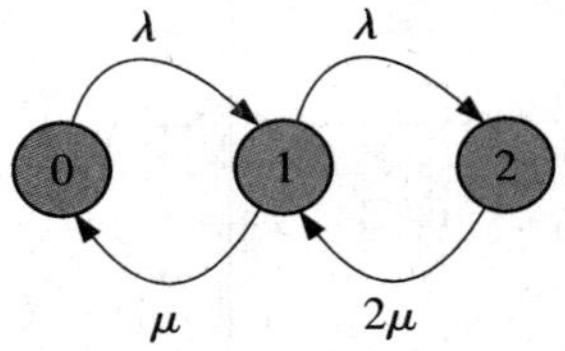

附图 9－5　*M/M/2/2* 系统状态转移示意图

(2) $p_0 \approx 0.2759$ ，$p_1 \approx 0.4137$ ，$p_2 \approx 0.3104$ 。

(3) 平均空闲率：$\frac{1}{2}(2 \times 0.2759 + 1 \times 0.4137) = 0.48275$ ，故平均繁忙率为 0.517 25。

(4) 平均每小时丢失的顾客数为：$\lambda p_2 = 6 \times 0.3104 \approx 1.8624$（人）；

(5) 系统可归结为一个 *M/M/2/4* 排队系统，状态转移图见附图 9－2，于是可得稳定状态流平衡方程：

$$\mu p_1 = \lambda p_0 \qquad \lambda p_0 + 2\mu p_2 = \lambda p_1 + \mu p_1 \qquad \lambda p_1 + 2\mu p_3 = \lambda p_2 + 2\mu p_2$$

$$\lambda p_2 + 2\mu p_4 = \lambda p_3 + 2\mu p_3 \qquad \lambda p_3 = 2\mu p_4$$

故有：

$p_0 \approx 0.2303 \qquad p_1 \approx 0.3455 \qquad p_2 \approx 0.2591 \qquad p_3 \approx 0.1943 \qquad p_4 \approx 0.1457$

美发师平均空闲率 0.4031，故平均繁忙率 0.5969；平均每小时丢失的顾客数为 $\lambda p_4 = 6 \times 0.1457 \approx 0.8742$（人）。

6. （1）停车场平均空闲位数：$\sum_{n=0}^{10}(10-n)p_n = 8.3262$；

（2）到达的汽车没有停车位的概率：$p_{10} \approx 0$；

（3）该停车场的有效到达率：$\lambda_e = 10$；

（4）几乎没有。

7. （1）计算顾客在系统中的平均逗留时间：$W = 29.7$ 分钟；

（2）新到顾客自动离去的概率：$p_{20} = 0.034\ 33$；

（3）系统的有效到达率：$\lambda_e = 19.31$；

（4）$p_0 \approx 0.007\ 53$，$p_1 \approx 0.028\ 84$，$p_2 \approx 0.055\ 23$，$p_3 \approx 0.070\ 51$，平均忙期 0.9256。

8. （1）此排队系统的状态转移见附图 9－6；（2）稳定状态流平衡方程见附表 9－1；

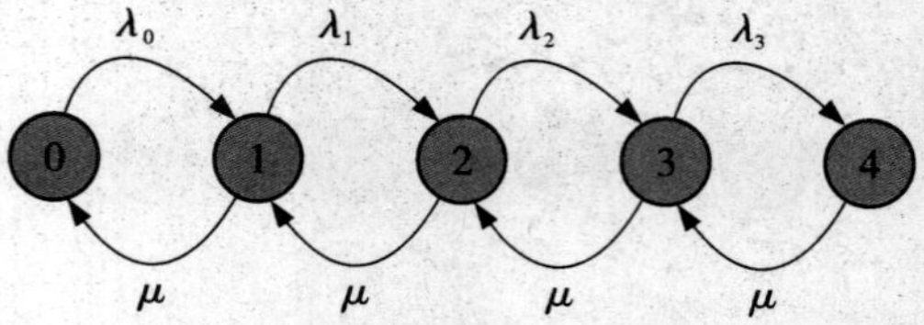

附图 9－6　系统状态转移示意图

附表 9－1　稳定状态流平衡方程表

状　态	流平衡方程
0	$\mu p_1 = \lambda_0 p_0$
1	$\lambda_0 p_0 + \mu p_2 = \lambda_1 p_1 + \mu p_1$
2	$\lambda_1 p_1 + \mu p_3 = \lambda_2 p_2 + \mu p_2$
3	$\lambda_2 p_2 + \mu p_4 = \lambda_3 p_3 + \mu p_3$
4	$\lambda_3 p_3 = \mu p_4$

（3）$p_0 = 0.311$，$p_1 = 0.311$，$p_2 = 0.233$，$p_3 = 0.117$，$p_4 = 0.028$；

（4）$W \approx 0.088$ 小时。

9. （1）0.3874；　（2）0.4672 台；　（3）0.2923 和 0.7664；

（4）3 台；　（5）使 $\frac{1}{m}[8 + 40L(m)]$ 最小，3 台。

10. 原收费口平均等待车辆 $L_q = 6.12$ 辆，采用新装置后利用率可达 75%，故可采用新装置。

11. 自服务排队系统，服务台数 $S = \infty$，故

$$p_0 = \sum_{k=0}^{S}(1/k!)(\lambda/\mu)^k = e^{-\lambda/\mu}$$

$$p_n = \frac{1}{n!}(\lambda/\mu)^n \cdot p_0 = \frac{1}{n!}\left(\frac{\lambda}{\mu}\right)^n \cdot e^{-\lambda/\mu}$$

题中每个展厅 $\lambda = 24$，$\mu = 4$，故 $\lambda/\mu = 6$。要确定展厅容量 S，使观众超出 S 的概率不超过 5%，即有 $0.05 \geqslant \sum_{n=S}^{\infty} \frac{6^n}{n!} \cdot e^{-6}$，由泊松累积分布表查得 $S \geqslant 10$。

12. （1）$N_i \geqslant \left[\frac{\ln(1-\beta)}{\ln\rho_i} - 1\right]$；

（2）$N_1 \geqslant 6.5$，$N_2 \geqslant 4.75$，$N_3 \geqslant 3.85$，$N_4 \geqslant 3.2$，$N_5 \geqslant 2.62$（均取最小整数）；

（3）$8.2T$。

13. 该 $M/M/1$ 排队系统，已知：$\lambda_1 = 0.25$，$\lambda_2 = 0.50$，$\lambda_3 = 0.75$，$\mu = 5$。

$$W_1 = \frac{1}{\mu - \lambda_1} \approx 0.2105；W_{1-2} = \frac{1}{\mu - (\lambda_1 + \lambda_2)} \approx 0.2353$$

$$W_2 = \frac{\lambda_1 + \lambda_2}{\lambda_2} \cdot W_{1-2} - \frac{\lambda_1}{\lambda_2} \cdot W_1 \approx 0.2477$$

同理，$W_{1-2-3} \approx 0.2857$，$W_3 \approx 0.3361$。

故 $W_{1q} \approx 0.0105$，$W_{2q} \approx 0.0477$，$W_{3q} \approx 0.1361$。

由于 $L_i = \lambda_i \cdot W_i$，故有 $L_1 \approx 0.0526$，$L_2 \approx 0.1239$，$L_3 \approx 0.2521$。

14. （1）本题 $c_1 = 10$、$c_2 = 40$，故 $c_1/c_2 = 0.25$，是一个 $M/M/S/10/10$ 排队系统。$\lambda = \frac{1}{8}$，$\mu = \frac{1}{6}$；当 $S = 1$ 时，其系统状态转移如附图 9－7 所示。

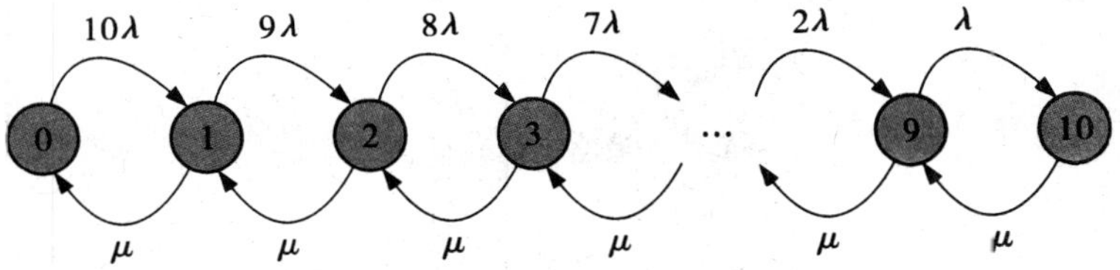

附图 9－7　有限源排队系统状态转移示意图

根据稳定状态流平衡方程和 $\frac{\lambda}{\mu} = 0.75$，可以分别计算 $S = 1,2,\cdots,N$ 时的系统状态分布 p_i（$i = 0,1,2,\cdots,10$），从而根据 $L = \sum_{i=0}^{10} i \cdot p_i$，分别计算出当 $S = 1,2,\cdots,N$ 时系统内的平均设备数。计算相邻两个 L 值的差，当出现差值小于 $c_1/c_2 = 0.25$ 时，停止计算。若此最小差值所对应的维修工人数是 S，那么应配备维修工人的最佳数就是 $S - 1$。

（2）第一问中已经计算出当 $S = 1,2,\cdots,N$ 不同数值时的系统内的平均设备数，根据此数据即可寻找到使停工维修的设备期望数少于 3 的维修工人数。

（3）第一问中已经计算出当 $S = 1,2,\cdots,N$ 不同数值时的系统状态分布 p_i（$i = 0,1,2,\cdots,10$），从而可以根据 $L_q = \sum_{i=0}^{10}(i - S) \cdot p_i$，分别计算出当 $S = 1,2,\cdots,N$ 时系统内的平均等待维修的设备数及平均到达率 $\lambda_e = \sum_{i=0}^{10}(10 - i)\lambda p_i$；进而根据 $W_q = \frac{L_q}{\lambda_e}$，分别计算出当 $S = 1,2,\cdots,N$ 时设备的平均等待维修时间，最终确定出使设备停工待修的期望时间少于 3 小时的维修工人数。

思考题 10

1. （1）$A = \begin{bmatrix} -2 & 12 & -4 \\ 1 & 4 & 8 \\ -5 & 2 & 3 \end{bmatrix} \to A = \begin{bmatrix} 12 & -4 \\ 4 & 8 \end{bmatrix}$ →不存在纯策略意义上的最优策略。

$$E(\boldsymbol{x},\boldsymbol{y}) = \boldsymbol{x}^{\mathrm{T}}\boldsymbol{A}\boldsymbol{y} = 12x_1y_1 - 4x_1y_2 + 4x_2y_1 + 8x_2y_2 = 20\left(x_1 - \frac{1}{5}\right)\left(y_1 - \frac{3}{5}\right) + \frac{28}{5}$$

取 $\boldsymbol{x}^* = \left(\frac{1}{5},\frac{4}{5}\right)$，$\boldsymbol{y}^* = \left(\frac{3}{5},\frac{2}{5}\right)$，则 $E(\boldsymbol{x}^*,\boldsymbol{y}^*) = \frac{28}{5}$，故局势（$\boldsymbol{x}^*,\boldsymbol{y}^*$）是零和矩阵博弈。$G = \{S_1, S_2, \boldsymbol{A}\}$ 在混合策略意义上的解，$V_G = \frac{28}{5}$ 为零和矩阵博弈的值。

（2）$A = \begin{bmatrix} 2 & 2 & 1 \\ 3 & 4 & 4 \\ 2 & 1 & 6 \end{bmatrix} \to A = \begin{bmatrix} 3 & 4 \\ 2 & 1 \end{bmatrix}$ →最优纯策略（α_2,β_1），$V_G = 3$。

（3）$A = \begin{bmatrix} 9 & -6 & -3 \\ 5 & 6 & 4 \\ 7 & 4 & 3 \end{bmatrix}$ →最优纯策略（α_2,β_3），$V_G = 4$。

（4）$A = \begin{bmatrix} 1 & 7 & 6 \\ -4 & 3 & -5 \\ 0 & -2 & 4 \end{bmatrix}$ →最优纯策略（α_1,β_1），$V_G = 1$。

（5）$A = \begin{bmatrix} 2 & -3 & 1 & -4 \\ 6 & -4 & 1 & -5 \\ 4 & 3 & 3 & 2 \\ 2 & -3 & 2 & -4 \end{bmatrix}$ →最优纯策略（α_3,β_4），$V_G = 2$。

（6）$A = \begin{bmatrix} 9 & 3 & 1 & 8 & 0 \\ 6 & 5 & 4 & 6 & 7 \\ 2 & 4 & 3 & 3 & 8 \\ 5 & 6 & 2 & 2 & 1 \end{bmatrix}$ →最优纯策略（α_2,β_3），$V_G = 4$。

2. $\frac{\partial p(x,y)}{\partial x} = -4x - 2y + 7/2$，$\frac{\partial p(x,y)}{\partial x^2} = -4 \leqslant 0$

$\frac{\partial p(x,y)}{\partial y} = y - 2x + 5/4$，$\frac{\partial p(x,y)}{\partial y^2} = 1 \geqslant 0$

令
$$-4x - 2y + \frac{7}{2} = 0, \quad y - 2x + \frac{5}{4} = 0$$

求解可得：$(\boldsymbol{x}^*,\boldsymbol{y}^*) = \left(\frac{3}{4},\frac{1}{4}\right)$，$p(x^*,y^*) = \frac{47}{32}$

3. （1）$A = \begin{bmatrix} 2 & 4 \\ 2 & 3 \\ 3 & 2 \\ -2 & 6 \end{bmatrix} \to A = \begin{bmatrix} 2 & 4 \\ 3 & 2 \\ -2 & 6 \end{bmatrix}$；设局中人乙的混合策略为 $(y,1-y)$，$y \in [0,1]$。

由附图 10－1 可知，对 C_2 有 $2y + 4(1-y) = 3y + 2(1-y)$，即 $\boldsymbol{y}^* = \left(\frac{2}{3},\frac{1}{3}\right)$，$V_G = \frac{8}{3}$；从附图

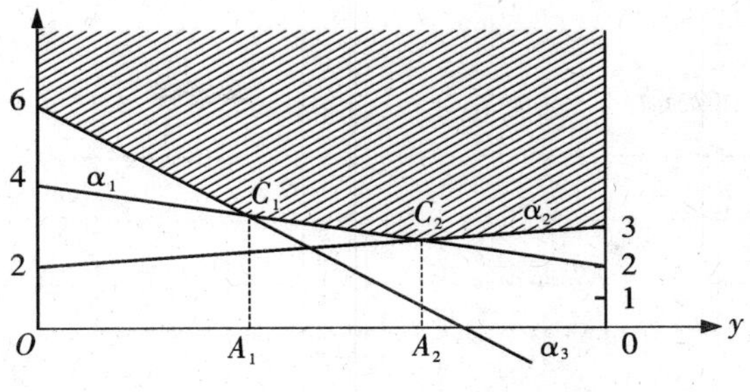

附图 10－1　图解示意图

10－1 可知对于局中人甲的最优混合策略只涉及 α_1 和 α_2，设 $\boldsymbol{x}^* = (x, 1-x, 0)$，于是有

$$2x + 3(1-x) = \frac{8}{3} \text{ 或 } 4x + 2(1-x) = \frac{8}{3}$$

求解可得 $\boldsymbol{x}^* = (\frac{1}{3}, \frac{2}{3}, 0)$。

$$(2)\ \boldsymbol{A} = \begin{bmatrix} 3 & 5 & 4 & 2 \\ 5 & 6 & 2 & 4 \\ 2 & 1 & 4 & 0 \\ 3 & 3 & 5 & 2 \end{bmatrix} \rightarrow \boldsymbol{A} = \begin{bmatrix} 2 & 4 \\ 5 & 2 \end{bmatrix}$$

$\boldsymbol{x}^* = \left(0, \frac{3}{5}, 0, \frac{2}{5}\right)$，$\boldsymbol{y}^* = \left(0, 0, \frac{2}{5}, \frac{3}{5}\right)$，$V_G = \frac{16}{5}$。

$$(3)\ \boldsymbol{A} = \begin{bmatrix} 5 & 7 & -6 \\ -6 & 0 & 4 \\ 7 & 8 & -5 \end{bmatrix} \rightarrow \boldsymbol{A} = \begin{bmatrix} -6 & 4 \\ 7 & -5 \end{bmatrix}$$

$\boldsymbol{x}^* = \left(0, \frac{6}{11}, \frac{5}{11}\right)$，$\boldsymbol{y}^* = \left(\frac{9}{22}, 0, \frac{13}{22}\right)$，$V_G = -\frac{1}{11}$。

$$4.\ (1)\ \boldsymbol{A} = \begin{bmatrix} 2 & 0 & 2 \\ 0 & 3 & 1 \\ 1 & 2 & 1 \end{bmatrix} \rightarrow \boldsymbol{A} = \begin{bmatrix} 2 & 0 \\ 0 & 3 \\ 1 & 2 \end{bmatrix}$$

于是有

$$2x_1 + x_3 \geqslant v,\ 3x_2 + 2x_3 \geqslant v,\ x_1 + x_2 + x_3 = 1$$
$$2y_1 \leqslant v,\ 3y_2 \leqslant v,\ y_1 + 2y_2 \leqslant v,\ y_1 + y_2 = 1$$

试算可得一个解：$\boldsymbol{x}^* = \left(\frac{1}{3}, 0, \frac{2}{3}\right)$，$\boldsymbol{y}^* = \left(\frac{2}{3}, \frac{1}{3}\right)$，$v = \frac{4}{3}$。

（2）构造两个互为对偶的线性规划问题

$$\min z = x_1 + x_2 + x_3 \qquad\qquad \max w = y_1 + y_2$$

$$\begin{cases} 2x_1 + x_3 \geqslant 1 \\ 3x_2 + 2x_3 \geqslant 1 \\ x_1, x_2, x_3 \geqslant 0 \end{cases} \quad \text{和} \quad \begin{cases} 2y_1 \leqslant 1 \\ 3y_2 \leqslant 1 \\ y_1 + 2y_2 \leqslant 1 \\ y_1, y_2, y_3 \geqslant 0 \end{cases}$$

用单纯形法求解第二个线性规划问题，迭代过程见附表 10－3 至附表 10－5，从附表 10－5 可以看出第二个线性规划问题的解为 $\boldsymbol{y} = \left(\frac{1}{2}, \frac{1}{4}\right)$，$w = \frac{3}{4}$。根据对偶性质可知第一个线性规划问题的解为 $\boldsymbol{x} =$

$\left(\frac{1}{4},0,\frac{1}{2}\right)$，$z=\frac{3}{4}$。于是，$V_G=\frac{4}{3}$，进而有 $\boldsymbol{x}^*=\left(\frac{1}{3},0,\frac{2}{3}\right)$，$\boldsymbol{y}^*=\left(\frac{2}{3},\frac{1}{3}\right)$。

附表 10-3 初始单纯形表

c_j		1	1	0	0	0	**b**
C_B	X_B	y_1	y_2	u_1	u_2	u_3	
0	u_1	[2]	0	1	0	0	1
0	u_2	0	3	0	1	0	1
0	u_3	1	2	0	0	1	1
σ_j		1	1	0	0	0	$w=0$

附表 10-4 迭代过程单纯形表

c_j		1	1	0	0	0	**b**
C_B	X_B	y_1	y_2	u_1	u_2	u_3	
1	y_1	1	0	1/2	0	0	1/2
0	u_2	0	3	0	1	0	1
0	u_3	0	[2]	-1/2	0	1	1/2
σ_j		0	1	-1/2	0	0	$w=1/2$

附表 10-5 最终单纯形表

c_j		1	1	0	0	0	**b**
C_B	X_B	y_1	y_2	u_1	u_2	u_3	
1	y_1	1	0	1/2	0	0	1/2
0	u_2	0	0	3/4	1	-3/2	1/4
1	y_2	0	1	-1/4	0	1/2	1/4
σ_j		0	0	-1/4	0	-1/2	$w=3/4$

5. $\boldsymbol{A}=\begin{bmatrix}2 & -1.5\\ -1.5 & 1\end{bmatrix}$；$\boldsymbol{x}^*=\left(\frac{5}{12},\frac{7}{12}\right)$，$\boldsymbol{y}^*=\left(\frac{5}{12},\frac{7}{12}\right)$，$V_G=-\frac{1}{24}$。这种游戏规则稍有不合理，略对乙有利；因为双方均采取最佳混合策略的期望收益并不为零。

6. (1) 甲有两个策略（叫小，叫大）；乙有两个策略（放弃，翻牌）。

(2) 甲抽到 1 点或 2 点时“叫小”，抽到 3 点时“叫大”。在甲“叫小”的情况下，若乙抽到 2 点或 3 点，就应该“放弃”；若乙抽到 1 点，就应该“翻牌”。在甲“叫大”的情况下，说明甲抽到了 3 点，所以乙只能选择“放弃”。博弈值为：

$$V_G=\frac{1}{3}(1)+\frac{1}{3}\left[\frac{1}{2}(-2)+\frac{1}{2}(1)\right]+\frac{1}{3}(1)=\frac{1}{2}$$

此游戏规则对甲有利。

7. $\boldsymbol{A}=\begin{bmatrix}10 & -1 & 3\\ 12 & 10 & -5\\ 6 & 8 & 5\end{bmatrix}\rightarrow\boldsymbol{A}=\begin{bmatrix}10 & -5\\ 8 & 5\end{bmatrix}$

由于行最小元素中的最大值为“5”，而列最大元素中的最小值也为“5”。所以，均衡策略为 $(\alpha^*,\beta^*)=(\alpha_3,\beta_3)$，即甲工厂推出新产品，乙工厂增加维修网点、改善售后服务。博弈的结果是甲工厂的市场份额增加5%。

8. 公司1的赢得函数矩阵如附表10-6所示。

附表10-6　公司1的赢得函数矩阵表

		公司2		
		(1, 0, 0)	(0, 1, 0)	(0, 0, 1)
公司1	(2, 0, 0)	2/3	0.6	0.6
	(0, 2, 0)	0.5	2/3	17/30
	(0, 0, 2)	0.5	17/30	2/3
	(1, 1, 0)	0.7	0.75	0.7
	(1, 0, 1)	0.7	0.7	0.75
	(0, 1, 1)	0.6	43/60	43/60

即 $\boldsymbol{A}=\begin{bmatrix}0.667 & 0.6 & 0.6\\ 0.5 & 0.667 & 0.567\\ 0.5 & 0.567 & 0.667\\ 0.7 & 0.75 & 0.7\\ 0.7 & 0.7 & 0.75\\ 0.6 & 0.717 & 0.717\end{bmatrix}\rightarrow\boldsymbol{A}=\begin{bmatrix}0.7 & 0.75 & 0.7\\ 0.7 & 0.7 & 0.75\\ 0.6 & 0.717 & 0.717\end{bmatrix}\rightarrow\boldsymbol{A}=\begin{bmatrix}0.7\\ 0.7\\ 0.5\end{bmatrix}$

公司1的最优策略是在甲、乙（或甲、丙）两区各建一个超市，公司2的最优策略是在甲区建一个超市。博弈的结果是公司1获得70%的市场份额，公司2获得30%的市场份额。

9. 显然，三家公司能否结盟成功，取决于结盟后收入的分配是否合理。设 x、y、z 分别表示甲、乙、丙三家公司在结盟后分得的收入，则结盟成功需要满足如下条件：

$$x+y\geqslant 59,\ z\geqslant 5;\ x+z\geqslant 45,\ y\geqslant 22;\ y+z\geqslant 39,\ x\geqslant 30;\ x+y+z=77$$

以上条件组记为 $C(v)$，引入模型（Nash-Harsanyi 模型）：

$$\max z=(x-c_1)(y-c_2)(z-c_3)$$
$$x\geqslant c_1,\ y\geqslant c_2,\ z\geqslant c_3$$
$$(x,y,z)\in C(v)$$

求解此模型，需要首先确定现况点 $c=(c_1,c_2,c_3)$ 的值，有如下两种选择：

（1）以各自独立时的收入（32，23，6）作为现况点，可求得：

$$(x,y,z)=(37.33,28.33,11.33)$$

（2）以两家合作另一家独立时的收入（30，22，5）作为现况点，可求得：

$$(x,y,z)=(36.66,28.66,11.66)$$

求解的结果表明，三家公司可以成功结盟形成集团，并且获得上述相应的收入。

10. 为分析方便，设羊的数量是一个可分的量，且每个农场不管其他农场数量是多少，总是希望自己的收益最大。

第 1 个农场的收益 $s_1 = q_1 \times p - 4q_1 = q_1[120 - (q_1 + q_2 + q_3)] - 4q_1$

令 $\frac{\partial s_1}{\partial q_1} = 0$，于是有

$$q_1 = 58 - \frac{1}{2}q_2 - \frac{1}{2}q_3 。$$

同理有 $$q_2 = 58 - \frac{1}{2}q_1 - \frac{1}{2}q_3 , q_3 = 58 - \frac{1}{2}q_1 - \frac{1}{2}q_2$$

解方程组，可得纳什均衡解：$(q_1^*, q_2^*, q_3^*) = (29,29,29)$。每家农场饲养 29 只羊，可获得 841 个单位的收益，三家农场的总收益为 2523 个单位。

11. 盟军有三种策略：(1) α_1：2 个师都从线路 1 进攻；(2) α_2：2 个师都从线路 2 进攻；(3) α_3：兵分两路，每条线路 1 个师。德军有四种策略：(1) β_1：3 个师都驻守线路 1；(2) β_2：3 个师都驻守线路 2；(3) β_3：2 个师驻守线路 1，1 个师驻守线路 2；(4) β_4：1 个师驻守线路 1，2 个师驻守线路 2。选择“+”代表胜利，“-”代表失败，则有盟军的赢得矩阵 $\boldsymbol{A}$。考虑德军的策略选择，β_1 劣于 β_3，β_2 劣于 β_4，于是剔除两个劣策略有盟军的赢得矩阵 $\boldsymbol{A}'$。在剩下的博弈矩阵中，再分析盟军的策略，α_3 劣于 α_1 和 α_2，于是又有盟军的赢得矩阵 $\boldsymbol{A}''$。

$$\boldsymbol{A} = \begin{bmatrix} - & + & - & + \\ + & - & + & - \\ + & + & - & - \end{bmatrix} \rightarrow \boldsymbol{A}' = \begin{bmatrix} - & + \\ + & - \\ - & - \end{bmatrix} \rightarrow \boldsymbol{A}'' = \begin{bmatrix} - & + \\ + & - \end{bmatrix}$$

最后的均衡是德军不可能把所有兵力驻守在一个方向上，盟军也不可能兵分两路进攻。在两个进攻方向上，如果盟军攻在德军的薄弱之处，则盟军胜利；反之，若攻在德军的强大之处，则盟军失败。

该博弈的最终结局，信息非常重要，且信息的传递及双方统帅的性格等因素也非常重要。盟军正是综合利用了这些因素，制造了许多迷雾，最终选择诺曼底登陆，取得了登陆的胜利。

12. 甲、乙两家的竞争，可以构成如附表 10－7 所示的博弈赢得函数表。

附表 10－7　甲、乙的赢得函数表

乙 / 甲	β_1：减价	β_2：不减价
α_1：减价	(125，125)	250，0
α_2：不减价	0，250	150，150

显然，双方均减价是纳什均衡。从以上博弈分析可知，如果甲商店没有好的策略加以应对，那么价格战将不可避免，双方都将付出惨烈的代价。是否可以构造使双方均不降价的纳什均衡呢？事实上，从价格战中解套的巧妙的方法就是给出一个保证加惩罚的承诺，以推行价格联盟（这种价格联盟是以竞争为基础的）。例如，甲商店可以继续执行不降价的策略，同时给出这样的承诺：“如果您在该地区不是以最低的价格购买了我店的商品，我店乐意向您支付 100% 的差价并外加 20% 的赔付。”在这一承诺下，甲、乙两家的竞争，可以构成如附表 10－8 所示的博弈赢得函数表。显然，双方均不减价是纳什均衡。

附表 10－8　甲、乙的赢得函数表

乙 / 甲	β_1：减价	β_2：不减价
α_2：不减价	240，0	(150，150)

13. (1) 根据题意，可建立如附表 10－9 所示的博弈赢得函数表。显然，(踩踏板，等待) 是纳什

均衡；即大猪不停地来回跑，而小猪则选择“搭便车”的策略。

附表 10－9　大猪与小猪的赢得函数表

大猪＼小猪	β_1：踩踏板	β_2：等待
α_1：踩踏板	5，1	（4，4）
α_2：等待	9，－1	0，0

（2）为什么会出现“小猪躺着大猪跑”的“搭便车”现象？究其原因就是博弈规则设计得不够合理。在智猪博弈中，博弈规则的核心指标是每次落下食物的数量、食物在先后到达者间的分配和踩踏板所付出的成本。如果改变一下核心指标，可能就会解决小猪“搭便车”的现象。

其一：其他指标不变，每次落下食物的数量减半，即效用为“5”，可建立如附表 10－10 所示的博弈赢得函数表。显然，（踩踏板，等待）仍然是纳什均衡，无法解决“搭便车”的问题。

附表 10－10　大猪与小猪的赢得函数表

大猪＼小猪	β_1：踩踏板	β_2：等待
α_1：踩踏板	1.5，－0.5	（1，2）
α_2：等待	4.5，－1.5	0，0

如果继续减少每次落下的食物，比如将落下食物的效用减为“2.5”，可建立如附表 10－11 所示的博弈赢得函数表。显然，（等待，等待）是纳什均衡，虽然解决了“搭便车”的问题，但却出现了“全民懒惰”的问题。

附表 10－11　大猪与小猪的赢得函数表

大猪＼小猪	β_1：踩踏板	β_2：等待
α_1：踩踏板	－0.25，－1.25	－0.5，1
α_2：等待	2.25，－1.75	（0，0）

其二：其他指标不变，每次落下食物的数量翻倍，即效用为“20”，可建立如附表10－12 所示的博弈赢得函数表。显然，（踩踏板，等待）仍然是纳什均衡，无法解决“搭便车”的问题。

附表 10－12　大猪与小猪的赢得函数表

大猪＼小猪	β_1：踩踏板	β_2：等待
α_1：踩踏板	12，4	（10，8）
α_2：等待	18，0	0，0

如果继续增加每次落下的食物，比如将落下食物的效用增加到“40”，可建立如附表 10－13 所示的博弈赢得函数表。显然，此博弈有两个纳什均衡：（踩踏板，等待）和（等待，踩踏板）。即大猪、小猪谁想吃都会去踩踏板，因为反正对方会留下足够的食物（弥补消耗后有一定的剩余）。此规则虽然解决

了“搭便车”的问题，但却出现了“高成本”的问题；每次需要提供效用为“40”的食物，才能使大猪、小猪在相互攀比中无奈地动起来。

附表 10－13　大猪与小猪的赢得函数表

大猪＼小猪	β_1：踩踏板	β_2：等待
α_1：踩踏板	26，10	(22，16)
α_2：等待	(36，2)	0，0

其三：每次落下食物的数量减半（即效用为“5”），同时将踏板安装在食槽上，这样就免去了往返奔波而使踩踏板的成本降为“－0.5”。此外，为了鼓励劳作，主人把每次节约下来的“5”个效用拿出来“2”个效用奖励劳作者。此时，可建立如附表 10－14 所示的博弈赢得函数表。显然，(踩踏板，踩踏板）是纳什均衡，此规则不但很好地解决了“搭便车”的问题，而且极大地调动了大猪、小猪的积极性，同时又使成本由“10”减少为“7”。

附表 10－14　大猪与小猪的赢得函数表

大猪＼小猪	β_1：踩踏板	β_2：等待
α_1：踩踏板	(4，2)	5，1.5
α_2：等待	3.5，3	0，0

参考文献

[1] 程理民，吴江，张玉林. 运筹学模型与方法教程［M］. 北京：清华大学出版社，2000.

[2] Frederick S. Hillier, Gerald J. Lieberman. Introduction to stochastic models in Operations research［M］. McGraw-Hill Publishing Company, 1990.

[3]［美］弗里德里克，等. 运筹学导论（英文版）［M］. 6 版. 北京：机械工业出版社，1999.

[4]［美］弗里德里克，等. 运筹学导论（英文版）［M］. 9 版. 北京：清华大学出版社，2010.

[5] 郝英奇，等. 使用运筹学［M］. 北京：中国人民大学出版社，2011.

[6] 何坚勇. 运筹学基础［M］. 北京：清华大学出版社，2000.

[7] 何选森. 随机过程与排队论［M］. 长沙：湖南大学出版社，2010.

[8] 胡运权. 运筹学基础及应用［M］. 2 版. 哈尔滨：哈尔滨工业大学出版社，1993.

[9] 胡运权. 运筹学习题集（修订版）［M］. 北京：清华大学出版社，2000.

[10] 胡运权，等. 运筹学教程［M］. 北京：清华大学出版社，2000.

[11] 胡运权. 运筹学习题集［M］. 3 版. 北京：清华大学出版社，2002.

[12] 胡运权. 运筹学教程［M］. 3 版. 北京：清华大学出版社，2003.

[13]［美］库恩. 博弈论经典［M］. 韩松，等译. 北京：中国人民大学出版社，2004.

[14] 蓝伯雄，等. 管理数学（下）——运筹学［M］. 北京：清华大学出版社，2000.

[15] Lawrence L. Lapin. Quantitative methods for business decisions (Sixth Edition). Duxbury Press, 1994.

[16] 李军，杨纬隆. 管理运筹学［M］. 广州：华南理工大学出版社，2005.

[17] 刘满凤. 运筹学教程［M］. 北京：清华大学出版社，2010.

[18] 陆传赉. 排队论［M］. 北京：北京邮电大学出版社，2005.

[19]［美］罗伯特·吉本斯. 博弈论基础［M］. 高峰，译. 北京：中国社会科学出版社，1999.

[20] 马良，宁爱兵. 高级运筹学［M］. 北京：机械工业出版社，2008.

[21] 马振华，等. 现代应用数学手册——运筹学与最优化理论. 北京：清华大学出版社，1998.

[22]［美］庞德斯通. 囚徒的困境（冯·诺伊曼博弈论和原子弹之谜）［M］. 吴鹤龄，译. 北京：北京理工大学出版社，2005.

[23] 钱颂迪，等. 运筹学（修订版）［M］. 北京：清华大学出版社，2000.

[24] 邱菀华. 运筹学教程［M］. 北京：机械工业出版社，2004.

[25] 沈荣芳. 运筹学［M］. 北京：机械工业出版社，2004.

[26] 孙荣恒，李建平. 排队论基础［M］. 北京：科学出版社，2002.

[27]［美］塔哈. 运筹学导论（初级篇）［M］. 北京：人民邮电出版社，2007.

[28]［美］塔哈. 运筹学导论（高级篇）［M］. 北京：人民邮电出版社，2007.

[29] 陶谦坎. 运筹学应用案例［M］. 北京：机械工业出版社，1998.

[30] 汪应洛. 运筹学与系统工程［M］. 北京：机械工业出版社，1999.

[31] 王永县. 运筹学——规划论及网络［M］. 北京：清华大学出版社，1998.

[32] 王则柯. 新编博弈论平话［M］. 北京：中信出版社，2003.

[33] Wayne L. Winsyon. 运筹学决策方法［M］. 3 版. 北京：清华大学出版社，2004.

［34］Wayne L. Winston．运筹学：数学规划［M］．3 版．北京：清华大学出版社，2004.

［35］吴祈宗．运筹学与最优化方法［M］．北京：机械工业出版社，2003.

［36］吴祈宗．运筹学［M］．北京：机械工业出版社，2004.

［37］［美］希利尔，等．运筹学导论［M］．北京：清华大学出版社，2007.

［38］谢家平．管理运筹学——管理科学方法［M］．北京：中国人民大学出版社，2010.

［39］谢识予．经济博弈论［M］．上海：复旦大学出版社，2002.

［40］徐玖平，胡知能．运筹学——数据·模型·决策［M］．北京：科学出版社，2006.

［41］［美］约翰·纳什．纳什博弈论论文集（诺贝尔经济学奖获得者学术精品自选集）［M］．张良桥，等译．北京：首都经济贸易大学出版社，2000.

［42］运筹学编写组．运筹学（修订版）［M］．北京：清华大学出版社，1990.

［43］张莹．运筹学基础［M］．北京：清华大学出版社，1999.

［44］张维迎．博弈论与信息经济学［M］．上海：上海人民出版社，2004.

［45］［加］钟彼德．管理科学（运筹学）：战略角度的审视（中文版）［M］．北京：机械工业出版社，2001.

［46］［美］朱·弗登博格，［法］让·梯若尔．博弈论［M］．黄涛，等译．北京：中国人民大学出版社，2002.